首都检察文库 ⑭ | 总主编 慕 平

SHOU DU JIAN CHA WEN KU

刑事二审程序难题与应对

主　　编：项　明

执行主编：周光权

法律出版社

LAW PRESS · CHINA

《首都检察文库》总序

检察机关作为国家法律监督机关，是中国政权建设和法制建设进程中的历史选择。检察机关的各项职能都与构建社会主义和谐社会密切相关，在贯彻依法治国基本方略、维护社会和谐稳定、积极化解社会矛盾、促进社会公平正义方面具有不可替代的重要作用。党的十七大提出“全面落实依法治国基本方略，加快建设社会主义法治国家”和“深化司法体制改革”，给检察工作指明了前进的方向，明确了奋斗目标。新的时期，检察机关承担着新的考验和艰巨的历史使命。

一、充分发挥首都区位优势，实践中国特色社会主义检察制度

中国特色社会主义检察制度，作为中国特色社会主义制度的有机组成部分，具有鲜明的特色和优越性。高举中国特色社会主义伟大旗帜，坚定不移地坚持中国特色社会主义检察制度，是检察机关义不容辞的历史使命。因此，检察机关必须认真学习和领会十七大关于中国特色社会主义伟大旗帜的重要思想，坚持用中国特色社会主义理论体系指导检察工作，不断深化社会主义法治理念教育，确保检察工作始终沿着正确的方向发展。必须把坚持和发展中国特色社会主义检察制度，作为坚定走中国特色社会主义道路的具体实践，更加自觉地发挥法律监督职能，更好地为经济社会又好又快发展服务，用实践证明我国检察制度的科学性、合理性和优越性。

北京市检察机关在全国地方检察机关中，地位较独特，其作为全国的政治中心的特殊政治地位为各项工作的开展创造了良好的政治氛围，能够及时地了解中央的精神和部署，同时履行职责本身具有较强的政治影响和示范效应，备受全国各地的关注。高检院、北京市委都要求北京检察机关要当好队伍建设和业务建设的“两个表率”，走在全国检察机关前列，激励和鞭策我们要牢固树立为党和国家大局服务的意识，各项工作都要走在前列，与首都的地位相适应。面临着历史使命和现实问题的双重压力，北京市检察机关必须切实解放思想、转变思路、更新观念，在明确新的要求的基础上，坚定法律监督的宪法定位，牢固树立检察工作是和谐社会重要内容的理念，坚持“以业务建设为中心，以队伍建设为根本，以改革创新为动力，以基层建设为重点”的工作思路，不断破解工作中的难题，在改革创新中探索有首都特色的检察工作发展道路。

二、充分发挥检察资源优势，研究中国特色社会主义检察理论

科学发展观是我们党坚持以邓小平理论和“三个代表”重要思想为指导，在准确把握世界发展趋势、认真总结我国发展经验、深入分析我国发展阶段性特征的基础上提出的重大战略思想。当前和今后一个时期的检察工作最重要的是要全面贯彻科学发展观，把科学发展观作为检察工作必须坚持的重要思想，围绕检察发展提高法律监督能力。因此，检察机关必须认真学习和领会十七大关于科学发展观的重要思想，深刻领会和全面把握科学发展观的重大意义、科学内涵和基本要求，不断提高贯彻落实科学发展观的自觉性和坚定性，全面、协调、可持续地推动各项检察工作。

检察发展依赖于检察理论的发展和检察实践的发展。检察理论的发展和检察实践的发展是相伴相生、相辅相成的。没有科学的检察理论为依托，检察事业的发展将缺乏应有的活力和后劲。历史也证明，对法律监督规律认识片面或者浅陋，对检察基础理论研究和实务工作总结的漠视和冷落，容易使法律监督实践陷入误区。尽管检察改革正在法治的轨道上被稳步推动，但也应该承认，检察改革的理论准备不足，有关的理论资源相当有限，某种程度上实践走在了理论的前面。正确把握法律监督原理，研究检察工作规律，总结检察实践，有助于我们全面认识检察机关的性质、功能、职责、作用，少走不必要的弯路。近年来，北京检察机关充分利用拥有的资源优势，推进检察基础理论研究和应用理论研究协调发展，以实证研究消解实践远离理论的困惑，以理论研究把握重大理论和实践课题，并且积极创造条件使研究成果走入法学界，实务专家能够与法学家同台辩论。创办了《首都检察官》、《北京检察》等首都检察官自己的专业刊物，出版了《检察改革的新探索》等一系列著作，这些刊物和著作已经逐渐成为展示首都检察官研究成果，融入法学界的重要渠道。

三、充分发挥检察研究优势，培植首都检察理论研究的优秀成果

鉴于首都检察工作所面临的新的形势，为适应国家和社会对检察工作提出的新的要求，北京市人民检察院积极与法律出版社研究协商，决定编辑出版《首都检察文库》，陆续出版发行一批能够反映首都检察系统检察理论研究、法学理论研究和实践业务研究的专著或者论文选集。《首都检察文库》是一个长期的出版计划，将打造成为首都检察系统理论研究和实证研究的培植园地，每年都挑选出若干部具有较高理论水平、应用价值和出版价值的书籍发行，达到集中出版精品、打造规模效应的目的，为检察理论研究增添较有分量的研究成果。通过《首都检察文库》的出版，第一，集首都检察系统理论研究之精华，使得北京市检察机关理论研究能够以一种整体的形式呈现给学界，呈现给实务界，让法律监督实践与检察理论研究恰当融合；第二，展示首都检察官对司法进步深刻思索的理性光芒，从不同侧面折射首都检察工作的全貌，让读者从中深切感受到当代法律监督的真实脉动；第三，搭建学术与实践互动交流的平台，推动学术资源共享，扩大共识，相互争鸣，逐步扩大首都检察理论研究在学术界的影响。

《首都检察文库》各部书将不定期出版，成熟一部编辑发行一部，主要是推出首都检察机关的检察基础理论研究成果、重点调研课题、检察实务研究报告，以积土成山，集腋成裘，在学术研究的阵地上守持话语权，促进检察理论研究环境的改善，争取为领导决策服务，为法律监督实践服务。另外，北京检察机关近几年来陆续招录了一大批博士研究生、硕士研究生，并且一批检察官在职进修获得了博士学位、硕士学位，一定意义上代表了首都检察事业的未来和前途，他们视野开阔，思想敏锐，研究深入，不囿于成见，又敢于创新，他们的学术论文理论水平较高，由于学术著作出版困难使很多研究成果尚未能与读者见面，所以我们将把这些博硕士论文也纳入选编视野。当然，也略感遗憾的是，虽然首都检察研究经历了几年的积累，产生了很多优秀的研究成果，但要按照职务犯罪侦查、刑事检察、诉讼监督三个方面打造文库还暂时不能实现。故此，我们保留着这种文库编辑理想，并虚座以待，殷切地期望着各类相关实践总结和研究成果的出现。希望通过文库的不间断推出和编辑出版，能够逐步积累首都检察学术成果，繁荣、深化和开拓首都检察系统的学术研究和实践总结，促进与学界的交流合作，不断提高首都检察机关的理论水平，不断提升首都检察机关的法律监督能力，进而有力地促进国家法治昌盛、社会和谐稳定、政治安定有序。

文库出版的价值在于质量。尽管我们为书籍的正式出版作了很多基础工作，但也必然会存在种种问题，而且与我们的预期目标还有相当的差距。不过，我们的步子已经迈出来了，研究成果将陆续出版，并且还会坚持下去。所以，为了保障文库能够有质有量地奉献给社会，我们将以开放的姿态接受广大读者对本文库的检验、批评、帮助和建议。同时，也欢迎广大读者对将来陆续出版的每一部书提出批评指正。毕竟,无论是检察研究者还是首都检察机关本身,都时刻需要社会和学界以及广大同仁各方面的支持与帮助。建议和批评都将成为催促我们精益求精、尽善尽美的动力,倘若应者云集,我们的工作也定将蒸蒸日上。

最后,还必须强调,《首都检察文库》是在法律出版社的支持下才得以出版的。我们要感谢法律出版社有关领导对文库的关心与扶持,尤其要感谢各卷书责任编辑在文库书籍的编选等方面所给予的有见解、有价值的指导,以及为编辑文库书籍付出的辛勤劳动。更重要的是,以后法律出版社与北京市检察系统的长期合作,必将增进首都检察理论研究的学术积累,使实践与理论互融,为推进依法治国和构建和谐社会尽绵薄之力。

是为序。

北京市人民检察院检察长:慕平

2008 年 12 月 5 日

前 言

在刑事司法实务中，一审程序的重要性是不言而喻的，对其的立法较为详尽，理论著述汗牛充栋。与之相比较，二审程序显得很不完善，立法上对其规定较为粗疏，亟待完善；理论剖析大多语焉不详；司法机关在适用刑事诉讼法时存在很多分歧，需要统一认识。因此，为准确适用法律，提高检察队伍专业化水平，同时，也为刑事诉讼法的修改提出一些建设性意见，对刑事二审程序中的重点、难点问题进行研究就是非常重要的。通过研究提出相关对策，促进立法科学化、合理化，并解决司法实务中提出的诸种问题，就是刻不容缓的事情，也是检察机关义不容辞的责任。

近年来，北京市人民检察院第一分院和北京市第一中级人民法院在刑事二审工作中严格依照法律的规定，相互配合，相互制约，维持着较好的工作关系。目前，所有二审抗诉案件，法院都开庭审理，我院派出检察官出席抗诉法庭。同时，我院委派检察长列席法院所有抗诉案件的审委会，抗诉工作取得了较好的法律效果和社会效果。

除抗诉案件外，我们和北京市第一中级人民法院经反复协商，已经初步就上诉案件的处理达成一致意见：人民法院对刑事第二审上诉案件根据法律规定和不同案件情况，采取开庭审理、书面征求意见、不开庭审理等审理方式。我们已经初步形成的工作机制是，对于下列二审上诉案件，应当采取开庭审理方式：(1)二审期间出现新证据需要进行庭审质证的案件；(2)二审法院合议庭审查后认为事实不清、证据不足的案件；(3)二审合议庭认为可能改变第一审法院判决认定事实（包括自首、立功等法定从轻减轻情节）并影响量刑的案件;(4)二审法院合议庭拟对刑期做较大幅度改判(减轻或者从轻幅度在3年以上,从轻减轻后并适用缓刑)的案件。对于上述案件,二审法院在开庭审理刑事第二审上诉案件时,经征得当事人、出庭检察员、辩护人同意,可根据案件情况,对审理程序进行适当简化,以提高审理效率,节约诉讼资源。同时,对于下列案件,二审合议庭审查后拟不改判或者对量刑做小幅度改判(从轻幅度在3年以内)的案件,可不开庭审理,但应向我院移送卷宗材料并书面征求意见:(1)未成年人犯罪案件;(2)外国人犯罪案件;(3)二审合议庭认为可能部分改变一审判决认定事实的案件;(4)二审期间上诉人具有悔罪、赔偿等酌定情节的案件。目前,二审法院向我院书面征求意见的案件,我院都在20日内审查完毕,出具书面审查意见函连同案件材料送达二审法院。二审法院对于开庭审理和书面征求意见的案件,在判决书中对于采纳同级人民检察院审查意见的应当予以明确引述。

当然,我们认为,对于二审法院合议庭经审查后,属于下列情形的案件,出于各种实际考虑,可不开庭审理:(1)认定事实与第一审判决一致,事实清楚、证据确实充分的案件;(2)认定事实与第一审判决一致,在不改变量刑情况下拟改变一审认定罪名的案件;(3)认定事实和适用法律与一审判决一致但认为一审判决量刑偏重拟做小幅度改判的案件。

总起来看,在办理二审案件过程中,我院能够与同级人民法院及时沟通、配合,共同维护审判权威,保证了司法工作的权威性和严肃性。

在工作中积极摸索刑事二审程序的规律,对解决实务问题至关重要。同时,为了站在一定的高度来审视二审程序中的各种问题,寻找解决问题的最佳方案,我们还积极和学术研究机构合作,共同对二审程序中的共性问题以及难题展开多种形式的研讨。2008年7月12日,我院和中国法学会刑事诉讼法学研究会、清华大学法学院合作,在北京友谊宾馆召开了全国性的、规模较大的"刑事二审程序:难题与应对"论坛,最高人民检察院党组副书记、常务副检察长张耕大检察官,最高人民法院党组副书记、副院长张军大法官,最高人民法院原副院长刘家琛资深大法官,中国法学会刑事诉讼法学研究会名誉会长,中国政法大学终身教授陈光中先生,北京市人民检察院党组书记、检察长慕平大检察官等领导、专家以及来自全国十余所高等院校或者科研院所的专家学者龙宗智教授、王敏远教授、谢佑平教授、陈瑞华教授、孙长永教授、刘根菊教授、周长军教授、张建伟教授等拨冗出席论坛，他们在会议上的发言非常具有权威性、代表性、前沿性。会议研讨的主题相当广泛，安排较为紧凑，与会人员发言踊跃，学术气氛浓厚、热烈。通过举办“刑事二审程序：难题与应对”论坛，我们有以下收获：第一，搭建了研究刑事二审程序中所遇到的各种难题的平台，促进法学研究和司法实务之间的良性互动，为立法的合理化、科学化提供建设性意见。第二，提供了我院干警与国内一流学者面对面交流的机会，培养、锻炼干警，使之开阔视野，切实提高干警的问题意识和研究能力，提高业务素质和专业化水平。第三，提升了我院的地位、形象，扩大了我院的影响力，为扎扎实实推动创新型、学习型检察院的建设，争创一流提供了理论支持。

当然，这次会议的组织工作也有条不紊，参与组织论坛的我院研究室、二审处、办公室、行装处等部门通力合作、协调良好。我自己感觉，“刑事二审程序：难题与应对”论坛是对我院党组的决策能力，干警筹备、组织、接待大型学术会议的能力，参与合作精神，工作作风，以及研究能力的全面检验。相关参与论坛筹备工作的工作人员辛勤付出，经受住了考验，得到了参会专家学者、上级有关部门以及媒体的充分肯定。

我想，在未来，我们还应当进一步总结本次论坛的经验，积极组织、开展我院的调研工作，推进我院和法律院校、科研单位之间的学术交流，对刑事二审程序的专题研讨，还应当更有深度、更为持久地推进。

本书所收录的论文，主要是本次论坛提交的会议论文。少数论文来自和我院有工作关系、交流关系的专家学者以及司法界同行。对于所有论文作者给予我院刑事二审工作以及调研工作的支持，我们表示最诚挚的谢意！

我深信，只要我们认真实践科学发展观，坚持社会主义法治理念，严格按照法律的规定办事，并积极进行探索，刑事二审程序的科学化、合理化就是可以期待的！

北京市人民检察院第一分院党组书记、检察长 张鸣

2008 年 11 月 1 日

目　录

调查与分析

“刑事二审程序:难题与应对”论坛实录

理论与争鸣

检察长列席抗诉案件审委会的理论与实践

项　明[*]　周光权[**]

检察长列席同级人民法院审判委员会，是检察机关行使法律监督权的重要形式。2005 年 9 月至 10 月，最高人民检察院、最高人民法院先后发布了《关于进一步深化检察改革的三年实施方案》和《人民法院第二个五年改革纲要》，将完善检察长列席审判委员会制度作为司法体制改革的重要任务。目前，许多基层检察院已就检察长如何列席审委会进行了有益探索，建立了协作机制，运行状况良好。据北京市人民检察院检察长慕平介绍，2006 年 1 月至 2008 年 10 月期间，全市各级检察机关共列席审委会 94 次，大部分集中在检察院抗诉的案件。①

北京市人民检察院第一分院自 2007 年下半年开始，对所有支持抗诉的刑事案件，均由检察长或者主管副检察长列席北京市第一中级人民法院的审委会。目前，法院每次都主动提前向我院告知审委会的开会时间，检察长列席抗诉案件审委会，已经成为检、法两院较为固定的工作机制。

由于现在对检察长列席审委会制度的规定还较为模糊，检、法两家对检察长列席审委会的认识也不尽相同，使得该制度在实施过程中，显露出诸多问题，这些问题反映出检察机关在行使法律监督权过程中的薄弱点，也在一定程度上束缚了检察机关依法行使职权。目前，虽然检察长列席审委会的范围有扩大的必要，但考虑到这一制度实际运作的时间并不长，很多做法还具

* 项明，北京市人民检察院第一分院检察长。

** 周光权，北京市人民检察院第一分院副检察长、清华大学法学院教授、博士生导师。

① 王丽丽："接受监督，法院检察院携手促进司法公正"，载《检察日报》2008 年 10 月 27 日第 5 版。

有探索性，检法两家还处在磨合阶段，所以，我们认为，检察长列席审委会的范围从抗诉案件开始做起，待时机成熟后再扩展其范围，是一种非常务实的态度，是较为可取的。本文拟结合北京市人民检察院第一分院的工作实际，对检察长列席抗诉案件的审委会制度进行研究。

一、检察长列席抗诉案件审委会的基本做法

抗诉案件的主要特点是：案情大多较为复杂；犯罪人可能为共犯；犯罪既遂可能与未遂、中止交织；民事法律关系和刑事犯罪纠缠不清；控辩双方对抗激烈；原审法院审判人员对案件的定性往往分歧较大。这些都使得列席审委会的检察长面临很大挑战。由于检察长列席抗诉案件审委会这项工作，开展的时间还不太长，很多做法都还处于摸索过程中，要很好地履行职务，列席审委会的检察长必须做好以下诸方面的工作。

（一）观念定位

检察机关是法律监督机关，检察长列席审委会是检察机关行使法律监督权的一种独特方式。抗诉案件多是检察机关与原审法院存在根本性分歧的案件，再审法院可以接受检察机关的抗诉意见，也可以不接受，所以，检察机关对于可能出现于己不利的审判结论要有足够的思想准备，不能强求法院接受自己的观点，对抗诉职能行使的定位要准确。只有基于这一前提，检察长列席抗诉案件审委会时，才能有正确的心态。

首先，列席抗诉案件审委会的检察长是法律监督者，不是公诉人。因此，其在审委会上不能产生角色错位。列席检察长的法律监督，和抗诉案件中的监督权紧密关联。一般认为，监督性是抗诉的主要特征，这种监督包括两方面的内容：一是对审判程序是否合法进行监督；二是对刑事判决、裁定是否公正、正确进行监督。[①] 检察长列席抗诉案件所履行的监督权，实际上同时兼顾这两方面的内容。因此，检察长应该做的是监督法院承办人对案件的汇报是否全面准确，是否周延地考虑控辩双方的见解，审判结论是否和社会发展需要合拍，程序和实体上是否符合现行法律规定。同时，不需要检察长像出席抗诉案件法庭的检察官那样，全面、充分地阐述己方见解，更不需要针对辩方观点进行反驳。

其次，检察长是列席审委会，而不是出席审委会。检察长在很多时候需要做的不是发言，而是倾听；检察长在必要的时候可以发言，但没有表决权。

① 姜伟等：《公诉制度教程》，中国检察出版社 2007 年版，第 350 页。

因此,即便审委会最终结论与检察机关的意见相左,检察长也不应当在审委会上有过于激烈或者不当的反应。

最后,对于抗诉案件,法院采纳检察机关的抗诉意见做出改判,当然可以说抗诉工作取得了实际成效。但是,对于法律适用上存在分歧的抗诉案件而言,法院提出自认为合理的刑法解释方法,对案件不做改判,也完全是在情理之中的。这就要求检察机关要树立正确的抗诉观,在科学发展观的指导下审视抗诉工作的绩效,不能以法院是否最终改判作为衡量工作好坏的唯一标准,不以成败论英雄。自然地,就不把是否改判作为评价检察长列席审委会成功与否的指标。

(二)充分准备

目前,北京市第一中级人民法院一般会在审委会召开之前,提前三天通知我院检察长列席审委会。我院检察长通常尽可能亲自列席,在有的情况下,由检察长委托主管二审或者公诉工作的副职检察长代为列席审委会。

由于我院的抗诉工作由二审监督指导处负责,因此,在接到法院通知后,拟列席审委会的检察长需要就即将讨论的案件听取承办人、二审处长的汇报。在这里,比较重要的准备工作包括:(1)就抗诉案件庭审过程中控辩双方所阐述的主张、所提出的证据进行梳理;(2)对争议焦点进行归纳;(3)对原审法院的基本结论和论证过程有大致的把握;(4)对审理抗诉案件的合议庭成员以及审委会委员可能提出的问题、可能发表的观点有一定预测,准备应对方案;(5)在此基础上,草拟简要的审委会发言提纲。必要时,检察院应当查阅案卷。根据我们的经验,充分熟悉案情,是列席审委会成功与否的必要前提。

(三)认真听取发言

认真听取法院合议庭成员、审委会委员的发言,是列席审委会成功与否的关键环节。

在合议庭成员向审委会汇报基本案情、处理意见时,会涉及犯罪构成的基本事实,对证据的认定以及法律适用问题。检察长列席抗诉案件审委会,需要注意倾听并全面掌握以下诸方面的内容:(1)承办人对案件事实的概括是否准确,特别是对构成要件所要求的基本事实是否充分提炼出来?(2)足以影响定罪和量刑的情节是否考虑齐全,是否存在重要的遗漏?(3)争论点的概括是否准确、全面?(4)原审判决在程序和实体上的各种瑕疵是否被发现?(5)未经法庭质证的证据是否被审理抗诉案件的合议庭违法采纳?(6)法院承办人是否明显偏袒被告人及其辩护人一方?(7)主审法官、合议庭、主管院领导的观点是否存在分歧,哪种观点更符合现行法律的规定,更讲得通,更有说服力。

(四)充分发表观点

充分发表观点,是列席审委会成功与否的决定性因素。

1. 发言顺序

由于现行法律法规和"两高"的规范性文件并未对检察长列席审委会的发言顺序进行明确,因此,列席审委会的检察长如何行使职权,在何时发言更为合适,可能要视案件的具体情况来决定,没有必要固守某种模式。(1)承办人对事实概括不全面甚至故意遗漏关键事实、证据的,检察长应当在法院承办人汇报后即补充事实、发表意见,以免因承办人的错误引导审委会委员。(2)对案件承办人汇报案情清楚明确,但主管院、庭长对案件事实有不同认识的情况下,列席检察长在主管院、庭长发言后,经征得主持会议的院长同意后,即可发言,阐明检察机关对于事实认定和法律适用的基本主张,供审委会委员参考。(3)对绝大多数案件而言,检察长基本上在承办人汇报完案件,审委员全体委员发言发表意见后,主持审委会的院长作总结之前发言。

当然,对少数案情简单、法律适用并不困难,审委会成员分歧不大的抗诉案件;或者案情虽然重大、复杂,但原审判决的各种错误已经被审委会委员充分发现的案件,列席检察长也可以不发言。

2. 发言次数

由于检察长只是列席而非出席审委会,如果发言太多,会有喧宾夺主之嫌,因此,在多数情况下,检察长仅发表一次意见即为已足。对于少数案情复杂、重大,审委会委员之间有明显分歧,法律适用困难的,检察长可在第一次发言后,针对审委会的发言、讨论情况,再发表第二轮、第三轮补充意见,即在审委会讨论案件过程中,检察长有权在征得主持审委会的院长许可之后,随时发言,但针对的问题不能超出其检察机关法律监督的内容,且一般以不超过三轮为宜,否则列席审委会成了到法庭上参与辩论,和设立检察长列席审委会制度的初衷并不符合。

3. 发言内容

在抗诉案件的审委会上,检察长的发言一般涉及以下内容:

(1)就本院对案件事实、证据以及法律适用的主张概括性地发表意见,但其范围仅限于庭审时查明的案件事实,以及检察机关发表的意见范围内。此时发表意见,实际上起到再次重申检察机关抗诉理由的作用。

(2)在抗诉机关和原公诉机关的观点有分歧的场合,就该分歧进行解释,并表明抗诉机关的最终态度。

(3)对侦查机关、审判机关工作人员可能徇私枉法发表意见。

(4)对审理抗诉案件的合议庭以及审委会的组成、回避情况等进行监督。

(5)在承办人的汇报和审委员委员的发言明显和法律相悖时发表意见。

(6)在抗诉阶段所收集和提出的新证据,可能改变案件性质,但没有得到合议庭重视的,检察长就该新证据的合法性、证明力以及与案件的关联性应当发表意见。某些证据,在原审判决时已经存在,但是原审法院并未发现,或者发现后并未及时调取斟酌,在该判决作出后被发现,且足以动摇原审判决的,具有崭新性和显著性,属于"新证据"。[1] 该证据是审理抗诉案件的合议庭必须重视的,否则,列席检察长应该明确对此发表意见。

(7)当然,由于最高人民检察院最近一两年特别强调检察长亲自办案,所以,检察长出席抗诉法庭事后又列席审委会的情况也可能出现。在这种情况下,因为检察长对于案件的相关主张已经在法庭上发表,其在列席审委会时通常不需要做太多的发言,否则,审委会可能成为抗诉法庭的翻版,这就不太合适。但是,检察长出席抗诉法庭的主张没有被承办人反映在向审委会的报告中,或者抗诉案件审理过程中法庭质证的新证据没有被合议庭重视,以及未经质证的证据可能被作为定案根据的,列席审委会的检察长都应当在审委会上明确指出来。

二、检察长列席抗诉案件审委会的主要成效

(一)创新检察监督机制,拓展监督渠道

根据宪法和刑事诉讼法的规定,检察机关是代表国家行使法律监督权的司法机关,其有权对侦查活动、审判活动进行监督。目前,检察监督范围不明确,监督力度有限,监督实效有待增强是一个比较突出的问题。虽然理论上对出庭支持公诉、出席抗诉法庭的检察官能否对审判活动进行监督存在不同看法,[2]但是,检察监督的范围应当有所拓展,"战线"应该拉得更长,监督应该更加落到实处,这基本是没有争议的。检察监督权的行使,和司法体制、机制的改革紧密相关。对司法体制、机制的改革,不能停留在口号上,而必须做实实在在的工作。检察长列席审委会就是这样一项工作。

法院的审委会制度是中国特色社会主义司法制度的重要组成部分,长期

---

① 林钰雄:《刑事诉讼法》(下册各论篇),中国人民大学出版社 2005 年版,第 318 页。

② 有的学者指出:公诉人存在角色冲突,审判监督职能难以走出困境。参见张建伟:《刑事司法体制原理》,中国人民公安大学出版社 2002 年版,第 410 页。

以来为确保法律的统一行使,保证司法公正做出了巨大贡献。但是,审委会制度过去以来也一直饱受“只开处方、不看病”的争议,审委会工作机制的不透明是其遭受诟病的主要原因。检察长列席审委会,可以在一定程度上使审委会的工作机制增加透明度,且受到监督,检察长作为法律监督者参与审委会的工作,不是作为公诉人出席审委会,不是要去辩论,而是要去监督,即监督法院对证据的认定和对法律的适用是否妥当,监督法律实施过程。这样的监督,可以渐进地推进审委会工作方式的改革。所以,检察长列席审委会,于审判机关、检察机关都有好处,是一举多得的事情。虽然检察长列席审委会的规定早就有了,但是在很长时间里仅仅停留在纸面上。检察长列席抗诉案件审委会的制度,在我院通过一年多的实践,取得了良好效果。为检察长将来全面列席审委会(包括所有民事、行政、刑事案件的审委会)工作的开展打下了良好基础,在法律监督渠道的拓展方面跨出了关键步伐,摸索出新的路子。

(二)促进公正司法,确保定纷止争

检察长列席抗诉案件审委会,对于促进法院正确适用法律,提高司法效率具有现实意义。在某些情况下,也使检察机关对于法院扩张甚至越权解释刑法的初衷能够有所了解。

首先,虽然按照现行法律的规定,法院独立行使审判权,上、下级之间没有领导关系,但是,在司法实务中,下级法院事前向上级请示汇报的情况大量存在。对不少抗诉案件而言,由于原审法院事前汇报过,审理抗诉案件的法院可能就案件的实体处理提出过指导意见,如果在审委会讨论抗诉案件时,检察长不列席,不履行法律监督权,那些曾经请示汇报且法院上下级之间意见高度一致的案件,检察机关的抗诉意见要得到法院接纳,可能就难度较大。检察长列席审委会,在现存的案件请示汇报制度短时期内难以取消的情况下,对于促进公正司法具有现实意义。

其次,对绝大多数抗诉案件而言,法律适用上的分歧往往是争论的焦点。而保证国家法律的正确适用,是法律监督的题中之意。列席制度的切实落实,是检法两家统一对法律的认识重要渠道,通过列席制度所搭建起的检法领导层面的交流平台,使双方通过对争议问题的讨论实现互相配合和制约,及时交流意见,更新司法理念,就具体应用法律问题达成共识,提高司法效率,工作上相互促进,切实强化法律监督。

最后,检察长列席抗诉案件审委会,使得检察机关能够对于法院在某些特殊场合解释刑法、适用法律的方法、结论给予“同情式”理解。检察机关的法律监督角色天然地决定了其适用法律时趋向于严格,解释法律时坚持限制解释的立场。但是,检察机关固守法律条文,就案办案,不考虑中国的社会发展状况,不考虑人民群众对司法的实际需求,也是不正确的。因此,对法院处理个案时扩张解释刑法,做有利于被告人的考虑等立场,以及法院在一定程度上对某些程序性违法行为的容忍,检察机关在不违背大原则的情况下,有时要给予理解和配合。检察长列席抗诉案件审委会,可以更多地了解原审法院处理案件的初衷,也可以对法院扩张甚至越权解释刑法的想法能够有所了解。在法院有利于被告人的考虑缺乏明确的法律依据,或者故意不纠正某些并不影响案件实体处理的程序性违法行为,但是法院的做法可能符合司法习惯、社会情理的场合,检察机关有时可能没有必要死守枯燥的法律条文,再固执地坚持抗诉意见。在这个意义上,检察长列席抗诉案件审委会,具有定纷止争,防止反复提抗的功能。

(三)实现检察机关自身的监督

检察长列席抗诉案件的审委会,不是仅仅为了监督法院,在有的场合要考虑对检察机关自身的监督,尤其是对下级检察机关的监督问题。

在列席抗诉案件审委会过程中,我们发现,有的案件,法院虽然最终采纳了抗诉意见,对原审判决进行了改判,但是,在抗诉案件承办人向审委会汇报案件时,其可能指出:原审过程中,有很多足以指控被告人有罪的证据,但是,原审公诉人没有提交给法庭,或者没有充分阐述证据的关联性、有效性,使得原审法院做出被告人无罪或者罪轻的判决,原审公诉质量不高。在得知这种信息之后,我们在检察机关内部分析案件,召开工作总结会时,都会对原审公诉机关以及出庭的公诉人进行批评,明确向他们指出,原审判决之所以出现错误,责任不在法院,而在检察机关自身。通过这样的方式来强化上级对下级的监督,有利于对原公诉机关产生必要的压力,使其切实感受到一种自上而下的约束和制约,这也是确保下级检察机关未来有效履行法律监督职能的内在要求。[①] 所以,检察长列席抗诉案件审委会,可以知道检察机关工作不足之处,有助于我们提高自身工作水平、执法能力,进而提高自身法律监督的能力。

此外,在列席审委会过程中,检察长会特别注意吸纳法院工作中的可取之处,以人之长补己之短,更好地提高检察队伍的专业化建设水平。通过列席审委会,我们感到:近年来,法院承办人对案件事实、证据的审查判断能力、

① 甄贞等:《法律监督原论》,法律出版社 2007 年版,第 181 页。

对刑法的解释能力以及说理能力都得到大幅度提高，非常值得检察机关学习。特别是承办人代表合议庭所制作的案件审结报告，在全面反映案件事实、论证法律适用方面，优于抗诉案件检察官的审查报告。本着这种认识来改善抗诉工作，对于推进检察机关内部办案机制的改革，能够产生巨大的动力。

（四）提升检察机关灵活掌握和运用刑事政策的能力

审委会讨论抗诉案件，往往是在反复平衡、综合考虑的基础上作出结论。审委会成员思考问题的方式，在很多时候受刑事政策、上级法院对类案的看法等因素影响。检察长列席审委会，可以看出法院对当前刑事政策的态度，并将其和检察机关自身对刑事政策的理解和运用加以比较、结合起来考虑问题，从而寻找处理抗诉案件的最佳途径。通过对法院审委会案件讨论情况的分析，检察机关可以就类案的处理总结经验，从个案中举一反三，对抗诉带来的积极效果和消极影响做出评估，为今后的办案工作，尤其是加强对下级检察机关的指导提供参考，从而进一步提高检察机关的办案能力，提高抗诉工作的准确度。

三、检察长列席抗诉案件审委会应当处理好的几对关系

（一）检察长列席审委会和工作量增加的关系

从表面上看，检察长列席审委会，可能会增加检察长的工作量。但是，我们必须在思想上重视这一工作，将检察长列席审委会作为发挥检察监督职能的重要机会来把握，从而摒弃列席审委会是增加工作负担的错误观念。

当前，由于有关法律、法规和规范性文件对列席审委会的检察长授权不明，检察长在审委会的权力通过何种程序行使缺乏相应规定，列席工作受到很多限制，这是需要面对的现实问题。但是，任何事情总有一个开始，检察机关的法律监督权既是权力，也是检察机关义不容辞的职责。对包括审委会在内的审判活动进行监督，是检察机关的法定职责，不能放弃。列席审委会，是检察监督的难题，但是也是拓展监督领域的重要机遇，只有站在这样的高度认识列席审委会工作，才能将工作"负担"化为工作动力。

（二）检察长列席审委会和公正审判的关系

在司法实务中，非常有影响的一种见解认为：检察长列席审委会，有悖于程序公正，不利于法院独立行使审判权。因此，检察长列席审委会是否是对法院独立、公正地行使审判权的干预，是一个需要加以辨析的问题。

我们认为，如果考虑中国刑事司法的实际情况，很难认为检察长列席审

委会会对法院独立审判案件产生不良影响:(1)由于目前审委会的组成、运作机制都还有不合理的地方,专业化的审委会尚未建立,讨论刑事抗诉案件时,审委会成员可能多数不是刑事法专业的人员,其做出判断时可能受案件承办人或者合议庭影响较深,甚至可能形成偏见,在审委会内部难以保证力量的平衡,如果没有检察机关介入,案件的公正审理难以确保。(2)如前所述,法院内部案件请示汇报制度的长期存在,说明检察长列席审委会行使监督权,对于促使抗诉案件审理机关独立进行审判是必要的。(3)检察监督权,实际上是中间权、建议权、话语权、报告权,在很多时候并不具有决定性、终局性;是程序性权力,不是实体处分权,①检察机关不能强制性地要求被监督机关按照检察机关的监督意见行事,被监督者是否采纳检察机关的意见取决于其自身对案件性质的态度。检察长列席审委会,实际上就是行使建议权和话语权,即在发现承办人、合议庭成员以及审委会委员的某些做法、某些发言明显有悖于事实和法律时,发表检察机关的看法,提出检察机关的建议,某些建议即使较为强烈,类似于"抗议",但行使审判权的法院仍然可以不接受,所以,不存在检察长列席审委会就会左右法院判决,干预审判公正和独立的情况。今后,随着检察长列席审委会制度的健全,即便检察长事后就审委会明显违法的事项向同级人大报告,也是属于检察机关行使话语权、报告权的范畴,这种监督权的行使,也不会直接改变、影响法院判决。

(三)检察长列席审委会与控辩平衡之间的关系

有人认为,检察长列席审委会,是控方多了一次向法院提出自己的主张并证明己方观点正确的机会,但是,被告人及其辩护人却没有被赋予列席甚至旁听审委会的权利,所以,检察长列席审委会可能打破控辩平衡使法院作出不利于被告人的裁判。

我们认为,检察长列席审委会并不会使控辩平衡关系受到破坏,主要理由是:(1)检察长列席审委会,其角色是监督者,而非公诉人,行使的是法律监督权而不是公诉权。不能说检察长列席审委会,检察机关就多了一次说话的机会;更不能认为,检察长列席审委会就是检察机关向法院施加压力。前已述及,检察长列席审委会所体现的检察监督权主要是建议权和话语权,而非绝对权、实体处分权。从我们列席审委会的情况看,审委会总体上能够发扬民主、严格依法办事,我院提起抗诉的案件,即使有检察长列席,法检两家因

---

① 学者指出:设立法律监督权的目的在于维护国家法律的统一实施,防止行政、司法专断和腐败,同时通过其程序性权力的行使,为立法、司法、行政之间的制衡架设桥梁。参见谭世贵:《中国司法改革研究》,法律出版社2000年版,第315页。

为对法律的理解有分歧，案件没有被改判的情况也并不少见。这说明即使有检察长列席，法院的审判权也并未旁落，控辩平衡也没有被打破。(2)列席审委会的检察长在很多时候只是重申控方事实和理由中的关键点，并不出示新的证据，不阐述新的抗诉理由，这完全可以确保控辩平衡。(3)控辩对抗的局面在审理抗诉案件的法庭上已经形成，辩方观点已经固定，并且会完整反映在承办人向审委会委员的汇报材料中，控辩的对抗性会给审委会留下深刻印象。因此，检察长列席审委会不会压制辩方意见的存在空间。相反，在有的情况下，如果法院承办人没有全面报告辩方意见，列席检察长可能还会对其加以补充，让审委会成员对案件全貌有整体把握，这事实上是保持控辩平衡的实际措施。(4)从终极目标上看，检察长列席审委会是为了确保公正高效权威的司法得以实现，因此，其追求与保持控辩平衡、法官居中裁判的价值目标完全是一致的，而不存在相互抵牾的情形。

案卷笔录中心主义
——对中国刑事第二审程序构造的重新考察

陈瑞华*

一、引言

在近期的刑事司法改革进程中,死刑案件的二审开庭问题引起了社会各界的广泛关注。按照最高法院的要求,从 2006 年 7 月 1 日起,各高级人民法院开始"对所有死刑二审案件都实行开庭审理"。根据该法院的解释,死刑案件"人命关天,必须适用极为严格、审慎的审理程序",死刑案件二审开庭审理,"是完善死刑案件审理程序、保证死刑案件质量的必然要求,有利于加强司法人权保障,有利于从制度上保证死刑判决的公正和慎重"。①

其实,对于绝大多数死刑案件通过"调查讯问方式"审理的问题,一些高级法官早就提出过异议,认为这种"变相的书面审理"方式难以发挥二审的作用,因为按照这种审理方式对被告人的生命进行剥夺,显得"欠缺公平和过于随意",二审程序所应具有的发现和纠正一审裁判错误的功能难以得到有效的发挥。② 而按照法学界的主流观点,第二审法院对于上诉案件,原则上应当开庭审理。因为书面审理方式难以保证第二审的质量,根本谈不上什么"全

---

* 陈瑞华,北京大学法学院教授、博士生导师。

① 参见新华社 2005 年 12 月 8 日电:"最高法院发出通知:要求明年下半年所有死刑第二审案件开庭审理",载《法制日报》2005 年 12 月 8 日第 1 版。

② 陈华杰:"论死刑案件的程序审查",载《审判研究》2005 年第二辑(总第九辑),法律出版社 2005 年版。

面审查”,也无法做到对一审所认定案件事实的“复审”。①

如此看来,最高法院就死刑案件二审开庭问题所做的重大改革举措,不仅顺应了法院内部要求改革刑事二审程序的主张,而且也显示出对法学界主流意见的尊重。而按照通常的分析思路,二审法庭以开庭的方式审理上诉案件,显然有利于保障被告人的辩护权,确保被告方获得与公诉方进行平等对抗的机会,从而维护程序的正义,实现公正的审判。不仅如此,二审法庭以开庭方式审理上诉案件,亲自听取证人、鉴定人的当庭陈述,听取控辩双方就案件证据问题所做的质证和辩论,这无疑也会大大提高二审法院发现和纠正一审裁判错误的能力,从而有效地减少“冤假错案”。完全可以说,二审法院开庭审理死刑案件,无论是对于程序正义价值的维护还是实体正义目标的实现,都将具有明显的积极效果。

不过,假如我们从另外的角度进行追问的话,可能问题就远没有这么简单了。首先,二审法官究竟为什么在大多数案件中选择了不开庭审理方式呢?如果那些导致二审法官拒不开庭审理的原因仍然存在的话,那么,开庭审理的改革措施也就仍然有被规避的可能。其次,在那些以开庭方式进行审理的少数二审案件中,二审法官真的能给予控辩双方充分的参与机会吗?毕竟,对于一少部分上诉案件,二审法院目前已经通过开庭方式进行审理,假若这种开庭审理对于维护被告人的辩护权并没有起到实质性的意义,甚至如同一审开庭过程一样,也是“流于形式”的,那么,我们还能指望这种“死刑案件全部开庭审理”的改革措施发挥其效用吗?最后,中国法律为刑事第二审程序所设计的“全面审查”和“事实复审”功能,真的能得到实现吗?如果二审法庭即便通过开庭审理程序,在事实认定方面仍然难以发挥比一审法院更大的优势,那么,我们将不得不质疑这种“全面审查”原则的可行性甚至正当性,从而对刑事二审程序提出更切合实际的要求。

有鉴于此,笔者拟对刑事二审程序作出重新的研究。在笔者看来,中国刑事二审程序存在着一种案卷笔录中心主义的裁判方式。具体而言,这种程序普遍存在着一种“两步式构造”,也就是先有法官对案件事实进行的实质审查,然后才有开庭或者不开庭的审判方式;无论是在“调查讯问”程序还是在开庭审理程序中,那种由一审法院移送而来的侦查案卷笔录都对法官的事实裁判具有直接的影响。只要这种以案卷笔录为依据的裁判方式能够继续存

---

① 蔡敦铭:《两岸比较刑事诉讼法》,台湾五南图书出版公司 1996 年版,第 382 页以下;陈光中主编:《刑事诉讼法学五十年》,警官教育出版社 1999 年版,第 29 页以下。

在，那么，任何旨在推动二审开庭审理的改革举措都将难以发挥有效的作用。

二、二审程序中的"两步式构造"

根据现行《刑事诉讼法》第187条的规定，"第二审人民法院对上诉案件，应当组成合议庭，开庭审理。"这显然表明，开庭审理应当属于第二审法院审判上诉案件的通常方式，至少相对于不开庭审理方式而言，开庭审理应得到优先的选择。但在随后的规定中，这一条款却确立了完全相反的规定："合议庭经过阅卷，讯问被告人，听取其他当事人、辩护人、诉讼代理人的意见，对事实清楚的，可以不开庭审理。"这就意味着，二审合议庭仅仅通过阅卷、讯问等庭前准备活动，只要认为案件"事实清楚"的，就可以自行决定不开庭审理。

《刑事诉讼法》在同一条文中做出如此自相矛盾的规定，其结果必然是二审法院在是否举行开庭审理问题上享有极大的自由裁量权。于是，在司法实践中，二审法院"除了对抗诉案件坚持依法开庭审理外，对上诉案件绝大多数没有开庭审理，即使是对人命关天的死刑上诉案件，开庭审理的也极少，不开庭审理反而成了普遍的做法"。①

姑且不论二审法院是否举行开庭审理，仅就这种旨在对一审裁判进行初步审查的"调查讯问式"程序而言，案卷笔录对于二审法官的"初步裁断"具有决定性的影响。所谓"调查讯问式"审理，是指二审法官在受理上诉案件之初所进行的司法裁判活动。在这一程序中，二审法官在全面查阅、研读案卷笔录的基础上，可以前往看守所对被告人进行讯问，就一些重要事实情节进行核实，也可以自行向有关证人、鉴定人、被害人、侦查人员等进行庭外调查。当然，在这一过程中，二审法官也有可能直接就一审裁判所涉及的事实向公诉人、辩护人等了解情况，听取意见。不过，至少在被告人提出上诉的案件中，二审法官"听取辩护人意见"的方式，其实只是接受和审阅辩护人所提交的书面辩护意见，而很少有当面听取辩护人意见的机会。因此，所谓的"调查讯问式"审理，其核心仍然是全面查阅下级法院移送而来的案卷笔录。而诸如讯问被告人、庭外调查和听取各方意见等其他"调查讯问"活动，则要么是不确定的，要么是因案而异的。按照一位高级法院副院长的说法，阅卷其实是二审法院"调查讯问式"审理的核心环节：

"在实践中，二审法院均……拒绝对上诉案件开庭审理，而搞'调查询问

---

① 田雨、吴俊："死刑二审案件开庭审理是贯彻公开审判原则的必要措施"，载中国法院网，2006年5月23日。

式'审理,即变相的书面审理。第二审合议庭几乎完全以一审人民法院的审理卷宗为根据,不论被告人是否对证据、事实和适用法律问题持有异议,都不再传唤证人、鉴定人、被害人当庭作证,也不再对书证、物证、视听资料等进行当庭调查,甚至形式上的法庭审判也不再进行……不开庭审理死刑案件的情况下,往往是由承办人一人阅卷,故很难发现案件中的疑难问题……"①

二审法院进行这种"调查讯问式"审理的目的是什么呢?现行刑事诉讼法似乎没有对此做出明确的规定。不过,考虑到该法要求二审法官只有对那些"事实不清"的上诉案件才进行开庭审理,因此,我们可以认为,这种以案卷笔录为中心的"初步审查",其目的应在于确定一审法院的裁判是否达到了"事实清楚"的程度。换言之,二审法官仅仅通过这种"调查讯问"活动,就要对上诉案件的实体问题,也就是案件事实是否清楚、证据是否充分的问题,作出实质性的裁断。而一旦经过这种实质审查活动,二审法院认定案件"事实清楚"的,就可以直接作出裁判结论。这种"调查讯问"活动事实上也就等于上诉案件的实体审理程序。在进行开庭审理之前,二审法院仅仅根据阅卷和单方面的调查,即得出一审裁判所认定犯罪事实清楚或者不清楚的结论,这无疑就等于实体裁决形成在先、开庭审理举行在后了。于是,"调查讯问"程序就成为二审法院对一审裁判进行事实审查的关键阶段,甚至可能成为二审法院对案件事实问题作出实质裁判的阶段。在这种"实质审查"程序结束之后,二审法院无论是否举行开庭审理,也都不过是对上诉案件举行一种带有象征意义的司法仪式而已。

"调查讯问式"审理制度的存在,使得二审法院对上诉案件的实体裁判大大提前了,也在很大程度上架空了随后可能进行的开庭审理活动。这颇有些类似于1996年以前实行的庭前审查公诉制度。因为按照这种庭前审查公诉制度,一审法官仅仅通过阅卷、讯问被告人以及其他庭外调查活动,就要对公诉案件是否达到"事实清楚、证据充足"的程度,作出实质性的裁断。这种庭前审查公诉制度的存在,被普遍视为导致一审法院先定后审、法庭审判流于形式的关键原因。在1996年的改革中,立法决策者通过限制检察机关移送案卷材料的范围、禁止法官进行庭外调查等措施,将原来实行的庭前实体审查改为现行的"形式审查"。然而,二审法院对上诉案件所进行的"调查讯问式"审理活动,其实也属于一种"庭前审查"活动。并且,由于这种庭前审查所要

① 陈华杰:"论死刑案件的程序审查",载《审判研究》2005年第二辑(总第九辑),法律出版社2005年版。

确定的是案件“事实是否清楚”的问题，二审法官也可能进行包括阅卷、讯问被告人、庭外调查在内的“调查讯问”活动，因此，这种审查也带有明显的实体审查的效果。一些法官明确指出：

“……（二审法院）一般只在案件‘事实不清，证据不足’，并且需要由二审法院依法改判时，才对上诉案件举行开庭，从而当事人丧失了质证的权利，而其他诉讼参与人也不可能参与庭审充分发表自身意见。因而二审程序事实上演变成带有一种行政化色彩的复议程序，而不是更强化了的独立的司法程序，故二审程序已趋向流于形式。虽然规定了二审全面审查的原则，合议庭也不可能书面对一审判决认定的事实进行全面、客观的审查而得出与一审法院完全不同的结论，因而事实上改判和发回重审的几率极小……”①

这显然说明，与1996年以前的庭前审查公诉制度一样，二审法院通过“调查讯问式”程序，对于一审法院所认定的犯罪事实是否“清楚”的问题，就可能有了明确的内心确信。这种将“调查讯问”活动前置于开庭审理程序的制度设计，无疑会像1996年以前的庭前审查公诉前置于法庭审理程序的做法那样，导致二审法院在形成实体裁判结论之后再进行法庭审理活动，其开庭审理程序势必“流于形式”。另一方面，二审法院只有在认定案件“事实不清”的情况下才举行开庭审理，这又与1996年以前所实行的一审法院只有在“事实清楚、证据充足”的情况下才进行法庭审理，具有惊人的相似之处。这是因为，既然二审法院举行开庭审理的条件就是一审裁判“事实不清”，那么，这种开庭审理也就等于为解决“事实不清”问题才进行的。但是，考虑到二审法院对于“事实不清”的上诉案件，既可能撤销原判、发回原审法院重新审判，也可能直接作出改判，而且对于这两种裁判方式，当事人并没有任何选择权和程序申请权，二审法院事实上拥有近乎独断的决定权，因此，这种开庭审理一般也就等于“为改判而举行的开庭审理”。这恰恰就是为什么很多二审法院在对上诉案件作出数次发回重审的裁定之后，一经举行开庭审理，往往就作出改判的原因。

由此可见，在现行的刑事二审制度下，二审法官在决定是否开庭审理之前，就通过阅卷、讯问、庭外调查等活动对上诉案件进行了“初步审查”。在经过这种秘密的、书面的“初步审查”之后，二审法官认为案件“事实清楚”的，就不再进行开庭审理，而直接作出裁判；只有在经过这种书面审查之后，认为案

① 吴惠林、王骥男：“刑事诉讼审级制度改革的理论与实践”，载《审判研究》2004年第一辑（总第二辑），法律出版社2004年版。

件“事实不清”、非开庭不足以查明真相的，二审法官才会自行决定法庭审理。这显然说明，中国刑事二审程序中实际存在着一种“两步式程序构造”，也就是二审法官对案件事实的实质审查程序在前，这大体相当于一审程序中的庭前审查公诉程序；二审法官对案件的实体裁判程序在后，这也可以与正式的法庭审判程序相对应。不过，与一审程序不同的是，大多数上诉案件的二审程序并不举行正式的开庭审理，而是直接通过这种带有庭前审查性质的“调查讯问程序”即告终结。而只有在那些通过开庭审理来作出二审裁判的案件中，这种“两步式构造”才会完整地存在并发挥着作用。

在笔者看来，只要这种“两步式构造”继续存在于刑事二审程序之中，那么，侦查机关所作的案卷笔录就会对二审法院的裁判结论产生重大的影响，二审法院对案件事实的裁判也就不可能形成于法庭审理过程之中，而那些旨在推动二审法院开庭审理的改革努力可能也会收效甚微。

三、以案卷笔录为中心的“调查讯问”程序

对于侦查案卷在第二审程序中的影响问题，绝大多数法学者都没有给予足够的关注。过去，法学者主要关注的是第一审程序的“审判方式改革”问题。对于第二审程序，法学者更关心二审法院应否开庭审理、应否全面审查以及发回重审制度如何设计的问题。但是，如果说案卷移送制度会造成第一审程序流于形式的话，那么，侦查案卷从一审程序向二审程序的移送，也同样会导致第二审程序形同虚设的后果。

这是因为，一审法院在作出裁判之后，还会随着当事人的上诉或者检察机关的抗诉，将全部案卷材料继续移送给上一级法院。这些案卷笔录尽管除了包括检察机关移送而来的侦查和审查起诉笔录之外，还增加了一审法院的审判记录，但其主体部分仍然是侦查人员所作的各种笔录类证据材料。随着法官的庭外阅卷和调查活动，这些案卷材料对于二审法庭的实质审查乃至裁判结论的形成产生了极大的影响。可以说，没有这种一审法院向二审法院移送案卷的制度，中国刑事第二审程序就不可能形成现行的基本构造。案卷笔录不仅成为二审法院审查一审法院的判决是否“确有错误”的依据，也成为该法院作出新的裁判结论的基础。

（一）案卷笔录的“复合形态”

二审法院究竟以何为基础开始法庭审判活动？这直接涉及二审法院的审判对象问题。通常说来，二审法院所要审查的应当是一审法院的裁判结论在认定事实和适用法律方面是否“确有错误”，因此，一审法院的审理过程和

裁判结论应当是二审法院进行上诉审查的重点。为此,二审法院无论以何种方式进行法庭审理活动,都离不开对一审法院审理记录的审查。

但是,几乎任何一份一审法院的审理笔录本身,都不过是对整个初审过程的书面记载而已。由于第一审法庭主要是通过宣读侦查案卷笔录的方式展开法庭调查和组织控辩双方的举证、质证活动的,因此,第一审审判笔录所记载的法庭调查证据的内容,也就是侦查人员所制作的各种笔录类证据。例如,第一审法庭所调查的被告人供述,也就是侦查人员在审判前所制作的被告人供述笔录;公诉方在第一审程序中所出示的证人证言,也就是侦查人员在侦查阶段所制作的证言笔录;公诉方在第一审程序中所宣读的搜查笔录、勘验笔录、辨认笔录等证据材料,也不过是侦查人员对其搜查、勘验、辨认等侦查活动的书面记录而已。由于法官在第一审法庭上主要是通过宣读、出示公诉方所提交的案卷笔录在组织法庭调查活动,因此,所谓的"审判笔录",往往既包括第一审法庭审理过程的书面记录,也涵盖了公诉方宣读、出示过的笔录类证据。以下是四川某中级法院一审审判笔录所记载的法庭调查情况:

案例1 2004年3月31日,四川某中级法院对田骏等涉嫌故意杀人、寻衅滋事一案进行了不公开开庭审理。根据法院审判笔录的记载,在公诉人出示指控证据阶段,公诉人首先出示了"收案登记表"、"现场勘验笔录"、"现场勘验照片"、"作案工具照片"、"鉴定书及说明"、"提取笔录"等证据,分别宣读了侦查案卷第1卷第1页、第2卷第32、33、35页、第45—49页、第41—44页、第53页、第38页以及第9页。接着,公诉人出示了高某、程某、刘某、江某、麦某、罗某、唐某、陈某、杨某、胡某、钟某等共13人的证言笔录,分别宣读了案卷第三卷第136—139页、第63—64页、第138—140页、第128—129页、第65—66页、第130—132页、第67—68页、第122—124页、第71—72页、第151—153页、第75—76页、第76—79页、第92—96页、第157—170页、第171—173页、第180—183页、第184—186页、第106—155页的证言笔录内容。在宣读上述证言笔录过程中,公诉人还穿插宣读了田某、马某、薛某、陈某、彭某五人的辨认笔录,这些笔录也都记载于侦查案卷第3卷之中。其后,公诉人向法庭出示了被告人田骏、杨晓、江雪峰、任和平、宋海川、张亚进的供述笔录,分别宣读了侦查案卷第4卷第190—211页、第212—234页、第235—249页、第250—262页、第263—276页、第277—291页的被告人供述笔录的内容。最后,公诉人向法庭宣读了侦查案卷第2和第3卷所记载的"死者户口材料"、"被告人户口材料"、"抓获经过"、"情况说明"等书面材料。辩护律师则向法庭出示了“单位出具的杨晓一贯表现的证明”、“单位请求书”、“派出所出具的宋江川平时表现的证明”、“单位证明”、“人民法院报”等证明。法庭在允许控辩双方对这些证据发表意见后，宣告法庭调查结束。①

这一案例清晰地显示，一审法院所作的审判笔录只是简单地记录了公诉方所宣读的侦查案卷的卷册、页码，而丝毫没有记载相关的案卷笔录内容。无论是多达近20人的证言笔录，还是六名同案被告人的庭前供述笔录，甚至公安机关所作的其他笔录类证据材料，其内容都没有在法院审理笔录中有任何具体的记载。审理笔录的制作者只是非常简单地记载“参见侦查案卷第某卷、第某某页至某某页”。第二审法官假如不了解侦查案卷笔录的任何内容，而仅仅研读第一审法院的审判记录，就很可能对第一审法庭调查证据和控辩双方质证的情况无从了解。

由此可见，作为二审法院审判对象的案卷笔录其实具有一种“复合形态”：一是记载一审法庭审理过程的审判笔录；二是对于认定案件事实具有实质意义的侦查案卷笔录。造成这一局面的主要原因是一审法院实行以案卷笔录为中心的裁判方式，整个法庭审理不过是对侦查案卷笔录的宣读和审查而已。本来，一审法院应当严格限制甚至否定侦查案卷笔录的证据能力，要求控辩双方只能通过传唤证人、鉴定人、被害人甚至侦查人员出庭作证，并听取控辩双方对这些言词证据提供者的交叉询问。一审法院所要记录的也主要是各方对证人、鉴定人等进行当庭询问、反询问以及补充询问的过程，其判决书也应当将这些证人、鉴定人、被害人、侦查人员的当庭陈述作为认定事实的基础。只有在这种情况下，一审法院的“审判记录”也才能成为二审法院的唯一审判对象。但是，在现行案卷笔录移送制度的影响下，侦查案卷笔录却是一审法院法庭调查的对象和认定案件事实的直接依据，一审审判笔录即便将这些侦查笔录材料全部记载下来，也不过是对侦查案卷笔录的“转载”或者“复述”而已。正因为如此，一审法庭往往将这些已经存在于侦查案卷之中的笔录材料略而不记，而仅仅记录下法庭审理的流程和步骤。在案件进入上诉审程序之后，二审法官所看到的就不只是这种形式化的一审流程记录，还包括了对一审实施裁判具有实质影响的侦查案卷笔录材料。由此，侦查案卷笔录就不仅对一审法院的裁判具有决定性的影响，而且还与一审法院的审判笔录一起，对二审法院的事实认定继续发挥作用。

（二）1996年改革的局限性

在1996年的刑事诉讼法修改过程中，无论是法学者还是立法决策人士，

---

① 这一案件的法庭审判笔录，是笔者2005年在四川进行调研期间搜集得来的。

都主要关注检察机关向一审法院移送案卷的问题，对于究竟采纳“起诉书一本主义”还是维持原来的“案卷移送主义”，存在较为激烈的争论。最后，作为一种部门利益调整和各种观点妥协的结果，一种限制检察机关移送案卷范围的立法方案登堂入室，成为具有法律效力的制度设计。

通过这次改革，立法决策者为了避免法官在开庭前过多地查阅案卷材料，减少法官的庭前预断，以便有效地发挥法庭审理程序的作用，大大减弱了法院的庭前审查公诉功能，也就是将通常所说的“实质审查”改造为“形式审查”，使得法官不得在开庭之前即对案件是否事实清楚、证据充足这一“实体问题”作出裁断，以避免法官的先入为主甚至“先定后审”。作为这一改革的必要配套措施，检察机关被禁止将全案卷宗材料移送法院，而只被允许移送“主要证据的复印件或者照片”。立法决策者作此改革的意图是比较明显的：促使法官尽量通过听取控辩双方的举证、质证和辩论，来形成对案件事实的内心确信，从而减少侦查案卷笔录对于法院裁判的影响。①

但是，这种改革并没有将侦查案卷笔录阻挡在法院的大门之外，而是为侦查案卷材料进入一审程序和二审程序留下了畅通无阻的渠道。在1996年的改革方案中，检察机关除了在开庭前移送“主要证据的复印件或者照片”之外，究竟还能否将全部侦查案卷材料移送给法院，这是非常不明确的问题；修改后的刑事诉讼法对于一审法院能否将侦查案卷材料继续移送二审法院，也同样是语焉不详的。而在经过了两年多的“战略模糊”状态之后，由全国人大常委会法制工作委员会会同最高人民法院、最高人民检察院、公安部等部门所作的法律解释，则对侦查案卷材料的移送问题作出了清晰但令人失望的补充规定。根据这一法律解释，检察机关可以自行确定“主要证据”的范围和规模，法院无权以检察机关移送的案卷材料不足为由，拒绝开庭审理；在一审法院开庭审理程序结束后的三日之内，检察机关可以将其所掌握的全部案卷材料移送法院。由此，一种庭前移送“主要证据复印件”、庭后移送全部卷宗材料的制度，在中国刑事审判制度中得以确立。

既然一审法院不得不接受检察机关庭后移交的全套侦查案卷笔录，那么，在案件进入上诉审程序之后，二审法院也必然会接触到这些案卷材料。于是，侦查案卷笔录就不仅成为一审法院制作裁判的根据，而且还“长驱直入”，成为二审法院对一审裁判进行事实审查的前提和基础。

---

① 陈瑞华：“案卷笔录中心主义——对中国刑事审判方式的重新考察”，载《法学研究》2006年第4期。

根据1996年刑事诉讼法的规定，对于第一审法院的判决、裁定，当事人通过原审法院提出上诉，检察机关通过原审法院提出抗诉的，原审法院应将上诉状或者抗诉书连同“案卷、证据”移送上一级法院。根据最高法院的司法解释，第一审法院移送上诉、抗诉的案卷应当包括“全部案卷材料和证据”。至于何谓“全部案卷材料和证据”，最高法院并没有给出明确的列举。不过，按照最高法院的司法解释，第二审法院应当审查“第一审判决认定的事实是否清楚，证据是否确实、充分，证据之间有无矛盾”，审查“在侦查、起诉、第一审程序中有无违反法律规定的诉讼程序的情形”，并且还要审查“被告人供述、辩解的情况”。[①]

然而，第一审法院的审判案卷通常只是对法庭审理的过程作出书面记录，至于公诉方在法庭调查中所出示、宣读的证据笔录，绝大多数都是直接摘录于侦查案卷之中。结果，法庭上调查的绝大多数证据也就是侦查案卷中记载的笔录证据。即使被告人当庭做出了新的供述、辩解，证人做出了新的证言，公诉方也会结合案卷笔录中的证据情况，对其进行讯问和发问。与此同时，第二审法院对于侦查、公诉程序是否存在违法情况的审查，对于被告人供述、辩解的审查，也都需要通过审查案卷笔录来展开。因此，在司法实践中，第二审法院所要查阅的“全部案卷材料和证据”，也就自然而然地包括了第一审法院移送而来的侦查案卷笔录。

很明显，1996年改革的妥协性和不彻底性不仅造成“起诉书一本主义”的起诉方式没有得到确立，而且还使得一审法院从改革前的“庭前阅卷”变成改革后的“庭后阅卷”，侦查案卷笔录对于法庭审理乃至裁判结论的影响不仅没有得到实质上的减弱，反而带来了更为严重的消极后果。不仅如此，无论是法学者还是立法决策人士，都没有对侦查案卷笔录对于二审法院的消极影响产生足够的重视，也没有对此问题制定任何相应的制度安排。对于二审法院而言，在案件进入上诉审程序之后，既可以查阅一审法院的审判笔录，也可以全面研读一审法院移交而来的侦查案卷笔录。这一点，在1996年改革前后几乎没有发生任何实质性的变化。

(三)案卷移送制度下的重复审查问题

毫无疑问，不论是对事实认定问题还是法律适用问题，二审法院均应将一审法院的审判过程和裁判结论作为上诉审查的对象。对于一审法院的裁

---

① 最高人民法院1998年发布的《关于执行〈中华人民共和国刑事诉讼法〉若干问题的解释》第237、240、245、251条。

判结论进行上诉审查，这是刑事诉讼法的明确要求。因为当事人既然可以对一审法院所作的所有“判决”和“裁定”提起上诉，那么，二审法院当然可以对这些“裁判结论”在“事实认定”或者“适用法律”方面是否成立的问题，进行上诉审查。而根据现行《刑事诉讼法》第191条的规定，第二审法院对于第一审法院违反法律规定的程序，影响公正审判的，可以作出“撤销原判、发回重审”的裁定。由于第一审法院违反法律程序的情况既有可能发生在其裁判结论之中，也有可能存在于其审判过程之中，尤其是那些不被列入上诉对象的“决定”之中，因此，至少在程序性辩护方面，二审法院是可以将一审法院的审判过程列为审判对象的。①

但是，在案卷移送制度的影响下，二审法院所接触的不仅是记载一审法院审判过程的审判笔录和裁判文书，而且还包括记载侦查过程和侦查结果的全部案卷材料。而且就一审法院的认定事实问题而言，这些侦查案卷材料还几乎成为一审裁判所赖以产生的前提和基础。二审法官仅凭一审法院的审判笔录是无论如何也无法对其事实认定问题进行全面审查的。因此，二审法官要审查一审法院所认定的犯罪事实“是否成立”，就不能不同时审查一审法院的审判笔录和相关的侦查案卷材料，也就不能不通过仔细研读这些由侦查人员制作的笔录材料，来确定侦查人员据此所形成的“内心确信”是否可靠。于是，通过审阅、研读侦查案卷笔录材料，二审法官事实上在进行着一种“双重审查”活动：一方面，他们要审查一审法官对于侦查人员所制作的被告人讯问笔录、证人证言笔录、勘查笔录等是否进行了全面调查和质证；另一方面，他们还需要沿着一审法官的思路，继续审查侦查人员根据这些笔录材料是否得出了客观和有根据的结论。

但是，根据中国现行的刑事诉讼制度，这种针对侦查人员所认定的事实是否成立所进行的审查，可能会发生在检察机关审查起诉阶段，也会发生在第一审程序之中。从审查方式上来看，无论是负责审查起诉的检察官还是负责第一审程序的法官，都会全面地查阅、研读侦查案卷材料，以弄清各种笔录类证据相互间是否产生印证。而从审查目的来看，无论是审查起诉阶段的审查，还是第一审程序中的审查，其实都是围绕着侦查人员所认定的“犯罪事实”是否有足够的证据加以支持这一点来展开的。这种通过侦查案卷笔录材料所进行的审查，如果在二审程序中继续进行，其形式和目的又能有多大的变化呢？而最为关键的问题是，即便从认定事实的角度来看，这种明显带有

---

① 陈瑞华：《程序性制裁理论》，中国法制出版社2005年版，第135页以下。

重复性的审查,又能比检察官和一审法官具有多大的优势呢?

由此看来,这种通过查阅侦查案卷笔录来进行的事实审查,无论是被冠之以"审查起诉"、"第一审程序"的名义,还是直接被称为"第二审程序",其实际效果可能都不会发生实质性的差别。假如侦查案卷笔录本身在认定事实的逻辑环节上存在问题,那么,检察官通过阅卷也会有所察觉,一审法官通过阅卷和法庭审理更会有所了解,二审法官通过继续阅卷来审查这一问题岂不就是多余的了?假如侦查案卷笔录本身不存在明显的问题,那么,无论是检察官还是一审法官、二审法官通过阅卷本身也不会得出不一致的结论。

当然,二审法官的这种阅卷审查只有在一种情况下可能是有意义的:检察官和一审法官要么因为素质不高要么因为故意视而不见,因此没有发现侦查案卷笔录在认定事实方面的漏洞,而二审法官又恰恰"独具慧眼",发现了侦查案卷之中的这些漏洞。在中国现行的刑事司法制度下,这种情况有时确实是会发生的。例如,在近期发生的几起"冤假错案"中,二审法院通过阅卷即发现"原审判决事实不清",要么发回重审,要么做出了"留有余地"的从轻量刑判决。而在事后发现了新的事实和情况之后,要么真正的犯罪人被抓获,要么原案被判定已被杀害的被害人突然活着回来,要么真正的犯罪人偶然供述自己为真凶,案件才被发现属于刑事误判。① 然而,对于那些仅仅通过阅卷并不能发现问题的案件而言,二审法官的优势又能有多大呢?

四、不开庭审理程序中的推定法则

目前,在大多数刑事上诉案件的二审程序中,法院都采取了不开庭的审理方式。当然,所谓"不开庭的审理方式",并不是在"调查讯问"程序结束后举行的专门诉讼程序,而是二审法庭在通过阅卷、讯问被告人等单方面调查讯问活动之后,认为一审判决所认定的犯罪"事实清楚"的,即直接对案件作出裁判的程序。换言之,前面所分析的"调查讯问"程序本身,也就相当于二审法院的不开庭审理程序。

那么,这种通过不开庭审理程序进行裁判的案件,在刑事二审程序中究竟占多大的比例?迄今为止,无论是最高法院还是地方法院,都并没有一个有关这一问题的准确统计数据。不过,在一些法官所发表的调查报告和论文中,这一数据还是存在的。例如,有的中级法院的法官就明确指出:

"上诉案件应以开庭审理为原则,个别案件可以通过调查讯(询)问方式

① 典型的例子是杜培武案、佘祥林案。

审结……但实践表明,这一规定并没有得到彻底贯彻。除个别地区外,开庭审理的二审案件只占少数,一般仅限于两类案件:(1)抗诉案件;(2)经过调查讯问后,二审合议庭仍然认为原判决认定的犯罪事实不清楚的上诉案件……调查讯问成了二审的基本方式,开庭审理反而成了例外。这与刑事诉讼法修改前的二审情况相比基本上没有什么变化。具体到我院,在审判实践中,除上述两类案件外,未成年人犯罪上诉案件必须开庭审理,据统计,这三类案件占我院刑事二审案件总数的11%。"①

根据这一中级法院的情况,除去检察机关抗诉案件和未成年人案件以外,普通刑事上诉案件的二审开庭比例可能仅占全部上诉案件的5%以下。这尽管只是一个中级法院的情况,却大体说明了二审法院采用不开庭审理程序的普遍情况。

在不开庭审理的情况下,第二审法院对上诉案件主要是通过阅卷、讯问被告人、听取辩护人意见的方式来进行裁判的,那种以案卷笔录为中心的"调查讯问"程序实际成为实质上的二审裁判程序。考虑到"讯问被告人"无非是就其供述笔录的真实性进行一定程度的核实,从而判定其上诉理由是否成立,而"听取辩护人意见"则不过是审阅辩护人提交的"书面辩护意见",因此,"阅卷"几乎成为二审法院作出二审裁判的主要信息来源。但是,第二审法院的法官既没有开庭,没有给予公诉方和辩护方进行当庭质证、辩论的机会,更没有听取证人、被害人的当庭陈述,他们究竟是如何作出案件"事实清楚"的判定的呢?

在绝大多数情况下,第二审法院都以被告人、辩护人没有提出新的事实和证据为由,对一审法院所采信的证据和认定的事实给予了确认,并随即对被告人的辩解和辩护人的辩护意见作出了否定的回应。换言之,二审法院在这种不开庭审理程序中实际奉行了一种特殊的"推定法则":在被告人没有提出相反事实和证据的情况下,一律推定一审裁判结论是成立的。可以说,在几乎所有被维持原判的上诉案件中,二审法院大都遵循了这种推定法则。而二审法院之所以遵循这一推定法则,原因就在于二审法官通过查阅、研读一审法院的审判笔录和侦查笔录材料,对于被告人构成犯罪的事实依据产生了内心确信,对于第一审法院认定事实的逻辑和经验基础没有产生合理的怀疑。因此,恰恰是以阅卷为核心环节的"调查讯问"活动本身,构成了二审法

---

① 张素莲:"刑事二审程序分流的论证与构想",载《刑事审判要览》(总第四辑),法律出版社2003年版。

官坚持这种推定法则的认知基础，甚至导致二审法官不再通过开庭审理来对案件事实进行重新审查。对于这一点，我们可以两份裁判文书为例作一说明。第一个例子是山东省高级法院对李信涉嫌受贿一案的二审裁定书：

"山东省潍坊市中级人民法院审理……李信犯受贿罪一案，于2005年7月4日作出……刑事判决。原审被告人李信不服，提出上诉。本院依法组成合议庭，经过阅卷，讯问上诉人，听取辩护人的意见，认为案件事实清楚，决定不开庭审理……

"潍坊市中级人民法院在判决书中列明了经庭审质证的认定本案事实的证据，本院予以确认。在本院审理过程中，上诉人李信及其辩护人均未提出新的证据。"①

第二个例子是北京市高级法院对上海华亚实业发展公司、丁福根等操纵证券交易价格一案的二审裁定书：

"北京市第二中级人民法院……于2003年4月1日作出……刑事判决。宣判后，原审被告人李芸不服判决，提出上诉。本院依法组成合议庭，经过阅卷，讯问上诉人李芸及原审被告单位上海华亚实业发展公司、原审被告人丁福根……听取辩护人的意见，认为本案事实清楚，决定不开庭审理……

"一审法院在判决书中列举的认定本案事实的证据，已在一审开庭时质证确认，在本院开庭审理期间，上诉人李芸及其辩护人未提出新的证据，本院对一审判决书所列证据予以确认。本院经审理认为，二审判决认定上诉人李芸及原审被告单位上海华亚实业发展公司、原审被告人丁福根……操纵证券交易价格……的事实清楚，证据确实、充分。"②

上述两份裁定书作为被随机抽取的样本，体现了第二审法院在驳回上诉、维持原判时所遵循的基本裁判逻辑。但是，二审法院之所以不经开庭审理即对一审所采信的证据全部予以"确认"，一方面是因为被告人及其辩护人都没有提出新的证据，但另一方面也是因为二审法官已经全面地审阅了一审法院移交来的案卷笔录。而这些案卷笔录既包括一审法院的审理案卷，也当然包括公诉方在一审开庭结束后移交给一审法院的侦查案卷和审查起诉案卷。

很显然，二审法院通过阅卷，即对一审法院的审理过程有了大致的了解，

① 山东省高级人民法院(2005)鲁刑二终字第147号刑事裁定书，载《刑事审判参考》(总第45辑)，法律出版社2006年版。

② 北京市高级人民法院(2003)高刑终字第275号刑事裁定书，载《刑事审判参考》(总第37辑)，法律出版社2004年版。

也肯定会对侦查案卷笔录有了全面透彻的认识。由于整个一审程序都是以侦查案卷笔录为依据而展开的，因此，二审法官对于一审法院采信证据和认定事实问题的审查，也不得不以侦查案卷笔录的内容作为主要的信息来源。结果，公诉方所提交的案卷笔录就通过第一审法院的审理案卷、判决书以及第二审法院的阅卷，而对第二审法官产生了间接的影响。可以说，二审法院对于一审所采纳的证据的“确信”，就是基于对这种采信大体符合案卷笔录的情况所作出的判断。

当然，假如一审法院对案件证据的采纳明显有悖于公诉方所提交的案卷笔录，那么，二审法院是不会轻易地对这些证据加以“确认”的。在这种情况下，二审法院就有可能作出撤销原判、发回重审或者直接宣告无罪的裁决。换句话说，假如二审法官通过阅卷发现一审裁判并不具备充足的证据基础，或者通过讯问被告人、庭外调查等活动发现一审所采纳的证据并没有形成一套完整的证据锁链，那么，上述所谓的“推定”也就难以形成。以下由陕西省高级法院作出的二审改做无罪判决的案例，就显示了这种二审法院拒绝“确认”一审法院所采信的证据的情况：

“榆林市中级人民法院审理……刘世亮、朱玉莲犯故意杀人罪一案，于2001年8月9日作出……刑事判决。宣判后，二被告人均不服，提出上诉。本院依法组成合议庭，调阅案卷、讯问被告人、听取辩护人的辩护意见，认为刘世亮的犯罪事实清楚、决定不开庭审理……

朱玉莲上诉提出否认自己参与杀人，是冤枉的。

辩护人的辩护意见认为：被告人朱玉莲无罪，应予释放……

……对朱玉莲的上诉理由及辩护人的辩护意见，经查，被告人刘世亮在多次供述中，时而供述其杀人后，朱玉莲参与了埋尸；时而供述是他与朱玉莲共同杀人作案，时而又供述朱玉莲与一个叫白三奴的人共同杀人作案，其口供前后矛盾，供述不一；公安机关的现场勘查及照片和补充说明，现场有五类鞋印……未发现朱玉莲留在现场的鞋印痕迹，不能确定朱玉莲到过作案现场；朱玉莲哥哥朱玉粮、妹妹朱艳霞均证明朱玉莲当晚没有离开过理发店，朱玉莲没有参与作案的时间；朱玉莲1997年1月3日被羁押至今一直不供认其参与杀人的事实。原审法院仅凭朱玉连裤子上沾有与被害人统一血型的血迹，及朱玉莲与刘世亮有两性关系和二人的合影，来认定朱玉莲参与共同故意杀人犯罪，显然证据不足，故对朱玉莲的上诉理由和辩护人的辩护意见予以采纳……"①

在这一裁判文书中,二审法院以"证据不足"为由,对一名在一审程序中被作出有罪判决的被告人改判无罪。值得注意的是,二审法院本来经过阅卷等庭外活动认为该案"事实清楚",并因此采取了不开庭的审理方式。但是,通过这种不开庭的审理方式,二审法院竟然得出认定被告人有罪系属"证据不足"的裁判结论。于是,这里就出现了一种逻辑上的悖论:二审法院本来通过阅卷等活动已经得出了"事实清楚"的结论,又何来"证据不足"的判定呢?如果认为"证据不足",二审法院就应当开庭审理,而不能通过这种阅卷方式直接产生结论。

值得关注的问题还远不止这些。在不开庭的审理过程中,二审法院对一审法院认定被告人有罪"证据不足"的判定,并没有建立在新的证据和事实的基础上,而是基于对侦查案卷笔录之间存在重大矛盾的认识,确认公诉方在一审程序中所宣读的案卷笔录并不足以形成一个完整的证据体系,在认定被告人有罪问题上存在重大的合理怀疑和其他可能性。这种判断显然建立在对公诉方移交来的案卷笔录重新审查和研究的基础上。

可以看出,无论是在绝大多数情况下作出维持原判的裁定,还是在极少数案件中作出宣告无罪的判决,二审法院只要不举行开庭审判,就势必将这种上诉审查建立在查阅、研读全套案卷笔录的基础上。在采信公诉方证据和确认一审所认定的有罪事实问题上,二审法院不得不求助于一审法院所采纳的全部侦查案卷笔录,因为这些案卷笔录既是一审法院作出有罪判决的基础,也同样是二审法院对一审法院的事实认定问题加以重新审查的直接根据。在维持原审判决的情况下,二审法院对一审法院所认定的事实全部予以确认,也就等于通过审查案卷笔录没有发现一审判决的问题;而在极少数改判无罪的情况下,二审法院通过重新研读侦查案卷笔录,确认一审法院的事实认定并不符合这些笔录的内在应有之义,这等于用侦查案卷笔录否决了一审法院的事实认定。可见,案卷笔录不仅是二审法院进行所谓"全面审查"的依据,还是审查一审法院事实认定能否成立的标准。这种根据公诉方移交的案卷笔录来审查一审法院判决是否成立的二审裁判方式,对一审法院造成了较大的压力,并迫使一审法院不得不尽力追求判决结论与案卷笔录的吻合一致。否则,二审法院就有可能根据案卷笔录对一审判决作出否定性评价。

---

① 陕西省高级人民法院(2001)陕刑一终字第454号刑事判决书,载《刑事审判参考》(总第32辑),法律出版社2003年版。

五、开庭审理程序中的案卷笔录

通常情况下，对于那些在认定事实、适用法律方面没有任何问题的上诉案件，二审法院是不会开庭审理的。那么，二审法院经过阅卷、讯问被告人等活动之后，认为一审裁判所认定的犯罪“事实不清”的，是否都要开庭审理呢？答案是否定的。这是因为，二审法院对于事实不清、证据不足的上诉案件，可以作出撤销原判、发回重审的裁定，也可以依法改判。一般而言，二审法院对于准备“依法改判”的案件，经常会举行开庭审理，但对于发回原审法院重新审判的上诉案件，则一般会直接通过“调查讯问”程序作出裁定，而不再进行开庭审理。不过，遇有上诉案件“事实不清、证据不足”的情况，二审法院在几乎所有情况下，都会优先选择发回重审。这显然就意味着，对于大多数被认定“事实不清”的案件，二审法院都可能不开庭审理。这无疑会使刑事诉讼法第 187 条的规定根本无法得到实施。

不仅如此，即便对于那些被认定“事实清楚”的上诉案件，二审法院也可能会举行开庭审理。但对于这种上诉案件，二审法院通常都会在定性或者量刑方面作出改判。当然，我们不能说二审法院的开庭审理程序都是为作出改判而设计的。毕竟，现有的证据并不足以充分证明这一点。不过，一些中国刑事二审方面的案例表明，二审法院对于那些社会影响较大、被告人反复提出上诉或者被新闻媒体多次披露的上诉案件，通常更愿意采取开庭审理的方式，以显示自己对这类案件处理的慎重。这却是一个不争的事实。本文下面将要分析的案例 2，就充分地说明了这一点。

可以看出，在是否举行开庭审理问题上，二审法院其实是拥有极大自由裁量权的。事实上，无论上诉案件是否“事实清楚”，也无论一审判决在适用法律上是否“正确无误”，二审法院只要不准备作出改判，就都可以不开庭的方式进行二审审理。当然，本文前面的案例也已经显示，即使二审法院以一审判决“事实清楚”为由不举行开庭审理，也仍然可能作出撤销原有罪判决的新判决。另一方面，这种自由裁量权还表现在，二审法院在决定是否开庭审理问题上，既没有听取检察机关的意见，也不给予被告人、辩护律师作出程序选择的机会。二审法院以一种近似行政命令的方式，独断地做出了不开庭或者开庭审理的决定。这显示出在这种重大程序事项上，控辩双方的诉权并不能有效地制衡法院的裁判权，裁判权的行使具有明显的恣意性。

在绝大多数通过调查讯问方式进行审理的上诉案件中，二审法院对案件事实问题的裁判自然是建立在侦查案卷笔录基础上的。那么，对于那些以开庭方式进行审理的上诉案件,二审法院能否摆脱侦查案卷笔录的影响,而对案件事实认定问题进行独立的审查呢?

由于现行刑事诉讼法并没有确立专门的二审开庭程序,而是要求二审法院"参照第一审程序"来进行二审开庭审理活动,因此,这种开庭审理充其量不过是一审程序的变种而已。而且,不同的法院对于上诉案件的开庭审理还可能采取不同的模式。[①] 但是,一个不容否认的情况是,二审法院对一审法院判决的审查仍然是通过审查案卷笔录的方式来进行的。这是因为,在开庭审理过程中,二审法官既不传唤证人、鉴定人出庭作证,也不允许被告人与证人、被害人、鉴定人、侦查人员就上诉中的争议问题进行当庭对质。二审法院调查证据的主要方式是重新宣读和审核侦查人员所提交的案卷笔录。当然,这些案卷笔录既可能是侦查人员在侦查阶段制作的,也可能是他们在检察机关退回补充侦查后所作的补充侦查案卷笔录。无论案件最终被作出无罪判决还是有罪判决,侦查案卷笔录都对二审法院的事实认定具有决定性的影响。

在以下的讨论中,我们可以两个分别被改变量刑和改判无罪的上诉案件为例,对二审法院开庭审理程序中案卷笔录的作用作一分析。

案例2 2003年11月6日,河北省高级法院经过公开开庭审理,对陈国清等涉嫌抢劫一案作出了二审判决。判决书认定"上诉人陈国清、何国强、杨士亮、朱彦强犯抢劫罪的基本事实清楚,基本证据确实","认定四上诉人犯抢劫罪的证据均经庭审质证、核实,足以认定"。对于上诉人陈国清所提出的"无作案时间"的辩解,判决书援引了侦查人员提取的"第二锅炉厂1994年7月份考勤本"、郑启超1994年11月22日和1996年6月28日的证言笔录以及陈国清向侦查人员所作的供述笔录,判定"其供述情节与考勤本记录、记工员证明情节吻合","陈国清上诉称1994年7月30日加班无作案时间的理由不能成立"。对于上诉人何国强所提出的"无作案时间"的辩解,判决书援引了项志诚、赵宽、朱彦江、杨树强、周大庆、王慧芝的证言笔录,认为"上述证言均经过庭审质证,足以认定",从而判定何国强的辩解不能成立。对于上诉人杨士亮所提出的"没有实施抢劫犯罪"、作为关键证据的烟头系"有人栽赃陷害"的辩解,判决书援引了李相、朱世清、谢红梅、项志诚、朱彦江、杨万英、张

① 有关二审法院开庭审理的具体模式问题,参见张军、姜伟、田文昌:《刑事诉讼:控辩审三人谈》,法律出版社2001年版,第351页以下。

桂兰、李凤英的证言笔录以及杨士亮向侦查人员所作的供述笔录，援引了侦查人员所作的现场勘察笔录、物证送检表以及技术人员书面证言，判定杨士亮的辩解不能成立。对于上诉人朱彦强所提出的没有实施抢劫犯罪的辩解，判决书则援引了杨玉环、刘春亭、赵亮、吴雪峰的证言笔录以及朱彦强的有罪供述笔录，认为该辩解不能成立。上述证言笔录、被告人供述笔录和勘查笔录绝大多数都是侦查案卷的组成部分，其中少部分是侦查人员在补充侦查阶段所制作的。值得注意的是，二审法院尽管维持了原审判决的定罪部分，却将三名被告人改判为死刑缓期两年执行，一名被告人改判为无期徒刑。①

在这一案例中，二审法院尽管在形式上举行了开庭审理，但有关案件事实问题的审查，依然是通过宣读、出示侦查案卷笔录的方式来进行的。二审法院既没有传唤任何证人出庭作证，也没有将任何新的证据纳入到法庭调查中来，而是对一审法院已经调查过的证言笔录、被告人供述笔录、现场勘查笔录等重新宣读和“质证”，又怎么可能得出与一审法院所认定的事实不一致的结论呢？

案例3 2002年7月9日，福建省高级法院经过公开审理，对林惠玉涉嫌故意杀人一案作出了二审判决。二审法院认为，“原判认定上诉人前夫被害人章守光农药中毒死亡的事实存在，有证人证言和法医鉴定证实，但认定系上诉人林惠玉投毒的事实不清，证据不足”。判决书认为，在公安机关讯问过程中，上诉人林惠玉于2000年3月25日至4月30日先后七次供认投毒作案，但自检察机关起诉至一、二审开庭期间则翻供否认作案，辩称系被迫违心交待，称其夫是自己喝农药死亡，现除上诉人有罪供述外，没有其他直接证据可以证明系其作案；上诉人林惠玉的有罪供述多次称杀人用的是从海口庄稼医院买的甲胺磷农药，另一次供称是甲胺磷还是敌敌畏记不清楚，但鉴定结论证明死者胃部残留物中既没有甲胺磷也没有敌敌畏，而只有有机磷甲基—1605，因此关于农药的供述与尸体鉴定结论不一致；上诉人供述案发当晚将农药倒在碗中骗被害人是中药让其喝下后即回娘家，但被害人平时生活尚能自理，能够辨别食物的味道，对于散发出刺激性味道的农药，不可能没有辨别出来，因此这种供述不合常理；证人章春证实被害人案发前两次曾去庄稼医院购买农药，其担心章守光喝农药还提醒林惠玉加以注意；证人章春、程美

① 河北省高级人民法院(2000)冀刑一终字第793号刑事附带民事判决书，2003年11月6日。

金、章宗旺均证实当时看见死者床边桌柜上的一瓶农药，瓶内尚遗留小半瓶农药，旁边的一铁碗内残留有农药，“现场遗留物较符合死者自己喝农药的特点”，因此，“章守光之死系自己喝农药所致的可能性不能排除”。最后，二审法院改判上诉人林惠玉无罪。①

在这一案例中，二审法院经过开庭审理，最终以案件“事实不清、证据不足”为由，对被告人改判无罪。按照二审判决书的裁判逻辑，一审法院认定被告人有罪的主要证据是被告人向侦查人员所作的有罪供述笔录，但被告人在庭审中当庭翻供；被告人的有罪供述既没有得到其他证据的印证，也存在明显的矛盾和不合情理之处。很显然，二审法院并没有传唤证人、鉴定人出庭作证，而只是通过对公诉方所提交的案卷笔录进行综合对比、分析来推翻一审有罪判决的。可以说，在这种开庭审理程序中，法庭并没有接触新的证据和案件事实信息，而只是对一审法院审查过的控方证据笔录进行了重新宣读和质证，最多重新听取了被告人的无罪辩解及其对各项证据笔录的意见。这种开庭审理还是以案卷笔录为基础而展开的。

案卷笔录对二审开庭审理程序的上述影响，显示出二审法院不可能突破一审程序所设定的限度，而对案件事实作出独立的探究。考虑到一审法院的法庭审理基本上是以侦查案卷为中心而展开的，属于对侦查案卷笔录的形式审查而已，也考虑到二审法院所接触的无非是记载一审法院这种形式审查的审判笔录以及侦查案卷笔录，它所作的无非是对侦查案卷笔录重新进行所谓的“全面审查”，或者至多是在一审法院形式审查的基础上对案件事实进行一定的继续探究。除非二审法院发现了为一审法院所没有掌握的新的证据信息，否则，单单依据那些业已在一审法庭上被宣读、出示过的被告人供述笔录、证言笔录、勘验检查笔录等案卷材料，二审法院是不可能对案件事实做出新的裁判结论的。

当然，正如上述案例3所显示的那样，二审法院如果根据那些经一审法院审查过的相同案卷笔录，根据基本的经验法则和逻辑法则，发现公诉方的指控在证据体系上存在着原则上的缺陷，也有可能判定一审判决所认定的犯罪“事实不清”，并因此作出无罪判决。这种在司法实践中近乎罕见的案例，说明二审法院在事实裁判问题上无非起到一种“事后审查”的作用。正如本文前面所分析的那样，这就如同检察机关之于侦查机关、一审法院之于检察

① 福建省高级人民法院（2001）闽刑终字第697号刑事判决书，载《刑事审判参考》（总第32辑），法律出版社2003年版。

机关所进行的事实审查工作一样,无非是就侦查案卷笔录所进行的重新审核而已,而似乎并没有体现出二审法院上诉审查程序的特殊功能。假如仅仅通过审阅侦查案卷笔录就可以发现事实认定错误的话,那么,我们何必要设置那种繁琐不堪的上诉审查程序和一审审判程序呢?

六、"事实复审"的乌托邦

按照现行的刑事诉讼制度,二审法院对于当事人提出上诉的案件,应当对其事实认定和法律适用问题进行全面审查,不受当事人上诉范围的限制。对于这种建立在认识论基础上的"全面审查原则",包括笔者在内的一些法学者就曾提出过批评,认为这一原则有悖于不告不理原则,导致二审法院"不告而理",自行对控辩双方未曾提出异议的事项进行审理,无法维系裁判者的中立性。① 对于这种基于程序正义的立场所提出的观点,笔者至今仍然坚信不疑。

不过,"全面审查原则"除了违背正当程序的基本理念以外,还存在着难以实施的问题。这一原则的实质在于要求二审法院对一审法院审理过的案件事实进行全面的重新审查,也就是通常所说的"事实复审"。这种"事实复审"意味着二审法院要对作为一审判决之基础的各项证据,从证明力和证据能力的角度进行重新审查,并对这些证据是否形成完整的"证据锁链"的问题加以重新裁断。换言之,所谓的"事实复审",其实就是二审法院重新进行一次"第一审程序"。我国刑事诉讼法要求二审法院的开庭审理"参照一审程序进行",其意义就在于此。

但是,中国的刑事二审程序是按照"两步式构造"建立起来的,无论是在"调查讯问式"审理程序中,还是在少部分开庭审理的案件中,侦查机关制作的案卷笔录都对二审法院的事实认定具有决定性的影响。这种几乎完全建立在侦查案卷笔录基础上的二审程序,根本无法对一审法院所认定的案件事实进行实质性的重新审查,所谓的"全面审查",其实变成一种"全卷审查";所谓的"事实复审",其实是一种神话和乌托邦。对于这一点,笔者将从几个不同的角度加以论证。

首先,经过以阅卷为核心的"调查讯问式"审查活动,二审法官不经开庭审理即对案件事实进行了实质性审查,并在得出裁判结论的前提下决定是否开庭审理。这使得二审法院几乎完全以案卷笔录为基础进行事实裁判。

---

① 陈瑞华:《刑事诉讼的前沿问题》,中国人民大学出版社2000年版,第九章。

中国刑事二审程序所具有的“两步式构造”,使得二审法官对所有上诉案件都要进行秘密的、书面的和间接的“庭前审查”,并在完成对案件事实的实质裁断之后,才确定是否举行开庭审理程序。在这一审查过程中,二审法官对案件事实的裁断,几乎全部基于对一审法院所移送的案卷笔录材料的查阅和研读。当然,二审法官在“阅卷”之余,也有可能进行诸如讯问被告人等单方面的调查活动,在一些较为罕见的场合下也有可能进行庭外调查。不过,“阅卷”活动几乎是二审法官获悉案件事实信息的最重要来源,这一点却是没有疑问的。

经过“调查讯问”活动,二审法院以案卷笔录为主要根据,对案件是否“事实清楚”的问题作出了裁断。而在这一认定事实的过程中,二审法官既没有当面听取公诉方和被告人、辩护律师的口头意见,无从了解控辩双方对案件事实所发生的主要争议点,也没有办法听取证人、鉴定人、被害人、侦查人员当庭提供的口头陈述,从而对一审法院所采纳的各项证据进行实质性的审查。因此,除非一审法院对证据的采纳和事实的认定存在明显的问题,否则,单靠这种书面阅卷的审查方式,一般是很难发现一审裁判在事实认定上所存在的缺陷和不足的。

其次,在大多数不进行开庭审理的二审程序中,“调查讯问式”审理也就是二审法院作出事实裁判的过程,案卷笔录材料也当然就是二审法院作出事实裁判的唯一依据。

经过这种以阅卷为核心的“调查讯问”活动,二审法院认为案件“事实清楚”的,就不再举行开庭审理,而可以直接作出维持原判的裁定或者改变量刑的判决。换言之,二审法院仅仅根据阅卷的结果,即可以完成对上诉案件的事实认定程序。而按照前面的分析,在这种以阅卷为核心的“调查讯问”活动中,二审法院既无法获得新的证据线索和案件事实信息,也无法对一审法院业已采纳的证据进行实质性的重新审查,而至多是通过查阅和研读的方式,审查侦查人员所认定的案件事实是否确有依据,判定一审法院对案件事实的认定是否有足够的证据支持。很显然,二审法院对案件事实的裁判,是没有经过任何足以保证其发现和纠正错误的裁判程序的,也是具有极大的自由裁量余地的。甚至可以说,二审法院没有经过任何形式的实质裁判过程,也没有接受任何旨在审查一审判决之事实认定结论的新的证据信息,就自称完成了对上诉案件的事实裁判活动,这显然并不是一种较为慎重的裁判行为。

再次,即使在少部分通过开庭审理而产生裁判结论的案件中,所谓的“开庭审理”,也不过是对笔录类证据材料的重新出示和宣读而已,而根本谈不上对案件证据的实质审查。

根据前面的分析,二审法院通常是按照一审程序的模式来举行开庭审理活动的,而并没有其独立的开庭审理方式。在那些涉及事实争议的上诉案件中,这种开庭审理无论是采取事实上的"全面审查",还是只针对控辩双方存在争议的事实进行法庭调查,都无法按照直接的、言辞的审理方式,对控辩双方存在异议的证据进行重新调查。例如,二审法院无法传唤证人出庭作证,以便对其引起争议的证言笔录进行当庭质证;二审法庭也无法传唤鉴定人、侦查人员出庭作证,以便对司法鉴定的可靠性和侦查过程的合法性进行当庭质证;二审法庭也无法以超然的态度听取被告人对案件事实的陈述,而更愿意采纳被告人向侦查人员所做的有罪供述……

结果,尽管在大多数情况下,开庭审理都意味着二审法院要么对一审法院所认定的犯罪事实加以推翻,要么对一审判决所做的量刑作出改判,但是,二审法院显然并不是通过开庭审理程序来完成这种裁判使命的。与一审法院的裁判方式一样,二审法院也不是通过开庭审理来产生裁判结论的。二审法院的开庭审理在大多数情况下可能只是一种"法律实施的仪式"而已,并不具有足以影响裁判结论之形成的实质意义。

最后,无论是在"调查讯问式"审理还是开庭审理程序中,被告人及其辩护律师都难以充分地提出辩护意见,更无法对一审法院所认定的"犯罪事实"及其依据提出强有力的挑战,导致二审法院不得不接受二审法院对案件事实的裁判结论。

按照笔者以前的研究,在案卷笔录中心主义的裁判方式下,一审法院对于侦查案卷笔录的证明力和证据能力都会采取一种"推定成立"的态度,并在辩护方提出有力质疑或反证的情况下,仍然坚持将这些笔录材料采纳为定案的根据。但相比之下,二审法院对那些经过一审法院认定的笔录材料,则采取了更加强烈的"推定成立"的态度。原则上,没有提出新的事实和相反的证据,辩护方是根本不可能动摇二审法院对一审判决的事实认定的。即使在辩护方提出合理质疑和有力反驳意见的情况下,二审法院也仍然倾向于维持一审法院对案件事实的认定。

刑事二审阶段的辩护之所以难以发生普遍的积极效果,是因为无论是被告人还是辩护律师,都难以获得充分的参与机会,更难以对二审法院的事实裁判施加积极和有效的影响。在那种以阅卷为核心的"调查讯问"活动中,二审法院尽管要对案件事实进行实质性的裁判,却剥夺了辩护律师的参与机会,而至多允许辩护律师提交一份书面的"辩护意见"。而在少数进行开庭审理的案件中，面对法庭摘要式和有选择地宣读侦查案卷笔录的法庭调查方式，辩护律师也像在一审程序中一样，无从对证人证言、鉴定结论、勘验检查笔录等提出任何有效的质证意见。因此，在大多数上诉案件中，有关辩护律师"两次进法院"说法，便形象地说明了刑事辩护在这一阶段的尴尬处境。所谓"两次进法院"，是指辩护律师在二审阶段一般会有先后两次与二审法官交涉的机会：其一是受被告人委托递交上诉书和辩护意见，其二则是领取二审法院的裁判文书——当然绝大多数情况下是"驳回上诉、维持原判"的裁定书。而在辩护无法动摇一审裁判结论的情况下，二审法院动辄维持一审法院的事实认定，也就不足为奇了。

七、死刑案件的"二审开庭运动"

按照通常的观点，二审法院对于大多数上诉案件不进行开庭审理，而是采取所谓的"调查讯问式"的书面审查程序，这被视为中国刑事二审程序存在的主要问题。① 可以说，正是在这一观点的直接影响下，最高法院在决定收回死刑复核权之后，才断然要求各高级法院对于所有死刑上诉案件一律进行开庭审理的。

值得关注的是，最高法院在要求各高级法院对所有死刑上诉案件进行开庭审理，已经对其中可能带来的困难和阻力作出了较为充分的估计，并针对这些困难和阻力采取了一系列的配套改革措施。例如，最高法院并不要求各高级法院传唤所有证人、鉴定人出庭作证，而是将出庭作证的证人、鉴定人确定在两种情形之下：一是"控辩双方对证人证言、鉴定结论有异议，该证言、鉴定结论对定罪量刑有重大影响的"，二是"其他人民法院认为应当出庭作证的"；②最高法院明确提出了"全面审查与重点审查相结合"的审理思路，强调"死刑案件的二审不能简单地重复一审程序"，而应当对控辩双方提出异议的

---

① 按照一般的观点，二审法院不开庭审理上诉案件，会带来以下消极的后果：一是审判过程不公开透明。公诉人、辩护人不出庭，证人和鉴定人也不出庭，普通群众无从知晓审理过程，无论二审结果是维持原判还是改判，都难以获得社会公信。二是被告人依法享有的质证、辩护、辩论、最后陈述等诉讼权利无法充分行使，不利于二审法院全面审查一审判决认定的事实和适用的法律，作出正确裁判。三是不能保证死刑案件的审判质量。第二审程序作为"第二道防线"在发现原判错误、预防冤错案件发生中的重要地位和作用被大大削弱。参见田雨、吴俊："死刑二审案件开庭审理是贯彻公开审判原则的必要措施"，载中国法院网，2006 年 5 月 23 日。

② 倪晓："最高法最高检共同就死刑二审案件开庭审理作出规定：高院审案同级检察院派员出庭"，载中国普法网，2006 年 4 月 12 日。

事实和提出的新证据进行重点审理;[①]为保证各高级法院有效地前往各地开庭审理死刑案件,最高法院会同最高检察院、公安部,确定了检察机关及时派员出席二审开庭、对死刑案件被告人集中到中级法院所在地关押的配套措施;[②]为保证二审开庭富有实效,避免开庭审理"流于形式",最高法院还提出了诸如对死刑案件二审开庭实行全程录像,鼓励院长、庭长在重大案件中亲自担任审判长[③]等方面的改革思路……

应当说,对于解决死刑案件二审不开庭问题而言,这些无疑都是令人振奋的改革举措。但是,最高法院所采取的这些配套改革措施对于解决其他上诉案件的不开庭审理问题,究竟有无启发和借鉴意义呢?更进一步地说,这种开庭审理对于那种案卷笔录中心主义的裁判方式,是否会产生有效的冲击呢?这些问题的答案可能都是不容乐观的。或许,仅仅着眼于死刑案件二审开庭这一问题本身,上述改革措施势必具有一系列难以克服的局限性。

(一)证人出庭问题

应当说,最高法院推进死刑案件二审开庭的核心,在于二审法院应当传唤证人、鉴定人出庭作证,以便于控辩双方对其存在异议的证人证言、鉴定结论,以直接、言辞的方式进行当庭质证。但是,按照最高法院的设想,证人、鉴定人只有在其证言、鉴定结论"对定罪量刑有重大影响的"情况下,法院才可以传唤其出庭作证;法院对于其他"应当出庭作证的证人",也可以自行传唤出庭。这显然意味着法院对于出庭作证的证人、鉴定人的范围具有单方面的决定权;控辩双方即便对某一证言、鉴定人提出了合理的异议并要求传唤有关证人、鉴定人出庭作证,法院也照样可以证言、鉴定结论"对定罪量刑并无重大影响"为由,拒绝传唤其出庭作证。既然法院在传唤证人出庭作证问题上拥有如此大的独断权,那么,作为二审法院开庭审理之核心的证人出庭作证问题,又能产生怎样的奇迹呢?

其实,在证人出庭作证问题上,无论是刑事诉讼法还是最高法院的司法解释,都采取了先确定原则然后强调例外的态度。且不说刑事诉讼法要求证人证言必须在法庭上经过控辩双方讯问和质证,才能作为定案的根据,就连

① 王斗斗:"最高人民法院院长肖扬指出:死刑二审案件开庭审理不能简单重复一审程序",载中国普法网,2006年5月23日。

② 王斗斗:"最高法要求进入倒计时:死刑二审案件7月起全部开庭审理",载中国普法网,2006年5月23日。

③ 黄启波:"寻访死刑二审开庭审理之足迹",载法制网,2006年5月23日。另参见马竞:"省高级法院院长任审判长、省人民检察院检察长任公诉人:河北首次开庭审理死刑二审案件",载中国普法网,2006年3月28日。

最高法院都明确要求"证人应当出庭作证"。但与此同时,最高法院在传唤证人出庭作证问题上始终坚持依职权主义导向的态度,而根本不受控辩双方意见和主张的制约,使得法院在此问题上的程序裁判权处于独断专行的境地。例如,按照最高法院的司法解释,证人、鉴定人经过法院传唤或者通知未到庭,不影响开庭审判的,法院可以开庭审理;控辩双方要求证人出庭,审判长同意的,即传唤证人,审判长认为与案件无关或者明显重复、不必要的,可以不予准许;"其证言对案件的审判不起直接决定作用的"证人,经过法院准许,可以不出庭作证;鉴定人应当出庭宣读鉴定结论,但经法院准许不出庭的除外……①

这种将传唤证人出庭视为法院独断权的做法,无疑使控辩双方在此问题上不具有最起码的程序选择权,而只能消极地听从法院的处置,被动地接受法院的裁断。而且即便对法院拒绝传唤某一证人、鉴定人的决定不服,也无法获得有效的司法救济。应当说,这种由法院"依据职权"自行决定证人是否出庭的程序设计,从其一开始就注定了法庭上难见证人、鉴定人的身影,也导致公诉方移交的案卷笔录材料"乘虚而入",使得宣读案卷笔录成为法庭调查的基本形式。中国第一审程序中普遍实行以案卷笔录为中心的裁判方式,法庭以宣读证言笔录、鉴定结论代替了对证人、鉴定人的当庭讯问和质证。这显然与法院在证人出庭问题上的独断专行有着极为密切的联系。

在一审法院普遍难以保证证人出庭的司法现实面前,我们很难相信各高级法院在传唤证人、鉴定人出庭作证方面会创造奇迹。道理很简单,既然是否传唤以及传唤哪些证人、鉴定人出庭作证,完全要由二审法院自行确定,那么,在法官们自认为证言笔录、鉴定结论在证明力、证据能力方面"没有任何问题"的时候,他们还会仅仅因为辩护方提出了"异议",就积极帮助传唤出庭吗?更何况,在大多数情况下,直接"下到"中级法院所在地开庭审理的高级法院法官,受办案时限、出差、审理条件、环境等因素的影响,势必会将传唤证人、鉴定人出庭视为一项可尽量减轻的负担。可以说,没有足够的压力,二审法官很可能会采取"多一事不如少一事"的态度。在这种情况下,要求法官自行决定是否传唤证人出庭,岂不与要求法官主动承担法律义务和责任一样违背常理吗?

(二)重点审查原则

最高法院为死刑案件二审开庭审理所确立的重点审查原则,作为对"全

① 最高人民法院1998年发布的《最高人民法院关于执行〈中华人民共和国刑事诉讼法〉若干问题的解释》第123条、139条、141条、144条。

面审查原则”的替代和补充，尽管具有简化二审法院审理程序的作用，却仍然难以解决法庭审理流于形式的问题。按照最高人民法院院长肖扬的说法，死刑案件的二审开庭审理要结合死刑案件的特点，着力于第二审目标的实现和救济功能的发挥，集中围绕上诉、抗诉理由和一审被判处死刑之被告人和适用死刑之罪名，在庭审中进行重点审查，在此基础上，对一审判决进行全面审查，以提高第二审程序的整体效率。

最高人民法院院长肖扬今天在全国刑事审判工作座谈会上指出，死刑二审案件是建立在控辩双方对第一审判决认定事实、适用法律、判处刑罚有不同意见的基础上，其开庭审理程序不能是一审程序的简单重复……为了确保死刑案件质量，同时提高诉讼效率，死刑案件二审开庭应当围绕第二审的功能展开，针对一审被判处死刑的被告人、适用死刑的犯罪和控辩双方提出异议的事实、证据和情节以及提交的新证据进行当庭审理，突出重点，该通过庭审解决的问题，必须开庭解决。而对于其他问题，可以通过其他审理方式来解决……对一审判决书，法官在宣读时可以适当压缩，只宣读判决认定的事实和判决的理由、结论等；审判长应主要围绕上诉、抗诉理由及争议的事实、证据问题主持庭审，提示、引导控辩双方进行举证、询问和质证，不必涉及无争议的事项；对共同犯罪案件中没有提出上诉的原审被告人特别是没有判处死刑的被告人，控辩双方在庭审前表示不需要进行讯问和质证的，可以不再一一传唤出庭；另外，在举证、质证之前，控辩双方表示对第一审判决采纳的证据没有异议的，也可以仅就新的证据进行调查。①

最高法院所提出的“重点审查原则”，意味着二审法院应当重点审查控辩双方存在异议的证据和事实，而无须像一审法院那样，对全部证据和案件事实都进行全面审查。这种基于提高诉讼效率的考虑所提出的原则，很明显是对“全面审查原则”的矫正和补充。但另一方面，为确保死刑案件二审开庭的顺利进行而采取的这一诉讼原则的调整，本身就说明所谓的“事实复审”，其实是根本行不通的，也从根本上违背刑事二审程序设置的宗旨和目标。

但是，在以案卷笔录为中心的一审裁判方式下，证人、鉴定人在一审程序中就未曾出庭作证，法庭只是听取公诉方以书面方式宣读的证言笔录和鉴定结论。而在开庭审理之前，二审法官也已经通过阅卷对一审法院采纳这些证言和鉴定结论的情况进行了了解，并产生了倾向性的判断。二审法院即使将

---

① 王斗斗：“最高人民法院院长肖扬指出：死刑二审案件开庭审理不能简单重复一审程序”，载中国普法网，2006年5月23日。

这些证人、鉴定人传唤出庭作证,给予了控辩双方对证人、鉴定人进行当庭讯问和质证的机会,也很难以其当庭陈述来否定其书面证言笔录的证明力。不仅如此,在一审法院未曾传唤证人、鉴定人出庭作证的情况下,要求二审法院对主要证人、鉴定人传唤出庭作证,这多多少少有些令人不可思议。毕竟,按照刑事审判的基本经验,对证据的实质审查和案件事实的认定,应当尽量在第一审程序中加以完成。最高法院既然要求二审法院传唤那些重要证人、鉴定人出庭作证,那么,为什么不要求一审法院对于这些被公诉方或辩护方提出异议的证人也传唤出庭作证呢?难道一审法院以直接和言词的方式调查证人证言、鉴定结论,不比宣读书面案卷笔录要更加慎重、也更有利于发挥法庭审理的功能吗?为什么对证人、鉴定人的传唤出庭非得等到二审阶段,而不在一审程序中予以解决呢?

当然,最高法院所确立的重点审查原则,对于那些控辩双方只在量刑问题上发生争议的上诉案件,还是有积极意义的。这是因为,二审法院在这种案件中并不需要传唤证人、鉴定人出庭作证,而只要给予控辩双方就法院应否适用死刑的问题展开充分辩论的机会,就足以达到较好的庭审效果了。一些这方面的案例就充分说明了这一点。① 与此同时,考虑到死刑案件的被告人即使在对案件事实认定没有异议的情况下,也普遍提起上诉,因此,这种仅就量刑问题发生争议的情况在死刑上诉案件中还会占相当大的比例。因此,重点审查原则的确立不仅有利于二审法院的快速审理,而且也有助于二审法院充分听取控辩双方对量刑问题的辩论意见,保证死刑的慎重适用。

但是,对于那些辩护方对案件事实提出异议的上诉案件来说,这种重点审查原则本身并不足以解决那些有争议的案件事实的重新审查问题。在这类案件中,一审法院所作的书面和间接的审理方式,就注定了二审法院在事实裁判问题上的无能为力。可以说,那种以宣读侦查案卷笔录为核心的一审程序,本身就消解了二审法院以直接和言词方式展开证据调查的可能性。再加上侦查案卷笔录对二审程序的"长驱直入",二审法官对案卷笔录的全面审阅和研读,这些都使得二审法院很难拒绝接受一审法院对案件事实的认定,也很难使二审法院的开庭审理具有实质的意义。

(三)前往羁押地开庭问题

在不少法官看来,二审法院之所以拒绝开庭审理上诉案件,除了有刑事诉讼法的制度设计不尽合理、法官对于开庭审理不予重视的问题以外,原因

① 张宽明、刘俊:"记者旁听死刑案件二审开庭",载中国法院网,2006年6月22日。

还在于开庭审理会遇到一些难以解决的实际困难。由于被告人往往被羁押在地市级甚至县级公安机关看守所,二审法官需要前往被告人羁押所在地的法院进行开庭审理,不仅路途遥远,而且交通不便。① 况且,二审开庭审理还需要检察机关派员出庭和律师出庭,法官在审理期限方面也面临很大的压力。这使得二审法院普遍将二审开庭审理视为畏途。②

在这次"二审开庭审理运动"中,最高法院在公安部和地方有关部门的配合和支持下,终于实现了对死刑案件被告人"集中羁押"的目标,也就是将所有死刑上诉案件的被告人集中关押在中级法院所在地的公安机关的看守所。由此,各高级法院的法官就可以直接在本辖区内的各中级法院进行二审开庭审理。相对于以往二审法院不得不前往发案地的基层法院进行开庭审理的情况而言,这种制度调整显然有利于死刑案件二审开庭审理的快速进行,在中国现行司法体制下也是非常不容易的。

然而,在中国现行的未决羁押制度的影响下,各高级法院无法在本法院的审判法庭内进行开庭审理,而不得不前往下级法院进行开庭审理。这不仅导致二审法官与一审法官不可避免地进行大量的单方面接触,而且也无助于减弱上下级法院之间日趋强烈的行政隶属关系。这是因为,按照中国的司法惯例,上级法院的法官前往下级法院进行开庭审理,从法警调配、车辆保障、法官食宿,到证人传唤、庭审秩序的维护等方面,都需要取得下级法院的支持,甚至需要下级法院直接提供一定的人力、物力和财力保障。而作为二审法官的高级法院法官,一般都被分作若干个审判组,在相对固定的时间里负责审理来自所下辖的若干个中级法院的上诉案件。这使得上级法院的法官不可避免地与下级法院的法官、审判长、庭长甚至院长产生愈加密切的职业联系。而考虑到中国法院内部实行的是行政化极强的"绩效考评机制",上级法院通常会以"发(回重审)改判率"、"上诉率"等作为对下级法院进行横向考评的标准,各地方法院也会以这些标准对各个业务审判庭甚至法官个人进行进一步的考评,并对法官个人采取"错案追究"措施。对于下级法院而言,上级法院的考评结果有可能直接影响到其在同级法院的名次,影响院长的政绩和仕途;对于法官个人而言,法院内部依据上级法院对上诉案件的终审裁判所作的考评结果,则可能直接影响其奖金的发放、优秀先进的评选、在法院

① 张素莲:"刑事二审程序分流的论证与构想",载《刑事审判要览》(总第四辑),法律出版社2003年版。

② 倪晓:"最高人民法院负责人表示:考虑实际死刑二审开庭逐步实现",载中国普法网,2005年12月7日。

内的地位、处境甚至升迁问题。这些实实在在的利害关系使得下级法院、承办法官的利益直接受到上级法院裁判结果的影响。而上级法院的法官直接在下级法院开庭审理上诉案件，无疑为下级法院对上级法官施加影响提供了极大的方便和良好的机会。上级法院的法官在开庭审理和制作终审裁判方面，要想完全避开下级法院的影响，心无旁骛地进行独立审判，这几乎是不可能的。

不仅如此，二审法院对上诉案件的审判，还会导致地方检察机关、公安机关甚至政法委员会的介入。毕竟，二审法院一旦作出发回重审的裁定或者直接改判，就等于对检察机关的公诉、公安机关的侦查做出了否定的评价，也间接地影响当地"政法系统"惩治犯罪的力度和效果。尤其是对于那些在当地引起社会反响并为党政负责人所重视的刑事案件，上级法院别说作出无罪判决，就是对死刑判决作出改判，都会为当地"政法系统"所不容并被视为严重的失败。正因为如此，前往中级法院进行开庭审理的高级法院法官，通常在"下到地方"之后，会受到来自当地检察机关、公安机关甚至政法委员会的"热情接待"，其中不可避免地会夹杂着对终审裁判的影响。当然，即便高级法院的法官不前往下级法院开庭审理，这些方面的影响也难以禁绝。不过，作为一种制度安排，高级法院的法官经常性地前往相对固定的中级法院进行开庭，这无疑就给这种影响的发生提供了更为便捷的渠道。

前往下级法院进行开庭，无疑使二审法院的法官面临直接的压力和影响。在这种情况下，二审法官就更难以摆脱侦查案卷笔录对其事实裁判的影响了。可以想象，那些事前已经审阅过案卷笔录并携带案卷前来开庭的二审法官，即使在法庭上听到辩护方的相反意见，也很难轻易地否定各项笔录类证据的证明力。假如二审法院不传唤证人、鉴定人出庭，而仅仅听取控辩双方对案卷笔录的质证和疑问，那么，二审法官就将与一审法官接触完全相同的证据材料，诸如多份被告人供述、证言笔录之间的矛盾和不一致之处，也会照样存在，二审法官还会像一审法官那样，面临着对其选择和取舍的问题。相反，即使在若干个证人、鉴定人出庭作证的情况下，二审法官也很难以其当庭陈述来否定一审法院所采纳的书面证言和鉴定结论。一审法院在法庭审理中宁愿采纳侦查案卷笔录，也不会接受证人当庭证言。这种推定案卷笔录具有先天的证明力和证据能力的态度，难道在二审法院开庭审理中会发生实质性的改变吗？

（四）开庭审理流于形式

死刑案件的二审开庭审理，无疑是对中国刑事二审程序改革的有益探索。或许,我们从中可以得到一些可资借鉴的经验。但是,简单地要求二审法院进行重点审理,强调二审法院对重要证人、鉴定人传唤出庭,要求二审法官前往中级法院所在地进行开庭审理,这真的能解决中国刑事二审程序中所存在的固有问题吗?我们不禁会担心:这种“大张旗鼓”地展开的二审开庭审理运动,会不会像当初的“审判方式改革”那样,仍然陷入法庭审理“流于形式”的泥潭?正如有些研究者所分析的那样,开庭审理能否完全确保死刑案件审判的公正,这是我们不得不追问的话题。笔者以为,开庭审理只是法院确保死刑判决公正的“第一道门”,如何在开庭中排除各种因素干扰、真正实现司法公正,才是完善死刑审判程序的关键。长期以来,受审判行政化和法官自身素质的影响,“先定后审”成为我国某些地方司法领域的一种惯性。这不仅表现在某些党政部门干预司法独立、先定后审上,表现在公检法三家内部间的事先协商上,还表现在合议庭自身的先定后审和法官的“先入为主”上。在开庭之前,有的主审法官就已经调阅全部案卷,对起诉的证据材料先进行核实,对案件事实已经形成主见;有的甚至通过法院内部的庭务会议,在讨论形成结论性意见后再开庭。如此,体现审判公开原则的开庭,就成为“走过场”。①

来自法院以外的干预和公检法三机关之间的内部协商,固然可以直接导致二审法院开庭审理“流于形式”,但是,二审法院通过阅卷所形成的“先入为主”和预断,也有可能成为开庭审理失去实质意义的原因。即便那些影响法院独立审判的外部环境发生了重大变化,但只要二审法官依据案卷笔录进行庭前审查,并在对案件是否“事实清楚”的问题得出实质结论之后再进行开庭审理,那么,那种指望法院通过开庭审理形成裁判结论的设想就仍然会落空。

最高法院所倡导的死刑案件二审开庭审理运动,并没有改变中国刑事二审程序的“两步式构造”,也没有消除“调查讯问式”审理对于开庭审理的影响。二审法院的法官在审阅、研读全部案卷材料的基础上,确定案件是否“事实清楚”,然后再进行开庭审理,听取控辩双方对各项证据的质证。这种将阅卷、庭前审查与开庭审理集中于同一法官的制度安排,必然会架空法庭审理程序,使得阅卷成为事实裁判的基础。作为一个有趣的例子,1996 年以前的刑事诉讼法曾确立的实质性庭前审查制度,一审法官通过阅卷和庭外调查来

① 傅达林:“死刑二审案开庭须防‘先定后审’”,载中国法院网,2006 年 5 月 29 日。

确定案件是否事实清楚，这导致当时的法庭审判普遍流于形式。① 同样，在现行的刑事二审程序中，二审法官同样可以进行阅卷和庭外调查活动，同样要审查案件是否“事实清楚”。法官一旦通过这些“调查讯问”活动，对案件事实得出了“清楚”或者“不清楚”的判断，然后再进行开庭审理，这种开庭审理岂不会与当初的一审程序一样“流于形式”吗？

那么，作为一种彻底的改革方案，二审法院不再接受任何案卷笔录材料，而完全根据控辩双方当庭提交的证据来安排法庭调查和法庭辩论，这岂不可以避免任何案卷笔录的影响吗？又假如借鉴1996年刑事司法改革的经验，将“调查讯问”与开庭审理予以分离，能否解决这一问题呢？有的研究者就建议，为避免案卷对二审法官产生实质的影响，可以考虑单独设置庭前审查法官，该法官通过阅卷决定开庭审理后，再由那些没有接触过案卷的法官独立进行开庭审理。②

应当承认，上述两种旨在避免案卷笔录之影响的改革设想，即使在中国第一审程序中都没有实现的可能。毕竟，与一审程序不同的是，二审法院所要审查的是一审法院的裁判结论是否在事实认定或法律适用上存在错误。据此，二审法院不仅要审查一审法院的裁判结论是否有足够充分的理由，而且还要审查一审法院的审判过程是否存在问题。尤其是在被告方对一审程序的合法性和公正性提出异议的情况下，二审法院更要对一审裁判过程做出有针对性的审查。为达此目的，二审法官不得不对那些记载一审法院审判过程的审判笔录进行审阅。可以说，审阅一审法院的审判案卷，几乎是二审法院为完成上诉审查之使命而不得不实施的审判活动。二审法院阅卷本身是无可厚非的。

但是，正如本文前面所分析的那样，二审法院所接触的案卷具有一种“复合形态”，除了包括一审法院的审判笔录以外，还附带了全部侦查案卷材料。如果说二审法官直接审查一审法院采纳证据的过程和结论尚属正当的话，那么，二审法院通过阅卷来直接接触侦查人员所制作的案卷笔录，这就为人们所不容了。看来，二审法官接触案卷的关键问题还在于直接接触侦查案卷笔录。这是由案卷笔录移送制度所带来的结果。

归根结底，由“调查讯问”与开庭审理所组成的“两步式构造”，并没有因为死刑案件的二审开庭而受到根本的触动，二审法官仍然是在全面阅卷的基

---

① 顾昂然：《新中国的诉讼、仲裁和国家赔偿制度》，法律出版社1996年版，第21页以下。
② 傅达林：“死刑二审案开庭须防‘先定后审’”，载中国法院网，2006年5月29日。

础上进行开庭审理,这就无法切断侦查案卷笔录对于二审法官在事实裁判问题上的极大影响,导致二审开庭审理至多不过是对案卷笔录的审查和确认而已。

八、进一步的评论

在侦查案卷笔录的深刻影响下,中国刑事二审程序在事实裁判方面基本上是流于形式的,有关二审开庭审理的制度安排也是形同虚设的。由此,所谓的"全面审查"实际变成二审法院的"全卷审查",所谓的"事实复审"也就成为子虚乌有的乌托邦和神话。当然,笔者并不认为"事实复审"在上诉审程序中是绝对不可能实现的。本文的分析旨在说明,只要二审法院是以侦查案卷笔录为基础而进行事实裁判活动的,那么,"事实复审"的目标是不可能达成的。

在中国刑事审判制度中,侦查案卷笔录的"长驱直入"不仅仅是第一审程序和第二审程序的问题,而且还延伸到死刑复核程序甚至刑事再审程序之中。

鉴于最高法院已经决定收回死刑复核权,未来的死刑复核也将变成最高法院对各高级法院所做死刑裁判的司法复核。按照最高法院现行的死刑复核方式,查阅、研读全部案卷笔录几乎是死刑案件合议庭复核死刑裁判的唯一途径。按照最高法院的司法解释,报请复核死刑的材料应当包括"全部诉讼案卷和证据",具体包括:"拘留证、逮捕证、搜查证的复印件";"扣押赃款、赃物和其他在案物品的清单"、"公安机关、国家安全机关的起诉意见书,或者人民检察院的侦查终结报告";"人民检察院的起诉书"以及"能够证明案件情况并经过查证属实的各种肯定和否定的证据,包括物证、书证、证人证言、被害人陈述、被告人供述和辩解"。与此相对应,最高法院在复核审理报告中还要写明以下内容:"案件的由来和审理经过";"被告人和被害人情况";"案件的侦破情况"等。①

很明显,最高法院所要查阅的上述案卷材料,大都记载于侦查案卷、起诉案卷和第一、二审案卷之中,其中,侦查案卷不仅附有大部分诉讼文书,更附有绝大多数诉讼证据笔录。侦查案卷笔录经过第一审、第二审程序,最终又

① 最高人民法院1998年发布的《关于执行〈中华人民共和国刑事诉讼法〉若干问题的解释》第280、281、284条。

被移送到最高法院，成为该法院审查死刑裁判是否具有事实根据的直接依据。①

侦查案卷笔录不仅在二审和死刑复核程序中经常被直接采纳为定案的根据，而且还可以成为法院审理再审案件的基础。最高人民法院2003年对刘涌案件的再审判决书，为我们提供了对这一问题进行考察的重要样本。

案例4 2003年12月20日，最高人民法院经过公开开庭审理，对刘涌组织、领导黑社会性质组织案作出了再审判决，判决刘涌各项罪名成立，判处死刑。在此之前，辽宁省铁岭中级法院曾于2001年8月10日一审判决刘涌相同罪名成立，判决死刑；辽宁省高级法院则于2003年8月11日改判刘涌死刑，缓期两年执行。最高人民法院于2003年10月8日作出再审决定，以原二审判决对刘涌的判决不当为由，依照审判监督程序对本案进行了提审，并作出了最高法院(2003)刑提字第5号刑事判决书。

根据这份刑事判决书，最高法院认定刘涌共犯有30项犯罪事实。由于在再审审理过程中，最高法院没有传唤任何证人、被害人、鉴定人出庭作证，法庭对各项证据的出示和质证都是通过宣读案卷笔录的方式进行的。从判决书对各项证据的表述来看，法庭所采纳的证据大都是公安机关在侦查阶段所搜集的证言笔录、被害人陈述笔录、鉴定结论、被告人供述笔录。例如，对于所认定的第一项犯罪事实，判决书援引的证据有：被害人刘燕、刘淑贤、崔军

① 最高法院对成克杰受贿一案的刑事裁定书就是一个典型的例子。按照这份刑事裁定书的认定，"……一审判决、二审裁定认定的上述事实，有一审开庭时宣读、出示、质证并经查证属实的证人证言、物证、书证、鉴定结论等证据证实，被告人成克杰亦曾供述。以上证据亦在一审判决书中分别列述，确实、充分，足以认定，本院予以确认。"按照这份裁定书的逻辑，一审法院开庭时宣读、出示、质证过的"证人证言、物证、书证、鉴定结论等证据"，既是一审法院判决的依据和二审法院裁定的基础，也构成最高法院确认死刑判决的根据。那么，一审法院在这一案件的判决中究竟采纳了哪些证据呢？根据此案一审法院的判决书，在法院认定成立的成克杰八项受贿事实中，法庭除了采纳周坤、秦逸民两名出庭作证的证人证言之外，所采纳的其他包括李平、刘新民、甘维仁等在内的50余名证人的证言，都是侦查人员制作的证言笔录。这显然说明，一审法院对成克杰受贿一案的审理，基本上是按照传统的宣读侦查案卷笔录的方式组织法庭调查活动的。而二审法院以案件事实清楚为由，对本案并没有进行开庭审理，即作出了维持原判的裁定。因此，最高法院核准成克杰死刑的刑事裁定书对于一审法院所采纳的证据的"确认"，事实上也就等于对一审法院通过宣读侦查案卷笔录所认定的案件事实的接受。参见中华人民共和国最高人民法院(2000)刑复字第214号刑事裁定书，载《刑事审判参考》(总第12辑)，法律出版社2001年版；北京市高级人民法院(2000)高刑终字第434号刑事裁定书，载《刑事审判参考》(总第11辑)，法律出版社2000年版；北京市第一中级人民法院(2000)一中刑初字第1484号刑事判决书，载《刑事审判参考》(总第10辑)，法律出版社2000年版。

的陈述笔录；法医鉴定结论、同案被告人宋健飞、张建奇的供述笔录以及被告人刘涌在侦查阶段的供述笔录。对于所认定的第8项犯罪事实，判决书则援引了法医鉴定结论、证人张保福、扈刚、扈艳、邢广海、王丽的证言笔录、同案被告人程健、吴静明、宋健飞、董铁岩、李志国、李凯的供述笔录以及刘涌“在侦查阶段的供述”。

值得注意的是，最高法院的这份判决书在所认定的每一项犯罪事实中都援引了被告人刘涌的有罪供述，其中，援引刘涌“在侦查阶段的供述”并确认“与上述证据相符”的，共有23次；认定“再审被告人刘涌在再审开庭时对上述事实供认不讳”的，共有7次。①

作为一起曾引起社会各界广泛关注和激烈争论的刑事案件，刘涌案件的再审最终以刘涌被判处死刑而告终。最高法院在此案判决书中除了判定“公安机关在侦查阶段不存在刑讯逼供”以外，还认定刘涌有指使其他被告人殴打一名被害人并致其死亡的事实，从而驳回了被告人及其辩护人所作的主要辩护意见。这些旨在对二审判决作出重大修正和补充的判决意见，所依据的竟然都是检察机关在第一、第二审程序中就提交法院的案卷笔录，甚至就连被告人刘涌在侦查阶段所作的有罪供述笔录，也都成为最高法院改判刘涌死刑的直接依据。对于这些笔录类证据材料，最高法院既对其证据能力作出了确认，也将其采纳为定案的直接依据。

最高法院在刑事再审中对案卷笔录的采用情况表明，侦查机关所制作的案卷笔录不仅可以成为普通救济程序的基础，而且还可以成为法院在非常救济程序中改变原审生效判决的直接依据。这种以侦查案卷笔录为依据的刑事再审判决，显示出案卷笔录不经过证人出庭作证和控辩双方的当庭质证，就可以成为法院推翻原审生效判决的直接依据。但是，当初一审、二审法院也是依据这些案卷笔录作出原审裁判的，而如今这些案卷笔录竟然又成为再审法院改变原审判决的根据。根据同样的案卷笔录，不同的法院经过各自的宣读、出示和质证程序，竟然可以作出完全不同甚至截然相反的裁判结论，这显示出法院在采纳这些案卷笔录方面具有相当大的自由裁量权。同时，在缺乏证据规则之必要限制的情况下，法院无论是对案卷笔录的证据能力还是对证明力问题，都拥有几乎不受限制的解释空间。

这种以案卷笔录为中心的裁判方式，造成法庭审理功能的严重弱化，使

① 最高人民法院(2003)刑提字第5号刑事判决书，载《法制日报》2003年12月24日第1、2、3、4版；另参见《刑事审判参考》(总第36辑)，法律出版社2004年版。

得侦查机关所收集的各项证据笔录的证据能力和证明力难以受到实质性的审查。无论是一审程序还是救济程序,所进行的无非是对侦查案卷笔录的审查和确认而已。正因为如此,尽管刑事诉讼法和有关司法解释再三强调上级法院需要对下级法院认定的事实进行"全面审查",但是,这种以阅卷为核心的救济程序却被证明在发现和纠正事实错误方面并不具有显著的优势。

近年来发生的一些引起社会广泛关注的"冤假错案",都显示出一审法院通过审阅案卷笔录的裁判方式,是难以发现和纠正侦查机关所认定的事实错误的,法庭审理通常都"流于形式",法庭审理中的辩护、回避、质证、评议等程序设计也往往形同虚设。不仅如此,无论是二审程序还是死刑复核程序,仍然难以摆脱对侦查案卷笔录的畸形依赖,使得整个救济程序中的事实审查变成针对侦查案卷笔录的再三审阅和甄选。这种以阅卷为基础的裁判方式,在法院难以独立审判的制度背景下,势必导致整个刑事审判系统不是为公正地确定被告人刑事责任问题而设立的,而成为完成"惩治犯罪"这一流水作业线上的最后一道工序。事实上,在"公检法三机关"通过接力比赛而形成的"流水线"上,侦查案卷笔录不仅是整个惩治犯罪流程中的中介物,而且还是"公检法三机关"相互传递的接力棒,对于这些"政法机关"的惩治犯罪具有承上启下、继往开来的作用。

中国刑事司法的经验和教训表明,不废除这种以侦查案卷笔录为中心的裁判方式,法庭审理流于形式的问题就不可能得到解决。无论是那种以"审判方式改革"为核心的第一审程序改革,还是这种以"推动二审开庭审理"为核心的第二审程序改革,只有在法院通过当庭审理来形成裁判结论的制度前提下,才会带来中国刑事司法制度的真正变化。

刑事二审“全面审查原则”质疑

陈卫东*

引　言

全面审查原则是我国刑事二审程序中的一项基本原则,它要求二审人民法院对案件进行全面审查,“而不受上诉和抗诉范围的限制”,“对于共同犯罪的案件只有部分被告人上诉的,或者在数罪并罚的案件中被告人仅对其中部分判罪提出上诉,第二审法院应当对全案进行审判,一并作出处理”。很明显,这一原则是建立在我国长期以来所奉行的“实事求是、有错必纠”等诉讼理念的基础之上的。然而,国家设立审判程序的目的不仅在于发现案件真相,而是为了对发生在控辩双方之间的争端作出一个权威的结论。二审程序存在的合理根据在于为控辩双方再次提供法律救济的机会。如果二审法院可以无视诉争的范围,而机械地进行貌似公允的全面审查,不仅有悖司法审判权运作的基本规律和诉讼程序的安定性,最终也必将造成诉讼拖延和诉讼效率的下降。另外,由于二审程序的相关制度设计存在着诸多缺陷,二审的全面审查原则事实上也往往流于形式。本文结合司法权运作的应然规律,在充分考虑诉讼效率的基础上,对全面审查原则及其理论基础提出质疑。笔者建议我国的二审程序的全面审查原则应当予以修正,并将二审法院的审查范围严格地限制在争端双方上诉或抗诉的理由上。即对于原审裁判中所涉及的事实认定和法律适用问题,凡是争端双方没有提出上诉或抗诉的部分,二审法院均无权进行审查,即使二审法院发现原审裁判存在明显的错误。这看起来似乎有纵容原裁判的错误之嫌,但却是审判程序(包括二审程序)正当化

---

* 陈卫东,中国人民大学法学院教授、博士生导师。

必须付出的代价。

一

综观世界各国刑事诉讼立法例，上诉审的审查范围大致有两类，即部分审查制（或称有限审查制）和全面审查制。这一分类主要是依据上诉审的审查及判决的范围是否受提起理由的限制。目前，绝大多数国家都实行的是部分审查制，按内容还可再分为事实审、法律审。前者是指上诉审法院对案件所认定的事实重新作实体审查；后者是指上诉审法院只对案件适用的法律是否正确进行审查。在部分审查制下，上诉法院所审查的内容仅限于当事人在上诉书或复审申请书中明确表示不服的部分，而对于上诉书或复审申请书中没有涉及的部分，即使存在一些错误，上诉审也不作重新审理和更正。德国是实行部分审查制的典型国家，该国刑事诉讼法第 327、352 条第 1 款对上告审、上诉审的审查判决范围作出了明确规定，即"法院只能对法院判决被要求撤销的那部分进行审查"、"上诉法院只是根据所提出的上诉申请进行审查，如果上诉是依据程序上的错误时，只审查提出上诉申请时所说明的事实。"在日本，对未确定的裁判请求上级法院通过审判予以救济的方法有控诉、上告和抗告。日本现行刑事诉讼法第 392 条对控诉审的调查范围作了规定，即"控诉法院应当对控诉旨趣书记载的事项进行调查；控诉法院对第 377 条至 382 条及 383 条规定的事由有关的事项，也可以依职权进行调查"。从该条的规定可以看出，日本控诉审实行的是职权调查原则。对于控诉审的审判对象，日本学界主要有两种观点：第一种观点认为，原判决本身是控诉审的审判对象，上诉审法院可以依照职权调查当事人提出的理由以外是否还存在撤销原判的理由，对原审进行综合审查；第二种观点认为，当事人提出的控诉理由是控诉审的审判对象，通过审查控诉理由来审查原判决。日本刑事诉讼法权威田口守一教授认为，上诉审的主要目的是统一解释法律，救济提出异议的当事人。因此，控诉审的职权应当从保护当事人特别是被告人的主张的角度进行职权调查。日本判例也认为，"事后审查是以当事人提出的控诉内容为中心的，这是控诉审的基本原则，职权原则只不过是这种原则的补充。——第一审中的当事人主义和职权主义之间的关系，在控诉审也同样适用。"（最大决昭和 46（1971）年 3 月 24 日刑集第 25 卷第 2 号第 293 页"新岛导弹案件"）①

---

① ［日］田口守一：《刑事诉讼法》，刘迪、张凌、穆津译，法律出版社 2000 年版，第 313 页。

前苏联为完成纠正第一审法院的错误,改善第一审法院工作质量的任务,在刑事二审程序中建立了一种特殊的上诉和重新审查制度即检查原则。苏维埃《刑事诉讼法典》第412条规定,“第二审法院除审查上诉状中对判决声明不服的事项外,每次必须审查案件的全部范围,检察判决是否合法和有根据。”该条所规定的检查原则,和我国的全面审查原则文虽有殊,但含义基本相同。以笔者手头的资料来看,最早明确规定二审法院全面审查的国家当属前苏联。由于我国在法制建设初期深受前苏联的影响(不论是法学研究还是实际立法),因此,早期的诉讼法立法和司法实践均采纳了全面审查原则。我国1979年的《刑事诉讼法》第134条确立了该原则,即“第二审法院应当就第一审判决认定的事实和适用法律进行全面审查,不受上诉或者抗诉范围的限制”。与刑事诉讼一样,我国早期的民事二审程序也要求法院进行全面审查。1982年的《民事诉讼法(试行)》第149条规定:“第二审人民法院必须全面审查第一审人民法院认定的事实和适用的法律,不受上诉范围的限制。”随后全面审查原则在我国民事领域里似有所“动摇”,1991年正式施行的《民事诉讼法》第151条关于上诉审查方式作了新的规定:“第二审人民法院应当对上诉请求的有关事实和适用法律进行审查。”这条法律规定至今仍被不少学者认为是我国民事诉讼上诉审中建立有限审查制的标志。但一年之后最高人民法院作出了一条令人颇感费解的司法解释,即最高人民法院《关于适用〈中华人民共和国民事诉讼法〉若干问题的意见》第180条:“第二审人民法院依照民事诉讼法第一百五十一条的规定,对上诉人上诉请求的有关事实和适用法律进行审查时,如果发现在上诉请求以外原判确有错误的,也应予以纠正。”该条司法解释事实上又回到全面审查的旧路上来,笔者认为这是和民事诉讼的立法精神相抵触的,应属无效的司法解释。因为《民事诉讼法》第151条的反面之义即为:第二审人民法院不应当对上诉请求无关的事实和适用法律进行审查——双重否定。目前,全面审查原则最“体面”、最“牢固”的据点仍在刑事诉讼法中。最高人民法院在《关于执行〈中华人民共和国刑事诉讼法〉若干问题的解释》第251条中对第二审法院的审查范围作了较为详尽的规定:(1)第一审判决认定的事实是否清楚,证据是否确实、充分,证据之间有无矛盾;(2)第一审判决适用法律是否正确,量刑是否适当;(3)在侦查、起诉、第一审程序中,有无违反法律规定诉讼程序的情形;(4)上诉、抗诉是否提出了新的事实和证据;(5)被告人供述、辩解的情况;(6)辩护人的辩护意见以及采纳的情况;(7)附带民事部分的判决、裁定是否适当;(8)第一审法院合议庭、审判委员会讨论的意见。对全面审查原则在刑事二审中的基本含义,学者们一般解释为:(1)既要审查一审裁判认定的事实是否清楚,证据是否确实、充分、合法,又要审查一审裁判适用法律、定罪量刑是否正确;(2)既要审查被告人、自诉人或者人民检察院已上诉、抗诉的部分,又要审查未上诉、抗诉的部分;(3)既要从实体上对案件进行审查,又要从程序上审查诉讼活动是否合法;(4)在共同犯罪案件中,既要对已上诉的被告人和抗诉的部分进行审查,又要对未上诉的被告人和未抗诉的部分进行审查①。

然而,法院不受诉讼请求(包括上诉和抗诉)范围的限制,而对案件进行全面审查,是否是一种应然的制度设计呢?这种制度本身是否符合诉讼的基本规律?它运作的效果是否能够达到我们的司法目标?其理论基础存在哪些问题?这些都是我们无法回避的问题。本文结合司法权运作的应然规律,在充分考虑诉讼效率的基础上,拟对刑事二审程序中的全面审查原则提出质疑。

二

在当代社会中,纠纷是多种多样的,相应的纠纷解决机制也有不同的形式。根据解决争端是否需要第三方参加或干预,可大致分为两类:其一,当事人自己解决,即在没有第三方参与的情况下,由冲突各方自行解决。这种形式主要包括谈判、决斗、躲避等;其二,第三方居中解决,即指依靠没有参加到争端中的第三方来解决,其决定具有权威性,对冲突各方有一定的拘束力。此种方式主要包括审判(即诉讼)、仲裁、调解等。在纠纷解决机制这样一个大的社会职能背景之下,我们或许可以更清楚地发现司法审判与其他由第三方主持解决纠纷的方式之间有一个质的共同性,即其运作方式不但必须具备消极性和被动性,而且作为解决纠纷的第三方也必须是中立的。这不但是纠纷解决程序正当化的要求,也是保证纠纷解决结果获得当事者双方认可所必需的。

当然,这种科学的司法权运作方式的确立并不是一次完成的,其间经历了漫长的嬗变过程。在人类社会的早期历史中,刑事诉讼与民事诉讼实行的是同样的程序、同样的原则。这种诉讼制度盛行于奴隶制社会,被称为"弹劾式诉讼"。其最主要的特点是"不告不理","没有告诉人也就没有法官",诉讼主要是依靠当事人双方的积极性,诉讼是否提起完全取决于受害人,法官在诉讼中处于消极仲裁者的地位。进入封建社会后,刑事诉讼实行的是"纠

---

① 程荣斌、庞华玲:《中国刑事诉讼法学》,人民法院出版社1997年版,第313、314页。

问式诉讼”①。在该诉讼形式中，控诉职能和审判职能不分离，均由行使审判权的国家司法机关和司法官吏统一掌握，实行“不告也理”。法院及法官不再仅是消极和被动的案件仲裁者，而是成为对危害公共秩序和王权利益的犯罪行为负有追究责任的追诉者。然而，在这种诉讼制度下，司法专横极其普遍，“被控人面对具备法官权力的追诉人，束手无助”。资产阶级革命取得胜利后，启蒙思想家关于分权、人权保护的进步观点得到法律上的确认。体现在诉讼形式上，就是“混合式诉讼”得到了确立，该种诉讼形式兼有弹劾式和纠问式的特点。刑事诉讼被分为两个大的阶段，即审判前阶段和审判阶段：在审判前阶段，实行国家追诉一体化的原则，纠问式的特点有所体现；而在审判阶段，法官只负责审判，实行“不告不理”的原则，弹劾式的特点则体现得较为充分。至此，经过“肯定——否定——否定之否定”的发展，司法审判运作的被动性和作为裁判者的中立性最终得以确立。

所谓司法审判的被动性，是指司法审判既不能主动受理未向其诉求的案件，也不能超出诉争的范围进行裁判。也就是说，法官必须严格恪守“不告不理”的原则。这是因为，“从性质上说，司法权自身不是主动的，要想使它行动，就得推动它。向它告发一个犯罪案件，它就惩罚犯罪的人；请它纠正一个非法行为，它就加以纠正；让它审查一项法案，它就予以解释。但是它不能自己去追捕犯罪、调查非法行为和纠察事实”②。依照这一原则来审视全面审查的内容，就会发现后者严重背离了前者的基本要求。基于全面审查原则的要求，二审法院的审查范围可以不受诉讼请求的限制。也就是说，法官既可以审查当事人或者检察院已上诉、抗诉的部分，又可以审查他们没有上诉、抗诉的部分，特别是在共同诉讼或共同犯罪案件中，法官在审查已上诉和被抗诉的当事人，还要审查未上诉和未被抗诉的当事人。很明显，这时的法官已不仅仅是案件的裁判者，而是成为有着自己积极主张的一方当事人。在刑事诉讼中，主持正义的法官还有可能成为事实上的追诉官员。比如，李某与张某共同犯罪，一审法院作出判决后，检察机关认为原判对李某的量刑过轻，而对张某的量刑适当，因而只对李某提出抗诉，而二审法院在审查过程中，发现对张某的量刑也偏轻，便不仅可以对李加重刑罚，也可以对张某加重刑罚。因为，根据我国刑事诉讼法的规定，二审法院对于检察机关抗诉的案件可以不

① 纠问式诉讼的产生大致有三方面的原因：当时教会法首先已经确立了纠问式程序；专制政治要求有效镇压犯罪，加强统治；人们对犯罪的性质有了进一步的认识。参见樊崇义主编：《刑事诉讼法学》，中国政法大学出版社 1998 年版，第 16 页。

② ［法］托克维尔：《论美国的民主》（上卷），董果良译，商务印书馆 1991 年版，第 110 页。

受“上诉不加刑”原则的限制。这种控、审不分的状况，不仅不利于被告人的权利保护，也使得二审程序的诉讼结构被扭曲。而且，在刑事诉讼中，还存在着大量的自诉案件。对于这些案件，如果当事人不起诉，法官便不得自行处理，在二审程序中更没有必要搞所谓的“全面审查”。

所谓审判者的中立性，是指作为裁判者的法官既不应与纠纷本身有某种牵连，也不能把自己的个人价值、情感等因素带进裁判之中，并不能因外界因素的干扰，而对纠纷双方有所偏向。美国学者戈尔丁把裁判者的中立性概括为三个方面：(1)与自身有关的人不应该是法官；(2)结果中不应含有纠纷解决者的个人利益；(3)纠纷解决者不应有支持或反对某一方的偏见。司法裁判者的中立性是程序公正的最基本的要求。而程序的公正与否，并不是毫无意义的：其一，公平能够促进争端的真正解决，而不是简单的了结；其二，是确保诉讼各方对整个司法审判制度产生信任，而没有这种信任，这些法律制度将无以复存。① 为使法官在诉讼过程中保持中立，世界各国都设置了相关的制度。比如各国的法院组织法、法官法以及各种诉讼法在涉及法庭的组成时，都设置了回避制度，禁止法官审理与自己有关联的案件，有的法律还规定法官不得与当事人及其律师私自会见，不得接受后者的请客送礼等。显然，上诉审中法官的全面审查，事实上使得法官成为诉的提出者，其中立地位必难得到保障，其裁决结果的权威性和公正性也将因此而受到质疑。

三

诉讼法由于自身固有的程序特性，使得其内部呈现出一定的时空序列。“从诉的提起开始（具体权利要求的设立），经过争点在法律意义上的形成（要件事实的确定），证明和辩论以及上诉阶段到判决的确定，具体案件的处理可以视之为一个‘法的空间’的形成过程”。② 这种时空性是程序法与实体法的重要区别。我们应当承认它们各自相对独立的价值。如果说实体法主要追求的是正义的分配，那么将程序法的价值取向定位在程序安定上便是顺理成章了③。有学者从民事诉讼的角度将“程序安定”定义为，“诉讼应依法定的时间先后和空间结构展开并作出终局决定从而使诉讼保持有条不紊的稳定

① ［美］马丁·P. 戈尔丁：《法律哲学》，齐海滨译，三联书店 1987 年版，第 240—241 页。

② 梁治平编：《法律解释问题》，法律出版社 1998 年版，第 155 页。

③ 有的学者泛泛地主张“在法的价值序列中，法的安定性优先于正义和其他价值”，笔者认为有点以偏概全。

状态"①。应当说,这种理解也可大致适用于其他诉讼法领域。程序的安定性一般认为应包括以下几个基本要素:程序的有序性;程序的不可逆性;程序的时限性;程序的终结性;程序的法定性。而全面审查原则正是有悖于程序的不可逆性和终局性。

所谓程序的不可逆性(亦称自缚性),是指程序中的某一环节或者整个程序一旦过去或完结,就不能回转、重新再来。程序的这种不可回复性要求诉讼中的各个主体要对自己的一言一行高度负责。正所谓"官司非儿戏"。经过的程序对当事人和法官都有强烈的拘束力。一旦具体的言行成为程序上的过去,任何人都无权轻易推翻。程序的不可逆性主要是对举证时间作的限制,但这种"自缚性"的要求也同样应该适用于对上诉审查范围的限制。虽然各级法院之间、各个法官之间不能简单地等同,但他们对外代表着国家统一的裁判机关。每个法院及法官都不能无视其他法院及法官的存在,也要在一定程度上尊重后者的裁决,受其裁判的拘束。因此,在争端双方没有提出异议的部分,二审法院不应当也没有必要掉头进行"二次革命"。

程序的终结性与程序的不可逆性有密切的联系。从广义上讲,程序的终结性也是不可逆性的要求。只不过后者强调的是最终结果的不可回转性。法院判决一旦作出,便不能任意地重新启动程序,再次审理或撤销该判决。程序的终结性主要是为了防止反复启动审判程序。全面审查无疑背离了程序的及时终结性。这是因为,一审作出的裁决,在当事人没有上诉、检察机关亦未抗诉的情况下,过了法定的期限就自动发生效力。也就是说,对于没有争议的部分程序已经终结。如果上诉审的审查范围可以超出诉讼请求的界限,就意味着原裁决机关的裁决不算数,这不但对于维护司法裁判的权威性和严肃性极为不利,也使受原裁决拘束的争端双方惴惴不安,生怕"秋后算账"。另外,如果当事人对上诉审的结果不满,还会求助于其他救济方式,如申请再审等。这样,不仅不利于及时息诉,也足以对司法裁判的可执行性和强制性构成威胁。

诉讼的价值取向除了程序安定之外,还必须考虑诉讼效率问题。当然,诉讼效益尽管和程序安定在价值上不能完全等同,但两者也是有着紧密联系的。比如,安定本身往往体现着效益的要求。因为,程序的时限性、不可逆性及终结性作为程序安定的要素,同样也是诉讼效益的要求。但诉讼效率作为

---

① 陈桂明、李仕春:"程序安定论——以民事诉讼为对象的分析",载《政法论坛》1999年第5期。

社会法治化进程中引导和体现司法公正的一个基本司法目标,不但是设计形事司法体制必须考虑的基本因素,也是衡量一个国家法律制度文明和科学化程度的标准。正如美国法学家波斯纳所言,在许多情况下,“判断一项活动是不是‘公正’或‘好’,应看它是否有利于国民收入提高来衡量的经济效益”。这就是说,一个效益低下的诉讼活动不可能是公正的,因为它浪费了国家有限的司法资源。贝勒斯把诉讼活动看做是一种投入与产出的经济行为,投入与产出或者说诉讼成本与诉讼效益之间的关系反映着诉讼的基本价值。他说,“程序法总的规范的目的是,实现经济与道德错误成本加上直接成本再减去程序利益所得的总额最小化”。用公式表述为:实现(EC + MC + DC - PB)的总额最小化。[①] 因此,在上诉审程序中,如果允许法官审理争端双方没有异议的部分,虽然有可能降低道德错误成本,但多余的审查不仅浪费了上诉法院宝贵的时间、人力、物力等,也使得二审裁判因无法及时作出而背离程序正义的基本要求。而且,按照一般原则,争端双方才是自己利益的最好维护者。所以,对当事人没有异议部分不予审查,即使存在着错误的可能,但其道德成本却是较低的。

四

对于我国为什么实行全面审查原则,一般的解释是:“它体现了社会主义法系国家刑事诉讼中的实事求是、有错必纠指导思想……从而完成二审监督、把关、纠错、救济的任务”。[②] 这就涉及将“实事求是、有错必纠”视为我国诉讼制度的基本原则是否适当的问题。“实事求是,有错必纠”作为一种哲学命题本身并没有什么错误,相反,这正是辩证唯物主义认识论的生命力和科学性所在。但是在具体诉讼实践中,不应混淆两对概念:司法理想与司法操作、客观事实与法律事实[③]。人们对于司法制度的期望如同其他社会制度一样,都想让它们尽善尽美。然而,任何制度如果仅停留在“乌托邦”的幻想层次上,都不会切实地生长、发展。实际存在的各种制度是由诸多自然条件和社会条件所共同作用的结果。我们的确应当关注、追求司法理想和客观事实,但绝不能偏离司法操作和法律事实。

辩证唯物主义认识论告诉我们:人类对真理的追求是一个不断接近的过

① [美]迈克尔·D. 贝勒斯:《法律的原则——一个规范的分析》,张文显、宋金娜、朱卫国、黄文艺译,中国大百科全书出版社 1996 年版,第 34、37 页。

② 樊崇义主编:《刑事诉讼法学》,中国政法大学出版社 1998 年版,第 391 页。

③ 贺卫方:《司法的理念与制度》,中国政法大学出版社 1998 年版,第 153—158 页。

程,认识需要接受实践的检验,而实践本身又是不断发展的。从整个人类的历史长河来看,我们完全可以等待爱因斯坦相对论的出现,以此来解释宇宙现象;但绝不能苛求一千年前的人使用DNA技术来鉴别某凶杀案中的毛发和血迹,以求客观、真实。在司法过程中,法官所认定的事实还有其特殊性:他审理案件时遇到的事实只是结果的事实,而且多是经过不同的人主观加工过的。法官在具体裁决时,除考虑必要的科学手段外,他个人的主观偏好、品格等因素也起着不可忽视的作用。美国现实主义法学家弗兰克用公式把司法判决过程概括为:

R(rule,法律规则)×SF(subjective fact 主观事实)=D(decision 判决)

这里的"主观事实"即指法官、陪审员所发现的事实,而不是在初审以前,在特定时间、地点实际发生的"客观事实"。[①] 因此,法官对事实的认识是一个复杂而不可再现的过程,"机械地追求客观事实和主观认识的同一,将有悖诉讼价值和诉讼目标的实现,最终造成诉讼效率低下,司法人员思想禁锢"[②]。因为,"与纯科学不同,法律的目的并不在于发现真相,并不纯粹在于发现真相。这不但代价过高,而且往往与解决争执的目的不沾边"[③]。而且,"在一个尊重人类尊严的社会里,要求我们寻找真实的崇高价值并不是绝对的,在某些场合是可以从属于更高的价值的。"因此,把"实事求是、有错必纠"作为我国诉讼制度建构的理论基础显然是不适当的。

目前,我国的诉讼制度已在一定程度上突破了"实事求是,有错必纠"等法律理念。如刑事诉讼中的上诉不加刑原则以及疑罪从无原则。依照上诉不加刑原则的要求,在当且仅当被告一方提出上诉时,法院不得以任何理由加重被告人刑罚,不论原判决正确与否。这一原则是为了防止在被告人一方上诉时,使其处于更不利的境地,从而要实际上剥夺了被告人的上诉权。而依照疑罪从无原则,法院在证据不足,既不能确定有罪,也不能确定无罪的情况下,应当作出无罪判决。在民事诉讼中也有类似的例子,如《最高人民法院关于适用〈中华人民共和国民事诉讼法〉若干问题的意见》第75条规定,"一方当事人对另一方当事人陈述的案件事实和提出的诉讼请求,明确表示承认的,当事人无需举证"。然而,"另一方当事人陈述的案件事实"并不一定就是真实发生的客观事实。可见,无论是刑事诉讼,还是民事诉讼都不再仅仅追

---

① 张宏生、谷春德:《西方法律思想史》,北京大学出版社1990年版,第419、420页。

② 任伊珊、田应朝:"对'以事实为根据'的再认识",载《政法论坛》1999年第1期。

③ [美]迈克尔·D. 贝勒斯:《法律的原则——一个规范的分析》,张文显、宋金娜、朱卫国、黄文艺译,中国大百科全书出版社1996年版,第23页。

求所谓的客观真实。

退而言之,即使我们可以把"实事求是、有错必纠"作为全面审查原则的理论基础,在司法实践中也不可能做到。在二审程序中,法官通过全面审查,也许对案情会有更深入的了解,但并不必然能作出比一审更正确的判决,尤其是对上诉或抗诉中未指出的部分进行裁决,出错的机会可能更多。原因有两个方面:其一,从主观方面来说,法官的"全面审查"不仅有可能使其对案件有一个先入为主的认识,而且往往使作为裁判者的法官承担了其不应承担的诉讼职能。这不仅对于公正裁判的作出是十分危险的,也是不适当的。马克思从心理学的角度对此进行了深刻的批判。他说,"在刑事诉讼(也适用于其他诉讼活动。——笔者注)中,法官、原告和辩护人都集中到一个人身上,这种集中是和心理学的全部规律相矛盾的"①。只有把法官的审查范围严格限定在纠纷双方的诉讼请求之内,才能使法官最大限度地避免偏见、预断等主观方面的缺陷,从而作出更公正的判决。其二,从客观方面来说,我国二审法院的审理方式制约着对案件事实真相的发现。根据我国现行刑事诉讼法的规定,除对检察机关抗诉的案件直接开庭审理外,大多数情况下是不开庭审理。调查结果表明:二审法院开庭的案件较少的可以低于10%甚至5%,而较多的则可以达到20%。但各地中级人民法院以开庭方式审理的上诉案件一般不会超过全部上诉案件的30%②。这种不开庭的审理程序,事实上是一种秘密的、单方面的书面审查。尽管二审法院在不开庭的情况下,可以对被告人进行讯问,也可以听取其他当事人、辩护人、诉讼代理人的建议,但其工作的重心主要还是阅卷。这种没有控辩双方参与的书面审,使得法官即使进行全面审查,也很难发现一审判决的错误。

结　语

鉴于我国刑事二审程序中的全面审查原则及其理论基础存在着上述诸多缺陷,笔者建议对我国刑事二审程序中的全面审查原则进行修正,即对于检察院提出抗诉的案件,二审法院的审查范围应当严格地限制在抗诉的范围之内。对于被告人一方提出上诉的案件,如果被告人并没有说明理由,而仅仅是对一审法院所作的判决表示不服,则二审法院可以依职权进行审查。如果被告方明确提出了上诉的理由,则二审法院也应当受上诉理由的限制。也

① 《马克思恩格斯全集》(第1卷),第30页。

② 陈瑞华:"对两审终审制的反思——从刑事诉讼角度的分析",载《法学》1999年第12期。

即是说,对于控辩双方提出上诉或抗诉的理由以外的事实认定或法律适用问题,二审法院均无权进行审查,即使原审裁判存在明显的错误。这看起来似乎有纵容原裁判的错误之嫌,但却是审判程序(包括二审程序)正当化必须付出的代价。

刑事二审全面审查原则新探

秦宗文*

一、面临挑战的刑事二审全面审查原则

《刑事诉讼法》第186条规定:“第二审人民法院应当就第一审判决认定的事实和适用法律进行全面审查,不受上诉或者抗诉范围的限制。共同犯罪的案件只有部分被告人上诉的,应当对全案进行审查,一并处理。”这一规定明确了我国刑事二审的全面审查原则。也就是说,我国刑审二审实行的是复审制,而非续审,也非法律审。其基本出发点是:由不同主体在不同审级中从不同角度对案件情况予以反复审查,以纠正任何可能发生的错误,保证发现事实真相,实现案件的正确处理。这是我国刑事司法中真实发现主义的重要体现。同时,此原则以法律的形式直接限定二审审判对象,排斥当事人的选择余地,体现了国家对刑事司法的强势主导。自1979年刑诉法明确该原则,1996年刑诉法修改时被保留,全面审查原则在相当长时间被视为理所当然。但近年来随着人们对传统真实发现主义的怀疑、对当事人自主性的关注,这一原则的合理性开始受到质疑,有学者主张废除此原则。① 而最高法院、最高检察院2006年9月联合发布的《关于死刑第二审案件开庭审理程序若干问题的规定(试行)》则进一步加深了人们对这一原则命运的疑问。该规定第14条规定,第二审人民法院应当全面审理死刑上诉、抗诉案件。但在开庭时,可以根据具体情况围绕人民检察院、被告人及其辩护人提出争议的问题和人民

---

* 秦宗文,南京大学法学院讲师、法学博士,西南政法大学博士后研究人员。

① 张智辉、武小凤:“二审全面审查原则应当废除”,载《现代法学》2006年第5期;陈卫东、李奋飞:“刑事二审‘全面审查原则’的理性反思”,载《中国人民大学学报》2001年第2期。

法院认为需要重点审查的问题进行。对控辩双方没有异议的事实、证据和情节，可以不在庭审时调查。对共同犯罪中没有被判处死刑的其他被告人的罪行，事实清楚的，可以不在庭审时审理。这一规定看似坚持了全面审查的立场，但又明示对双方无争议的问题及法院认为无须重点审查的问题，可以不开庭的方式解决。从实践中二审不开庭审理的实效看，[①]这种给二审法官相当大自由裁量权的庭下书面化审查极可能流于形式，因此该规定甚至可视为两高默许对双方无争议及法院认为无须重点审查的问题不予审查。从实践中法官的工作压力及追求效率的司法改革走势看，如果没有对庭下审查作进一步的细化要求，死刑案件二审开庭审理的对象在多数案件中可能将仅限于控辩双方上诉、抗诉的部分。如果最需要严格程序保障的死刑案件采部分审查的话，全面审查在整个刑事诉讼中的崩溃也指日可待了。全面审查原则不但受到理论界的质疑，立法中也有被放逐之势。那么，全面审查原则是否真到了非弃不可的地步？从其生成背景及变迁角度分析也许能给我们合理的解答。

二、全面审查原则生成的合理性根据

全面审查原则作为我国刑事诉讼中一项重要法律制度，放在历史视角下观察，有其生成的自然逻辑。

（一）司法能动主义使全面审查成为必要

就目前来看，我国刑事二审全面审查的要求在世界法治图景中已成绝版。比较看，两大法系普遍采用了以上诉请求为审理对象的部分审查制。如美国，被告人只能对法律问题提出上诉，一审对事实的判断具有最终效力。同时，被告人的上诉必须具体说明对什么问题不满，这决定着上级法官的审查范围。被告人“不能告诉上诉法院，整个案子的审判是不公平的，需要整个推翻，而必须明确指出法官在哪个问题上犯了错误。同样，联邦法院在审查被告人的释放令请求时，也有它的审查范围”。[②] 法国上诉法院虽有权对事实和法律均予以审理，但“上诉法院并不始终有权按照其希望的方向对一审法院的判决进行全部（所有部分）改判”，“上诉法官的权力实际上有赖于向其提

① 刑诉法规定刑事二审以开庭审理为原则，不开庭审理为例外，但实践中正好相反，大部分地区开庭审理成了例外，而不开庭审理往往流于形式。

② 李义冠：《美国刑事审判制度》，法律出版社 1999 年版，第 143 页。

出之上诉的标的”。①

部分审查的设计目的在于使上下级法院之间形成相互制约的格局，避免任何一级法官可能的不受制约的独断。在这一格局中，上诉法官对初审判决有复查的权力，对一审法官进行监督，但上诉法官的复查要以一审为基础，同时又受到当事人权利的制约，不能为所欲为。“审级制度在保障司法正确性方面的原理在于，通过上下级法院之间权力分层或‘分权’的技术设置，使上级法院在制约下级法院的同时，自身的权力也处于制约之下，形成双向制约机制”，因为，“如果上诉法官自身的权力处于无所制约的状态之下，那么监督者错误的几率并不低于其纠正错误的几率，至少在理论上这一命题可以成立。”②全面审查将破坏这种均势，使上诉法官取得不受当事人和下级法官制约的独行的权力。同时，现代法治国家中司法权相对消极的定位已取得广泛共识，司法可以坚持自己的独立立场，不必过分考虑如何主动配合国家政策的实施，因而，上级法院不必因顾虑下级法官可能的越轨之举而通过全面审查予以督促。此外，西方法治国家刑事诉讼程序较严格地区分了控辩审职能，特别是20世纪中叶以来对被告人权利保障的强化，增强了被告人意志对程序运行的影响力，这也阻止了主要体现法官意志的全面审查的可能性。③

与多数国家不同，我国司法权传统上体现了较强的能动性，使全面审查相当程度上成为必要。这主要体现于三方面：

1. 在刑事法律关系中，国家对个人居于绝对的支配地位。我国传统刑事司法并不将刑事诉讼视为纠纷的解决，“将审判等同于解决纠纷的看法，被驳斥为对现实的曲解，特别是涉及刑事司法的时候。”④诉讼的作用并不局限于个案的解决，通过对个别人的追诉达到对社会公众的教育作用，通过打击个别犯罪达到一般预防的功能历来都受到重视。实质上，司法只是治理国家的一种手段，是为政治目标服务的。刑事程序设置的目的主要是保证国家刑事

---

① ［法］卡斯东·斯特法尼：《法国刑事诉讼法精义》，罗结珍译，中国政法大学出版社1998年版，第827页。

② 傅郁林：“审级制度的建构原理”，载《中国社会科学》2002年第2期，第91页。

③ 两大法系比较，大陆法系国家的司法体制更体现了科层制的特征，上级法官事实上有更大的权力裁量审查范围，司法整体上更偏向于国家政策的实施，当事人权利更多受到法官职权运作的制约，但司法权与其他国家权力的分离、司法内部主体权力运作的独立性及当事人权利的保障等现代司法体制建构的基本原理使其不致走得太远，司法在整个国家权力布局中处于消极的一极，上级法院对下级法院的主动干预受到抑制，法院权力受到当事人权利的较大制约，上诉审整体上以当事人上诉请求为中心展开部分审查的原则得到坚持。

④ 米尔伊安·R. 达玛什卡：《司法和国家权力的多种面孔——比较视野中的法律程序》，郑戈译，中国政法大学出版社2004年版，第132—133、121、126页。

政策和刑罚权的正确实现，程序的运行主要体现为国家意志的行使与实现过程。如果将二审审查范围仅限于上诉范围，被告人的意志将约束国家权力的行使，对被告人不上诉的部分国家只能望而却步，这可能妨碍国家刑罚权和刑事政策的落实，进而影响国家通过诉讼引导、塑造社会的计划。较部分审查而言，全面审查为国家权力的运用提供了更充分的空间。

同时，居于绝对优势地位的国家易于将个体矮化，视个体为需教化的对象，对个人诉讼行为选择的正确性充满疑虑，“对于能动型政府来说，个人甚至不一定是判断自我利益的可靠法官；他们不完善的社会惯习影响下形成的自我理解可能是有缺陷的和错误的。”“个人可能需要得到政府的保护，以避免受害于他们自己的愚昧或者他们自己的‘错误认识’造成的扭曲图景”，①全面审查可使上级法院不受上诉或抗诉范围的约束，对当事人的错误进行挽救。这种思虑可从参与过1996年刑诉法修改及最高院适用刑诉法的解释起草工作的有关人员处得到证实。“结合我国的实际情况考虑，第二审实行全案审理确实是非常必要的。客观地讲，我国刑事审判程序中，由于证据规则尚未健全，裁判文书说理不够，审判质量尚不尽如人意；加之一些当事人文化素质不高，又不具备法律常识，往往不能针对案件存在的关键性问题提出上诉请求和理由。在此情况下，如果第二审法院仅仅针对上诉、抗诉的请求和理由进行审理，就有可能导致案件实际存在此问题无法被发现，纠正第一审裁判的错误则更是无从谈起。因此，在目前的情况下，二审实行全案审理仍然具有一定的现实意义，否则很有可能导致二审流于形式，不能发挥二审应有的作用。”②

2. 在国家权力布局中，司法权不能消极，而应积极主动配合党和国家政策的实现。在我国，国家权力运行呈现很强的能动性，作为国家权力组成部分的司法也不以消极性定位，如何与国家整体发展方向配合，为国家政策的实现作出自己的贡献，是司法领导机关所考虑的重要问题，这往往以最高院通知、意见、会议纪要等形式对下级法院的审判工作加以要求和规范。③ 类似的，地方中级以上法院为取得地方党委政府的支持，也会从配合地方社会经

① 米尔伊安·R. 达玛什卡：《司法和国家权力的多种面孔——比较视野中的法律程序》，郑戈译，中国政法大学出版社2004年版，第132—133、121、126页。

② 熊选国：《刑事诉讼法司法解释释疑》，中国法制出版社2002年版，第179页。

③ 如近期最高法院印发了《关于全面加强知识产权审判工作为建设创新型国家提供司法保障的意见》，要求各级法院为创新型国家这一政策的实现提供司法支持。参见《人民法院报》2007年1月30日第3版。

济发展方面对下级法院提出指导性意见。代表法院系统声音的《人民法院报》经常报导某地法院如何想方设法为地方发展保驾护航，地方党委政府对法院工作如何肯定等即为例证。为保证这种要求的实现，一定程度上要求司法内部上下一体，上级法院对下级法院要有较强的支配能力。在个案处理中，上级法院以全面审查的方式防止和纠正下级法院在具体案件中的越界或思虑不周是实现控制的重要方面。

3. 上级法院对下级法院控制的能动性。我国上下级法院之间是一种单向的监督关系，虽与行政部门的领导关系有所区别，但在整个国家权力布局中，司法权与其他国家权力一样，采取了中央集权型，一定意义上，从省、市、区法院，到基层法庭，都可视为最高法院的派出机构，是最高法院职能的延伸，是最高法院方针政策的贯彻通道，上级法院对下级法院有单向的控制能力，而下级法院不能反向制约。在司法行政等级制和"下级服从上级"观念的作用下，上级法院对下级法院的控制已远远超越了通过个案予以监督的范围，上级法院可以通过人事调整、财务分配等方式对下级法院进行多方面的影响。如地方法院的领导由地方人大选举和任命，在组织关系上受地方党委的领导，但下级法院院长人选在党内决定前要报上级法院党组同意。近年来，各地上级法院庭长转任下级法院院长相当普遍。这种组织上的一体化必然带来下级法院对上级法院的依附和顺从，相互制约无从谈起。而制度上的依附性反映在个案上，上级法官以领导者姿态对一审判决进行全面审查就顺理成章了。同时，权力与责任是对应的，上下级法院间实际上的领导关系也带来了相应的责任，上级法院一定程度上应对下级法院审判工作存在的问题负责。如根据最高院制定的《人民法院审判纪律处分规定（试行）》、《地方各级人民法院和专门人民法院院长、副院长引咎辞职规定（暂行）》，凡省、自治区、直辖市年内发生两起法官贪赃枉法造成重大影响的案件，高级法院院长在向当地党委和人大检讨责任的同时，要到最高法院检讨责任。1999 年有 10 位高级法院院长主动或被要求到最高法院检讨责任。① 严格意义上，如果各级法院独立审判的话，若某一基层法官发生的个案问题，很难看出高院院长有多大责任。这种高院院长检讨责任制一方面反映了上下级法院间的现实关系，另一方面进一步摧毁着上下级法院间本应有的独立精神。为避免可能的责任后果，加之对现有人员良莠不齐的顾虑，出于质量控制的目的，上级法

① 最高人民法院工作报告（2000）[DB/OL]，载 http://www.law-lib.com/fzdt/newshtml/22/20050818153923.htm。

院有必要超越上诉或抗诉范围，对一审结果进行全面审查，纠正可能存在的不当。

（二）真实发现主义为全面审查提供了可能，也强化了全面审查的必要性

与民事诉讼中当事人合意对诉讼结果的巨大影响比较，我国刑事诉讼更强调作为案件处理结果基础的事实的确实性。为避免判决错误，应尽可能地查明事实真相。诉讼中对事实真相的发掘能达到何种程度，人们有相当的分歧，但无论是大陆法系国家还是英美法系国家，都没有采取绝对主义的立场。近代以来的理性主义传统一方面使人们相信事实发现的可能性，另一方面基于理性的有限性和案件事实的复杂性，又承认个案真相查明的困难性，怀疑主义的阴影挥之不去，"昨日重现"被认为是上帝的基业，因而在诉讼中不要求绝对重现历史事实。同时，随着近代人的主体意识的觉醒，特别是对自然科学与人文科学认识规律的区分，对人文科学从主体角度而非客体角度设定认识标准成为可能。两大法系均从主体的角度设定了排除合理怀疑或内心确信这样主观色彩浓郁的证明标准。这种主观化的证明标准承认裁判者个体因素对事实认定的影响，也承认经验法则存在一定的幅度，从而否定了主体间性标准的绝对同一性。标准的非绝对性，否定了上级法官居高临下、唯我正确的绝对优势，只要下级法官的判断没有超越经验法则的可能边界，这种判断就是正确的，上诉审法官对下级法官的事实判断应予以必要的尊重。"我们依赖上诉法官纠正错误丝毫不意味着他们更聪明，上级法院因其所处的审级'高'，于是其判决被视为正确，而非因其'正确'而被视为'高明'。"①基于这种谦抑性认识，上诉审法官一般不会主动对一审结果进行全面审查，而将界定审查范围的权利赋予了当事人双方，没有被当事人申请复查的部分，将被排除于二审审判对象之外。同时，这也实现了实体问题向程序问题的转化，通过赋予当事人双方对上诉程序审判对象的控制权，将事实的真实性问题转化为判决的可接受性问题，用可视的程序的正当性缓和与破解了事实真相难以直接验证这一实体难题。当事人双方愿意接受的就被视为真的，国家尊重当事人双方的选择，当事人没有提起上诉的部分将不会受到法官的主动审查。

与西方法治国家不同，我国主流认识论长期奉僵化的符合论为圭臬，混淆了自然科学与人文科学的区分，抹杀了认识活动中人的因素，为诉讼活动

① 宋冰：《读本：美国与德国的司法制度及司法程序》，中国政法大学出版社 1998 年版，第 415 页。

设定了不以人的意志为转移的标准，与历史事件符合者为真，反之为假，从而实现了人际标准的绝对同一性。标准的同一和与客观对象符合的无法验证性，加之审级制度的优势，使上级法院取得了绝对话语权，上诉法官以俯览姿态对一审判决进行全面审查成为可能。同时，由于对事实真相的过分追求，以及国家对刑事程序进程的绝对主导地位和当事人权利受抑制，程序没能发挥对实体难题的缓冲与正当化功能，国家必须以实体结果的确实性证明自己工作的最终意义，促进结果的可接受性。基于瑕疵被多人多次审查更可能被发现这一似乎无须论证的一般道理，全面复审有了存在的充分价值。

（三）内外交集的时代背景使全面审查原则很容易被确立起来

全面审查原则肇始于苏联的立法。根据《苏维埃刑事诉讼法典》第 332 条规定，“上诉审法院结合上诉（抗诉）检查判决是否合法和有无根据，不仅是在上诉（抗诉）的范围内进行检查，而且要检查整个判决；不是检查一部分，而是对案件作通盘检查；检查所有被判刑人的情况，既检查提出上诉的人的情况，也检查没提出上诉的人或者抗诉没提到的人的情况。”其立法根据在于，上诉审程序被定位为“监察性程序，它的作用是竭尽一切可能有效地监督第一审法院工作和最充分地保障诉讼参加人的权利和合法性权益”。“如果不对整个判决进行检查，而仅仅检查上诉或者抗诉提到的那一部分，就不可能从实质上和形式上检查判决是否正确。”[①]其体现的司法能动主义、真实发现主义是苏联威权型政治架构和僵化的认识论哲学的反映。苏联的法律思想在 20 世纪 50 年代被我们大量继受，但其仅是诱因，全面审查原则建立的更内在原因是其与我国本土资源的契合性。我国历史上，由于正当程序观念的欠缺，司法制度一直实行复审制，上级官员对案件进行重审，重大案件最终由中央司法部门决定。[②] 这种行政性的司法体制影响深远。1949 年后，由于整个政权组织的中央集权型，上下级司法组织间一度被定位为领导与监督关系，[③]后虽被修正，但上下级法院间的行政化领导色彩仍根深蒂固，全面审查迎合了这种现实的等级关系，适应了司法能动主义的整体需要。深厚的历史积淀和现实的政治生态使苏联的全面审查原则很容易被移植过来。

---

① ［苏］蒂里切夫：《苏维埃刑事诉讼》，法律出版社 1984 年版，第 413—414 页。

② 瞿同祖：《清代地方政府》，范忠信、晏锋译，法律出版社 2003 年版，第 192 页。

③ 张培田、张华：《近现代中国审判检察制度的演变》，中国政法大学出版社 2004 年版，第 86 页。

三、全面审查原则的合理性危机

司法能动主义、真实发现主义和内外交集的时代背景促生了全面审查原则,在一段时间内,它的合理性是无毋置疑的,但时势的变迁使全面审查的合理性支柱受到了强有力的冲击,同时,理论的完美论证也挡不住实践的背叛,全面审查在新形势下遭遇到了合理性危机。

(一)司法能动主义的相对削弱

司法能动主义削弱的大背景是国家与市民社会的适度分离。全面审查原则确立于我国社会大变局的开始之际,而这一变局的重要一点是国家在保持权威主义的同时,不断削弱对社会的干预范围和强度,为市民社会的发育开辟了道路,包揽一切的一元化的“全能国家”逐步向国家与市民社会分离的二元结构过渡。国家与市民社会的良性互动要求国家必须考虑市民社会的正当需要,尊重市民社会的相对独立性、社会成员的正当意愿和个人选择的自由。[①] 作为国家权力一部分的司法在这一过程中不断对自身进行调整,从而使司法能动性相对弱化。

国家与市民社会的分离过程也是国家权力的重塑过程,在此进程中,司法的独特品格得到强调,司法权的运作与其他权力适度分离,司法对政府过度配合的倾向得到一定程度的矫正,纯粹作为政策实施工具的司法向纠纷解决的方向修正。人们认识到,程序不能仅作为官员制作司法产品的流程,而应是“让一切当事人、关系人参加讨论,通过交涉形成合意、作出决定的过程”。[②] 增强公民在诉讼中的能动性和通过诉讼权利的行使对法官权力形成制约的诉讼格局逐渐形成,在程序推进中如何更多地体现当事人的意愿成为程序设计的重要价值取向,涉讼公民逐渐由“参与者”向“当事人”的角色转变。这点在民事司法中的转变速度快于刑事司法。《民事诉讼法(试行)》在二审阶段采用了全面审查原则,但1991年修正后的《民事诉讼法》第151条规定,二审法院“应对上诉请求有关的事实和法律进行审查”,转向了部分审查。在刑事诉讼中,协商性司法方兴未艾,被告人认罪适用简化程序得到从轻处理等都体现了司法权锋芒的收敛和公民个人意愿对诉讼程序进程和结果影响的增强。特别是在“宽严相济”这一新刑事政策的推动下,两高都提出了具体的贯彻意见,并将其贯彻于具体的程序设计中,调整刑事打击的范围

---

① 对市民社会理论的研究可参见邓正来:《市民社会理论的研究》,中国政法大学出版社2002年版。

② 季卫东:《法治秩序的建构》,中国政法大学出版社1999年版,第76页。

和力度,[①]如因亲友、邻里及同学同事间纠纷引发的轻微案件被告人悔过、赔偿并得到被害人谅解的,可以不起诉,进一步推动了公民在刑事诉讼中的自决性,体现了刑事程序解决纠纷的功能。而全面审查原则所体现的国家强力干预,忽视公民选择权的做法与司法目的的整体调整和转化间存在着较大的冲突。

(二)真相的相对性与正当程序观念的发展

全面审查的主要目的在于寻求事实的真相,而案件真相是否可欲,近几年来已成争议的话题。就现代审判而言,“所谓判定从本质上讲就是‘神示’。在判定这一概念的背后,作为无言的前提有着这样一种认识:应该存在着某种可称为绝对的、终极的真实那样的东西,但这却不是以人类的智力所能知悉的。与案件有关的事实关系都是些什么,这在全知全能的上帝面前应当是完全清楚的,可是人类却没有谁能直接了解。”[②]这并不是怀疑主义的论调,而是对诉讼特征的恰当描述。诉讼事实的相对性已通过“法律真实说”与“客观真实说”的论战取得了理论话语的主流地位。如此以来,以事实的唯一性和绝对性作为存在依据并以此作为追求目标的全面审查原则在很大程度上失去了存在的意义。同时,人们对二审的事实发现能力也提出了质疑。由于距案发时间相对久远,证人记忆可能模糊,物证特征可能湮灭等,二审程序并无优于一审的事实发现能力。如果二审以书面形式为主进行审查,其事实发现能力将逊于一审。全面审查实际上使一审法官成为被审查者,但二审法官有何资格如此呢?此外,随着正当程序观念的逐渐确立,人们认识到,事实真相值得追求,但对其过分热爱可能损害其他应当珍视的价值,如全面审查对控审分离、法官中立、诉讼经济性等程序价值造成了很大的冲击。是否得不偿失,值得考虑。

(三)全面审查在实践中是不可能实现的任务

全面审查的目的是经过多次审核以发现真相,避免可能发生的错误。而普适的看法,对案情,特别是事实问题的调查,在庭审中以直接言词的方式进行才是最有效的,书面审查对事实问题的解决不具实质意义。这也是近年来

---

① 最高法院 2007 年 1 月 30 日公布了《关于为构建社会主义和谐社会提供司法保障的若干意见》,最高检察院 2007 年 2 月 1 日公布了《关于在检察工作中贯彻宽严相济刑事司法政策的若干意见》和体现这一精神的《人民检察院办理未成年人刑事案件的规定》、《关于依法快速办理轻微刑事案件的意见》两个文件,以落实“宽严相济”这一刑事政策。

② [日]滋贺秀三:《明清时期的民事审判与民间契约》,王亚新译,法律出版社 1998 年版,第5页。

不断强调二审开庭的原因所在。但问题是,我们现在的司法资源是否足以支持在开庭中全面审查?有些地方进行了二审全面开庭审理改革,有关人员的最大感受就是,"上诉案件受案数量激增与办案力量不足,已成为实行全面开庭审理中最突出的矛盾"。① 另一个直接印证是死刑案件二审全面开庭审理。与刑事诉讼法的要求相比,两高对死刑案件二审开庭实际上只要求部分审查。即便如此,各地高院、省检仍感觉物质条件、人员配置不足,在从下级法院、检察院抽调大量人员充实队伍的同时,②要求地方党委、政府在物质条件等方面提供支持。相对于各高院、省检来说,中级法院、地市检察院的工作更为繁重;相对于死刑案件来说,其他类型案件数量也更为庞大,依靠现有力量按照刑诉法要求推行二审开庭,在全面审查的基础上作出判决,几乎是不可能实现的任务。司法实践中二审审理书面化的现象,除从其他方面找原因外,全面审查原则也难辞其咎。在审判压力下,即使开庭的案件,搞形式、走过场也屡见不鲜,真正需要认真审查的疑难复杂案件反而得不到应有的关注。

同时,法官主动对控辩方无争议的案情进行审查,在我国庭审方式已走向对抗化、法官主动调查权仅作为补充手段的情况下,因控辩方缺乏争斗的积极性,难以达到查明真相的目的。

(四)全面审查与相关改革形成冲突

刑事诉讼近些年的整体改革趋势是不断吸收当事人主义诉讼的因素,弱化法官的职权作用、增强被告人的主体地位、增加审判的对抗性,而全面审查所体现的职权主义精神内涵与之不协调,影响到诉讼结构整体的流畅。如两高近几年来大力推行普通程序简化审,对被告人认罪的案件通过程序的简约来达到提高效率,节约司法成本的目的。这一措施尊重被告人的选择权,鼓励被告人与国家合作,抑制国家追求事实真相的冲动,降低对此类型案件证据调查的要求,很大程度上是以控辩双方的合意作为裁判的基础。目前通过简化审处理的案件已占较大比例。试想,此类案件若进入二审,从判决的可接受性及稳定社会秩序的功能看,全面审查还有多大必要和效果?再者,从诉讼经济看,在一个案件流程中,合理的司法进程应当是增强一审程序的案件处理能力,强化一审判决的稳定性,防止不必要的上诉,以尽快稳定社会关

① 上海市人民检察院第一分院:"刑事二审庭审方式改革的实践与思考",载《检察日报》1998年10月8日第4版。

② 从下级法院抽调大量人员使负责死刑案件的原刑一庭显得过于庞大,各省高院普遍将原刑一庭一分为二,新设了刑三庭。相应地,各省检公诉处也多进行了分拆。

系，而全面审查原则实质上诱导被告人提出上诉，并通过再次审判架空一审，这与改革中的效率原则相悖。同时，全面审查“使审判权的自治性和相克关系被软化和淡化了。审判者始终处于被审判的状态之中。”①下级法官为避免判决被改判、被追究责任，请示、汇报等模糊审级关系的不正常做法泛滥就不足为奇了。这与最高院目前推行的理顺上下级审判关系的改革相悖。从目前情况看，改革的趋势难以逆转，全面审查原则与整体改革趋势的不协调已相当突兀。

（五）全面审查原则与司法的一些重要价值存在着冲突

时势的变迁已裂化了全面审查原则的重要支柱，而其与司法的一些重要价值间的冲突则进一步削弱了其存在的合理性基础。其一，与不告不理原则有一定冲突。二审中，法官可以对上诉或抗诉没有涉及的内容主动审查，有学者认为这违背不告不理原则，危害法官的中立性。其二，与诉讼经济原则相冲突。全面审查原则不考虑案件的繁简程度、案情的清晰程度，要求法官对一审判决一律进行全面审查，很多情况下是不必要和徒劳的。这不但易造成资源的无谓耗费，也不利于当事人尽快从诉讼中解脱出来。

四、变革的过程性与全面审查原则的改良

全面审查的支持因素在社会转型中受到了冲击，但这些因素并非局限于司法领域，而与整个社会治理方式相关，因而其衰退程度不会超越社会整体转型的速度。我国社会整体转型尚在进行之中，全面审查的支持因素也处于流变之中，目前只是受到了削弱而非完全消失。

在我国，国家与市民社会良性互动的二元结构尚处于形成之中，司法作为政策实施工具的角色虽在消退但一段时间内不会有根本性的改观，将刑事审判看做解决纠纷的观念短期内不会成为官方的主流立场，实现国家政策的需要和实质正义的追求决定了法院在确定审判范围上不可能完全受制于控辩双方的选择，法院在某些情况下将根据需要主动扩张审判对象，以免因控辩方的错误选择或故意规避导致司法目标的落空。在国家与个人之间，国家与个人关系的契约假设是不被承认的，在视国家为统治工具的情况下，即使法律上设定个人与国家平等，它也仅是一种技术性装置，并未固化为法的内在意蕴，在数千年家国传统思想熏陶下成长起来的执法者很容易使其扭曲，导致“程序失灵”，国家与个人的平等地位在实践中还没有得到很好实现。同

① 季卫东：《法治秩序的建构》，中国政法大学出版社1999年版，第61页。

时,国家与个人的不平等关系使国家在对不法分子打击的同时,又充当着保护人的角色,执法者负有客观义务,对有利或不利于被追诉者的事项均应注意。有利或不利的判断权,特别是重大事项的判断权,并不掌握在被追诉者手里,被追诉者的个人意愿没有影响国家决策的必然效力,国家可以也有义务对个人的错误选择予以纠正。从目前看,被追诉者的程序选择权还局限于有限范围内,如邻里纠纷引发的犯罪、过失犯罪等,它的扩张尚处于起步阶段。上下级法院之间,虽然人们已认识到独立审判的重要性,案件请示等混淆上下级关系的做法已被列入改革计划,但由于上级法院在组织关系、资金支持等方面的重要影响,上下级法院间行政化关系的褪却尚待时日,一些改革举措还可能进一步增强法院的一体化。① 总体说来,司法能动主义在我国刑事司法领域的消退幅度还相对有限,而司法能动主义不受到充分抑制,全面审查原则就不可能被彻底废除。如最高院、最高检、公安部、司法部2007年3月9日联合发布的《关于进一步严格依法办案确保办理死刑案件质量的意见》就重新强调了"全面审查"的要求。② 即使这一原则在实践中被架空,立法上保留也为某些情况下的国家干预提供了正当路径,备而不用也是有价值的。

在案件真相的探求上,法律真实说已掌握理论上的主流话语,但在实务界,程序的重要性虽被承认,但"通过一定的程序……并以通过完成这种程序而得来的结论代替真实本身"③这种观念还没有被接受。将案件办成"铁案"的要求还相当强烈,至少在大部分案件中求得与历史事实相符合的真相仍被认为是可欲的,作为全面审查基础的事实唯一性观念仍相当强烈。

从大众心理来说,对国家的依赖感相当强烈,过分消极的司法权并不符合现实的大众期待,以程序正当为结果合理性判断标准的做法还难以得到大众认同。如民事诉讼领域,法律规则要求由当事人负举证责任,但

---

① 如最高法院"二五"改革纲要中提出上级法院法官要从下级法院选拔,其可能的负面影响是进一步强化上下级法院间的科层式关系。下级法官在升迁之路掌控于上级法院之手的情况下,在审判中可能更易受到上级法院的影响,削弱审级间的独立性。

② 该意见第39条规定:"复核死刑案件,应当对原审裁判的事实认定、法律适用和诉讼程序进行全面审查"。这与两高发布的《关于死刑第二审案件开庭审理程序若干问题的规定(试行)》价值取向上存在着差异。比较而言,前者更侧重于公正,后者更倾向于效率。在非诉讼化的死刑复核程序中侧重于公正,而在开庭审理的二审程序中侧重于效率,是一种价值错位,二者互换应更为合理。司法机关在这一问题上的前后摇摆反映了司法能动主义克制与扩张在现实中的张力关系。

③ [日]滋贺秀三:《明清时期的民事审判与民间契约》,王亚新译,法律出版社1998年版,第5页。

实践中该规则早已异化，特别是农村地区的诉讼中，法官仍大量调查取证，疏于取证而导致结果显失公正的法官可能被追究责任，此即法律规则屈从于民意的明证。相对于民事诉讼，民众，甚至是被追诉者在刑事诉讼领域对国家的依赖感更强，司法一定程度上必须是能动的。此外，一些现实的司法条件如涉讼人员素质不足、一些法官职业操守和业务素质的欠缺、二审终审制等也难以消除人们对废止全面审查原则可能带来的不良后果的疑虑。

全面审查原则的支持因素在社会变迁中受到了削弱，与人们业已改变的司法观念和其他改革措施形成了冲突，并出现了实践与理论悖反的局面，因而对其进行改革是必要的。然而，背景演化的过程性与司法境遇的独特性使支持纯粹部分审查的因素并非完全形成，特别是司法能动主义在刑事审判中的强势影响预计还将持续相当长一段时间，这将压制其他因素，如司法中立、司法消极、诉讼经济等，要求部分审查的诉求。因而，以国外发达国家的普遍做法为参考值而主张一废了之的方案是否可行令人生疑。在笔者看来，与背景变迁保持同步的改良方案可能是目前更实际的选择，二审的审理范围应区分情况进行确定。

（一）对事实问题的上诉或抗诉原则上以上诉或抗诉请求涉及范围为限

与法律问题不同，对事实问题的判断主要依赖于经验和常识，法官并不因其身份而拥有特殊的技能。这是英美陪审团、大陆法系国家及我国的陪审员制等公民参与诉讼机制的立论基础。刑事案件的控辩双方经过一审开庭审理，对案件事实一般都有清楚的认识，对双方共同认可的事实和分歧所在也有明确的把握，特别是被告人，对法院认定的事实是否符合真实情况最为了解。由于利益相异，控辩双方对一审判决从对立角度进行审视，是判决合理与否的最佳监督者。如果他们对一审判决均不上诉、不抗诉，一般可认为一审认定的事实是正确的。同时，正如前文已指出的，全面审查会刺激被告人寻求更高一级的救济而架空一审，但由于时间的久远，相对一审，二审在查明事实方面并无优势。此外，二审对一审程序的监督作用并非仅体现于直接干预一途，更多的是通过改判可能性所形成的威慑作用促使下级法官谨慎从事，部分复查就可达到对全案威慑监督的目的。

同时，对事实问题的二审应当一律以开庭方式进行。只有如此，才可能在最低限度上保证二审有不低于一审的事实认定能力，发挥二审的监督与纠错功能。

(二)对法律问题的上诉,实行全面审查;对法律问题的抗诉以抗诉范围为准;同时存在上诉和抗诉的,进行全面审查

对法律问题的上诉,各国上诉法院普遍将审判对象限于上诉请求,但就我国目前情况而言,笔者主张应全面审查。理由是:其一,法律问题与事实问题不同,我国目前被告人法律素质普遍不足,对法律适用是否妥当多数缺乏确切的认识,由其自身恰当指出上诉请求并提出理由超出了绝大多数被告人的能力。国外上诉审对象限于被告人上诉请求,前提性条件是被告人的律师帮助权得到较充分的保障,而我国目前刑事案件律师辩护率严重偏低,律师帮助权的国家保障范围相当狭窄。当前情况下,如果将审判对象限于上诉请求,无异于承认被告人有选择"自杀"的权利,这是难以接受的。其二,对法律问题进行全面审查很大程度上无损于诉讼效率。废除全面审查意见的重要根据在于其妨碍诉讼效率,违背诉讼经济原则。如果二审全面开庭审理的话,这一点是对的。但在笔者看来,不论上诉请求如何,强制二审全部开庭,是一种矫枉过正之举。对法律问题的上诉是否开庭审判有两种做法,一如英美国家,开庭审理,二如日本,一般不开庭审理,例外情况下才开庭。① 美国之所以上诉审开庭审理,与其采用判例法有密切关系。法官不但事实方面受制于当事人双方,所适用法律一般也应以控辩方所举判例为准,法官依据控辩方律师所未举判例进行判决往往会受到强烈批评,控辩双方的当庭辩论对最后的法律适用具有重要意义。而在日本和我国这种成文法国家,法律适用一般相对明确,控辩方提交书面意见基本就可以了。对疑难案件,法官也可以开庭直接听取控辩方的意见。我国司法实践中纯粹对法律问题提出上诉的,约占二审案件总数的30%,还有35%是对事实和法律同时提出异议的。② 如果适用书面审查解决法律问题,可节约相当多的司法资源。其三,由于我国实行两审终审制,没有专门统一法律适用的第三审,第二审不但发挥着救济功能,保证个案法律适用的正确性,而且承担着国外第三审法院具有的统一法律适用的功能。在进行三审制改革,建立独立的法律审之前,为保障法律的统一适用,二审法官对法律问题有必要进行全面审查。③

---

① [日]松尾浩也:《日本刑事诉讼法》,张凌译,中国人民大学出版社2005年版,第271页。

② 胡道才:"刑事上诉案件审理方式剖析",载《人民司法》2004年第9期,第8页。

③ 对法律问题进行全面审查国外也不乏先例,如美国刑事诉讼中虽实行部分审查,但民事诉讼中却实行了全面审查。"对于'法律决定',两级上诉程序都必须全面审查,审查的深度在原则上好像下级法官的决定根本不存在,由上诉法庭全部重新决定法律问题,独立地审查事项并作出决定。"参见傅郁林:"审级制度的建构原理",载《中国社会科学》2002年第2期,第89页。

对抗诉案件,二审以抗诉请求为限进行审理。抗诉是由检察官提起的,其专业素质保证其有能力提出合理的审判对象。如果一审判决无罪,控方抗诉要求判有罪的,二审法院应对法律适用以开庭方式进行全面审查,给被告人以充分的论辩机会,以有效保障其权益。其他可能加重被告人处罚的变更无须开庭审理,但应给被告方表达意见的机会。

如果既有上诉又有抗诉,应对法律适用进行全面审查,但超出抗诉请求范围的部分,是为被告人利益进行审查,应贯彻禁止不利益变更原则,不得加重被告人的处罚。

(三)同时对事实问题和法律问题提出上诉或抗诉的,在庭审中解决有争议的事实问题和法律问题,其他法律问题庭下审查解决

(四)法官依职权对审判对象的扩张

司法能动主义在我国至少在一定时期内还将存在,社会公众对完全消极的法院也不认同,因而,在增强控辩双方对上诉审判对象把握能力的同时,应保留法院主动调查的权力。如果法院在审查案件时发现超出上诉或抗诉请求之外尚存在其他不调查就"明显"违背正义的事项,就应发动职权调查。但这并不意味着法院可随意开启职权调查,法院应在充分尊重控辩双方选择权的前提下进行。这给法院一定的裁量权,同时,也使法院负有保证案件公正处理的义务。那么,这是否违背不告不理原则。从狭义角度可以这么认为,但不宜对该原则作过分僵化的理解,二审毕竟不同于一审,不告不理原则最主要的含义在于控审外部分工,在一审已对有关事项加以审理的情况下,二审对可能"明显"不公的事项加以审查,从利益衡量看,应当允许。

(五)被告人不提出上诉理由的处理

在美国,被告人上诉必须提出具体的上诉理由,否则上级法院不予受理,体现了当事人主义诉讼下责任自负的原则。而《德国刑事诉讼法》第318条规定:"对上告可以限制在一定的上告事项上。没有予以限制或者根本没有说明上告理由的时候,视为判决的全部内容被要求撤销、变更。"①体现了职权主义诉讼下司法的能动性。就我国目前情况而言,如果被告人上诉而没有说明理由,为明确争点,加快审判进程,法官应要求被告人提出上诉理由。如果被告人拒绝提供理由,二审法院应对主要事实和法律问题开庭审理,被告人对其余部分在庭审中提出异议的,当庭处理,没有当庭提出异议的,可通过书面审查解决。二审有律师辩护的案件,律师有义务提出上诉理由,否则可视

---

① 《德国刑事诉讼法》,李昌珂译,中国政法大学出版社1995年版,第121页。

为违纪行为。

(六)死案案件二审应全面审查

对死刑案件应持最慎重的态度,无论是事实还是法律问题,二审均应以开庭的方式进行。虽然前文认为对法律问题的审查一般以书面形式进行即可,但这主要是从诉讼成本与收益方面考虑而言,对死刑案件成本的考量应居于次要地位,应给予面临死刑的被告人尽可能完善的程序保障。这在日本也有类似的要求,日本对因法律问题上诉的第三审一般不开庭审理,但“在原判决宣判死刑的情况下,按照惯例开庭审理。”①但这并不意味着完全重复一审,对双方无异议的事实和法律部分,法官当庭确认后,除法官认为有必要调查的,可以不再调查。与两高解释的区别在于,笔者认为应当面确认控辩双方的意见,给双方,特别是辩方再次申辩的机会,当庭决定审理范围,不宜仅根据上诉或抗诉请求以书面审查形式在庭前确定审判对象。

(七)对共同被告的处理

对有共同被告人的案件,应充分尊重被告人的选择权。如果其他共同被告没有上诉,法院不应主动审查。如果在审查涉及部分被告人的上诉或抗诉时发现其他被告人的处理结果确实存在错误的,通知控辩双方可以上诉或抗诉,但审理时应根据有利于被告人的原则,对根据法院通知提起的抗诉,不得加重被告人的处罚。

这一方案考虑了事实问题与法律问题调查方式的不同,案件性质对程序保障要求的差别,当事人程序选择权与法官能动性的协调,贯彻了有利于被告人的原则,较好地解决了法官中立与诉讼经济问题,在目前的司法环境下是比较可行的。

① [日]松尾浩也:《日本刑事诉讼法》,张凌译,中国人民大学出版社2005年版,第271页。

依法维护法律的正确实施
——二审出庭检察人员诉讼职能及出庭原则探析

顾永忠*

随着二审死刑案件的全面开庭审理,以往检察人员出席二审法庭在理论上和实践上存在的诸多问题更加显现,本文就其中比较突出的二审出庭检察人员诉讼职能及出庭原则展开探讨。

一、理论界具代表性的三种观点

理论界关于二审出庭检察人员诉讼职能之定位,较具代表性的观点有三种:其一,认为出席二审法庭的检察人员是法律监督机关的代表,其出席法庭不再是以"公诉人"的身份履行控诉职能,而是跳出一审公诉立场,针对一审裁判的正确与否履行法律监督职能。① 其二,认为在刑事诉讼中,检察人员无论在一审、二审、再审乃至死刑复核程序中履行的都是控诉职能,其身份都是"公诉人"身份,而不是、也不应行使法律监督职能。否则,就将打破现代刑事诉讼控、辩、审三角诉讼结构的稳定,也无法解决"谁来监督监督者"这一难题。② 其三,认为出席二审法庭检察人员的诉讼职能不能一概而论,应当区别定位:出席抗诉案件庭审活动的检察人员是以原审检察机关对一审裁判提出抗诉为根据参加诉讼的,其履行的是法律监督职能;出席上诉案件庭审活动

---

* 顾永忠,中国政法大学教授、博士生导师。

① 此种观点的代表作为周永年:"刑事二审程序中履行检察职能的若干问题研究",载《华东政法学院学报》2006 年第 2 期。

② 此种观点的代表作为陈卫东:"一审程序之后检察官的身份",载《法制日报》2006 年 6 月 8 日。

的检察人员是在原审检察机关没有提出抗诉而只有被告人一方提出上诉的情况下参加诉讼的,其履行的还是控诉职能。在检察实务界,检察人员的观点大抵也是以上三种。前不久,笔者就此问题先后到四个地市级检察院和一个省级检察院进行调研。在座谈中,同意或赞成行使法律监督职能观点的人最多,同意或赞成另外两种观点的人也都有之。由此可见,这是一个迄今还没有解决,不仅在理论上存在困扰,而且在司法实践中影响到二审出庭检察人员正确履行诉讼职能的问题。因此,也是一个亟须解决的问题。

二、检察人员在一、二审中的诉讼地位与诉讼职能考察

以上三种观点都是从抽象的概念出发来对二审出庭检察人员的诉讼职能进行分析定位。这种定位与具体的司法实践活动并不完全吻合,实际上,检察人员在一、二审庭审中的诉讼职能与他们在一、二审庭审中的地位密切相关,甚至可以说决定于他们在一、二审庭审中的诉讼地位。对此可以从以下三个方面进行考察。

首先,从出庭检察人员与启动审判程序的检察机关或当事人的关系看,一审出庭检察人员具有直接性,二审出庭检察人员具有间接性。前者是指出席一审法庭的检察人员是由启动一审审判程序、对被告人提起公诉的检察机关派出的,并且是为了支持公诉而出庭的,其身份关系及诉讼职能与启动一审程序的检察机关是直接的,也是一致的,因此称其为集诉讼角色与诉讼职能于一体的"公诉人"。后者则是指出席二审法庭的检察人员并不是由启动二审程序的检察机关或当事人派出的,而是由与二审法院同级的检察机关派出的,无论其身份关系还是诉讼职能与启动二审程序的检察机关或当事人都是间接的,因此对其的称谓是反映诉讼角色与诉讼职能比较模糊的"检察员"。

其次,从出庭检察人员参与诉讼活动的态度及态势来看,一审出庭检察人员具有主动性,二审出庭检察人员具有混合性。前者是指一审出庭检察人员是积极主动地参与到一审程序中,并且在诉讼活动中处于积极主动的进攻地位,充分履行法律赋予的控诉职能。后者则是指二审出庭检察人员参与二审程序及进行诉讼活动并不都是积极主动的。在二审抗诉程序中出庭检察人员是积极主动的,因为凡是抗诉案件二审法院必须开庭审理,并且在庭审活动中出庭检察人员处于主动进攻地位。但在二审上诉程序中,并不是所有上诉案件都开庭。只有法院决定开庭的案件才通知检察机关派员出庭,并且在庭审中上诉人处于主动进攻的地位,而出庭检察人员则处于被动的地位。

再次,从出庭检察人员在诉讼中对被告人或上诉人的诉讼立场来看,一审出庭检察人员对被告人的诉讼立场具有对立性,二审出庭检察人员对原审被告人或上诉人的诉讼立场具有客观性。前者是指在一审程序中作为"公诉人"的检察人员与被告人处于天然的对立关系之中,后者是指在二审程序中,无论是抗诉案件还是上诉案件,出庭检察人员对原审被告人或上诉人的诉讼立场并不总是对立的。无论从理论上、法律上还是事实上看,有的抗诉案件,就是为了维护原审被告人的合法权益而提出的,出庭检察人员的诉讼立场与原审被告人可能是一致的;有的上诉案件,出庭检察人员并不反对上诉理由甚至同意或支持上诉理由;当然也有一些抗诉、上诉案件,出庭检察人员的诉讼立场与原审被告人或上诉人是对立的。可见,在二审程序中,出庭检察人员对原审被告人或上诉人的诉讼立场因案而异具有客观性。

综上,正是因为在一审程序中,出庭检察人员的诉讼地位表现为,与启动一审程序的检察机关的关系具有直接性,参与诉讼活动的态度和态势具有主动性,在诉讼中与被告人的诉讼立场具有对立性,所以,不言而喻其身份是"公诉人",履行的是控诉职能。同理,正是因为在二审程序中,出庭检察人员的诉讼地位表现为,与启动二审程序的检察机关或当事人的关系具有间接性,参与诉讼活动的态度及态势具有混合性(即在抗诉案件中是主动的,在上诉案件中是被动的),在诉讼中对原审被告人或上诉人的诉讼立场具有客观性(即有的与原审被告人或上诉人的诉讼立场是对立的,有的则是一致的),所以无论将二审出庭检察人员的诉讼职能定位在控诉职能还是监督职能,抑或是双重职能,都是不准确、不科学的。如以控诉职能为例,在有的抗诉案件中,抗诉对被告人是有利的,如广西合浦县检察院曾对两起案件以量刑畸重为由提出抗诉,二审法院改判为免予刑事处罚,①在此情形下何以称出庭检察人员是在履行控诉职能?再以监督职能为例,在有的上诉案件中,出庭检察人员完全同意一审判决,对上诉理由进行反驳,建议二审法院驳回上诉,维持原判,对此又何以称检察人员是在履行监督职能?可见,需要对二审出庭检察人员的诉讼职能重新定位。

三、刑事诉讼法及有关司法解释对二审出庭检察人员诉讼职能之定位

一直以来,理论界比较一致的观点认为,现行法律对于一审出庭检察人员诉讼职能的定位是明确的,而对二审出庭检察人员的诉讼职能的定位是不

---

① 参见《检察日报》2007年4月15日。

明确的，正因为如此，理论界才形成了众说纷纭的各种观点。笔者认为，如果深入研究刑事诉讼法及有关司法解释关于二审程序以及检察人员二审出庭问题的有关规定，客观地说，虽然没有像对于一审出庭检察人员诉讼职能的定位规定得那样明确，但基本精神还是比较清楚的，据此也不难对二审检察人员的诉讼职能做出正确定位。

首先，《刑事诉讼法》第181条规定："地方各级人民检察院认为本级人民法院第一审的判决、裁定确有错误的时候，应当向上一级人民法院提出抗诉。"与此相关，《刑事诉讼法》第180条关于提出上诉的规定则是："被告人、自诉人和他们的法定代理人，不服地方各级人民法院第一审的判决、裁定，有权用书状或者口头向上一级人民法院上诉。"对照这两个规定可以发现，提出上诉的法定理由是"不服地方各级人民法院第一审的判决、裁定"，提出抗诉的理由不是"不服……判决、裁定"，而是"认为本级人民法院第一审的判决、裁定确有错误"，由此表明，提出抗诉的检察机关虽然还是一审程序中提起公诉的检察机关，但当它考虑是否提起抗诉的时候，并不应以公诉机关的身份从对一审判决、裁定服与不服的立场出发做出是否提出抗诉的决定，而是应当跳出公诉机关的立场，从超然的法律高度审视一审判决、裁定是否确有错误进而做出是否应当提出抗诉的决定。正因为如此，《人民检察院刑事诉讼规则》第397条规定的人民检察院应当提出抗诉的各种情形中也包括针对"无罪判有罪"而提出抗诉的情形。据此，可以认为，至少在抗诉案件中，二审出庭检察人员不是在继续履行控诉职能，即使抗诉意见与公诉意见是一致的，后者也不是前者的简单延续，而是更高层次的诉讼活动。当然，仅就这类抗诉案件而言，可以认为出庭的检察人员是在履行法律监督职能。但问题是，这一定位并不能覆盖所有的二审出庭检察人员的诉讼职能。对于检察机关没有提出抗诉而只有当事人提出上诉的案件，特别是其中那些上诉理由不能成立，出庭检察人员也表示反对，要求二审法院维持原判的上诉案件，如果说检察机关是在履行监督职能，在理论上和逻辑上都是难以说通的。

其次，《刑事诉讼法》第188条规定："人民检察院提出抗诉的案件或者第二审人民法院开庭审理的公诉案件，同级人民检察院都应当派员出庭"，但派员出庭的诉讼职能是什么并没有明确指出，这与《刑事诉讼法》第153条关于"人民法院审判公诉案件，人民检察院应当派员出席法庭支持公诉"的规定形成了鲜明对照，这说明出席二审法庭的检察人员的诉讼职能并不像一审公诉人那样单一、清晰。为此，《人民检察院刑事诉讼规则》第360条做了明确解释："检察长、检察员或者经检察长批准代行检察员职务的助理检察员出席第二审法庭的任务是:(一)支持抗诉或者听取上诉人的上诉意见,对原审法院作出的错误判决或者裁定提出纠正意见;(二)维护原审人民法院正确的判决或者裁定,反驳无理上诉,建议法庭维持原判;(三)维护诉讼参与人的合法权利;(四)对法庭审理案件有无违反法律规定的诉讼程序的情况记明笔录;(五)依法从事其他诉讼活动。”应该说,这一规定对于二审出庭检察人员的诉讼职能已做出了定位,但是,无论是用“控诉职能”还是用“监督职能”,或者是用“双重职能”,都不能覆盖并表述上述五个方面的诉讼任务,需要我们以上述五个方面的诉讼任务为背景和基础,寻求一个能够覆盖二审检察人员所有诉讼任务,并集中反映二审检察人员诉讼职能的新的概念及其表述。

综上,无论是从检察人员在一、二审中的诉讼地位与诉讼职能的关系进行考察,还是从刑事诉讼法及有关司法解释对二审出庭检察人员诉讼职能的有关定位来看,真正能够覆盖并统一、集中反映二审出庭检察人员诉讼职能的概念及表述就是:维护法律的正确实施。它不仅可以反映出庭支持抗诉的检察人员的诉讼职能,也可以反映出庭参加上诉的检察人员包括对上诉理由进行反驳,建议二审法院驳回上诉、维持原判的检察人员的诉讼职能;它不仅可以反映在抽象意义上所指的所有二审案件出庭检察人员的整体诉讼职能,也可以反映在具体意义上的每一个二审案件出庭检察人员的个体诉讼职能。用这一诉讼职能指导二审出庭检察人员的具体工作,在各种案件或各种情形下都是适用的,包括笔者在调研中不少检察人员反映的当他们同意或赞成上诉理由的时候往往不好表态,深为尴尬的情形。在“维护法律正确实施”的定位下,二审出庭检察人员完全可以卸下包袱,放开手脚,一切言行举止都以法律为依归,通过出庭参加二审程序,真正履行检察官作为“法律守护者”的神圣使命。

四、检察人员出席二审法庭应遵循的原则

由于二审程序本身的特殊性以及检察人员在二审程序中的特殊地位,二审出庭检察人员维护法律的正确实施应当依法进行。概言之,二审程序并非刑事案件的必经程序,它是因检察机关或当事人针对一审裁判提出抗诉或上诉而发生,不仅该程序的启动要遵守相关的法律规定和程序规则,而且该程序的运行特别是庭审活动也要遵守相关的法律规定和程序规则。因此,二审出庭检察人员在庭审活动中依法维护法律的正确实施,应当遵守以下四项原则。

(一)检察人员出席二审抗诉法庭应当遵守不抗不主张原则

控审分离、不告不理是现代刑事诉讼的基本原理和原则,它不仅适用于一审程序，而且也适用于二审程序，它不仅是对审判人员的要求，而且也对其他诉讼参与人员包括一、二审出庭检察人员具有约束力。刑事二审程序只有在检察机关依法提出抗诉或当事人依法提出上诉的情形下才能发生，就是该诉讼原理和原则在二审程序中的贯彻和体现。仅就抗诉而言，刑事诉讼法将提出抗诉的权利赋予一审程序中提出公诉的检察机关，要求其“认为本级人民法院第一审的判决、裁定确有错误的时候，应当向上一级人民法院提出抗诉”，并且应当在法定的抗诉期限内提出。由此表明，原审公诉机关提出的抗诉，不仅决定了二审抗诉审判程序的启动，而且也决定了二审抗诉审判程序的审判范围（不是审查范围），还决定了原审被告人及其辩护人针对抗诉庭前做好准备、庭上表明态度的范围。因此，在二审抗诉庭审中，出庭检察人员应当紧紧围绕抗诉书提出的问题进行有关诉讼活动，对于抗诉书没有提出的问题即所谓“漏抗”问题，即使确实存在，也不应当在庭审中提出主张。正因为如此，《人民检察院刑事诉讼规则》第360条对于出席二审抗诉法庭检察人员的诉讼任务确定为“支持抗诉”。而“支持抗诉”意味着只是对原审检察机关已经依法提出的抗诉表明支持的态度和理由，而不是在抗诉书之外提出新的抗诉意见。

笔者在调研中了解到，司法实践中确实存在“漏抗”的问题。对此二审检察人员的态度和做法因地而异、因人而异。有人认为，《刑事诉讼法》第186条规定，二审法院应当就第一审判决认定的事实和适用法律进行全面审查，不受上诉或抗诉范围的限制。那么，检察人员对于“漏抗”问题在二审法庭上应当提出来。有的检察人员也确实是这样做的，但受到出庭辩护人的反对，认为超出抗诉范围提出新的抗诉意见，违反刑事诉讼法关于提出抗诉的有关规定。同时，也有检察人员认为，二审出庭检察人员对于“漏抗”问题不应提出来，因为这样做一是违反诉讼原理，二是造成原审被告人及其辩护人不能充分、有效地维护自身的合法权益。笔者同意并支持这种观点。因为允许在抗诉书之外提出“漏抗”的做法，从根本上动摇了“不告不理”的诉讼原理和原则，也使刑事诉讼法关于原审检察机关必须在法定期限内提出抗诉的规定形同虚设，还使原审被告人及其辩护人由于抗诉内容的不确定、随时可能发生变化而无法积极、有效地维护当事人的合法权益，这将对司法公正形成极大的冲击。

其实，对于“漏抗”问题的有效解决不是在提出抗诉后允许二审出庭检察人员再提出新的抗诉意见，而是应当在正式提出抗诉之前，上下级检察机关应当充分做好沟通工作。对此，《人民检察院刑事诉讼规则》第403条第2款规定得很明确:“上一级人民检察院在上诉、抗诉期限内,发现下级人民检察院应当提出抗诉而没有提出抗诉的案件,可以指令下级人民检察院依法提出抗诉。”这就要求下级检察机关拟提出抗诉的,应当在抗诉期限内及时报告上级检察机关,从而对一审裁判进行全面、充分的审查,形成上下一致的抗诉意见后再正式提出抗诉,而不是在正式提出抗诉以后再报告上级检察机关,此时即使发现“应当提出抗诉而没有提出抗诉”的问题,也难以纳入到已提出的抗诉书之中了。事实上,不允许在二审抗诉程序中提出“漏抗”问题,对于促使原审检察机关及检察人员加强工作责任心,就抗诉问题与上级检察机关及时沟通、请示,提高抗诉质量,强化诉讼监督,是有积极意义的。

当然,即使工作再到位,也难以完全避免应当提出抗诉而没有提出抗诉,或者虽然已经提出抗诉而仍存在“漏抗”的问题。对此应当依据审判监督程序处理。

(二)检察人员出席二审上诉法庭应当遵守上诉不加刑原则

上诉不加刑原则是二审程序的重要原则,它对于保障当事人充分行使上诉权,对于上级人民法院通过二审程序对下级法院的审判活动及其裁判结果依法进行审判监督,进而维护和实现司法公正具有重要的意义。这一原则不仅是对二审审判机关、审判人员的要求,而且也对没有提出抗诉而只参与二审上诉的检察人员具有约束力。

在只有上诉而没有抗诉的二审法庭上,检察人员对于原审判决量刑偏轻甚至畸轻,或者由于认定事实不当而导致对被告人轻判的案件,是否应当在法庭上提出来并要求二审法院进行改判?笔者在调研中了解到,多数检察人员认为不应该提出或者没有必要提出,因为即使这些问题确实存在,法院不可能、也不应该据此对原审改判,加重被告人的刑罚,那是违反上诉不加刑原则的。但也有少数检察人员认为,虽然根据上诉不加刑原则,二审法院不可以直接改判加重被告人的刑罚,但检察人员还是应该提出这些问题,建议二审法院以事实不清,证据不足为由发回重审。这也是检察机关及其检察人员行使法律监督职能的体现。

笔者认为,在上诉程序中,上诉不加刑是不可动摇的原则。即使确实存在原审判决量刑偏轻甚至畸轻的问题,出庭检察人员也不应该提出这些问题并建议二审法院以事实不清或证据不足为由发回重审。《最高人民法院关于执行〈刑事诉讼法〉若干问题的解释》第257条对上诉不加刑原则涉及的各种情形都作了明确规定,其中包括“不得以事实不清或者证据不足发回第一审人民法院重新审理”。因此,在只有被告人提出上诉的情况下,出庭检察人员不应在法庭上直接或间接提出一审判决量刑过轻甚至畸轻的意见。如果确实存在这一问题需要纠正，应当在二审终结后按照审判监督程序提出抗诉加以解决。当然，最好是原审检察机关在一审判决后法定抗诉期内充分关注这一问题，必要时依法提出抗诉，而不是在被告人提出的上诉程序中，试图提出并解决这一问题。

（三）检察人员出席二审法庭在不违背不抗不主张和上诉不加刑原则的前提下，应当遵守客观义务原则

检察官在刑事诉讼中负有客观义务，这是理论界、司法界包括检察界已经形成的共识，也是现代法治国家各国检察官的共性所在。客观义务原则要求"检察机构在履行追诉职能的同时，要注意尊重事实真相和维护法律尊严，而不应像民事诉讼中的原告那样，为达到胜诉和击败被告人的目的而不择手段或不惜一切代价"。[①] 具体到二审出庭的检察人员，要求其应当遵守客观义务原则，是指在不违背前述不抗不主张原则和上诉不加刑原则的前提下，应当跳出"公诉人"的立场，摆脱"控诉职能"的影响，以维护法律正确实施的立场和态度参加二审诉讼活动，发表意见。

笔者在调研中了解到，参加二审程序的检察人员对于出席二审抗诉法庭，态度比较积极，对于出席二审上诉法庭，态度则比较消极。特别是对于那些上诉意见正确，检察人员内心也同意、认可的案件，他们往往感到在法庭上不好表态，处境尴尬，甚至有的检察人员提出上诉案件我们是否可以不出庭。某检察人员参加一起上诉案件时，发现该案被告人上诉有理，应改判无罪，便请示领导拟在法庭上建议二审法院改判上诉人无罪，但有关领导不同意。其实，这种情况在上诉案件中并不少见。实践中多数检察机关、检察人员采取的态度是默认上诉意见但不明确表示支持。有的稍进一步，"建议法庭查清事实，公正处理"。当然，也有公开表示支持上诉，希望二审法院纠正原判错误的情形。例如，某市检察院派员办理一起故意伤害上诉案件时，发现该案系意外事件，经检委会研究，同意出庭检察员在上诉法庭上提出建议二审法院对被告人改判无罪的意见。

在调研中，不少检察人员表示，我们不能一味地追求打击犯罪，还要重视保护人权，维护法律的正确实施。对于正确的上诉意见，出庭检察人员应当公开表示支持。其实这种认识近年来已成为不少检察机关、检察人员办案的

---

① 陈瑞华：《问题与正义之间——刑事诉讼基本问题研究》，中国人民大学出版社 2003 年版，第 30 页。

实践活动。据报载，2006 年 7 月 1 日—2007 年 2 月底，江西省检察院出席死刑案件二审开庭的检察人员，在全面审查案件事实、证据、情节的基础上，贯彻宽严相济的刑事政策，遵循客观义务原则，对于正确的上诉意见表示同意或给予支持，最后二审法院对 19 人改判了死刑，其中由死刑改判死缓的 18 人，由死刑改判无期徒刑的 1 人。同时，也积极支持抗诉，使原判死缓的 2 人改判为死刑。[①] 可见，客观义务原则完全能够为二审出庭检察人员接受和实践。

（四）检察人员出席二审法庭应当遵守检察机关法律监督职能赋予其具体职责的原则

《刑事诉讼法》第 8 条规定："人民检察院依法对刑事诉讼实行法律监督。"对于法庭审判活动的监督问题，《刑事诉讼法》第 169 条规定："人民检察院发现人民法院审理案件违反法律规定的诉讼程序，有权向人民法院提出纠正意见。"

但是如何了解、发现法庭审理活动是否违反法律规定的诉讼程序，《人民检察院刑事诉讼规则》（以下简称《规则》）将其赋予出席一、二审法庭的检察人员，其中对于二审出庭检察人员，《规则》第 360 条第（四）项的规定是："对法庭审理案件有无违反法律规定的诉讼程序的情况记明笔录"；《规则》第 394 条进一步规定："出席法庭的检察人员发现法庭审判违反法律规定的诉讼程序，应当在休庭后及时向本院检察长报告。人民检察院对违反程序的庭审活动提出纠正意见，应当由人民检察院在庭审后提出。"

可见，对人民法院庭审活动是否违反法定程序进行监督的主体是人民检察院，而不是出庭的检察人员。但是在庭审活动中出庭检察人员具有"对法庭审理案件有无违反法律规定的诉讼程序的情况记明笔录"的职责和对已发生的违反法定程序的情况在庭审后及时向本院检察长报告的职责。二审出庭检察人员应当依照上述法律及司法解释的规定履行好自己的职责。

① 参见《检察日报》2007 年 3 月 14 日。

刑事二审程序功能探析

赵永红*

第二审程序，又称上诉审程序，通常意义上讲，是指上级审判机关根据有权启动上诉审程序的机关或个人的要求或申请，按照法定的模式和规则，对第一审裁判进行再次审查或再次审理并形成具有法律效力的结论的一种审判程序。完整的第二审程序应包括的构成要素有：未生效的法律裁判，具有程序启动权的机关或个人的要求或申请，接受要求或申请进而开始第二审程序的审判机关，依法进行的二审活动，第二审法律裁判等。应该说明的是，上述对第二审程序的概念和构成要素的理解，是建立在把第二审程序作为一国刑事诉讼上诉审制度内容的基础之上的，是将第二审程序作为存在于一国司法体制下与其审级制度相适应的一项具体制度来考虑的。① 因此，本文对第二审程序的研究是以肯定第二审程序作为一项制度独立存在并具有其特定功能为前提的。循此思路，笔者在具体探讨第二审程序的一般功能和该程序在我国刑事诉讼中的预期功能及实有功能之前，首先对这一程序产生、存在的价值作一番探察。

---

* 赵永红，北京市人民检察院第一分院法律政策研究室副主任，法学博士。

① 第二审程序是上诉审制度的重要内容之一，而上诉审制度则和审级制度之间有着密切的联系，审级设置不同，上诉审制度也必然不同。根据审级制度的差异，各国上诉审制度基本上可归为两种类型。一种是三审终审制，当事人不服第一审裁判上诉后的程序分为第二审和第三审，其中当事人不服第二审裁判上诉后的程序即为第三审。案件经过三次审判后即告终结。另一种是二审终审制，当事人不服第一审裁判时，只有一次上诉的机会，二审法院对案件进行全面审理后作出裁判。案件经过两次审判后即告终结。应当指出的是，无论是实行三审终审制还是二审终审制，其第二审程序的制度价值是共同的，虽然在具体功能上因受制于各国具体的司法制度而呈现出各自的特点，但总体而言这一程序的功能还是有规律可循的，其一般功能是共同的。

一、第二审程序的制度价值

一项具体制度存在的价值是这一制度发挥功能的源泉和动力。第二审程序作为国家审判权再次作用于具体案件的载体,其制度价值是指这一程序的产生和存在对实现正确、有效行使国家审判权之目的的必要性和现实性,主要表现在符合认知规律、适应国家权力制衡与救济规律、顺应人权观念不断发达的要求三个方面。

第二审程序是人类认知规律作用于刑事司法活动的反映。人们对客观事物的认知是一个辩证发展的过程,客观事物的复杂程度和认知主体的主客观因素直接影响到这一过程的表现形式。也就是说,客观事物越复杂,认知主体受到的干扰因素越多,认知过程也就相应地越加曲折和漫长。但有一点是可以肯定的,对同一事物认识的次数越多,认识主体的层次越高,结论接近真理的可能性就越大。犯罪是一种复杂的社会现象,是政治、经济、文化、职业、家庭环境等各种社会因素和世界观、人生观、生理机能、心理活动等各种个人因素在一个人身上综合作用的结果。并且,对一个具体的刑事案件而言,犯罪活动是过去发生的、不可能重复出现的客观情况。同时,作为主要认知主体的法官,其认知能力、层次、素质诸方面也存在差异性,不同的法官对同一事物的认识结论也会不尽相同,甚至“在这一(认知)过程中,由于法官的思维视角、深度及广度的限制,及法官的主观偏好、情感取向等因素的影响,加之查明证据的技术力量、技术手段的有限与犯罪手段的狡猾等原因,不可避免地会造成法官对案件真相认识的偏差甚至错误”。① 因此,刑事案件的这种复杂性决定,要通过刑事审判活动对先前发生的犯罪活动形成一个客观、全面的认识,使已经发生的案件事实在认知主体——法官心目中“重新出现”,就必须构建与认知对象复杂程度相适应的、符合认知主体需要的、理性的认知程序或制度。作为审级制度重要内容的第二审程序即应此而生。具体而言,刑事第二审程序对人们特别是法官正确认知案件事实具有十分重要的法律意义。一方面,它的确立,意味着现代司法程序不是依赖法官个人的品行、良知和专业水平来保证案件真实得到发现,而是依赖严密、科学的法律制度来防止错误认识和错误判断出现。另一方面,作为刑事诉讼内部监督机制的体现者和承担者,第二审程序通过对第一审裁判进行审查或审判,全面检查、监督第一审裁判是否正确、合法,其实质上是否定之否定规律在刑事审

① 徐静村主编:《刑事诉讼法》(上),法律出版社 1997 年版,第 273 页。

判活动中的表现,是控、辩矛盾作用的必然结果。当然,受各种主客观条件的限制,就同一个案件不可能进行更多的再次审判,因此经由第二审程序后的认知结论不一定就是绝对真理,但是,第二审程序是对第一审程序的发展、提高和深化,其所获得的对案件事实的认知,总的来说要比第一审程序更精确和全面,更具有理性,更接近客观的、绝对的真理。

第二审程序是国家权力制衡与救济规律作用于刑事司法活动的必然结果。第一,级别式司法机关的设置,为第二审程序的产生和存在提供了组织上的可能。统治阶级管理国家,必然逐级分配国家权力,因为实行权力的集中与分配是其完善统治方法的必然要求,逐级的分权和制约则是其合理的选择。这一理念体现在司法权领域,则是级别式司法机关的设置,使国家的司法权由上下级司法机关共同行使,并形成互相制约的格局,促进国家司法权按照统治阶级的预期目的运行。第二审程序比之于第一审程序的一个显著不同即两者在审判机关的级别上存在上下级关系,显然,级别式司法机关的设置是第二审程序产生、存在的组织前提。第二,国家司法权在级别式司法机关的具体配置,使审级制度得以最终形成,进而使区别于第一审程序的再次审判程序产生。上下级司法机关对国家司法权的分置使用,上级司法机关对下级司法机关而言,更有资格和权力来代表统治阶级的意志,因而上下级司法机关之间必然存在指导、监督关系。审级制度作为国家法律制度中的一项重要内容,其得以设立的根本原因是通过使案件经几级审判机关审理,使其裁判能尽量地接近正确,达到实现公正审判、保护国家和个人利益的目的。上下级司法机关的权力划分,使审级制度在国家司法体制中得到落实。作为审级制度重要内容或者说审级制度的形式载体的第二审程序,也就随之产生。第三,国家权力不得滥用的原则,或称国家权力救济原则,赋予审级制度调和维护法律裁判的稳定性与纠正错判、正确打击犯罪之间的冲突的功能,第二审程序作为救济程序的一种表现形式承载了这一功能。对一个具体的裁判而言,审级制度是调和判决的确定力和正确打击犯罪之间的冲突的必然选择。从正确打击犯罪角度讲,刑事裁判如不正确则必须更改,否则将会从根本上否定法律的正确性与权威性;而从维护法律权威和裁判确定力的角度讲,业已形成的法律裁判必须以国家强制力来保证实施,如果允许随意动摇或更改,终将损害法律在社会公众心目中的威信。审级制度平衡地解决了这种冲突,它一方面使法律裁判约束对象有机会对未生效裁判提出异议,另一方面又对这种异议权的行使规定一定的程序性限制条件,这样既维护了法律的稳定性和权威,又尽可能使错误裁判得到纠正。正是审级制度的这种调和功能，使包括第二审程序在内的各种救济程序得以实现。

第二审程序是人权观念不断深入刑事司法活动的必然选择。如果把审判活动比做一个国家用来衡量是非曲直、真假善恶的一架巨大的天平，那么在每一次刑事诉讼中，放在天平盘上的则是人的自由、财产、名誉甚至生命。刑事诉讼的结果——法院的刑事裁判，不仅体现了国家的重要利益，而且与诉讼当事人有着重大的切身利害关系。“在政治宽和的国家里，一个人，即使是最卑微的公民的生命也应当受到尊重。他的荣誉和财产，如果没有经过长期的审查，是不得被剥夺的。”“对公民的荣誉、财富、生命与自由越重视，诉讼程序也就越多。”①因此，在奉行民主、文明的法治国家，其人权观念的发展和发达必然要求在刑事司法活动中贯彻保护诉讼当事人的合法权益的一系列具体措施，要求尽可能地在诉讼程序中使诉讼当事人的荣誉、财富、生命和自由等得到最大限度的重视和保护。第二审程序在第一审裁判的基础上，对同一案件事实进行再次审查或审判，正是为了保证案件处理结果的客观性和公正性，使诉讼当事人尤其是与自己实体权利有着切身利害关系的当事人信服并自觉服从法律裁判。

二、第二审程序的一般功能

一项制度的功能是其价值在特定环境和条件下的具体表现形式。第二审程序的制度价值直接决定了这一程序在现实司法制度和整个刑事诉讼活动中的地位和作用。因此，根据前面对第二审程序的制度价值的分析，不难对这一程序的一般功能形成如下认识：

（一）救济功能

第二审程序的人权保护价值决定这一程序应该运用尽可能的条件或手段来弥补第一审程序之不足，实现最大限度地保护当事人合法权益之目的。同时，第二审程序符合认知规律的内在价值又为这一追求提供了可靠的哲学基础。这就是第二审程序的救济功能的理论根据。从程序意义上讲，第二审程序的救济功能主要体现为根据第一审刑事裁判的正当性程度提供不同的

① ［法］孟德斯鸠：《论法的精神》（上册），商务印书馆1978年版，第75、76页。

程序救济。[①] 从具体内容来看,第二审程序的救济功能主要表现在两个方面:对事实问题的救济和对法律问题的救济。受制于各国关于上诉审制度的具体规定,第二审程序的这两项救济功能在不同的国家有不同的侧重和表现。但总体上来讲,在西方国家,对那些关涉利益较小的案件,由于第一审程序相对简单,如实行非陪审团审判程序、由级别较低的法院进行审判等,其程序正当的程度因而被认为较弱,其判决的可信赖程度也随之被认为较弱,第二审程序则为其提供包括事实和法律在内的全面救济;对那些关涉利益较大的案件,由于第一审程序相对复杂,如实行陪审团审判程序、案件由级别较高的法院进行审判等,其程序正当的程度因而被认为较强,第二审程序则一般只为其提供法律上的救济,而将事实救济问题仅仅局限于很小一部分案件。例如,在英美法系代表之一的英国,第二审程序有两种模式,一是既救济事实又救济法律的模式,二是只救济法律不救济事实的模式。前一种模式仅适用于当事人对治安法院审理并作出第一审刑事判决不服的案件。对这类案件,刑事法院要以"对整个案件全部重新审理的方式进行,将传唤原审证人出庭(也可以传唤新的证人),而且,要在此听取法庭辩论……第二审法庭将作出维持原审判决、撤销定罪判决或者变更量刑(包括提高刑期,但必须在原审法院原本可以科加的最高刑期以下量刑)等判决"。[②] 而后一种模式则适用于上诉法院受理的不服刑事法院判决的上诉案件。上诉法院审理上诉案件时采用审查的方式进行,在多数情况下是听取控辩双方律师的法律主张,不再审理案件事实。又如,在大陆法系代表之一的德国,第二审程序进行包括事实和法律在内的全面救济仅仅体现在地方法院审理的案件上,对这部分案件,州法院的小刑事法庭或大刑事法庭要依据直接、言词原则重新进行审理和裁判;而对于州法院和州高等法院作出的一审判决则不得就事实问题再行争论。值得注意的是,第二审程序的救济功能体现在法律问题上,在几乎所有实行二审制或三审制的国家,都表现出普遍性和深刻性。例如,在案件范围上,凡是可以上诉的案件,无论是否允许对事实问题提出异议,都可以就法律问题

---

① 由于第一审审判组织构成和审理程序的不同,各法院作出的一审判决的正当性程度也存在较大的差别。与此相应,西方国家在第二审程序的构建上采取了一种"平衡论模式",即根据第一审程序在具体审判组织构成和审理方式上的复杂和严格程度对程序的正当程序作出区分,审判组织构成和审理方式越复杂、越严格的,该程序的正当程度被认为越强。反之亦然。对于第一审程序正当性较差的案件提供一种更全面的救济程序,而对于第一审程序正当性较高的案件,则只提供有限制的救济。参见樊崇义主编:《刑事诉讼法实施问题与对策研究》,中国人民公安大学出版社 2001 年版,第 556 页。

② Steve Uglow, Criminal Justice, Sweet & Maxwell (1995), p. 150.

申请上诉法院提供救济。同时,与事实救济一般要受到限制不同,法律救济通常没有任何限制。而且,在第二审程序中,上诉审法院一般负有依职权主动对法律问题进行救济的责任。如在日本,程序违法是绝对上诉理由,即使上诉人没有对此提出异议,法院也必须对程序问题进行审查。

(二)制衡监督功能

制衡监督是一个权力层面上的概念,具体到刑事诉讼程序尤其是第二审程序上,"制衡"表现为司法权的内部制约和衡平,"监督"表现为司法权载体——司法机关之间尤其是上级司法机关对下级司法机关的监督。第二审程序的制衡监督功能是国家权力尤其是司法权运作规律在刑事诉讼程序上的具体体现,同时也是其另一项功能——救济功能存在并得以实现的内在依托。具体而言,第二审程序的这一功能主要体现在:一是以二审裁判法律效力高于一审裁判的形式,实现司法权在内部等级或层次划分层面上的互相制约,达到促使整体意义上的司法权良性运作的目的(或者说是衡平的目的)。从司法权运作过程讲,第二审程序和第一审程序只是司法权运作过程中的两个不同阶段而已,但若进一步就这两个不同阶段的区别而言,第二审程序与第一审程序体现的则是司法权内部不同的权力层次,并且,前者代表的权力层次要高于后者代表的权力层次,如第二审裁判对第一审裁判之法律效力具有阻碍性和制约性,在遵从法律规定的限制性条件下,第二审程序相对第一审程序具有一种处于强势地位的制约功能,或者说是一种监督功能。二是以二审法院在审级上高于一审法院的形式,赋予二审法院对一审法院审判活动进行全方位监督、检查的权限,实现衡平法律、遏制司法腐败的目的。"上诉法院的作用,不在于对私人争议应用法律,或就案件的实质发表意见,而在于维护立法规定的形式和原则不受法院方面可能的破坏。它不是公民的法官,而是法律的维护者,法官的监督者和检查者。"[①]二审法院作为第二审程序任务的最主要承担者,其根据法律规定通过具体的诉讼活动对第一审程序进行事实问题或法律问题上的救济,本身即是对一审法院进行监督的一种表现。此外,这一程序在法律问题上的救济作用则更是直接表现了其衡平法律的功能。至于在这一功能实现过程中对一审法官业务素质和职业品格的审查和监督作用自是不言而喻了。

由第二审程序的制度价值到其一般功能,通过对这一程序的内在渊源和外在表现形式的分析,不难形成这样的认识:贯穿第二审程序始终的精髓即

---

① [法]罗伯斯庇尔:《革命的法制和审判》,商务印书馆 1997 年版,第 27 页。

是权利救济与权力维护两项内容,通俗一点讲,第二审程序在其产生、发展和完善的过程中,运用国家司法权保护公民合法权益与通过国家司法权的有效行使达到捍卫法制、维护统治权,始终是贯穿这一过程的两条主线。也正是在它们的不断推动作用下,第二审程序的制度价值得以显现并为立法者认识和掌握,其功能也逐渐走向健全和完善。

三、我国第二审程序的预期功能

我国刑事诉讼实行两审终审制,刑事案件一般经过两级法院审判后即告终结。两审终审制的例外情形是死刑复核程序,鉴于死刑案件的特殊性,这一类案件在第二审程序之后还须经过一个专门的复核程序。至于审判监督程序,由于其不停止原生效裁判的法律效力,故在实质上体现为对二审终审制度的法定救济或补救程序,是一种独立的诉讼程序,严格意义上讲不是两审终审制的例外。从法律规定层面上讲,在我国,第二审程序具有如下功能:

其一,满足案件当事人的合理要求,平抚案件当事人的心理,使法律裁判为其认可和接受。对被告人一方而言,刑事诉讼法明确赋予其不受任何限制的上诉权,允许其就一审裁判及影响一审裁判的任何因素提起上诉,目的是最大限度地保障与刑事裁判有直接利害关系的被告人的合法权益。对被告人的上诉,二审法院不得以任何借口或理由进行限制或剥夺,必须认真审查被告人的上诉理由并对一审裁判进行事实和法律上的全面审查,然后在此基础上对案件作出正确处理。对被害人一方而言,刑事诉讼法明确赋予其针对一审裁判向检察机关的提请抗诉权,对被害人的合理要求,检察机关审查后应依法对一审裁判提出抗诉,以充分维护控方的合法权益。事实上,一审裁判作出后,相当一部分案件的被告人都行使了上诉权,如果在第二审程序中其合理要求得到了满足,其心理会得到极大的平抚,自然都会认罪服判。

应当指出的是,从法律规定的本意上讲,第二审程序的启动与运行在最终目的上就是实现国家利益与刑事案件各方当事人利益的最佳平衡,这种平衡是通过发生法律效力的刑事裁判来具体实现的。因此,此处谈及第二审程序对案件当事人的合理要求及其心理的满足与平抚,是有一个显然的前提的,即必须首先维护为犯罪所侵害的国家利益。

其二,纠正一审错误裁判或维持一审正确裁判,保证国家审判权的正确行使,确保国家刑罚权的正确运用。根据刑事诉讼法规定,法院办理刑事案件时,应做到事实清楚,证据充分,定罪准确,量刑适当,诉讼程序合法。实践中,由于犯罪活动的复杂性和司法人员主客观条件的限制,一审法院在处理刑事案件过程中发生错误或某些偏差，是难以完全避免的。因此，为最大程度地克服和避免这些偏差，法律赋予第二审程序的一个直接功能即是通过二审，弥补一审之不足，使一审法院的错误裁判在尚未发生法律效力之前得到及时纠正，实现国家审判权和刑罚权的正确行使。同时，还应看到，对一审正确的裁判，第二审程序的功能则表现为进一步揭露和证实犯罪，或表现为进一步证实被告人的无辜，使正确裁判得到迅速执行。实践中，出于种种原因，被告人对一审法院作出的正确有罪判决也会提出上诉，对此，二审法院通过第二审程序对案件进行重新审理，再次核实案件事实和证据，检查法律适用准确与否，并通过这一过程进一步揭露和证实犯罪、驳回被告人的上诉，促使其放弃幻想，认罪服法，接受改造。

其三，实现法院上下级之间的指导、监督作用，通过工作检查、业务指导等形式，保证国家法律、政策正确实施。在我国，上下级法院之间不是领导与被领导的关系，而是指导、监督与被指导、被监督的关系，上级法院通过第二审程序审理上诉和抗诉案件，或通过定期、不定期的执法大检查活动，可以及时了解和发现下级法院执行法律、政策的具体情况和其中存在的问题，并通过维持正确裁判或纠正错误裁判，督促下级法院总结经验教训，提高办案质量，防止冤假错案，避免法律在实施或执行过程中的异化现象。

其四，通过检察监督权的充分行使，监督和保证国家法律统一实施，维护法律的权威和尊严，捍卫社会主义法益。检察机关作为我国的专门法律监督机关，其法律监督职责体现在刑事诉讼活动中的形式主要是依法进行诉讼监督。检察机关对第二审程序进行的诉讼监督，就其法律定位来讲，即是对第二审法院的审判活动进行法律监督，以保证与案件相关的实体法和程序法得到切实遵守和正确运用，最终达到维护社会主义法制统一性和捍卫社会主义法益的目的。

在我国，第二审程序是整个刑事诉讼程序体系中的一个主要程序，其预期功能作为刑事诉讼程序整体功能的一个重要组成部分，首先，它要服从于刑事诉讼的目的和价值，服务于立法者设定的刑事诉讼任务。同时，它还要与刑事诉讼中的一系列具体制度的功能保持一致，并通过自身的实现使这些与之密切相关的制度的功能也同时得到实现。例如，我国第二审程序的预期功能与我国刑事诉讼上诉审制度的功能紧密联系，在很大程度上甚至可以说，第二审程序的预期功能实质上就是上诉审制度的设置目的、预期功能在具体程序上的反映和表现，我国上诉审制度设计得科学与否直接关系到第二审程序在实际运行中的成效与偏差。又如，第二审程序作为审级制度的一项重要内容，其预期功能直接受制于审级制度的设置模式和具体内容，如我国两审终审制的审级制度赋予第二审程序之终审程序的地位，对第二审程序之功能的期待自然与实行三审终审制的国家迥然有别。此外，第二审程序自身的诉讼结构和审理方式也直接决定着这一程序的预期功能及其具体实现形式。总而言之，第二审程序的预期功能作为立法者对这一程序的预期功能，一方面要受制于这一程序所归属的诉讼制度和整个刑事诉讼程序，另一方面也要取决于其自身的运作规律。至于在具体诉讼实践中，第二审程序的实有功能究竟在多大程度上能与其预期功能达到一致，还要受到更多包括体制内的和体制外的因素的制约和影响。

四、对我国第二审程序实有功能的分析

第二审程序的实有功能主要表现为这一程序的预期功能在司法实践中实现的程度。评析我国第二审程序的实有功能时，拟结合这一程序在审理对象和审理方式上的特点，从第二审程序所承载的诉讼任务和所呈现的诉讼构造特征两个方面来进行。

诉讼程序的功能为诉讼任务的完成提供前提条件，反过来讲，诉讼任务的完成又是诉讼功能得到实现的结果。基于这种认识，在此把对第二审程序所承载的诉讼任务的分析作为考察和评析其实有功能的第一个出发点。从具体的诉讼过程来看，诉讼任务的完成有赖于诉讼中审判机关审理对象的明确化和具体化。具体到第二审程序来说，衡量该程序承载的诉讼任务是否完成的一个直接尺度即是其审理对象是否在依据第二审程序进行的审判活动中得到了正确和充分的解释和说明。因此，具体分析第二审程序所承载的诉讼任务时，下面拟从该程序中审判机关的审判活动所指向的对象入手。在此有必要说明的是，审理对象与诉讼客体是既有区别又有密切联系的一组概念。所谓审理对象，是指作为审判主体（诉讼主体之一）的法院通过具体的审判活动所直接作用的客观事物；所谓诉讼客体，从一般意义上讲，则是指诉讼主体即国家司法机关和诉讼当事人等的全部诉讼活动所共同指向的对象或目标。在我国刑事诉讼中，诉讼客体由诉讼的直接任务决定，也就是说，我国刑事诉讼的直接任务——解决犯罪嫌疑人、被告人的刑事责任问题——决定了刑事诉讼客体的单一性和明确性，即为犯罪嫌疑人、被告人的刑事责任问题，犯罪嫌疑人、被告人的行为是否构成犯罪，构成何种犯罪，应否处以刑罚以及处以何种刑罚就是我国刑事诉讼客体的具体内容。诉讼客体对审判机关的审理对象起着决定性的指向作用，在很大程度上甚至可以说，法院的审

理对象就是诉讼客体在特定条件下的具体化,两者在实质内容上是同一的。由于刑事诉讼程序的多样化和多层次性,法院的审理对象在不同类型和不同层次的诉讼程序中有不同的表现形式和具体要求,但其主要的审理对象是与诉讼客体保持同一的,即诉讼客体的明确性和单一性要求法院的审判活动紧紧围绕被告人的刑事责任这一中心问题来展开,这一要求反映在法院的审理对象上,则表现为法院必须通过审判活动查明案件的客观真实情况,以解决被告人的刑事责任问题。因此,从解决犯罪嫌疑人、被告人刑事责任问题的诉讼直接任务角度来看,法院的审判活动所指向的最核心的对象只能是刑事案件的客观真实情况。具体到我国刑事诉讼程序中来看,第一审法院通过第一审程序形成对案件真实情况的认识并据此对被告人刑事责任作出的认定,由于受到检察机关的抗诉或被告人的上诉限制,不是最终发生法律效力的裁判。在被告人的刑事责任问题没有得到最终解决、诉讼中的直接任务因此仍未最后完成的情况下,第二审法院在案件进入第二审程序时仍要继续解决被告人的刑事责任问题。因此,在我国,无论是第一审程序抑或第二审程序,法院的审判活动所指向的最主要的对象都只能是刑事案件的客观真实情况。二审法院在查明刑事案件的客观真实、完全了解其审理对象的基础上,依法对被告人的刑事责任问题进行裁断,制作具有法律效力的裁判文书(具体内容包括对一审裁判的认可、全部否定或部分否定等),这时,第二审程序所承载的诉讼任务即告完成。与此同时,刑事案件当事人的合法权益也在现有的国家司法权范畴里得到了伸张和维护,二审法院对一审法院的监督制衡功能也得到了体现,国家法制也针对个案发生了法律效力,第二审程序的预期功能在正常的司法活动中也就得到了实现。

在司法实践中,较普遍地存在这样一种认识,即第二审程序的审理对象是一审法院的判决书和裁定书,第二审程序所承载的诉讼任务就是维持、撤销或变更、部分变更一审裁判。从表面上讲,这种认识似乎很有道理,因为从形式上看二审裁判就是对一审裁判的维持、撤销或部分变更。然而,细究起来,这种认识无论在诉讼理论上还是在逻辑上都是站不住脚的。因为,其一,从诉讼理论上讲,根据诉讼裁判原理,法院的审理活动只能是围绕诉讼各方尤其是控、辩双方争论的问题而展开,其审理对象只能是控、辩双方争议的事项。在刑事诉讼中,无论是公诉案件抑或自诉案件,控、辩双方争议的主要对象都是刑事案件的真实情况,因此法院的审理对象也只能是案件的真实情况。至于第二审程序中控方或被告方认可第一审裁判认定的案件事实而只针对量刑等法律适用问题提起抗诉或上诉的情况,由于量刑等法律适用问题的解决是以查明案件事实的真实情况为前提的，且量刑问题是专属于法院的审判权的作用范围，无论是控方还是辩方都无权行使量刑权，故控、辩双方虽可能就量刑问题而在第二审程序中进行争辩，但其实质是指向法院的量刑权，而非控方或辩方的主张，因此，在这种情况下，法院的主要审理对象仍然是刑事案件的客观真实情况。其二，从第二审程序本身来讲，二审法院的审判人员只有通过审理活动正确地认识了案件的客观真实情况，才能确定一审裁判的正误，进而维持正确裁判，纠正错误裁判。因此，二审法院的审理对象主要的也是刑事案件的客观真实。至于一审法院对案件情况的认识结论即一审裁判，则只是二审法院在已经形成了对刑事案件的客观真实情况的结论性认识后的审查对象，而非其审理对象。其三，从逻辑上讲，如果把一审裁判作为第二审的审理对象，势必得出这样一个结论：作出第一审裁判的法院在第二审程序中要以被告身份为其一审裁判的正确性进行辩护。显然，这是违背诉讼基本原理的，也是不符合实际的。因此，二审法院的主要审理对象与一审法院的审理对象相同，都是刑事案件的客观真实情况。

把第二审程序的审理对象和所承载的诉讼任务定位于一审裁判，无论在理论上还是司法实践中都会造成很大的危害。例如，部分法院在审查第二审案件时专注于一审裁判的内容正确与否，忽视和忽略一审裁判的形成过程，对第一审法院在审理活动中的违反程序法的行为不加纠正，对其中严重违反程序法而作出的裁判不予驳回，其思想根源和行为依据即是认为既然第二审程序是为了对一审裁判的内容进行正确与否的评价和裁断，那么只要第二审法院认可一审裁判所裁决的内容，至于其他与一审裁判的内容本身没有直接联系的因素就不在考虑之列了。显然，这一方面是重实体轻程序的表现，一方面是无视诉讼程序保障诉讼当事人在内的诉讼参与人的程序性合法权益的功能的表现。这么做的一个直接结果就是影响第二审案件的办理质量，进而使第二审程序的预期功能受到损害。又如，把第二审程序的审理对象定位于一审裁判，必然导致二审法院在审查和审理案件时局限于一审裁判，而对一审裁判遗漏的案件事实等事项不加查实，这势必直接影响到第二审程序的救济功能的发挥。实践表明，第二审法院若不通过对案件的客观真实情况进行全面审查和审理，就难以发现一审法院的裁判缺漏，也就难以真正完成第二审程序所承载的诉讼任务，使第二审程序的预期功能在人为的限制中流于形式。

考察和分析第二审程序的实有功能的第二个出发点是这一程序在具体运行过程中所呈现的诉讼构造特征。所谓诉讼构造，是指国家为进行刑事诉讼而设立的框架形式。诉讼构造是整个刑事诉讼活动的基础,它决定刑事诉讼的功能。① 因此,不同的诉讼构造对诉讼功能的发挥和实现具有不同的直接影响。一般而言,较为科学、合理的诉讼构造对诉讼功能的实现有直接的推动作用,反之,违背诉讼规律、不合理的诉讼构造不仅无益于诉讼任务的完成,同时也阻碍诉讼应有功能的发挥,阻碍诉讼预期功能的实现。这正是本文将第二审程序所呈现出的诉讼构造特征作为考察和分析我国第二审程序实有功能的第二个出发点的原因所在。

根据我国刑事诉讼法规定,第二审程序中的审理方式有两种不同形式,即开庭审理和不开庭审理。审判实践中,二审法院对决定不开庭审理的案件,原则上都要求对被告人进行提讯,因此,不开庭审理又称提讯式审理。不同的审理方式使第二审程序也随之呈现出并非单一的诉讼构造特征,对第二审程序的功能的发挥也起着不同的作用。

在开庭审理方式中,二审法庭即审理二审案件的合议庭,参照一审法院对案件的审理方式审理二审案件,对案件事实的调查、对证据的审核等都是在控辩双方以及有关诉讼参与人的参加下进行,对一审判决认定的事实和适用法律进行全面审查,不受上诉或抗诉范围的限制。在这种审理方式中,诉讼构造呈“三角结构”②,是一种很典型的诉讼模式,它直接体现了诉讼对等原则、直接原则等诉讼基本原则的精神和要义,也是与我国第二审程序坚持实行包括法律适用问题和事实认定问题在内的全面审理制度相一致的。从《刑事诉讼法》第187条规定来看,“第二审法院对上诉案件,应当组成合议庭,开庭审理”,因此,可以说,从法律规定本身来讲,对第二审上诉案件实行开庭审理是原则,不开庭审理则是例外。

在不开庭审理方式中,根据《刑事诉讼法》第187条的规定,“合议庭经过阅卷,讯问被告人、听取其他当事人、辩护人、诉讼代理人的意见,对事实清楚的”案件,可以不开庭审理,即二审法院合议庭在审阅卷宗和讯问被告人、询问其他诉讼参与人的基础上,可以迳行裁判。在这种审理方式中,法律没有规定控诉方尤其是公诉案件中检察机关派员参与的权利(力),因此,在被害人已死亡或没有明确的被害人的公诉案件中,二审法院可以通过审阅一审案卷材料、提讯被告人而不要求检察机关针对被告人的上诉提出其意见即可作

① 徐静村主编:《刑事诉讼法学》(上),法律出版社1997年版,第90页。

② 刑事诉讼三角结构的表征是作为双方当事人的原、被告平等对立,法官作为第三方居于其上,公正裁判、解决纠纷。直观地看,这种诉讼结构呈“等腰三角形”或“正三角形”,故称三角结构。参见徐静村主编:《刑事诉讼法学》(上),法律出版社1997年版,第91页。

出裁判，显然此时的第二审程序的诉讼构造因缺乏控诉方的存在而呈现“一线结构”，线的一端是行使审判权的合议庭，线的另一端则是辩护方；在有被害人的公诉案件中，因被害人之控诉方地位在公诉案件中尤其是第二审程序中的次要性[①]，此时的诉讼构造也并非我国刑事诉讼法规定意义上的典型的控、辩、裁三角结构，在此姑且称之为“不对等三角结构”。应当指出的是，无论“一线结构”抑或“不对等三角结构”都是以对案件不开庭审理为讨论基础的。

从实践来看，我国第二审程序中实行开庭审理的案件在全部二审案件中所占的比重很小[②]，这种现状与我国《刑事诉讼法》第187条规定的“以开庭审理为原则，不开庭审理为例外”的精神是不相吻合的。应该说，从提高诉讼效率、节约司法资源角度讲，对二审案件实行不开庭审理，有助于节省办案时间和省却因开庭审理而需要花费的人力、物力和财力投入，这对目前司法资源还不能为开庭审理提供充分的客观保证条件的现状，无疑具有其合适合宜的优势。然而，不容否认的是，对大量二审案件实行不开庭审理，其缺陷亦是显而易见的。主要表现在：(1)不开庭审理直接剥夺的是诉讼当事人及其他诉讼参与人的法定诉讼权利。由于不开庭审理，第二审程序中诉讼当事人及其他诉讼参与人依法享有的出庭权、申请回避权、质证权、辩护权、陈述权等诉讼权利均无法实现，这直接导致第二审的审理活动不符合刑事诉讼法关于设定第二审程序、保障诉讼当事人合法权利的初衷，背离了第二审程序的预期功能。(2)不开庭审理剥夺或限制了公诉案件中检察员出庭发表意见的诉讼权利。在不开庭审理的情况下，法院一般并不通知同级检察院派员参加第二审的诉讼活动，也不征求其对案件的处理意见，因此，就更谈不上检察员针对上诉人的上诉理由同辩护人展开辩论了。这显然不利于实现第二审程序发现案件的客观真实之预期功能。(3)不开庭审理难以实现司法公正。由于一般情况下，不开庭审理的决定是建立在二审法院对原审案卷进行书面审查的基础上作出的，因此，二审法院的审判人员在提讯原审被告人时，不可避免地受到原审裁判关于案件事实认定的影响，加之不开庭审理又不具备法庭质证

---

① 例如，在我国，公诉案件被害人虽然是诉讼当事人，但并不具有独立的上诉权。对一审裁判不服时，公诉案件被害人只能通过请求检察机关提起抗诉才能启动第二审程序。

② 例如，就北京市某中级人民法院刑庭近年办理二审案件的情况来看，除了死刑案件、抗诉案件或者诉讼当事人是未成年人等原因需要开庭审理的极少数二审案件外，其他二审案件全部实行不开庭书面审理。对大量不开庭审理的二审案件，法院通过审阅原审案卷和提讯被告人后径行作出二审裁判。一般情况下，法院将已作出的二审裁判书送达同级人民检察院二审监督部门，但在二审裁判作出前，一般并不通知或征求检察机关对该案件的处理意见。

之功效，审判人员的审理活动多在个别的、单独的场合下进行，缺乏公开性，缺乏监督和制约等，使二审案件的审理活动在缺乏公开、对抗和监督、制约的环境下过分依赖于一审裁判而流于形式，呈“虚置”状态，难以真正实现通过设置审级制度和第二审程序达到保证公正司法的立法初衷。此外，在不开庭审理的情形下，有关提讯原审被告人、询问其他当事人、辩护人和诉讼代理人的事宜均由二审案件承办人根据审阅原审案卷材料所获知的信息来作出安排和处理，显然，这使承办二审案件的审判人员在选择获知案件情况的信息来源上具有极大的自主裁量权。这一局面既无助于达到二审活动的客观、公正，又忽略了实践中法官素质良莠不齐的现状。

此外，根据《刑事诉讼法》第 187 条规定，二审法院通过阅卷、讯问被告人、听取其他当事人、辩护人、诉讼代理人的意见，对事实清楚的，可以不开庭审理。从这条规定本身来讲，二审法院在决定对案件是否开庭审理之前，不以听取检察人员的意见为必要。以此而论，对不开庭审理的二审案件，二审法院在决定是否对案件进行开庭审理的问题上无须征求检察人员对案件的处理意见，在不开庭审理后作出二审裁判之前，也无须征求检察人员对案件的处理意见。司法实践表明，这么做的结果即是导致检察机关二审监督部门不参与大量的二审案件的审判活动，只是在收到二审法院已经作出的二审裁判文书后才知晓该二审案件的存在及处理情况。对这些已经作出的二审裁判文书，检察机关二审监督部门的通常做法是将其留存备案，束之高阁。显然，对实践中存在的大量的不开庭审理的二审案件而言，检察机关的诉讼监督职能并没有得到落实。

综上，提讯式审理方式由于不开庭审理，因而在很多根本性的问题上难合法意和法理。也正是这些根本性问题的存在，使不开庭审理方式与开庭审理方式相比，难以使第二审程序的预期功能在实践中得到真正实现。因此，在某种程度上可以说，目前在第二审程序中广泛采取的不开庭审理方式带有过渡性质，随着客观物质条件的不断改善、司法资源的不断丰富和合理配置，在坚持二审终审制的前提下，这一审理方式将逐渐被开庭审理方式所取代。

论刑事第二审程序检察院的诉讼监督职责
——基于诉权受制约论的解构

王新环*

一

基于抗诉权受制于起诉权的理论分析。由于公诉权是由检察机关行使的国家诉权，其行使无不受到制约。在英美法系国家，检察机关的刑事上诉权受到极大限制，法律把上诉权赋予了被告人，而对第一审判决案件，除法律有特别规定享有上诉权外，即使被告人被陪审团判定无罪，无论基于何种理由，检察官都不能上诉或者重新启动审判程序；对于上诉审程序，上诉必须是具有普遍意义的重大法律问题，在经过高等法院或者上议院的批准，被告人和起诉人才能依法提出。对检察职权实行限定，主要缘于禁止双重追诉原则，但并不仅仅如此。在大陆法系国家，检察官在上诉审程序中的职权虽有限制但职责广泛。检察官具有诉讼利益追求者与法制维护者的双重角色，其上诉既可出于维护司法利益，又可以是出于维护被指控人的利益而提出。根据法国《刑事诉讼法》第527条规定，检察院可以在违警罪处罚宣告以后10日内向法院书记官提出异议，以反对此项处罚的执行。对于轻罪法庭和违警罪法庭的裁判决定，检察官、违警法院检察院的官员和上诉法院检察长根据法律规定，可以向上诉法院提出上诉。① 对于重罪和重要法律问题，根据法律规定，为了法律的利益，最高法院总检察长，或者针对重罪法庭所作的免诉判

---

* 王新环，北京市人民检察院公诉一处副处长，法学博士。

① 杨诚等主编：《中外刑事公诉制度》，法律出版社2000年版，第175页。

决，由上诉法院检察官向最高法院提出上诉，但是，这种上诉不具有中止执行裁判决定的效力，且最高法院刑事庭可作出不予受理的决定。德国的检察院拥有上诉权，刑事诉讼法规定了抗告、上告和上诉等不同形式的程序救济手段。抗告是对法院的裁定、审判长的决定声明不服；上告是对初级地方法院的判决声明不服；上诉则是对不服州一级的刑事庭、陪审庭所作判决的程序救济手段。日本公诉人对法院的刑事判决不服，认为裁判官在事实认定和适用法律方面有错误，有权向上一级裁判所提起上诉。检察官对法院判决的上诉分为两类：(1)对地方裁判所、家庭裁判所与简易裁判所的第一审判决不服的上诉；(2)对高等裁判所第一审及第二审判决不服的上诉。20 世纪末叶，俄罗斯的政治体制发生了巨大的变化，但是，刑事诉讼法有关检察官在上诉审程序的职责规定并未因此有显著性变化，检察机关仍然享有依照二审程序和再审程序对法院判决提出抗诉的诉讼权力。

各国刑事诉讼程序均有控辩审诉讼职能构成，检察院担负控告攻击职能，辩护方充任防御辩护，法院则居中裁判。诉讼理论上，检察官在刑事上诉审中不具有独立性，对法院审判行为没有监督权，控辩审三者间的关系透过诉讼构造的精巧安排各自发挥相应的职能，实现司法公正。

在我国，检察机关参加第二审诉讼程序，虽然与一审程序中提起公诉的检察机关具有相同的诉讼利益，但是，等级科层制设置天然具有上级监督下级的属性，二审程序中的检察机关，能够独立地判断原审判决公正与否，能够纠正不当指控，完成维护原起诉与监督审判的双重任务。那么，在双重功能下，二审检察机关能否扩张原控诉请求？这关乎诉权问题。依据诉讼理论，成为严格证明对象的是犯罪构成要件的诸项事实，成为自由证明对象的是程序问题。严格证明与自由证明对第二审程序中的检察官拘束力的强度是不同的。作为检察机关的控方所担负的严格证明责任，引起的直接法律后果是，依据严格的证明所认定的事实，原则上足以拘束二审程序。而依据自由证明所认定的事实，则不足以拘束上级审。因为自由证明所解决的程序问题具有相对性，在诉讼过程中随机发生，其解决也属于各审级本身的职权范围，彼此之间相互尊重互不干预①。相对于自由证明，无论是对于事实审还是法律审，严格证明都具有较强的拘束力。在实行事实审的国家，除我国实行全面审查，不受上诉或者抗诉范围的限制外，其他国家或者地区均不同程度地对第二审法院的调查范围进行限制。德国《刑事诉讼法》第 327 条及我国台

① 陈朴生：《刑事诉讼法》，三民书局 1980 年版，第 180 页。

湾地区《刑事诉讼法》第 366 条规定:第二审法院只能对原判决要求上诉的部分进行审理。日本国对此更为严格,《刑事诉讼法》第 392 条规定:审理范围只限于控诉理由。在原判决经上诉的部分之外,二审法院必须尊重下级法院依据严格证明所认定的事实,应当以裁定驳回上诉或者抗诉,维持原判,而不能置原审判决于不顾,自行作出新的判决。如我国《刑事诉讼法》第 189 条第(一)项规定:原判决认定事实和适用法律正确、量刑适当的,应当裁定驳回上诉或者抗诉,维持原判。在法律把上诉审定位为法律审的程序中,这种拘束力表现得尤为明显。二审法院必须在原审法院依据严格证明所认定的事实的基础上对程序是否合法以及适用实体法有无错误进行审查,而原则上不得对原审法院依据严格证明所认定的事实提出异议。在第二审程序中,检察官莅临二审法庭,发表对一审判决、裁定的意见,不受一审检察机关意见的限制。对一审遗漏从宽情节、二审期间发现有新的从宽情节以及被告人无罪的,应当依法向二审法院提出纠正意见。从法条规定及其蕴涵的精神分析,参加二审程序庭审的检察员发表意见不受原审公诉人意见的限制,但是,根据诉审分离和两审终审制原则,二审检察员所发表不同一审公诉人意见里并不包括一审遗漏从重的事实情节等不利于被告人的情形;如果一审遗漏从重的事实情节,对量刑具有重大且实质性影响,应当依照审判监督程序提起再审抗诉来纠正。

诉权受制约在诉讼程序中体现在两方面:(1)案件一旦起诉,诉权没有张力,检察机关的控诉内容不应当进行非程序性随意变更,尤其在法庭辩论终结后的诉讼阶段不能扩张指控内容。从诉讼理论上讲,基于检察机关上下级之间是领导与被领导关系,上级检察院有权变更下级检察院的决定,但这种变更应当遵循两个前提:应当尊重层级权限,按照对应诉讼对应监督原理依照法定程序变更;变更是在检察院系统内部进行而不涉及法院,如果涉及法院,那么要受到诉讼中控审分离原则的制约。也就是说,横向关系诉与审受控审分离的限制,纵向关系上级的诉讼内容受下级诉讼内容的限制。虽然我国刑事诉讼法没有对控审分离原则予以明确规定,但是,一般认为法院审判应当贯彻这一精神。根据法律规定,如果发现上诉或抗诉之外原判决确有错误的,应当予以纠正。当然,这里有两个问题:其一,如果对抗诉请求之外进行审查并纠正,其纠正的根据是什么?其二,判断错误的标准是什么?什么样的错误才需要纠正?对此,学界及实务界多有争论,实践中相同的情形法官作出的判决也呈现迥异状态。原因(仅限诉权方面)有:法院的审理和判决可否超出检察官的请求范围,刑事诉讼法第一审程序中没有规定;第二审程序中有实行全面审理而不受上诉与抗诉范围的约束，但是否受原审起诉书请求范围的约束，法律也没有相应规定。这不可避免地就会衍生出这样的问题，即在公诉案件中，检察官没有在起诉书中公诉某一犯罪，法官可否根据其法庭调查中查明的事实径自予以认定，也就是以检察官指控罪名之外的其他罪名对被告人作出有罪判决？刑事诉讼构造中的控审关系，一般有如下几种情形：①被告人犯数罪，检控方只起诉其中部分犯罪事实的，法官只就该部分犯罪事实予以审理并判决。②被告人犯数罪，检控方起诉了全部犯罪事实，但起诉的罪名较少的，法官可以建议控方追加遗漏罪名或者以起诉罪名进行审理与判决。③被告人犯甲罪，控方以乙罪起诉的，法官有权在犯罪事实基础上直接变更起诉罪名。④控方起诉的事实不构成犯罪或者证据不足的，法官应当宣告被告人无罪。法官认定的罪名与检察官公诉的罪名不一致有两种情况：一是法官僭越控诉主体指控事实的范围认定新的罪名；一是在控诉主体指控的事实的范围内改变抑或增加罪名。对于前者，与现代刑事诉讼控审分离原则从根本上相悖，各国法律均持否定态度；对于后者各国立法例不同。当事人主义诉讼构造中，即便在检察官起诉的事实范围内，法官变更检察官指控罪名时，无论是检察官就一起犯罪事实以甲罪起诉，法官认为构成乙罪的情形，还是检察官认为构成一罪而法官认为构成数罪的情况，法官如果直接变更起诉的罪名，都是行使了一定的检控职能，均会破坏控辩平衡，导致辩护方对事实认定与适用法律问题丧失辩护的机会，等于剥夺了被告人的辩护权。如此判决是在控辩双方均未发表意见的情况下迳行作出的，违背了程序的正当性原理。在我国，法院可否在检察院指控犯罪事实的范围内改变抑或增加罪名，法律没有限定，理论上有分歧。但是，一般认为，在指控犯罪事实的范围内，法院有变更罪名的权力，只是这种变更应遵循一定的程序，给予控辩双方平等陈述主张的机会，尤其是变更重罪名时应当听取控辩双方的意见。

（2）二审法院相对应的检察院支持抗诉时，支持抗诉的范围受制于原起诉内容，即二审抗诉的内容由第一审起诉请求内容所决定，原审抗诉的上级检察机关不能增加第一审审级抗诉内容，但是，可以减少或者缩小原公诉机关起诉书中的指控请求或者范围①。原则上，第一审检察院提出抗诉的主张

① 最高人民检察院《刑事抗诉案件出庭规则》（2001年高检诉发第11号）第6条："上级人民检察院支持下级人民检察院提出的抗诉意见和理由的，支持抗诉意见书应当叙述支持的意见和理由；部分支持的，叙述部分支持的意见和理由，不予支持部分的意见应当说明。上级人民检察院不支持下级人民检察院提出的抗诉意见和理由，而认为原审判决、裁定确有其他错误的，应当在支持抗诉意见书中表明不同意刑事抗诉书的抗诉意见的意见和理由，并且提出新的抗诉意见和理由。"

和上一级检察院支持抗诉的主张不能与原起诉书指控内容相矛盾，第一审检察院提出抗诉的主张和上一级检察院支持抗诉的主张也不得扩大原起诉书指控的内容。不得扩大原起诉书指控的内容包括不得追加新的被告人和不得追加新的犯罪事实两个方面。但是，上一级检察院支持抗诉的主张可以扩大第一审检察院提出抗诉的内容，因为，原起诉书指控的内容是刑事审判的根据和前提，它构成控与辩和审判的实体性基础。最高人民检察院《刑事抗诉案件出庭规则》(2001 年高检诉发第 11 号)第 6 条规定："上级人民检察院支持下级人民检察院提出的抗诉意见和理由，支持抗诉意见应当叙述支持的意见和理由；部分支持的，叙述部分支持的意见和理由，不予支持部分的意见应当说明。上级人民检察院不支持下级人民检察院提出的抗诉意见和理由，但认为原审判决、裁定确有其他错误的，应当在支持抗诉意见书中表明不同意刑事抗诉书的抗诉意见的意见和理由，并且提出新的抗诉意见和理由"。这表明有两方面含义：其一，上级检察院对下级检察院具有层级领导关系与诉讼监督关系；其二，第一审检察院提出抗诉只具有启动第二审的程序性意义，上一级检察完全可以置第一审检察院提出抗诉主张于不顾，提出新的抗诉主张。变更所扩大的抗诉请求是否适当，要以第一审检察院提起公诉内容的范围来定：支持抗诉的检察院应当维持第一审检察院起诉请求的范围，如果第一审检察院提起抗诉内容缩小了原起诉范围，而上一级检察院认为这种缩小没有证据或者法律上的根据的，支持抗诉的检察院可以进行变更，扩大抗诉请求，不受提起抗诉请求内容的限制；第二审检察院扩大抗诉请求的主张，如果是事实认定错误往往以建议同级法院发回重审的路径来实现，而如果是法律适用错误往往以建议同级法院以直接改判的形式来实现。

因此，从诉权受制约角度上讲，支持抗诉的检察院变更扩大抗诉请求时，无论如何扩大也不能逾越原起诉范围。由于体制规定上下级检察院之间所具有的领导与被领导的关系，又由于依照上诉抗程序提起的抗诉实际担当者是上一级检察院，也就是说，上一级检察院，既可维持原检察院的抗诉请求，又可撤销原检察院的抗诉请求，但不能扩大原控诉的范围，这是因为层级设置及其公诉权的行使具有独立性与起诉内容具有程序制约性的特点。从诉讼理论上讲，上一级检察院可以收缩抗诉范围，然而，收缩抗诉范围仍然受制于诉讼严格证明法则的约束。如果不是这样，而是由上一级检察院可以随意更改抗诉内容，就会形成诉权缺乏严肃性，进而影响当事人权益的保护。

第二审程序中检察机关的诉讼地位及其法律职责。在刑事二审程序中，法庭审理的基本诉讼构造仍然是控辩审三方架构，相比第一审起诉职能，第二审检察机关所享有的权力样态与权力内容仍有变化。二审检察机关的职能从根本上受制于检察院组织法、刑事诉讼法,其职责是围绕一审裁判履行法律监督职能,维护法律的正确实施。出庭的检察员实现双重诉讼职责的具体方式是:除具有第一审程序相似的指控犯罪外,还具有对刑事案件的侦查、审判和执行进行监督的权力。刑事公诉案件第一审程序由检察院启动后,第一审检察官的职责始终围绕起诉书所指控的犯罪构成事实与适用法律而展开诉讼活动,起诉书成为审理的客体,检察官的主要职责是代表国家行使公诉权;但是,二审检察官主要围绕第一审判决与裁定而展开诉讼活动,第一审判决与裁定成为第二审程序的客体,检察官的职责是基于起诉书指控的内容,对第一审判决与裁定认定事实和适用法律进行监督。

根据刑事诉讼法的规定,刑事案件实行两审终审制,启动第二审程序的法定原因有被告人的上诉和检察院的抗诉。无论是抗诉还是上诉,第二审程序审理的客体只能是一审判决与裁定,检察员发表意见的基点,只能是建立在审查第一审判决与裁定中认定证据和事实以及第一审判决适用法律是否适当的基础之上。根据刑事诉讼法规定,第二审程序的功能是对原判决事实与法律适用维持和纠错,以统一法律的适用,实现公正。在第二审程序中,检察员拥有指控犯罪与诉讼监督双重职责。指控犯罪是诉讼监督职责的基础,诉讼监督是指控犯罪的延伸,但是,诉讼监督职责又具有独立性。指控与监督是一审公诉检察官和二审检察员的基本职业立场,只不过一审公诉人承担更多的指控职责,二审检察员承担更多的监督职责。在刑事二审程序中,检察机关派出检察员出庭支持抗诉或参加被告人上诉案件,承担着完成公诉人证明犯罪责任和诉讼监督的双重职责,该双重职责要求检察官参加庭审既要在二审程序中,对需要加以证明的事项完成举证责任,对一审判决的对和错、罪名是否成立、上诉人提出的上诉理由是否成立等等,继续表明控告者的职业立场,完成对一审裁判的支持职责,这是基于指控诉讼地位所决定的公诉职能。同时,又要积极切实地履行诉讼监督职责,维护国家法律统一适用,这种监督具有双向性,即对原审法院作出的错误判决或裁定提出纠正意见(纠错的对象尽管可深究到起诉但绝不可能是原控起诉内容),同时监督二审法庭依法正确履行审判职能。这时,出席二审法庭的检察员所承担的监督任务的实质内容不同于原指控机关的监督,这种实质变化表现在:通过参加诉讼活动,监督下一级检察院指控、监督下一级法院的判决,同时监督二审法院的审判活动。依据《刑事诉讼法》第181条规定:“地方各级人民检察院,认为本级第一审人民法院的判决、裁定确有错误时,应当向上级人民法院提出抗诉。”第188条规定:“人民检察院提出抗诉的案件或者第二审人民法院开庭审理的公诉案件,同级人民检察院应当派员出庭。”二审检察员在法庭上应当切实履行指控犯罪与双向监督职责,应针对上诉人的无理上诉予以反驳,维护原指控机关正确的指控内容;如果上诉理由成立,原判决确有错误,且这种判决据以成立的原指控也存在错误或不当,二审检察员可针对事实不清楚或者适用法律错误问题,相应建议法院“发回重审或依法判决”,依法纠正原指控和第一审裁判错误的内容。

二

在第二审程序中,检察员经常面临能否追加认定第一审漏判事实、对第一审判决不予认定的指控事实支持抗诉时能否继续收集新的证据、可否建议二审合议庭变更罪名、建议二审合议庭直接宣告无罪以及上诉不加刑对检察监督有何影响等五个问题。

关于能否追加认定第一审漏判事实问题。如下一案例涉及能否追加认定第一审漏判非独立的关联事实问题:康某、李某预谋抢劫,遂于2005年12月5日,携带绳子等作案工具,到北京市朝阳区平房乡平安聚源建材批发市场北门外,骗租王某驾驶的燕冀牌面包车。当车行驶至大兴区亦庄开发区兴盛街甲2号楼附近,二人趁王不备,使用绳索猛勒王的颈部,造成王机械性窒息死亡,并抢得人民币230元及燕冀牌面包车一辆、中兴牌移动电话、摩托罗拉牌移动电话各一部,所抢款物共计价值人民币5.96万元。后弃尸于商水县魏集镇粉河内。2005年12月被查获归案。北京市人民检察院第二分院以被告人李、康犯抢劫罪,向北京市第二中级人民法院提起公诉。第二中级法院公开审理后判决:康某犯抢劫罪,判处死刑,剥夺政治权利终身;李某犯抢劫罪,判处死刑,缓期二年执行,剥夺政治权利终身。宣判后二被告人提出上诉。2007年2月1日市检察院二审出庭检察员发表维持原判的意见,市高级法院以原判认定事实不清,裁定发回重审。市二中级法院重审后判决:李犯抢劫罪,判处死刑;康犯抢劫罪,判处死缓。判决后,李以量刑过重为由提出上诉。第一次发回重审的主要原因是李在犯罪中的作用大于康,但因李家属赔偿5万元,故对其判处死缓,康判处死刑立即执行。二审就此判决对康有失公允,但如果都判处死缓整体量刑幅度过低,因为二人均为共同犯罪的主犯。市高法以事实不清将案件发回重审。发回重审后,一审法院改判李死刑、康死缓。2008年1月21日的二审期间,北京市公安局侦查员移送李、康抢劫案的坦白材料。证实李在看守所坦白康某在抢劫过程中,曾持自制手枪击打被害人，侦查员已从李的女友刘晓惠处同时起获该枪、弹。由于本案已进入二审程序不能将刘晓惠与李案并案处理，应对刘另案起诉。本案尸检报告中，死者裤子有两个破洞，左大腿外侧有两处圆形浅表伤，头后枕部嵌有一圆锥形金属物体。根据常识，死者裤子和大腿的痕迹近距离枪击可能造成，多为自制枪，但需对伤口及相关物品作鉴定，一审期间因尸体已火化无法对痕迹形成原因鉴定。二审期间，康供述李在包内准备了一把自制左轮手枪，在车辆行驶中李给其手机发信息让其将手枪拿出，在李勒被害人脖子、被害人反抗时，其用该手枪打了被害人左腿的大腿部，抢劫后其将手枪还给了李，李称没有用过手枪，也没看见康用手枪。根据康的供述并结合尸检报告，结合起获枪、弹物证，可证实李、康系持枪抢劫，并存在开枪射击被害人的行为。但是，被害人的死亡是由于绳索勒导致机械性窒息死亡，一审法院也没有认定二人持枪抢劫，二人是否持枪抢劫的情节，对于整个抢劫行为的认定没有实质影响。再者，一审因检材条件受限，未认定持枪抢劫事实。二审程序中，虽然证据可增加认定这部分事实。但是，第一审裁判并没有认定这部分事实，如果第二审判决中增加认定事实，就存在着程序性障碍，因为上诉人对新事实新证据的异议不能得到程序救济，有违两审终审制度。当然，这些证据证实的犯罪事实对本案量刑并无重大且实质性影响，该案曾发回重审后又上诉，如果再次发回重审，必然造成诉累。根据我国刑诉法及其相关精神，不宜因新的加重事实情节而发回重审。

我国刑事二审程序对案件事实与法律适用实行全面审查原则。检察员通过对所有证据全面审查，发现初审判决对起诉书记载的指控范围以内的事实应当予以认定而未予认定，如果是与原诉是一体不可以分割的诉，检察员如何履行诉讼监督职责？实践中有两种做法：一是建议法庭发回重审由初审法院加刑处罚；一是建议法庭作出维持原判，再由检察院依据审判监督程序提起抗诉程序，达到加重刑罚的目的。我们认为，前一种做法，虽然是在增加犯罪事实基础上的重新判决，加刑也并无不可，但对外貌似变相加刑，有悖上诉不加刑原则；后一种做法，既符合有错必纠诉讼原则，又符合追求实质正义的诉讼目的，但是，鉴于公诉追究被告人刑事责任受制刑法谦抑性原理和诉讼效益原则，这种漏判事实原则上应当是对定罪和量刑有重大且实质意义的事实。如果原起诉书并未指控或者追加所谓的漏判事实，并且该漏判的犯罪事实与本诉没有不可分（从实体法上是罪数之间无联系、从诉讼法上是诉的个数都是独立的诉）的牵连关系，这种牵连关系是指主体牵连关系与事实牵连关系，如同一主体触犯不同罪名基于诉讼经济原因合并审理是主体牵连，犯罪事实之间具有内在的不可分离的关系是事实牵连关系;共同犯罪事实的主体牵连关系紧密,一般来说应当合并审理,这既是查明事实均衡刑罚所必需,又是诉讼经济方面的考量。实体法上的罪数是一人所犯之罪的数量。区分罪数就是区分一罪与数罪,区分罪数的实体法意义在于正确定罪和合理量刑,诉讼法意义在于一罪一诉一罚。在我国,一般认为,以犯罪构成为标准区分一罪与数罪,行为符合一个犯罪构成的,是一罪;行为符合数个犯罪构成的,构成数罪;行为数次符合同一个犯罪构成的,也是数罪。关于如何判断行为符合几个犯罪构成的问题,涉及对犯罪构成本身、符合犯罪构成的事实以及犯罪构成符合性的认识。那么,如果漏判的犯罪事实与本诉没有不可分的牵连关系,就不是判决事实存在错误,不属依据审判监督程序提起抗诉程序的问题,而完全是另外一个新诉,应当重新进行起诉,即应同一被告人实施了若干刑法分则的罪名,不是诉的合并,而是分别独立之诉,待正在进行的诉讼结束后,再重新进行侦查、起诉与审判。

关于可否继续收集新证据以强化未被第一审判决认定的原诉事实问题。这个问题涉及对原审判决不予认定的指控事实支持抗诉时,能否继续收集新证据补强原来的指控事实问题。例如,一审检察机关起诉被告人沈某涉嫌两起杀人罪和盗窃罪,但法院仅判决其中一起杀人罪和盗窃罪,认定另一起杀人案证据不足,作出指控罪名不能成立的无罪判决。检察院对未予认定的杀人罪提起抗诉。对此,在第二审程序中,检察员应当重点审查一审法院判决未予认定的另一起杀人事实,同时还要对一审法院判决认定的两起事实进行审查,以全面分析判断在认定事实和适用法律方面正确与否。经二审检察机关审查认为,本案两起故意杀人的事实,在事件的发展过程中具有一定的关联性。时间上,沈某先杀张某,后杀郑某未遂,前后相差不到两个小时;沈某在两起杀人案中使用的均是携带的同一把铁锤;沈某曾供述:“一不做,二不休,如果找郑某不还钱,就把他也杀了”。本案前后两起杀人案在引发事件的客观因素上具有一定的关联性。如果对沈某涉嫌杀死张某的事实不予认定,那么沈某原供述杀死郑某的故意要件证据不足。另经伤情鉴定证明,被害人郑某所受损伤程度仅为轻微伤。如果支抗事实未被二审法院采纳,将可能影响原判决对沈某故意杀害郑某一案的认定。二审检察院又补充调取几份新的证据:(1)精神病司法鉴定。根据辩护人及家属申请,北京安定医院对沈某所作精神疾病司法鉴定的结论为:目前无证据证明被鉴定人沈某患有精神病。(2)笔迹鉴定。根据一审开庭沈某辩称,在侦查期间所作《亲笔供词》不是本人所写,辩护人申请应对笔迹鉴定。鉴定结论为:送检《亲笔供词》及《悔过书》中的字迹与沈某样本字迹是同一人所写。之后沈某又改称虽本人所写,但是按照警察写好的材料照抄的。经查,新的辩解没有证据支持。(3)面料纤维含量检测报告。根据沈某供述死者堵嘴所用衬衫面料,经委托中国流行面料检测中心对本案扣押该衣物的检材样品进行检测,结论证实,纤维含量为,涤纶/棉,与"的确良"一致。(4)看守所健康体检笔录。沈某在被送押看守所时,身上没有伤病记录。同时,又出示一审法庭未质证沈某有罪供述的录音录像,其内容客观描述了引起本案发生的诸多主、客观因素,以及案发后沈某的真实心理活动。二审检察院通过补强原控事实,据此认为,沈某故意杀死张某的事实清楚、证据确实充分。我国刑事第二审程序实行全面审查原则,即对一审裁判认定的事实、证据和适用法律情况进行全面审查,其中,对新发现事实的审查要与对原审认定事实的审查结合起来,受原诉范围的限制;从诉权理论上讲,全面审查当然不包括一审未予指控的事实。继续收集新证据补强原控事实,从侧面反映原控事实证据具有不充分的一面。从这个意义上讲,一审判决认定检察机关指控被告人沈某故意杀害张某证据不足,具有事实根据。我认为继续收集新证据补强原来的指控事实,从法律规定推衍并无不当,但是针对此类情形,依照《刑事诉讼法》第189条第3款的规定,应当建议二审法院撤销原判发回重审,不宜依法改判沈某故意杀害张某的事实成立,因为二审查证的事实并没有经过一审控辩质证,二审法院如果不发回重审,以查清的事实为依据直接改判突破了两审终审制度的约束,实际上剥夺了被告人的上诉权;如果二审法院依事实不清,证据不足为由发回重审,原审法院应严格按照第一审程序重新审理,依法裁判。

诉因是起诉书记载特定犯罪事实以限定审判对象、保护被告人应诉权的制度。无论是采取诉因制度还是非诉因制度,在审判对象上都要受制于共同的诉讼原理即不告不理原则。根据不告不理原则,审判受起诉范围的限制,无论起诉后诉讼程序如何发展,仍要坚持诉审同一原则,审判范围必须与公诉犯罪事实保持同一,不能超出公诉犯罪事实的范围。这就意味着只要是没有超出原控诉的范围,检察官仍然可以在二审程序中提出新的证据来支持和巩固原诉主张。《刑事诉讼法》第195条规定,第二审法院审判上诉或者抗诉案件的程序,除本章已有规定外,参照第一审程序的规定进行。该规定表明,我国刑事案件的第一、二审都是事实与法律审;与国外不同,在规定复审法院仅限法律审的国家里,复审法院的重心在于维护法律的统一性而不顾及案件事实,这样便没有在复审诉讼程序中提出和接纳新证据问题。因此,我国刑事诉讼第一审所经法庭调查、讯问被告人、出示证据、质证、法庭辩论、被告人最后陈述等程序,二审皆应为之。按照这一规定和司法实践,法律非但没有排除甚至主张二审程序中检察官与上诉人双方,都可以提供新证据来证明抑或否定第一审已经确认的事实。但是,从诉讼原理上讲,对那些对定罪具有实质扩张意义的新证据的提出,则必须进行严格限定,限定的底线是不能违背二审终审制的精神;如果在司法实践中,作为检察官的抗诉方提出了对定罪事实具有实质扩展,事实虽已查清但上诉法院也不能径行判决而应发回原审法院重审,以维护两审终审制;但是,根据一个关键辩护证据得到确证即可击破指控证据体系的诉讼理论,对辩护方所提出的根本否定原控的新证据,法院则可径行做出判决而不必发回原审法院重审,这是制约公权防止错案保障被告人人权的需要,也与两审终审制的精神不相违背。

关于可否建议二审合议庭变更罪名问题。如下一案例涉及二审检察员建议合议庭变更罪名问题。2007 年 4 月 10 日 17 时许,王某在无驾驶证情况下,驾驶未经检验的摩托车搭载马某、贾某,三人均未戴头盔,由东向西行驶至某机动车检测厂门口,民警喊话让其接受检查,王某拒绝停车逃离,行驶中与杨某驾驶相对行驶小货车刮撞,致小货车驶入路北侧沟内,摩托车翻入沟中,将马某及北侧行人王某、韩某等人撞入沟内,致王某重伤,韩某等人轻伤。经鉴定该起事故王某负全部责任。对某法院依照指控罪名以危险方法危害公共安全罪判处 10 年有期徒刑后,王某提出上诉,二审检察院经审查认为一审法院定性错误,向二审法院提出案件审查意见,认为原审判决事实清楚,证据确实充分,但定性不准,王某的行为符合交通肇事罪,应以交通肇事罪追究刑事责任,建议二审法院改判,二审法院改判王某犯交通肇事罪,判处有期徒刑 3 年。

第二审程序中,检察员面临变更罪名的具体情形有三:法院判决罪名同起诉认定罪名相同,但二审检察员认为判决错误,建议变更另一新罪名;法院判决罪名同起诉认定罪名不同,但二审检察员认为判决变更指控罪名错误,建议变更为原指控罪名;法院判决罪名同起诉认定罪名不同,但原指控机关认定的罪名错误,二审检察员建议维持原判罪名。我认为,无论属于哪种情况,只要检察院提起了抗诉,那么,检察员要求变更的罪名无论是较轻的还是较重的罪名都是可以的。原因有二:根据刑事诉讼法规定,第二审程序中,法院认为原判认定事实清楚,法律适用错误的可以直接改判。虽然二审程序实行全面审理原则,但是,从审级设立的理念来说,在事实认定与法律适用两方面中,法律适用问题应该是高一级司法机关关注和审查的重点,也是高一级别司法机关的优势所在。根据刑诉法第 189 条规定,第二审人民法院依法改判的条件是:原判决认定事实正确,但适用法律有错误,或者量刑不当的,应当改判;发回重审的条件是:原判决认定事实有错误或者事实不清楚的,可以在查清事实后改判(当然包括直接作出证据不足的无罪判决),也可以裁定撤销原判,发回原审人民法院重新审判。基于此,检察员的建议意见如果得到二审法院的认可,不需要发回重审可以直接进行改判;上诉不加刑的诉讼原则不适用检察机关提起抗诉的案件,二审程序中的检察员提出变更比原审罪名重也符合法律规定。实践中还有一种情况,那就是一审是按照未成年人程序进行审理的,但是,在第二审程序中,发现初审遗漏证明已满成年人年龄的证据或者又发现新的证据表明被告人的年龄已满18周岁,又根据已查清的年龄问题应当适用比一审要重的罪名。遇到这种情形,检察员是建议发回原审法院重审还是直接建议法院适用较重的罪名?但在实践中通常的做法是,检察员建议维持原审判决,待法院判决生效后,检察院可依法提请再审纠正错误的判决。这种做法虽然不效率,但从程序法制意义上说,舍此则似乎没有更好的救济途径。

关于可否建议二审合议庭直接宣告无罪问题。与检察员建议变更罪名相联系,有可能根据变更后的罪名有不够罪的情况,这就出现了可否建议二审合议庭直接宣告无罪问题。下面这起案件中,一审法院判决认定的犯罪事实与检察院起诉的基础事实完全一致,所不同的是二审检察机关和二审法院与一审法院,对法律适用的理解大相径庭。基本情况是这样的:张刚、张风与谢明在水库,因游客钓鱼发生争执。后谢明纠集周刚、李新等数十人与张刚、张风纠集的尚继利等数十人,在关山度假村持械斗殴,在斗殴过程中谢明、张刚被打成轻伤。张刚等多人与谢明等多人双方打斗,原控机关对双方以聚众斗殴罪名并案起诉到法院。一审法院认为,张刚、张风与谢明等双方均已构成聚众斗殴罪,其中张刚被判处有期徒刑3年。但是,张氏兄弟认为,自己是在受到谢明威胁的情况下,找人加强防卫,其行为具有正当防卫性质,不构成聚众斗殴罪,提出上诉。在二审程序中,出庭检察员,以原审事实不清为名,建议法院发回重审并指导原诉检察机关——张刚案与谢明案不同,参与冲突双方的行为性质不同,不能并案而应当分案起诉。于是,二审法院裁定发回重审,原检察机关分案后又诉至法院,一审法院对谢明等以聚众斗殴罪判处刑罚,对张刚等亦认定聚众斗殴罪判处刑罚。谢明服从判决,张氏兄弟不服再次提出上诉。二审检察院则认为,张刚、张风等四人主观上不具有加害对方的故意,其行为不具有聚众斗殴的性质,原判认定张风等人构成聚众斗殴罪名有误,其行为符合故意伤害罪名特征。张刚则在殴打谢明的过程中不在现场,其纠集行为不构成犯罪,建议依法改判。二审法院采纳了二审检察院的意见,撤销了原审判决,并进行了改判。判决将殴打谢明致其轻伤的行为从聚众斗殴的行为中分离出来,认为张风等人的行为已构成故意伤害罪,应依法惩处;认为张刚虽有纠集他人、准备工具的行为,但其行为与谢明被致轻伤的后果没有必然的因果关系,且谢明被致伤时,张刚未在现场,认定其犯罪的证据不足,判决宣告其无罪。案件虽历经四次庭审,涉及被告人张刚等案件的基本事实未改变,只是二审程序检察院和法院对案件的性质与对张刚是否有罪认识的问题上与原审法院存在分歧。那么,针对存在的分歧,二审检察院是否当庭提出与一审指控不同的意见呢?实际上,在二审程序中,检察员基于上下级检察院之间领导关系指导分案及其二审出庭检察员,基于原指控与裁判事实相一致内容基础上,当庭发表与原指控和裁判罪名不一致的意见,并建议以证据不足对张刚宣布无罪处理的意见,本质上说是符合二审程序中检察员所坚持的诉讼监督立场的。

公诉实践中,除非遇到证据发生实质性变化或者变修法律外,基于对行为性质判定差异和检察一体化的考量,检察员往往并不行使建议法院宣告无罪的权力,而是以建议发回重审代替之。但是,有时遇到事实无争议仅为法律争议情形,建议发回重审就不符合法律的规定。我认为,二审检察员在开庭审理时,一般不宜直接发表与原指控认定事实截然相反的意见,因为:(1)二审法庭的基本诉讼构造仍然是控辩审三方架构,某种意义上说,二审检察机关没有直接撤诉的权力,但是,直接发表无罪的意见意味着法庭上只有防御而无攻击的一方,本质上说无罪意见就是撤诉。无罪建议等同于二审检察机关直接撤销了原公诉机关的指控,尽管这种撤诉依然受制于法院,受法院是否准许撤诉的监督,但是,二审检察机关基于监督职责具有独立行使无罪主张的权力,并且这种无罪建议很有可能成为法院无罪判决的依据。(2)二审程序中的指控仍然是原控的继续和延伸,公诉行为中的监督具有天然的局限性,这种监督是建立在指控基础上的监督,在许多案件中这种纠错的监督都是在指控活动中体现的。尤其是,根据我国刑诉法及法律的相关规定,因抗诉引起的二审程序与因上诉引起的二审程序有质的差别,因提起抗诉引起的二审程序中,抗诉的成效往往不是层级独立完成的,况且,提起者非常希望其上一级检察院的明示。检察一体明确规定下级检察院可寻求上级检察院的诉讼支持,上级检察院可以共同研究诉讼对策实际指导下一级检察院指控。这种指控有时甚至得到程序内部的肯定,指控意见分明是上下级院的合意。从指控合意的形成到指控合力的行使是检察体制的制度资源优势。

根据《刑事诉讼法》规定，二审检察员在全面审查的基础上，对原审法院作出的错误判决或者裁定有权提出纠正意见。法律规定的"依法改判"往往是适用法律错误或不当；"发回重审"往往是事实认定错误。

如果证据发生变化，且这种实质性的变化足以动摇甚至推翻原指控基础上的判决时，二审检察员发表可能使二审法院改变原判或发回重审的意见，要依照法定程序的发表。如果证据并没有发生变化而是承办检察官个体理解上的差异，一般来说二审检察员不应发表诸如"证据不足"之类的意见。这是因为，对基础事实的判定原控机关往往更具优势，高级别司法机关的优势在于对法律地理解与政策掌控的职业养成方面。如果对原指控基础上的原判适用法律错误发表意见时，也要遵循法定程序；如果是同意原控机关抗诉纠正原判适用法律不当，庭审可直接发表原判引用法律错误或不当，建议二审改判的意见。二审检察员开庭时所发表的有关证据采信与法律适用等意见，有可能导致二审法院作出发回重审或依法改变一审法院的判决时，应当履行相应的法律程序。

因为这种监督针对的虽然是一审法院的判决裁定，但是，据此极有可能也动摇了一审检察院的指控基础。上一级检察机关的这种诉讼行为形似违背了检察官所具有的指控犯罪的职业立场，实则与检察官所具有的诉讼监督职能与检察官客观注意义务相契合。在我国，检察官行使权力的方式比较独特。一般来说，对一个案件的办理，要经由至少三个以上的检察官共同参与完成的。所以，二审检察员建议法院发回重审或依法判决无罪的重要意见，既不能是承办案件检察官的个人意见，又不能是二审公诉部门的集体意见，也不能是公诉部门行政领导的意见。这种意见应该是检察长或者检察委员会的正式意见，且这种意见亦是进行了二审开庭前的协调，充分听取原公诉机关及其公诉检察官的意见。如果原指控检察机关的意见是经过本级检察委员会的讨论决定的，那么，二审程序中检察官所发表的对定罪或者量刑有可能具有实质性影响的庭审意见，也应该是二审检察院检察委员会讨论并形成决议的意见。并且，由于二审检察院一旦形成与一审判决认定基本事实基础之上的相反意见，诸如有关改变罪名、无罪意见极有可能导致法院宣告无罪的判决后果，而这种无罪判决又有可能导致上级检察院的抗诉。那么，二审检察院在检察委员会形成决定前，应当征询上一级检察院的意见，一般而言，应当接受上一级检察院公诉部门的指导意见，或者把上一级检察院公诉部门的指导意见作为二审检察院检察委员会决定的参考。这是由检察一体原则的实质内容决定的。

关于仅有上诉而无抗诉的二审程序，“上诉不加刑”对检察监督有何影响。下面这起案件中，未提起抗诉但为了维护司法利益，检察建议函至法院从轻执行刑罚执行方式，与被告人上诉主张相一致。宁正伟，男，24岁，汉族，山东省宁阳县农民，因犯故意伤害罪于2006年12月29日被逮捕。董忠生，男，38岁，汉族，北京市人，因涉嫌犯帮助毁灭证据罪于2007年3月13日被刑事拘留，后被取保候审。宁正伟、董忠生分别系本市大兴区西红门镇老三余村中装劳务分包有限公司员工、法定代表人。2006年11月20日，该公司渗水井往外冒水，疑为隔壁邱继来（男，殁年40岁）家出租房的浴池下水道堵塞所致，董忠生给邱继来打电话，当日20时许，邱继来酒后来到董忠生办公室与董协商解决此事。后宁正伟来到董办公室，邱与董、宁二人发生争执，宁正伟持烟灰缸打击邱继来头部等部位数下，邱被当场打倒在地。董忠生电话叫来李瑞东、王传强，后董、宁、李、王四人将邱继来抬下楼，李瑞东、王传强二人将邱继来送往医院救治。邱继来于2006年11月30日死亡，经法医检验邱系被他人用钝器击打头部，致重度颅脑损伤死亡。董忠生明知警察已开始调查此事，仍指使其公司员工王桂萍将宁正伟作案使用的工具烟灰缸毁坏。宁正伟于案发后向公安机关投案，董忠生系被查获归案。北京市第一中级人民法院于2007年12月21日，以（2007）一中刑初字第3336号刑事判决书，判决：被告人宁正伟犯故意伤害罪，判处有期徒刑14年，剥夺政治权利3年；被告人董忠生犯帮助毁灭证据罪，判处有期徒刑2年。北京市人民检察院第一分院认为，根据被告人董忠生的犯罪情节和悔罪表现，对其判处有期徒刑，同时宣告缓刑更为适当，并于2008年1月4日向北京市第一中级人民法院发函，建议对被告人董忠生宣告缓刑，希望一中院将建议函连同被告人上诉状、案卷、证据一并移送二审法院。建议对被告人董忠生宣告缓刑的理由如下：1. 被告人董忠生犯帮助毁灭证据罪，法定最高刑为3年有期徒刑，属轻罪，符合刑法第72条宣告缓刑的条件；2. 被告人董忠生案发后积极救治被害人邱继来，陪同宁正伟向公安机关投案，积极支付被害人邱继来的医药费、住院费等各项费用，后替宁正伟赔偿被害人近亲属40万元。其对于指使他人毁灭宁的作案工具烟灰缸的供述一直稳定，当庭亦如实供述，真诚表示悔罪，并得到被害人近亲属的谅解；3. 被告人董忠生案发后除被短暂拘留外，一直未被羁押，从其被取保候审期间的表现来看，不对其进行关押不致再危害社会；4. 被告人董忠生原系公司法定代表人，承担一定社会责任，对其不予关押才能使其有机会更好地报效社会，从而达到惩办与教育相结合的刑罚目的，也更能体现宽严相济的刑事司法政策。北京市第一中级法院承办法官答复，此种做法缺乏法律依据。但是,北京市人民检察院认为,一审判决对该案判处实体刑2年属于量刑偏重,虽然不宜抗诉,但羁押服刑执行方式属于判决失当,用检察建议函来申明对一审判决的观点及理由并无不当。同时,为了维护司法利益,向二审法院发出检察建议函,建议对被告人董忠生宣告缓刑。

刑事二审程序中,"上诉不加刑"原则对检察机关履行指控与监督职能具有重要的影响。我国《刑事诉讼法》第190条规定:"第二审人民法院审判被告人或者他的法定代理人、辩护人、近亲属上诉的案件,不得加重被告人的刑罚。人民检察院提出抗诉或者自诉人提出上诉的,不受前款规定的限制。"据此规定,在只有被告人一方提出上诉的案件里,不得加重原审刑罚。(1)如果不利事项只涉及法律适用,而不涉及案件事实和证据问题,依据上诉不加刑原则和最高人民法院的司法解释:对事实清楚、证据充分,但判处的刑罚畸轻,或者应当适用附加刑而没有适用的案件,不得撤销原审判决直接加重被告人的刑罚或适用附加刑,也不得以事实不清或证据不足为由发回原审法院重新审理。必须依法改判的,应当在第二审判决、裁定生效后,检察院向法院发出检察监督建议书或者依法提起抗诉启动审判监督程序,由法院重新审理,纠正错误判决。(2)如果不利事项涉及案件事实和证据问题,根据刑事诉讼法第189条第3项的规定,原判决事实不清楚或证据不充分的,可以在查清事实后改判,也可以在裁定撤销原判后,发回原审法院重新审判。二审法院如果不发回重审,查清事实后改判要受上诉不加刑原则的约束;如果二审法院以事实不清,证据不足为由发回重审,原审法院应严格按照第一审程序重新审理,依法裁判。(3)为被告人利益的抗诉主张与被告人的上诉主张相吻合时,抗诉受制于上诉不加刑原则。被告人上诉,是为了表明被告人认为自己罪轻或宣告无罪,要求上级法院纠正原审法院判决的错误,对其减轻处罚或宣告无罪。虽然检察院为被告人利益的抗诉主张与被告人的上诉主张方向具有一致性,但具有程度上的差异性。

许多时候,检察机关拥有的指控犯罪与诉讼监督职能的目标是一致的,有时也会存在矛盾。第二审程序中,检察机关的抗诉既可以是对被告人不利的抗诉,又可以是为了被告人的利益的抗诉。检察机关基于诉讼监督职能依法为被告人利益而提起对原审判决抗诉时,这时存在着与原指控范围不一致的地方。根据刑事诉讼法的规定,如果第二审程序的启动是因为检察机关提起的抗诉所引起的,那么法院的审理则不受上诉不加刑的约束。但是,如果检察机关是为了被告人的利益提起的抗诉,这种抗诉主张与被告人提起上诉的内容具有方向的一致性与实质内容的重合性,因而与上诉不加刑原则也完全竞合。具有被动性的"不告不理"是人民法院司法权的特征,它表现在程序启动和裁判范围两个方面。如果没有提出请求,法院不应主动对特定的问题作出裁判。基于此意义上,检察机关为被告人利益而提起上诉的案件,其结果必然是对被告人的不加刑或者减轻处罚。从检察机关拥有的诉讼监督职能出发,检察机关对法律的统一正确实施进行监督。如果检察机关认为一审判决认定事实清楚、适用法律正确,但量刑不当,无论量刑畸轻抑或畸重都应该提起抗诉,当检察机关认为一审量刑过重而提起抗诉时,检察机关的抗诉主张客观上就和被告人的上诉主张相吻合,上诉和抗诉两种诉具有实质一致性。这时,不论被告方是否真的提出上诉,二审出庭检察员就是直接为维护被告人的个人利益而诉。诚然,被告人的正当利益也是司法利益不可分割的组成部分,维护被告人的利益,也是检察官客观关照义务的体现。因此,在只有被告人上诉的二审程序中,出庭检察员的职责既可能是建议维护正确的判决,又可能是支持被告人合理诉求、监督法院保证被告人权利的实现,但不可能提出加重被告人刑罚的建议。在同时有被告人上诉与原控机关提起抗诉的案件中,如果二审检察机关认为抗诉理由不成立可以撤回抗诉,以监督下级检察机关的诉权行为;在只有被告人上诉而原控机关没有提起抗诉的案件中,如果二审检察机关认为上诉理由成立,出庭检察员可以依法发表无罪或者罪轻的意见,以监督下级检察机关的诉权行为。但是,提出无罪的意见或者因量刑畸轻提出减轻刑罚的意见,实际上也是第一审检察机关应当提起而未提起抗诉案件的情形。检察机关的法律职责是维护法律的统一实施,以及应当履行客观关照义务,对于仅有被告人上诉而无抗诉的二审案件,二审检察机关履行着监督第一审裁判、监督下级检察院的诉权行为和维护被告人利益的多重职责。

刑事二审开庭
——诉讼权利保障机制

蒋炳仁*

在人类法治发展过程中，当属刑事诉讼发展变化较快，而其中有关保障诉讼参与人合法权益的内容在不断的丰富和拓展。尤其在现代法治社会里，保障诉讼参与人合法权益程度的高低，内容的多寡，质量的好坏，不仅是社会进步的标志，而且还是维护政治稳定和社会安定的重要保证。实际上刑事司法机关从建立那天起，就不单纯行使揭露犯罪，证实犯罪的任务，同时还担负着保护无辜，保障诉讼参与人合法权益的重任。因此，世界各国虽然诉讼价值和诉讼理念不同，其法律内容也庞杂博深，但无不把保障诉讼参与人合法权益作为法治建设中的重大课题进行研究探讨，并在宪法中加以规定，在实践中予以实施。①

本文从诉讼理论的角度，阐述刑事二审开庭具有独立的内在价值，提出刑事二审开庭与保障诉讼参与人合法权益之间的关系，说明了刑事二审开庭是现代社会文明和进步的特征之一，其精神实质就是保障诉讼参与人的合法权益，且刑事二审开庭的过程就是保障诉讼参与人合法权益的过程。

一、刑事二审开庭制度具有独立的内在价值

作为人类法律制度的基本价值——公正，一般有两种表现形式，即实体公正和程序公正，两者都是刑事诉讼追求的目的。长期以来，社会对于司法

* 蒋炳仁，北京市人民检察院第一分院宣传处处长，检察委员会委员。

① 蒋炳仁："程序公正——诉讼权利的保障机制"，载《检察日报》2002年11月2日第3版。

公正的评判标准往往以诉讼的结果,也就是实体结果的公正与否为主要标准。从静态角度观察,实体公正有一系列明确的价值标准,罪刑法定原则、罪刑相适应原则和法律面前一律平等原则是实体公正的主要内容。一个案件是否正确,主要看定性是否准确,量刑是否适当。但结果的公正是诉讼活动应有的要求,也是诉讼参与人期望所在。从动态的角度观察,实体公正在具体的案件中没有一个统一的标准,因为所有的案件在事实和情节上都不完全相同,所涉及法律问题也不相同。因此,要想给所有案件的裁判活动确定一个统一的公正结果则是不现实的。尽管如此,人类法律价值中还有一个与诉讼结果没有直接关系,它主要体现于法律程序或诉讼过程之中,具有明确的、具体的且可操作的标准,这个所谓的程序标准不仅为诉讼参与人所感知,而且还能为社会公众所察觉,普通百姓对案件进行价值判断,即可通过整个诉讼实施过程来完成。因此,所谓"公正不仅要得到实现,而且要以人们看得见的方式得到实现"这样一句著名的格言,其实说的就是通过公正的程序所作的结果能够为人们广泛接受,这就是司法公正的重要组成部分——刑事二审开庭制度。

有关刑事二审开庭制度形成的理论是人类法律文化中的宝贵财富,因为它将实施法律程序本身的正当性、合法性看做与实体结果的公正性具有同等重要意义的价值目标,强调法律实施过程中要符合公正的基本要求,从而在原来的实体公正的基础上又发展出了程序公正的理念,提醒人们重视结果公正的同时,还要确保法律实施过程的公正性。诉讼程序中保障诉讼参与人合法权益其意义不仅仅在于保障实体结果的正确性,而且具有独立的内在价值。诉讼的自身价值就在于体现人类所追求的目标——民主与法治,以及给诉讼参与人以公正、人权的感受和教育。例如,刑事二审开庭制度,直接关系到诉讼参与人的合法权益,如果省略了、忽视了、剥夺了,不仅会造成冤假错案,而且给人们以武断、落后,虚假的感受,并通过法律这个窗口对司法公正发生怀疑,对现实社会失去信心,甚至产生对抗。因此,一个案件程序不公正,即使是实体结果是正确的,也不会产生积极的社会效应。因此,在有些司法人员头脑中"重实体,轻程序"乃至"程序工具主义"观念盛行时,引进和推广程序公正的观念,强调刑事二审开庭制度具有独立内在价值和意义。

对于刑事审判而言,程序公正的要求在不同的国家或不同的法律制度中,既有其特殊性,也有普遍性。公正的观念在不同的社会里确有其不同的内容和形式,因为受不同法律文化传统影响而有其不同的公正标准。但是生活在不同社会的人们都有一些基于人的本性而产生的共同需求,他们的法律价值观念往往会有一些相同之处。这种价值观已超越了各国的政治、文化传统的限制,成为现代文明社会所共有的观念。一个国家程序公正标准的高低,以及贯彻执行的好坏,是一个国家人权发展水平的重要标志,反映着一个民族的民主与法治,进步与文明的程度。我国自1979年刑事诉讼立法以来,始终把刑事二审开庭作为刑事诉讼的突出主题,取得的成就为世人所瞩目,尤其是1996年修改的刑事诉讼法,顺应了历史发展和国际人权标准的潮流,采取了多项措施,加大了诉讼参与人的保障力度,增加了诉讼的透明度。从刑事诉讼法的宗旨和任务,到刑事诉讼原则;从诉讼内容到整个诉讼结构,都体现了保障诉讼参与人合法权益的思想,反映了我国刑事二审开庭的价值标准。2006年最高人民法院又提出了对案件重要事实和证据问题提出上诉的死刑第二审案件,一律开庭审理,并积极创造条件,在2006年下半年对所有死刑第二审案件实行开庭审理。死刑案件二审开庭审理是完善死刑案件审判程序、保证死刑案件质量的必然要求,有利于加强司法人权保障,有利于从制度上保证死刑案件的公正和慎重。① 当然,中国离程序公正的高标准严要求还有距离,现有的程序公正标准只是初级阶段。在司法实践中,有的司法人员深受程序工具主义理论的影响和束缚,把司法公正的重点放在实体公正方面,即实体的适用是否正确,是否产生一个法治者满意的处理结果等,而相对忽视诉讼程序自身有的内在价值。这样做的直接后果便是导致司法不公和司法腐败,从而使司法的应有的权威无法确立,还会导致实体价值与程序价值的关系失衡,程序公正让位于实体公正,最终使诉讼程序成为可有可无的摆设。

在我国刑事诉讼全面执行刑事二审开庭的要求,是一项复杂的系统工程,并且步履艰难,它与一系列原则、制度和观念存在着千丝万缕的联系,如果没有一种保障刑事二审开庭的环境和法治理念,这一要求即使在刑事诉讼立法中得到确立,也难以在司法实践中切实贯彻。因为一项法律制度的确立不是简单的规定的结果,它首先必须是一种理念的确立,否则,原有的陈旧的法治理念将可能通过各种途径在我们确立的诉讼制度中复活,干扰我们已确立的先进诉讼制度。刑事二审开庭同样遇到这个问题,它除了需要确立一系列规则予以保障外,更重要的是在司法人员中确立刑事二审开庭的理念,这是保障诉讼参与人合法权益,确保刑事二审开庭的思想基础。

---

① 刘仁文:"死刑二审开庭的意义",载中国法学网,2006年1月24日。

二、刑事二审开庭过程是诉讼价值实现的过程

刑事诉讼目的是查明事实真相,追究犯罪人的刑事责任的认识活动,但又不仅仅是一种认识活动。之所以说它是一种认识活动,是因为诉讼是在控辩双方以及被害人、证人等各方共同参与下,通过辩论和说服的理性方式揭示刑事案件的事实真相,他们为维护自己的实体权利,实现自己的诉讼目标,会积极主动地提出有利于自己的证据,强调有利于自己的事实和观点。不仅如此,司法人员还要在刑事诉讼中对国家以及诉讼参与人的利益予以协调,保护那些具有正当根据的利益,这里就必然涉及诉讼过程及诉讼结果合理性问题。这样刑事诉讼包含了事实真相认识的过程以及诉讼价值的实现过程。司法机关如果仅仅将查明事实真相作为其诉讼活动的唯一目的,就有可能不择手段地去追求这一目标。例如,在刑事二审中,如果不开庭审理,只进行书面审理,律师也就不能为被告人提供帮助。这种方式尽管对查明事实真相没有什么损害,但它不具备基本的正当性和合理性,因为被告人作为当事人在二审程序中没有行使自己的权利,法庭并没有将被告人视为一种诉讼的主体,而且将他的实体利益置于一种无足轻重的地位,这样的刑事诉讼缺少一定的公正性和合理性,审判机关的裁判结果恐怕也难以得到被告人的认同和满意。如果诉讼参与人有更多机会参与到二审诉讼程序中来,提高这些程序的正当性、合法性和透明度,使他们即使在败诉时,也能接受在这些程序中产生的结果。

刑事二审开庭审理能够确保法官与证据之间建立直接的联系,将终审裁判直接建立在法庭审理所得的证据基础之上。二审法官直接与诉讼参与人和证据接触,这就创造了一种由诉讼各方共同参与审理的环境。法庭对证据的调查均在诉讼参与人到场的情况下进行,这就使控辩双方获得提出证据、发表观点的机会,从而富有意义地参与法庭制作裁判的过程,并通过自己的诉讼活动对法庭裁判结果产生制约和影响。① 而书面审理,法庭对所有证据的调查均是诉讼参与人不到场的情况下进行,包括被告人在内,对法庭审查的程序、审查的证据、审查的方法均不得而知,具有"暗箱操作"之嫌。因此,刑事二审程序应当把实现开庭作为其刑事诉讼活动的目标之一,在被告人等诉讼参与人亲自在场的情况下进行刑事二审程序,确保那些与案件有直接关系的诉讼参与人参与到二审诉讼当中。只有如此,法官才能与原始证据亲自

---

① 陈瑞华:《刑事审判原理论》,北京大学出版社1997年版,第189页。

接触，听取诉讼各方的举证、质证和陈述，促使法官减少预断和偏见，作出合乎逻辑的裁判。

三、刑事二审开庭是保障诉讼参与人合法权益的过程

刑事诉讼既然是一种实现诉讼公正为目的的活动，那么所谓的公正是法律制度所要实现的一种价值标准。公正的基本要求是“给予每个诉讼参与人以其所应得的对待”，就是他有权得到的一种东西。因为公正是以权利为基础，而不是以目的为基础的价值目标，它要求人们将任何他人均视为权利主体，而不仅仅被用来实现他人乃至社会利益的目标或工具，从而对其人格尊严和自由意志给予充分的尊重。尤其在个人利益与他人或社会利益发生冲突时，公正的这种保障个人权利的要求显得尤为明显。

在刑事诉讼过程中实现程序公正确保诉讼参与人的合法权益得到实现有重要意义。有些司法人员坚持程序工具主义的立场，认为保证诉讼程序的公正性、合理性，司法人员可以从不同的角度认识案件事实真相，从而实现公正的审判的目的。例如，刑事二审不开庭审理，进行书面审理，同样可以达到查明犯罪事实的目的，还可以提高诉讼效率；还有人认为，保证刑事诉讼的公正性，就是准确、及时地惩罚犯罪，维护最广大人民群众的根本利益。根据这些观点，刑事诉讼程序对于实现刑罚权而言，只是一种工具和手段，但是作者所要强调的并不是程序公正的工具意义。公正的诉讼程序无论是否有助于诉讼结果的形成，它都具有一种独立的意义。

首先，刑事二审开庭审理能够确保刑事诉讼参与人参与诉讼。在刑事诉讼过程中，诉讼参与人对诉讼过程参与得越充分、越有效，他们对诉讼结果的影响越大，也意味着诉讼参与人对诉讼参与的效果和意义，而不是仅仅流于形式或者“走过场”。尤其对于那些利益正处于未发生法律效率状态的被告人而言，通过行使法律赋予的诉讼权利，让自己的意志得到承认和尊重，使他感觉到他不是一个其命运受法律机关任意摆布的客体，而是一个独立的诉讼主体。

其次，刑事二审开庭审理能够保障诉讼参与人受到平等的对待。一般而言，受到平等的对待是人类本能的一种愿望。当那些人认为自己在法律上得到了不平等的待遇时，他就会产生一种卑微感——在人格上受到侵害的感觉。在刑事诉讼过程中，司法机关对诉讼参与人的平等对待具有重要的意义，平等对待每一位诉讼参与人，二审程序能使他们有平等的对话机会和程序保障，他们的诉讼请求和实体权益受到同等的尊重和关注，这有助于诉讼

参与人受到公正对待的感觉，产生其权益和人格尊严受到尊重的印象。

再次，刑事二审开庭审理可以使诉讼参与人成为理性的、负责任的主体。一种合乎理性的刑事诉讼过程能够使那些受诉讼结果直接影响的人，获知并了解司法机关据以定案的根据，决定的内容以及形成决定的途径和方式，并且藉此证明，这些诉讼参与人的参与是富有意义的，他们所提出的证据、事实和主张得到了司法机关合理的考虑和采纳。这些都显示出司法机关对诉讼参与人所应得的权益的关注，因为司法机关对他们所作出的决定不是轻率的，而是经过慎重的分析，充分的论证以后得出的结论。

最后，刑事二审开庭审理有助于对刑事诉讼结果的认同。这就是有助于被告人、被害人、辩护人等诉讼参与人从心理上真诚地接受和承认司法机关所作的决定或裁判的公正性和合理性，使他们感受到社会的温暖，从而改变过去不正确的人生观和价值观；有助于社会公众对司法机关、诉讼程序乃至国家法律制度的权威性产生普遍的信服和尊重，即使是诉讼结局与他们的本人利益无关。因为程序公正的要求不仅确保公正在刑事诉讼过程中得到切实的实现，而且是以人们能看得见的方式实现的。诉讼参与人的合法权益受到司法机关的充分关注，不仅诉讼参与人会产生一种受到公正对待的感觉，而且人民群众也会对诉讼结果连同其据以形成的合理根据表示认同和满意。这有助于全社会形成一种尊重法律程序和法律制度的良好法治环境，使法律制度的实施具有较好的社会条件。

通过上述分析，我们可以对刑事二审开庭的独立的内在意义作一个综述，它旨在表达一种最基本的思想——刑事二审开庭的过程，首先是保障诉讼参与人合法权益的过程，即在刑事诉讼过程中，司法机关应按照法律的规定，尊重诉讼参与人作为自主的、理性的主体地位，要求司法机关与他们一起参与刑事诉讼结果的形成过程，向他们论证刑事诉讼结果的合理性和正当性，使其作为人的尊严和价值得到充分的尊重，其合法权益得到切实的保障，同时使他们对刑事诉讼结果表示认同。这样做充分体现了民主、法治和人权原则和精神，体现了良好的诉讼价值，并对社会的长期安全和稳定起到巨大的推动作用。

实践与探索

对几类特殊案件的刑事抗诉问题研究

王　军*

刑事抗诉是检察机关履行法律监督职能的一项重要工作。依法、坚决、准确、及时、有效地开展刑事抗诉工作，对强化检察机关法律监督职能作用，维护公平正义，促进社会和谐与稳定，具有重要的现实意义。本文对九类特殊案件的刑事抗诉问题提出了研究意见，供参考。

一、职务犯罪案件的抗诉

对职务犯罪案件的抗诉要避免两个倾向，一是因为是检察机关查办的案件，只要裁判认定与起诉不一致就抗诉；二是认为职务犯罪处罚普遍偏轻，对应抗诉的也放弃职能，不依法抗诉。从实践情况看，目前对职务犯罪的处罚确有轻刑化的现象，这里有的是因为对较轻犯罪依法从宽，侧重教育挽救被告人，这也是分化瓦解、刑罚个别化、宽严相济的需要，但也确实存在罚不当罪、重罪轻罚，甚至有罪不罚的问题。从国家的角度看，惩治腐败的决心和力度在不断加大，从上至下，从党内到党外，从国家机关到全社会，反腐败的呼声日益强烈，从党政纪处罚和刑事处罚上看，大要案所占比例逐年上升，这也表明国家惩治腐败的力度和决心；但是另一个方面，腐败犯罪也有愈演愈烈之势，手段翻新，数额巨大，危害严重，动辄给国家造成数十万、数百万乃至数千万的严重损失。在这种情况下，必须贯彻对严重职务犯罪从严惩处的方针，重罪重罚，罚当其罪，否则将导致犯罪分子更加怙恶不悛。因此，对职务犯罪的抗诉应从犯罪的严重程度和裁判错误的严重程度两个方面来考虑。对严重职务犯罪裁判错误导致明显罚不当其罪的，应坚决依法提出抗诉；对

* 王军，最高人民检察院公诉厅副厅长。

犯罪虽不严重但裁判混淆是非，导致有罪判无罪或者量刑严重错误的，亦应依法提出抗诉。当前有三种情况值得注意：

一是错误适用缓刑，即对不具备缓刑适用条件的犯罪分子适用缓刑。适用缓刑需要考虑的两个重要因素是犯罪分子的犯罪情节和悔罪表现。对于犯罪虽不严重，但犯罪分子在事实证据面前拒不认罪，无悔改表现的，不应适用缓刑；对于犯罪性质严重，情节恶劣的，犯罪分子虽然愿意退赃，有悔改表现，亦不应适用缓刑；对于犯罪性质严重，本因判处严重刑罚，因具有法定减轻处罚情节而被减轻判处三年以下有期徒刑的案件，是否适用缓刑要慎重；对于犯罪性质严重，情节恶劣，且无悔改表现的，因具有法定减轻处罚情节而被减轻判处三年以下有期徒刑的，不应适用缓刑。错误适用缓刑，符合抗诉条件的，应依法提出抗诉。

二是错误适用免刑，即对不具备免刑条件的，错误适用《刑法》第 37 条判处免予刑事处罚。《刑法》第 37 条所规定的免予刑事处罚的基本条件是“犯罪情节轻微”和“不需要判处刑罚”，两个条件必须同时具备。“犯罪情节轻微”是指已经构成犯罪，但犯罪的性质、情节及危害后果都很轻；“不需要判处刑罚”是指不但犯罪情节轻微，而且犯罪人认罪、悔罪，对其没有刑罚的必要。需要注意的是，不能将《刑法》第 37 条规定的“犯罪情节”单纯理解成法定、酌定情节。实践中存在着以酌定从轻情节综合评估后认定犯罪情节轻微，降低或者取代严重犯罪应处刑罚的现象。如对贪污受贿数十万元，无任何法定从轻、减轻处罚条件的犯罪分子，仅因犯罪时间较短、归案后坦白交待就认定犯罪情节轻微，免予刑事处罚。在数额犯中，犯罪数额是衡量犯罪性质的主要因素，贪污受贿数十万元属严重犯罪，任意适用免刑，显系不当。这种无视犯罪的严重程度，无视法定的量刑幅度而任意适用免刑的做法，造成司法裁判弹性过度，使严重刑事犯罪可能因此逃脱刑罚的严厉制裁。因此，对此类错误适用免刑的裁判应当依法提出抗诉。

三是随意适用减轻处罚，即在不具备法定减轻处罚的条件下，未报经最高人民法院核准，而擅自适用减轻处罚。刑法规定对不具有法定减轻处罚情节又因案件的特殊情况需要在法定刑以下判处刑罚的，应报请最高人民法院核准。这是 1997 年刑法对 1979 年刑法的一处重要修改，目的在于避免减轻处罚的随意性。但在实践中未报经最高法院核准而擅自适用减轻处罚的情况时有发生，其基本表现是以酌定情节减轻处罚或对应判处刑罚的直接适用《刑法》第 37 条判处免刑。这种情况属于违法降格量刑，属于量刑畸轻，应当依法抗诉。

二、死刑案件的抗诉

对死刑案件的抗诉是刑事抗诉中最为重大和敏感的一类，无论抗杀案件还是抗死缓案件均如此。在死刑的适用中，有两个方面的问题要认真对待、慎重考虑。第一个方面，就宏观而言，在我国目前的国情下，对极少数罪行极其严重的犯罪分子判处死刑，既是考量犯罪对社会危害之结果，也是震慑犯罪，维护社会稳定之需要，同时也是顺应目前仍很强烈的报应心理，解决社会矛盾的需要；但是死刑毕竟不是抑制犯罪的良方，死刑可能带来的负面作用也愈来愈为人们所重视，控制死刑、减少死刑乃至取消死刑，是文明社会发展的需要。因此，国家实行严格控制和慎重适用死刑的刑事政策，对可杀可不杀的，一律不杀。第二个方面，就微观而言，也即就个案而言，对应判处死刑立即执行而未依法判处的，正义得不到伸张，将不能平息被害一方的怨恨，也不能抚慰由于被告人的行为给社会带来的创伤；但如不应判处死刑立即执行而错误判处，不但使一条本可以挽救的生命丧失机会，在某种情况下还有可能造成冤案，如此，不但不能有效伸张正义，还可能造成新的社会矛盾，形成新的社会对立面。因此，对死刑个案的适用必须慎之又慎。

基于以上两点，对死刑案件的抗诉应持慎重、就宽的原则，即在是否抗诉问题上要本着少杀、慎杀的精神慎重考虑，对可杀可不杀案件或者有疑点案件本着从宽的精神就低处理。要认识到死缓也是死刑，虽然结果天壤之别，但在具有可宽宥的情形时，要考虑刑法的谦抑性，而不能将百姓杀人偿命的朴素心理作为司法标准，要从刑罚的目的性上，从政治的、刑事政策的层面上掌握司法的度。需要注意几个问题：

一是注意案发的原因。对有被害人的案件，要考察被害人是否有过错。虽然刑法上不允许使用剥夺人生命的方式对抗过错行为，但是毕竟先前的过错行为是诱发案件的原因，在衡量是否再用剥夺生命的方式对被告人适用死刑时应慎重，否则就成了一种简单的杀人偿命的逻辑。需要强调的是，被害人的这种过错不是人们生活中正常处理相互之间的关系时通常会发生的那种简单过错，如不小心踩了一脚，排队挤了一下等。被害人的过错行为与案件的发生之间必须确有因果关系，而且被害人的过错对案件的发生或者矛盾的激化负有直接的责任。

对因婚姻家庭、邻里纠纷等民间矛盾激化引发的案件，在适用死刑时亦应慎重。这里对婚姻家庭范围的理解不应局限于以夫妻、子女构成的婚姻家庭，其既包括血亲关系构成的婚姻家庭，也包括姻亲关系构成的婚姻家庭，关键要看引发案件的事由是否属于婚姻家庭矛盾。实践中有预谋杀害亲属骗取保险的案例,这就不能归于婚姻家庭矛盾。对邻里纠纷的理解,也不应局限于邻里的生活纠纷,还应包括邻里因道路、土地、建筑等引起的纠纷。对这类案件慎用死刑,主要是考虑到这类案件社会危害的波及面以及被告人的主观恶性都较小,而且实践中这类案件往往系相互之间处理关系不当,导致矛盾由小变大激化成严重犯罪,难以区分双方在事件起因上的过错,如简单以死刑了结,并不能达到化解社会矛盾的效果。因此,对这类案件法院根据具体案情判处死缓,如裁判不具有严重错误,检察机关一般不宜提出要求判处死刑立即执行的抗诉。

需要强调的是,被害人有过错和因婚姻家庭、邻里纠纷引发案件只是量刑的酌定情节,虽然一般而言从政策层面上要予以考虑,但对有些罪行极其恶劣、后果极其严重,必须判处死刑立即执行的,仍应依法判处。这要根据具体案件进行评判。

二是注意案发后双方的和解意向。刑罚的目的是通过刑罚制裁实现一般预防和特殊预防的效果。案发后如被告人真诚悔改并积极赔偿被害人经济损失,将有利于抚平被害人精神上的创伤和弥补经济上的损失,有利于化解由于被告人的行为引发的尖锐矛盾,对恢复被损害的社会秩序是一种积极的努力。对这种情况人民法院在裁量是否判处死刑立即执行时予以一定的考虑是有道理的。因此对这类案件的抗诉应慎重,如裁判不具有严重错误,一般也不宜提出要求判处死刑立即执行的抗诉。这里需要注意的是,要考察当事人双方真实的和解意向和被告人真实的悔罪态度,同时也要看案件的具体情况,不能把这一酌定情节当成排除适用死刑的绝对条件,要避免以钱买刑现象的发生。

三是注意抗诉的时效性。对被判处死缓的案件提出抗诉,要求改判死刑立即执行,要注意抗诉的时效性。因为死缓的考验期是二年,如被告人认罪服法,狱中表现好,已经改为无期徒刑,或者已经报请减刑,即将由死缓改为无期徒刑,再执行死刑,将与刑罚的目的相冲突,影响刑罚的社会效果,同时也不利于维护监狱的管理秩序,还可能对其他罪犯的改造产生负面影响。因此,虽然时效性因素不是阻却抗诉的绝对性因素,但一般而言,对这类案件提出抗诉要重视抗诉的时效性。要根据案件犯罪的事实、犯罪的性质、情节和对于社会的危害程度,结合时效性因素,全面考察和把握抗诉的必要性。

四是注意是否有法定从轻、减轻处罚情节。不可否认,除非法定"应当"从轻、减轻或者免除处罚,对"可以"从轻、减轻或者免除处罚的,还要看具体案情,有的罪行极其严重,必须判处死刑立即执行,亦应依法判处。但是,一般而言,对具有法定从轻、减轻情节的,在考量是否判处死刑立即执行时是一个重要的权衡因素。例如虽然论罪应当判处死刑,但被告人因自首或者检举揭发、协助抓捕具有重大立功表现,如不兑现政策,既不利于被告人认罪和改造,也不利于在社会上树立从善的正面导向,在同案犯中还可能产生负面影响,甚至会使被告人家属一方产生抵触情绪。因此对这类案件是否适用死刑就应慎重权衡。由于这不是一个简单的刑罚轻重问题,而是涉及人命的重大问题,要充分考虑刑事政策的运用。

五是注意区别"抗杀"和"抗缓"两种情况。对死刑案件的抗诉有两种情况:一种是认为判处死刑立即执行不当,提出应判死缓的抗诉;另一种是认为判处死缓不当,提出应判死刑立即执行的抗诉。对前者,只要裁判确有错误,存在可以不判处死刑立即执行的情况,就应提出抗诉,这是救人于宽的原则;对后者,则需要有裁判上的严重错误,其错误要达到足以推翻原裁判的程度,而不是一般性错误,不是可杀可不杀的范畴,这是杀人于严的原则。有同志提出,考量死缓抗死刑立即执行的案件裁判严重错误的标准,要讲究一个极端的差距,而不是小幅的差距或者边缘上的差距,也是这个道理。总之,死刑案件必须达到"罪行极其严重"、该杀的案件必须达到"必须立即执行"的程度。

六是注意考察被告人的主观恶性和犯罪的危害后果。根据《刑法》第61条规定,量刑主要根据犯罪的事实、犯罪的性质、情节和对于社会的危害程度。这一规定包括犯罪的主观方面和客观方面,可以列出许多具体的裁量因素,其中,在权衡是否判处死刑立即执行的问题上,有两个很重要的因素应引起重视。一个因素是被告人的主观恶性;另一个因素是犯罪的危害后果。实践中对仅有严重的危害后果,而被告人主观恶性不大的案件,在裁量是否适用死刑立即执行时都持慎重态度。这也是基于刑罚目的性的考虑。当然,无论是主观恶性还是危害后果都有一个程度问题,有的案件如直接故意犯罪案件,危害后果的大小在一定程度上也可以反映被告人的人身危险性,这要具体案件具体分析。从刑法的立法本意而言,犯罪的危害后果极其严重,被告人的主观恶性极大,是适用死刑立即执行必须考虑的诸多因素中的两个重要因素。检察机关在决定是否抗诉的时候,也应注意对被告人的主观恶性和犯罪的危害后果作认真、审慎的分析,以得出正确结论。

七是注意死刑案件中的疑点量刑证据问题。实践中往往存在这种情况,认定案件性质的事实清楚,证据确实充分,但某些影响量刑的证据存在疑点,当这种情节涉及是否判处死刑立即执行时,应予慎重对待。法院因此而判处死缓的,一般不宜提出抗诉。例如被告人刘某供述与齐某共谋杀害被害人杨某,并劫取杨某钱财。现有证据能够证实刘某参与实施了犯罪,但因被害人是被匕首贯通心主动脉致命,而现有证据不能证实凶器是刘某所持,而齐某又在逃,在这种情况下,法院出于慎重,留有余地,判处刘某死缓,符合案件的具体情况。

此外,死刑案件一般在当地都有较大社会影响,被害人亲属的反映一般也比较强烈,但是在是否适用死刑立即执行问题上,司法机关应以事实、证据为基础,以犯罪对社会的危害程度为考量,而不能一味以被害人亲属的反映或社会的关注度(一定程度上是媒体的炒作度)为标准人为拔高适用刑,否则将可能导致因情用法致用刑过度。

三、关于第二审程序抗诉和审判监督程序抗诉

从法律规定看,检察机关只要认为判决裁定确有错误,就可以依法提出抗诉,包括按照第二审程序抗诉和按照审判监督程序抗诉。但在实际操作中,有两点需要考虑:一是时效性因素。按照第二审程序抗诉依法应在十天内提出,此时判决裁定尚未生效,抗诉具有突出的时效性,无论对被害人还是对被告人,这一救济渠道的作用是非常明显的,而按照审判监督程序抗诉往往延时较长,且判决裁定已经生效,不具有明显的时效意义。二是必要性因素。由于裁判已经生效,随着时间的推移,除了判决裁定本身错误的程度外,介入评判案件是否抗诉的各种因素增多,诸如生效裁判的稳定性问题、社会危害逐渐消减问题、重复审理带来的负面效应问题、被告人已悔罪服刑再审加重刑罚的价值和教育意义问题、诉讼经济问题以及因时过境迁重新审判所带来的对事实证据复核难的问题,等等,这些都成为启动审判监督程序抗诉需考虑的因素。因此,在实际操作中,按照审判监督程序抗诉,对抗诉标准的掌握要严于按照第二审程序抗诉,对抗诉必要性的考虑也要重于按照第二审程序抗诉。因此,在抗诉的把握上,应确立后一个诉讼程序的要求要严于前一个程序的观念,换言之,能够按照第二审程序抗诉的案件,未必就需要按照审判监督程序抗诉。因此,考虑到抗诉的时效性和必要性,在实践中应确立以第二审程序抗诉为龙头全面加强审判监督的工作方针,即把抗诉的着力点和工作力度主要放在第二审程序抗诉上,同时,不放松审判监督程序抗诉,特别是对那些裁判确有严重错误的严重刑事犯罪案件和必须通过审判监督程序抗诉确立正确的司法导向的案件,要积极运用审判监督程序抗诉加以

纠正。

此外，我国已签署了《公民权利和政治权利国际公约》（有待批准），该公约规定的禁止双重危险规则的精神将对我国立法和司法实践产生影响。对于已经生效的判决裁定，在一般情况下不轻易提起再审，这既是维护裁判稳定性的需要，也是禁止双重危险规则的内在要求。事实上，这一规则已经对司法实践产生了影响。《最高人民检察院关于在检察工作中贯彻宽严相济司法刑事政策的若干意见》规定，判决裁定生效后六个月内未提出抗诉的案件，没有发现新的事实或者证据，一般不得为加重被告人的刑罚而依照审判监督程序提出抗诉。这一规定体现了禁止双重危险规则的基本精神。

四、关于被害人及其法定代理人向人民检察院提出请求的抗诉

从诉讼的角度讲，检察机关是代表国家提起公诉和出庭支持公诉，抗诉是公诉的继续，同时也是检察机关履行诉讼监督职能的体现。检察机关不抗诉，一定程度上说明检察机关对判决裁定的认可。有些案件判决裁定有一定错误，但检察机关认为不符合抗诉条件或者没有抗诉必要而未抗诉，这是检察机关对继续公诉和诉讼监督的一种部分放弃，从诉讼的角度讲这并不违反法律的规定。但是，对于有被害人的案件，检察院不提出抗诉不等于被害人没有抗诉的诉讼请求，可是被害人抗诉的诉讼请求要通过检察院的认可来实现，如检察院不支持被害人的请求，则被害人希望启动第二审程序来满足其诉讼要求的主张就不能实现。但是被告人则不同，被告人只要在法定诉讼期限内提出上诉就必然引发第二审程序。这一点，法律对被害人和被告人在引发第二审程序的权力的规定上是不一样的，从某种意义上讲，在程序上对被害人是不利的。

因此，对于有被害人的案件，当被害人及其法定代理人请求人民检察院提出抗诉的时候，检察机关应当予以充分重视。对这类案件，在考察被害人请求抗诉的合理性时，应在严格把握事实、证据、法律适用的前提下，注意到在诉讼程序上给予被害人一次救济在诉讼权利平衡和促进社会和谐与稳定方面的积极意义。具体在把握抗诉的条件和抗诉的必要性时，在尺度上应有所放宽，即在判决裁定确有错误的程度上不一定都要求达到有罪判无罪、量刑畸轻畸重等很严重或者有很大差距的错误，应在认定确有错误的前提下综合考量全案各种因素来决定抗诉与否。例如，判决裁定因遗漏犯罪事实而致量刑偏轻、因遗漏从重情节而致量刑偏轻、因定性错误而致量刑偏轻、造成较大损失未予赔偿同时量刑偏轻、违反诉讼程序同时量刑偏轻，等等，这些在通

常情况下检察机关未必都会提出抗诉,但是在被害人强烈提出请求抗诉的情况下,检察机关则应综合全案进行考量,应在符合法律原则的前提下注重保障被害人的权益,注重支持被害人请求抗诉在诉讼权利平衡和促进社会和谐与稳定方面的积极意义。从抗诉的结果看,这种情况人民法院也是有改判的可能的。当然对这种案件抗诉,改判并不是检察机关追求的唯一目的,即便未改判,检察机关提出抗诉也符合法律的规定,是正确的抗诉。

需要强调的是,被害人及其法定代理人请求抗诉的权利只发生在判决裁定生效之前,判决裁定生效之后被害人只能通过申诉主张权利,此时被告人、被害人在诉讼程序上的权利是同等的。检察机关是否支持被害人申诉请求抗诉的主张,则应按照审判监督程序抗诉更高的要求来衡量,既要考虑裁判本身错误的程度,还要考虑抗诉的时效性因素和必要性因素,而不受原来支持被害人请求抗诉的约束。

五、关于量刑轻重的抗诉

实践中,刑事抗诉案件较多地涉及法院裁判量刑轻重的问题。这里涉及三个方面的问题:一是幅度内量刑轻重问题;二是跨幅度量刑问题;三是实刑与缓刑问题。

幅度内量刑有两种情况,一是单一刑种内的量刑;二是多刑种内的量刑。单一刑种有的量刑幅度比较大,如三年以上十年以下有期徒刑,有的量刑幅度比较小,如二年以上五年以下有期徒刑。对量刑幅度小的一般较难区分量刑属于偏轻偏重还是畸轻畸重,因此只要依法在幅度内量刑,一般不就量刑问题提出抗诉,但是如同案被告人应处较重刑罚,而实际处刑却比应处较轻刑罚的被告人明显轻,则可以考虑抗诉。对量刑幅度大的,如量刑差错靠近幅度的两端,如应判处九或十年而判处三或四年,或者因有重要事实或法定情节认定错误而导致量刑有较大偏差的,应依法提出抗诉。对多刑种内的量刑,要结合案件认定的犯罪事实、情节和法律适用判断是否属于跨刑种量刑错误,如确属于跨刑种量刑错误的,应依法提出抗诉。

对跨幅度量刑的,如不具有法定减轻处罚情节而在幅度以下判处刑罚,又未报经最高人民法院核准的,应依法提出抗诉。

关于实刑与缓刑的问题,根据刑法规定,被判处拘役、三年以下有期徒刑的犯罪分子,根据犯罪分子的犯罪情节和悔罪表现,适用缓刑不致再危害社会的,可以宣告缓刑。一般而言缓刑适用于轻微犯罪并具有悔罪表现的犯罪分子,但立法上并未限制较重犯罪因具有减轻处罚情节被减轻至三年以下有期徒刑后再适用缓刑的情况。设置缓刑制度的目的是给予犯罪分子一个更宽容的改过机会,这对贯彻宽严相济刑事政策具有重要意义。多适用缓刑也有利于减缓狱政压力,节约司法资源。因此只要具备法定条件,依法可以判处三年以下有期徒刑,同时具备适用缓刑条件的,检察机关对此类案件,如无认定犯罪事实、证据和法定情节方面的严重错误,一般不宜就缓刑适用问题提出抗诉。但是对罪行极其严重依法应处以重刑的犯罪分子,虽具有法定减轻处罚条件,但经大幅度减轻后判处三年以下有期徒刑,再适用缓刑是否妥当,则需具体分析。这里有一个有争议的问题,即减轻处罚的幅度问题,有的同志认为只能减轻至法定量刑幅度的下一格,有的同志认为法律上对减轻的幅度没有封底的限制。但无论如何,减轻的幅度不能不考虑犯罪行为本身的严重程度和犯罪分子所具有的减轻处罚条件在法律上应给予的褒奖程度这两个因素,不加区别地大幅度减轻将导致罪刑不相适应的后果。如有的犯罪分子所犯罪行严重,应适用的量刑幅度是十年以上有期徒刑或者无期徒刑,具有一个可以减轻处罚的条件,但实际判处三年以下有期徒刑并适用缓刑。这种情况虽体现了从宽的精神,但是未能体现对重罪本身应依法处以较重刑罚的精神,在宽与严的把握上有失于宽,适用缓刑似有不妥,应根据案件具体情况依法提出抗诉。

六、关于共同犯罪案件的抗诉

共同犯罪抗诉案件较多的也是涉及量刑轻重的问题。对共同犯罪案件的量刑需要考虑两个原则:一是刑罚个别化原则;二是总体量刑适度原则。

刑罚个别化强调的是要结合具体案件,根据各被告人参与犯罪的情况和在犯罪中的地位作用、造成的危害以及各被告人所具有的法定、酌定情节,本着罪刑相适应的原则,确定各被告人具体的量刑。需要注意的是,要综合全案进行考察,而不能仅看某一个方面。如有的案件,各被告人在共同犯罪中作用相当,但有的被告人主观恶性极深,在事实、证据面前拒不认罪,或者毁灭证据、在诉讼中进行串供、串证,这在量刑上就会有所区别,在确定裁判是否确有错误时,应对这些情节加以综合分析;有的案件,被告人是主犯,但同时又具有法定应当从轻或者减轻处罚情节,有的被告人是从犯,但又具有法定从重处罚情节,此时就不能单纯在主从犯上区分刑罚的轻重,以此决定抗诉与否。需要强调的是,集团犯罪的首要分子、共同犯罪中的主犯虽具有法定“可以”从轻处罚的情节,但是否从轻以及从轻的幅度,要将其所具有的可以从轻处罚的情节在法律上可获宽宥的程度放在全案中考量。因为这类犯罪分子本身是“罪首”，是刑罚惩治的重点，如过于从宽，拉大其与从犯量刑的差距，不利于体现罪刑相适应原则。检察机关在决定是否抗诉时，也应将这个问题作为量刑是否适当的因素之一进行分析和考量。

总体量刑适度原则是罪刑相适应原则在裁判共同犯罪案件中的一个具体要求。实践中，就同一危害后果而言，共同犯罪案件对各被告人的量刑总和要高于一人犯罪对被告人的量刑，这是多人一果的案件社会危害性更大、各被告人都负有罪责所决定的。但是，不加区别地扩大共同犯罪案件中每一个被告人的责任，简单按照罪质让每一个被告人承担同等的刑罚，甚至让每一个被告人同等承担最重的刑罚，就可能导致整个刑罚过重，大大超过这一犯罪所造成的危害后果，从而导致犯罪与刑罚不相适应（当然，同案被告人判处同样刑罚的情况也是常见的，这里讲的是分析案件整体量刑轻重的一个原则）。总体量刑适度原则就是要研究从总体上把握共同犯罪人所承担的刑事责任同其所实施的犯罪应承担的刑事责任相适应的问题。简言之，就是研究在共同犯罪案件中，如何从总体上把握量刑，使其不致刑罚过度的问题。研究这个问题对正确把握共同犯罪案件的抗诉标准非常重要。例如，某贩毒案，涉案人员五人，有提供资金的、负责联络的、负责运输的、负责转手的和购买的，涉案毒品海洛因1500克。论罪，1500克远远超出刑法规定的可以判处死刑的标准，从实际司法上看，也是应当判处死刑立即执行的。本案判处了二人死刑立即执行、二人死缓、一人无期徒刑。检察院认为其中有一个被判处死缓的被告人，其在犯罪中也起重要作用，应判处死刑立即执行，因而提请上级检察院抗诉。对这起案件，在认定事实和适用法律没有重大错误的情况下，就共同被告人总体的量刑看，已经体现了罪刑相适应，如再判处一人死刑立即执行则显刑罚过重，因此不应再提出抗诉。又如，一人挪用公款25万元，属数额巨大，案后退还，量刑应在五年以上有期徒刑。但如四人共同挪用25万元，每人使用的数额不等，少的3万元，多的超过10万元，定罪数额是25万元，即都属于挪用公款数额巨大，但是否都要按照五年以上有期徒刑量刑就很需要斟酌，应根据每个人在共同犯罪中的作用区别量刑，否则将导致刑罚过重。

七、对裁判认定证据有错误的案件的抗诉

许多有关定罪、量刑不当案件的抗诉实质是事实证据问题，有的是法院裁判遗漏犯罪事实，有的是对同一事实的认定检法在认识上有分歧。对这种案件的抗诉应慎重，必须建立在事实清楚、证据确实充分的基础上，而不应持

“你认定你的,我认定我的”的态度,这不是是否以法院为准绳的问题,而是案件的基础必须扎实的问题;也不应持“证据虽有些问题,但事实肯定是这样”的态度,不能由主观判断替代对事实证据的认定。注意分析三种情况:

一是对采信证据有争议的案件的抗诉。对证据的采信有争议,法院就低认定,采信了争议中有利于被告人的一种意见,从证据的角度讲,法院的认定也存在一些问题,但检察院提出抗诉所持就高认定的另一种意见,也有证据不足、不能合理排除证据之间的矛盾的问题。这种情况下,认定法院裁判错误提出抗诉的理由就不充分。例如,某案被告人因纠纷将同事捅死,车间即令关闭车间大门,以防凶手逃脱。被告人跑出大门口,门卫追上,被告人讲要去自首。是否构成自首有争议。持肯定者认为,被告人跑出门外就是为了去自首,属于“准备去投案,或者正在投案途中”的自动投案。持否定者认为,被告人是在被门卫抓住时才讲要去自首,缺乏自首诚意,因而不能认定。法院采纳了第一种意见,认定了自首,判处死缓。本案从证据上讲,认定自首与不认定自首都缺乏有力的证据支持,主要是建立在对实际情况的一种分析判断。这种情况下,提出抗诉理由也不充分,以不抗诉为宜。

二是注意区别定罪证据与量刑证据。定罪证据采信错误,涉及罪与非罪问题,一般而言因定罪证据采信错误导致有罪判无罪,应提出抗诉。因量刑证据采信错误而导致量刑错误,则要看错误的程度。一般而言,因量刑证据属于情节证据,不影响罪质,而量刑又是由罪质和诸多情节决定的,因此对量刑证据采信错误的考察,首先要看该证据所证明的量刑情节对量刑的影响,只有当量刑证据采信错误导致错误认定量刑情节进而严重影响了实际量刑,即导致量刑畸轻畸重的,才应考虑抗诉。

三是注意审前证据和庭审证据的运用。审前证据指的是开庭前侦查机关和检察机关收集的证据,庭审证据是指法庭开庭审理中宣读、出示的证据。根据《刑事诉讼法》第47条和第57条规定,只有经过庭审质证、辨认被查实的证据才能作为定案的根据,也就是说,审前证据必须转化为庭审证据并经查实才能成为定案的根据。实践中有不少案件因为被告人当庭翻供或证人当庭翻证,导致定案证据不能认定,以致判决无罪或者改变对事实的认定。对这种情况,要注意研究审前证据是否当庭宣读、出示并经庭审质证、辨认为合法、有效。如果审前证据未向法庭宣读、出示,即未转化为庭审证据,或者向法庭宣读、出示后受到质疑,不被认为合法、有效,那么法庭完全有可能采纳翻供、翻证后的说法。这种情况下,以审前证据提出抗诉就有问题。反之,如果审前证据已经庭审宣读、出示并被确认为合法、有效,那么公诉人就可以据此揭露和反驳翻供、翻证,如法院仅因被告人翻供或证人翻证而判决无罪或者改变对事实的认定造成裁判错误,检察院应当依法提出抗诉。

八、对涉及非法证据排除的裁判的抗诉

非法证据排除涉及三方面问题:一是非法言词证据的排除;二是非法实物证据的排除;三是瑕疵证据的排除。现有司法解释明确规定,以刑讯逼供、暴力取证和以威胁、引诱、欺骗等非法方法取得的言词证据,应当依法予以排除。因此,如主要证据中存在非法言词证据,而其他证据无法形成完整的证据链,法院据此作出无罪判决或者不认定相关犯罪事实,检察院对此不宜提出抗诉。

关于非法实物证据的排除规则,目前尚无明确的司法解释,这主要是考虑到实物证据与言词证据不同,具有稳定性和不可再得性,同时考虑到目前国家对犯罪的控制能力和侦查机关侦破案件的能力等因素,因而不宜规定完全排除规则。理论上一般主张裁量原则,即在实物证据所证明的犯罪的严重程度和非法取证方式对当事人权益造成损害的严重程度之间进行权衡。对以一个较轻的非法取证方式获得的证明较重刑事犯罪的实物证据,可以考虑不予排除;而对以一个严重的非法取证方式获得的证明较轻刑事犯罪的实物证据,则予以排除。有专家学者建议将非法言词证据以外的其他非法证据的排除规则规定为:当收集这类证据的非法行为严重侵犯了犯罪嫌疑人、被告人、被害人、证人的合法权益或者严重影响了司法公正,所收集的证据不得作为定案的根据。这些研究成果虽然未成为定论,但对非法取得的实物证据不采取绝对的排除规则,是一个重要观点,应在办案中引起重视。

关于瑕疵证据的排除也分不同情况。(1)对讯问犯罪嫌疑人时侦查人员不足二人或者询问证人、被害人未个别进行而收集、调取的证据,应依法重新收集、调取,否则不能作为定案的根据。这类证据虽不属于非法证据的范畴,但取证的方式严重违反了刑诉法的规定,影响了证据的客观性,属于严重的瑕疵证据。法院据此做出有利于被告人的裁判,于法有据,检察机关以法院排除这类证据错误提出抗诉依据不足。(2)对侦查人员或者犯罪嫌疑人、证人、被害人、见证人等没有签名或盖章的书面证据材料,经采取补救措施仍然可以作为定案的根据。实践中,有的法院对采取了补救措施的证据材料仍然不采用,由此导致判无罪或者改变对重要事实的认定,对此应认定裁判确有错误,符合抗诉条件的应依法提出抗诉。(3)对讯问、询问的时间、地点不符合要求或者在未告知当事人法定诉讼权利情况下获取的证据,如因客观条件

限制既无法重新收集、调取,也无法采取其他补救措施,在不影响证据的客观性、关联性的前提下,对此证据不应排除。法院因排除此类证据造成裁判错误的,如符合抗诉条件,应依法提出抗诉。

九、对自首、立功情节认定错误的抗诉

自首、立功是刑法规定的重要量刑情节。一般而言,因对重要的法定情节认定错误而导致量刑错误的,应依法提出抗诉。根据刑法关于自首、立功的规定,有三种从宽处罚的方式:从轻、减轻、免除处罚。对因自首、立功认定错误而适用减轻、免除处罚的,因其跨幅度量刑,属畸轻畸重,应依法提出抗诉;对因自首、立功认定错误而在幅度内量刑的,要看量刑是否确有错误,有的虽然认定自首、立功,但根据具体案情未从轻处罚,或者量刑仍在适当的范畴,则可以不抗诉。

这里需要研究的是对自首、立功的认定。自首的本质是被告人认罪、悔罪。因此,是否认罪、悔罪是决定自首是否成立的基本条件,认罪、悔罪的程度则是决定从宽处罚幅度大小所需考量的基本因素。对那些实质上并不认罪、悔罪,或者认罪、悔罪不彻底的犯罪分子,就不应该认定自首,或者虽认定自首但不从轻处罚。在分析法院裁判认定自首是否正确和适用刑罚是否适当时必须注意这一点。立功是犯罪分子为获得从宽处罚而检举、揭发其他犯罪的一种表现。在认定立功情节上,有两点要注意:其一,立功的目的是将功折罪,虽然有的犯罪分子也认罪、悔罪,但立功并不以认罪、悔罪为前提,但是如真诚认罪、悔罪并立功,其从宽处罚的幅度应大于无认罪、悔罪表现的立功;其二,刑法只规定检举、揭发他人犯罪为立功的条件,并未限制检举、揭发线索的来源。因而被告人检举、揭发的是通过不正常手段获取的他人犯罪线索,或者系其亲属通过不正常手段取得他人犯罪线索转交给被告人的,经查证属实,虽可以认定立功,但是否从宽以及从宽的幅度应有所区别。这里重要的是研究其“功”是否足以折“罪”,对“功”不足以折“罪”却获得大幅度从宽处罚以至裁判错误的,应依法提出抗诉。

检察官出席二审法庭若干问题探讨

李忠诚*

检察机关是唯一自始至终参加刑事诉讼的机关。从刑事案件的立案开始到生效判决或者裁定的执行,法律不仅为检察官设定了诉讼职责,而且规定有监督义务。因而人民群众对检察官总怀有热切期待——开展法律监督,维护其合法权益。法庭审判中,检察官在众人瞩目下一展风采,而侦查部门查办案件往往只是在影视作品中为人们所了解。这也就有了检察机关的"侦查部门是拳头,公诉部门是门面"的说法。然而检察官出庭履行职责受人关注的往往是一审法庭的审判活动,那么二审庭审活动中的检察官风采如何?作用怎样发挥?还有些什么问题?这些似乎不如在一审中受重视。然而,二审是一审的继续,尽管不是所有的一审案件必然进入二审程序,但二审程序与一审程序的连续性,二审中存在制约检察官更好发挥作用的问题,同样需要我们研究解决。

一、关于二审中检察官与检察委员会的关系

检察官是案件承办主体,检察委员会是检察机关的领导机构。检察委员会和检察官往往在案件的具体办理中是领导与被领导的关系。我们这里主要探讨出席二审法庭的检察官与检察委员会之间的关系问题。根据《刑事诉讼法》第188条的规定,检察官出席二审法庭主要有两种情况:一是抗诉案件;二是二审开庭审理的上诉案件。二审采取调查讯问式审理的上诉案件,检察官尚未介入。对于二审开庭审理的案件,检察官要依法出席二审法庭,履行职责,发表意见。抗诉案件和一审判处死刑的上诉案件(按照规定都应

* 李忠诚,最高人民检察院渎职侵权检察厅副厅长,法学博士。

当开庭审理),二审开庭前,与二审法院对应的人民检察院的检察委员会要对抗诉案件和一审死刑上诉案件进行讨论,对抗诉案件决定是否支持抗诉,以及在抗诉中应当注意的问题;对一审宣告死刑的上诉案件,拟出席二审法庭的检察官进行审查后向检察委员会汇报,检察委员会的讨论决定,成为检察官出席二审法庭发表意见的基调。从司法实践来看,检察官对一审宣告死刑的上诉案件审查后向检察委员会汇报,检察委员会讨论决定的意见,作为出庭的检察官必须服从,但是二审开庭审理时,法庭的情况是错综复杂的,也是变化无常的,检察委员会讨论时无法预料的情况可能出现,情况变化了,出席法庭的检察官是否还要按照原先检察委员会讨论的决定来发表意见?如果不按照检察委员会的决定发表意见,显然是不执行领导机关的决定,有违职责;如果按照检察委员会的决定发表意见,可能与庭审的现实不符合,而按照庭审的情况发表个人意见又没有得到授权,这就造成检察官在二审庭审中遭遇到尴尬局面。我们必须研究解决这些问题,从而更好地发挥检察官在二审庭审中的作用。目前,检察官出席二审法庭,对原判决或者裁定发表意见有三种情况:一是维持原判。原判决认定事实清楚、证据确实充分,适用法律正确,量刑适当的,检察官应当建议二审法庭维持原判。二是发回重审。根据《刑事诉讼法》第189条的规定,"原判决事实不清楚或者证据不足的,可以在查清事实后改判;也可以裁定撤销原判,发回原审人民法院重新审判"。对于当庭确实难以查清,需要发回重新审理的案件,出席二审法庭的检察官如何发表意见呢?《人民检察院刑事诉讼规则》第360条规定的出席二审法庭的检察官的任务之一:"支持抗诉或者听取上诉人的上诉意见,对原审法院作出的错误判决或者裁定提出纠正意见"。检察官提出什么纠正意见,在不能当庭改判的情况下,特别是当庭难以查清事实的情况下,纠正意见应当包括"建议发回重审"。三是建议改判。对于一审法院的裁判确有错误的,检察官应当建议改判。那么建议改判的范围或者幅度如何掌握?建议改判的范围取决于一审法院对案件所作的判决有错误的情况,属于一罪的案件直接对这个罪的判决提出纠正意见;属于数罪并罚的案件,相关个罪的定罪和量刑有错误的,可以对相关个罪的判决提出纠正意见。二审检察官对改判的幅度应当掌握在某一罪的刑罚是否符合法律规定的刑种刑幅,如果不符合,则要建议法院对不符部分予以改判,并提出在什么刑种或者刑幅内量刑和相应的理由。

出席二审的检察官除对一审判决或者裁定提出三种不同意见外,根据《人民检察院刑事诉讼规则》第360条的规定,还要"维护诉讼参与人的合法权利;对法庭审理案件有无违反法律规定的诉讼程序的情况记明笔录;依法从事其他诉讼活动。”由此可见,出席二审法庭的检察官在庭审中可能遇到的情况,是检察委员会讨论时难以预料的,在这种情况下,不赋予检察官在庭审中发表意见的机动权,不利于提高检察官出庭的主动性和积极性,不利于检察官更有针对性地提出意见,不利于检察官二审出庭能力的提高,不利于增强二审出庭的法律效果和社会效果。那么,检察官出席二审法庭时,当庭审情况发生变化,检察委员会的决定与庭审情况不相适应时,检察官应当有权根据变化的情况,依据事实和法律,发表意见,并做好记录,庭审后向主管领导报告情况。

检察官在二审出庭中遇到的问题,使我们不得不思考检察委员会对二审开庭案件讨论的范围、决定的内容和方式以及给出庭检察官多大的活动空间的问题。首先,检察委员会讨论二审开庭案件的范围问题。目前的情况是抗诉案件和二审死刑开庭的上诉案件,检察委员会基本都开会研究。抗诉案件需要研究,因为一方面要支持抗诉,另一方面对不应当抗诉的要撤回抗诉,而是否支持抗诉,应当由检察委员会研究决定。但是因被告人上诉而引起二审开庭审理的死刑案件,检察委员会是否都要讨论?值得研究。我们认为,在案件事实清楚,适用法律正确的情况下,检察官审查提出相关意见,并提出法庭拟发表的意见后,报经主管的副检察长同意即可,没有必要一律都上检察委员会。这样既可以提高诉讼效率,同时也可以更好地发挥检察官的作用。其次,检察委员会决定的内容和方式。检察委员会讨论研究抗诉案件时,决定的内容在于是否支持抗诉意见,支持与否的理由何在,特别是上一级检察院的检察委员会在决定抗诉时的理由讨论要更加充分,以便支持抗诉更有力度。但是对被告人上诉而人民检察院没有抗诉的死刑案件,上一级检察院检察委员会在讨论时,则要考虑下一级人民检察院起诉意见和进行的工作情况。如有一起故意杀人案件,涉及被告人的刑事责任年龄,两个骨龄鉴定相差较大,原籍户口多份证明不一致,公安机关经过多次侦查也没有排除矛盾点。在这种情况下,检察委员会如果提出建议发回重审的意见,则公安机关也无法搞清,因为现在各种证明俱在只是一个选择判断的问题。这个选择适用的权力在人民法院,我们可以帮助分析采信的理由,但不宜轻易提出发回重新审理的建议。再有,下级检察院没有对量刑问题提出抗诉,因被告人上诉而进入二审的死刑案件,上一级检察院的检察委员会是否要考虑下一级检察院的态度?能否提出量刑过重而要求改判的意见?前面提到的案件,因为刑事责任年龄问题,检察官建议改判无期徒刑,但法院综合分析证据后,认定被告人犯罪时已满十八周岁,但不属于必须立即执行死刑的情形而改判死缓。这个案件中,检察官执行检察委员会决定提出发回重审,查清刑事责任年龄和改判无期的意见都没有被法院所采纳。我们并不是说检察官的意见一定要为法院采纳，但这也暴露出检察委员会对静态材料研究的决定与检察官在动态庭审中认知的情况不同的问题，所以，检察委员会对这样的案件一方面应当考虑到几种可能出现的情况，提出一个指导性的意见，另一方面给出席二审的检察官一定的灵活处置权。最后，对于检察官出庭的二审案件，检察委员会确需讨论的，在决定方式上也应当灵活一些，给检察官一定的空间，不宜以决定的形式出现，以指导意见的形式出现则更为妥当。我们的检察独立，是检察机关独立，不是检察官独立，检察委员会作为领导机构应当行使相应的职权，但检察官是具体执行主体，也应当有相应的自主权，检察委员会与检察官之间的权力承转和运用上确实有需要研究的诸多问题。

二、二审检察官的阅卷时间如何保证

检察官出席二审法庭，履行职责，必须先了解案件情况，没有调查就没有发言权。检察官了解案情的基本方法，首先是查阅案卷材料。而检察官在二审庭审查阅材料方面还有一些需要研究解决的问题。

1. 当前二审检察官阅卷的时间规定。《刑事诉讼法》第188条规定，“人民检察院提出抗诉的案件或者第二审人民法院开庭审理的公诉案件，同级人民检察院都应当派员出庭。第二审人民法院必须在开庭十日以前通知人民检察院查阅案卷”。无论上诉还是抗诉引起的二审案件，一审法院的卷宗都是通过法院内部上下级移送的，也就是说检察官出席二审法庭之前不能在检察机关内看到诉讼卷宗，只能在开庭10日以前去二审人民法院查阅案卷。

2. 二审检察官阅卷时间不足的危害。对于在二审法庭上发表意见的检察官来说，10天的阅卷时间明显不足。因为二审出庭的检察官从没有接触过此案件，必须要通过阅卷审查找出案件抗诉或者上诉的焦点并在此基础上拟写在二审中发表的意见报告提交检察委员会讨论，显然10天的时间过于短暂。这就使检察官二审出庭履行职责还不如辩护律师对案件了解的渠道多和时间早。因为律师阅卷的时间已经提前，从侦查阶段了解案情，到审查起诉阶段查阅案卷材料，审判阶段查阅与案件有关的所有材料。[①] 从这种意义

① 《律师法》第33条规定，犯罪嫌疑人被侦查机关第一次讯问或者采取强制措施之日起，受委托的律师凭律师执业证书、律师事务所的证明和委托书或者法律援助公函，有权会见犯罪嫌疑人、被告人并了解有关案件情况。律师会见犯罪嫌疑人、被告人不被监听。第34条规定，受委托的律师自案件审查起诉之日起，有权查阅、摘抄和复制与案件有关的诉讼文书及案卷材料。受委托的律师自案件被人民法院受理之日起，有权查阅、摘抄和复制与案件有关的所有材料。

上说，目前，对出席二审法庭的检察官审查案件的权利保障还远不及律师。检察官对上诉或者抗诉案件的有关材料的知悉权得不到保障，既影响他向检察委员会汇报案件的质量，也影响到他准备庭审意见的水平。检察官在法庭上与律师的职责不同，尽管对检察官在二审中的定位有争论，但必须明确检察官在二审的控诉职能定位不能改变，其监督职责不能取消。因此，检察官不是从否定指控的角度找破绽，也不仅仅是从维护一审公诉指控的角度发表意见，而是需要对案件进行全面阐述，这与二审法庭全面审理是相对应的，不是攻其一点不计其余。所以，二审检察官的阅卷必须有时间保证。目前，刑事诉讼法规定的开庭10日以前通知人民检察院查阅案卷的规定，难以保证检察官充分熟悉案情，准确全面把握案件情况，形成准确有说服力的意见。正因为如此，司法实践中才出现了有的人民检察院从二审人民法院借阅案卷后，阅卷时间长达几个月甚至更长的现象，为了解决这个问题，有的省级人民检察院与省高级人民法院联合制定关于检察机关参加二审法庭庭审的阅卷规定，明确要求检察官的阅卷时间最长不超过两个月。针对司法实践中检察官阅卷时间不够，借卷、阅卷时间长，影响了二审的及时开庭的问题，《最高人民法院关于执行刑事诉讼法若干问题的解释》第 267 条规定，“人民法院依法开庭审理第二审公诉案件，应当在开庭十日以前通知人民检察院查阅案卷。自通知后的第二日起，人民检察院查阅案卷超过七日后的期限，不计入第二审审理期间”。客观上，检察院阅卷不结束，二审人民法院不开庭，这也是当前困扰执法的难题之一超期羁押产生的重要原因。最高人民法院对于司法实践中的检察官阅卷时间长的问题也无能为力，只能强调责任不在法院而已。

（三）解决二审检察官阅卷时间问题的途径。笔者认为必须保证二审检察官的阅卷时间，这是二审中必须解决的重要的问题。解决的方式有两种：

第一，明确上诉案件的阅卷时间。在刑事诉讼法中直接规定，人民法院决定开庭审理上诉案件时，应当在开庭20日以前通知人民检察院查阅二审案卷材料，因案情复杂，人民检察院不能在规定的时间完成阅卷的，应当在期限届满前通知人民法院，但延长阅卷的时间不超过10日。即二审检察官的阅卷时间参照一审的审查起诉的基本时间1个月来设计，基本上为1个月。

第二，明确抗诉案件的阅卷时间。可以通过改变案卷移送方式来解决抗诉案件的阅卷时间问题。对于抗诉案件，上一级人民检察院必须派检察官出席二审法庭，而且遇有不需要抗诉的情形，上一级人民检察院还要撤回抗诉。因此，必须保证上一级人民检察院的阅卷时间，要保证阅卷时间就要保证上一级人民检察院及时掌握诉讼卷宗。这样诉讼卷宗的传递方式就要改变，即由目前的法院上下级之间移送改为人民检察院上下级之间的移送，即由一审法院将抗诉案件的卷宗材料退回原起诉的人民检察院，再由原起诉的人民检察院向上一级人民检察院移送，从而保证人民检察院派员出席二审法庭前已经查阅案卷材料。检察官查阅1个月后认为需要支持抗诉人民检察院作出抗诉决定的再移送二审人民法院审理。如果上一级人民检察院不同意抗诉的，则将案件退回下级人民检察院再移送原审判的人民法院。如果上一级人民检察院决定不抗诉而被告人上诉的，上一级人民检察院可以根据人民法院的要求将案件移送二审人民法院而不再通过原起诉的人民检察院将卷宗材料退回原审人民法院。这样既可以保证人民检察院的检察委员会能够在掌握全面情况的基础上进行案件讨论，也可以使二审出庭的检察官能够全面熟悉案情，更好地履行职责。

这是一个亟待解决的实践问题。在刑事诉讼法还没有修改之前，可以由最高人民检察院和最高人民法院联合就此问题作出规定，否则检察官在二审中的阅卷时间不规范，法院以7日后不计入法院审判时间为由，不过问检察官的阅卷时间，检察官则是7天时间阅不完，7天后没人管。这个问题不解决，就会导致新的超期羁押，侵害被告人的合法权益。

三、关于一审公诉人能否出席二审法庭的问题

二审法院审理上诉或者抗诉案件，与二审法院对应的人民检察院应当派检察官出席二审法庭，履行职责，发表意见。那么对于重大复杂的案件，是否需要一审公诉人也作为二审检察院的检察官出席二审法庭，履行检察官的职责呢？对此，理论界有不同认识，主张公诉人可以出席二审法庭履行职责的人认为，国外立法允许，国内司法实践中采用，因而立法应当予以确认，主张“应当建立公诉主体也是诉讼当事人的观念，摈弃二审控审对等的观念，从而优化诉讼结构和诉讼理念，以诉讼活动而不是监督活动为主来保证司法公正。”①笔者认为，一审公诉人不应当参加二审法庭的审判，而应当由上一级人民检察院的检察官承担上诉或者抗诉案件的审查与二审出庭工作。理由如下：

第一，上一级人民检察院对下级人民检察院的工作有考核的职能。通过对上诉或者抗诉案件的审查，可以发现下级人民检察院在公诉工作中存在的问题和值得推广的经验和做法，从而发扬成绩纠正不足，更好地指导工作。

---

① 作者：farzhu，2005年7月18日网络文章“原公诉人出席二审法庭之探讨兼论检察机关在刑事二审程序中的地位与职能”。

第二,多一层审查就多一道监督,就多一道检错机制,相对独立的案件审查活动可以更好地保证案件质量。抗诉或者出席二审法庭审理上诉案件,是为更好地履行职责,更准确地办理案件,而不是为了争上下论高低,没有必要非要让"熟悉情况的人"来阐述意见。这样的话只能助长上级检察院检察官的懒惰情绪和依赖思想,不利于提高办案能力和水平。

第三,上一级检察院的检察官可以通过增加阅卷时间和抗诉案件检察机关上下级之间内部移送案卷的方式保证检察官更好地熟悉案情,履行好职责。

司法实践中的一审公诉人出席二审法庭的做法不妥当,因为这不是方向,不是主流,不利于发挥不同级别检察院的检察官的应有作用。当然,这并不排斥一审公诉人对二审出庭工作的支持,如可以通过向二审出庭检察官汇报情况、指出案件的争议点和一审辩护人的辩点所在等方式,对二审检察官提供帮助。

另外,有人提出公诉案件可能让侦查人员作为公诉人的助理出席一审法庭,会不会有人进而推出侦查人员出席二审法庭的问题呢?尽管笔者还没有听说后者,但对侦查人员与公诉人共同出席一审法庭的情况已有所耳闻。笔者认为,这种做法不足取,不能到处贴"检察一体化"的标签。检察一体化是把检察机关作为一个整体来看待的,上下级检察机关之间是上命下从,指挥有序的关系。而检察机关上下的领导关系是指机关本身而言,作为业务部门上下之间是指导关系。如果发挥一体化的作用,也只能在各自的诉讼阶段,各自的部门之间展开,不宜跨部门跨阶段进行。因为一是这样做有违分工负责、相互配合、相互制约的原则;二是如果侦查人员同公诉人一起作为公诉人(助理)出庭,遇到有些问题需要当庭由侦查人员回答时,侦查人员的身份又如何转换?因此,侦查人员不宜作为公诉人出席一审法庭,同样更不能作为检察官出席二审法庭。侦查人员就应当以自己的身份出席法庭。

论死刑二审案件开庭审理的意义和作用

胡云腾*

根据我国刑事诉讼法的规定，刑事二审案件实行开庭审理，是一项原则要求。尽管有的地方已经实现了刑事二审案件开庭审理。但是，由于多数地区的司法机关长期以来刑事案件多以及人财物等司法资源不足的原因，不仅对刑事二审案件没有做到开庭审理，而且连死刑二审案件也没有做到开庭审理，通常只实行提审被告人加书面审理案卷材料相结合的形式。这种不开庭的审理方式尽管也能在一定程度上发挥二审程序的把关作用，但是，对于保障被告人的诉讼权利、避免错案等方面的作用是非常有限的。为了进一步深化刑事审判方式改革，把刑事诉讼法关于二审刑事案件开庭审理的要求落实到位，切实发挥死刑二审程序的把关作用，确保死刑案件的审判质量，为最高人民法院2007年1月1日顺利收回死刑核准权打下坚实的基础，最高人民法院在2005年发布的“二五”改革纲要和关于死刑二审案件开庭审理的通知中，首次对死刑二审案件开庭提出了严格要求，最高人民法院、最高人民检察院2006年9月25日发布了《关于死刑第二审案件开庭审理程序若干问题的规定（试行）》（以下简称《规定》），这是“两高”就死刑案件开庭审理问题联合发布的第一件司法解释。该解释对于推动、规范和实现死刑二审案件开庭审理工作将会发挥重要作用。笔者参与了《规定》的起草、讨论和调研工作，现就其中的几个问题作一点解读。

一、死刑二审案件开庭审理的重要意义

死刑二审案件实行开庭审理，具有四个方面的重要意义。

---

* 胡云腾，最高人民法院研究室副主任，中国应用法学研究所所长。

首先,死刑二审案件实行开庭审理,是司法机关贯彻、落实刑事诉讼法关于第二审刑事案件应当开庭审理的法律规定,促进刑事第二审案件审判方式改革的需要。我国《刑事诉讼法》第187条明确规定,二审刑事案件应当开庭审理。只有当合议庭通过阅卷、讯问被告人、听取其他当事人、辩护人、诉讼代理人的意见,对事实清楚的,才可以不开庭审理。根据这条规定,包括死刑案件在内的所有二审刑事案件,开庭审理应当是普遍的、一般的要求,不开庭审理只是“但书”式的、个别的情况。但是,在此以前,刑事诉讼法的这一规定呈现相反的情形,刑事二审案件开庭审理成了个别,不开庭审理倒成为一般,这种局面有损刑事诉讼法规定的严肃性。因此,通过对死刑二审案件实行开庭审理,进而推动其他刑事二审案件开庭审理,对于贯彻落实刑事诉讼法关于二审刑事案件应当开庭审理的规定,具有重大意义。

其次,死刑二审案件实行开庭审理,是尊重与保障死刑案件被告人、辩护人的诉讼权利,切实彰显诉讼程序独立价值的需要。有人认为,很多死刑二审案件的事实是清楚的,当事人上诉并无事实根据,有利于节约司法资源,有利于提高二审的审判效率。这种观点虽然有一些道理。但是其忽视了一个重要的方面,即诉讼程序的独立价值尤其是被告人向法庭直接发表辩护意见的权利。正当的诉讼程序是司法公正的重要方面,是诉讼之所以成为诉讼的存在方式,通过二审开庭,给一审被判处死刑的被告人提供一个在法庭上辩护的机会,而且这是唯一的机会,这是对被告人的生命权和诉讼权利的尊重,是对程序正义的尊重,是对轻程序、重实体的传统做法的矫正。从一定意义上讲,一个国家关于死刑案件的诉讼程序越到位,审理死刑案件的诉讼成本越高,越能说明法律对公民生命权的重视程度。

再次,死刑二审案件实行开庭审理,对于切实发挥二审程序的纠错功能,确保准确适用死刑具有重要作用。在刑事诉讼中,二审程序是非常重要的程序,对于纠正一审可能发生的错判,具有关键作用。正如最高人民法院肖扬院长指出的,把好死刑案件的质量关,一审是基础,二审是关键。因为死刑案件的二审法院至少是高级人民法院,而高级人民法院审查判断证据的能力,把握死刑政策的能力,统一适用死刑标准的能力等,应当高于其管辖的中级人民法院。通过开庭审理中的传唤证人出庭作证,再度举证、质证,控辩双方法庭辩论,以及被告人最后陈述等诉讼环节,使二审法院能够进一步做到对死刑案件的内心确信,发现死刑案件事实和证据方面的疑点或错误,从而防止可能发生的错判。

最后,死刑二审案件实行开庭审理,对于充分发挥二审程序限制死刑的功能,贯彻少杀、慎杀政策具有重要作用。死刑二审案件开庭审理,有利于二审法院发现和查实对被告人有利的事实与情节,有利于全面了解和评判被告人的主观恶性和人身危险性,有利于发现不同的一审法院以及同一个一审法院在不同的案件中适用死刑的不平衡,有利于排除一审法院在适用死刑方面可能遇到的各种干扰,等等。尤其对于防止可能出现的将可杀可不杀的杀掉甚至不该杀的也杀掉的情况,具有十分重要的作用。

二、死刑二审案件开庭与死刑一审案件开庭的区别

《规定》的一个重要特点,就是对死刑二审案件开庭审理与死刑一审案件开庭审理作了不同要求。这种不同主要表现为三个方面:一是对法官掌握案件信息的要求不同。为了防止法官在开庭审理之前产生预断,法律一般对法官审前了解案件信息都进行必要的限制,原则上是,法官庭前对案情的了解越少越好。而法官审理二审案件,由于需要明确开庭审理的争点和要点,开庭前应当对案情和被告人了解得越多越好,对二审开庭可能发生的各种情形考虑得越充分越好。这样才能做到心中有数,正确引导庭审,保障庭审顺利进行,发挥二审开庭的作用。

二是对被告人的认识不同。在一审程序中,法官对被告人是有罪还是无罪,该判什么刑罚,是没有任何预见的,也不应当有预见。而二审法官面对的是已经被一审判处死刑的被告人,在二审开庭审理的过程中,二审法官既要对一审法院的判决持尊重态度,不能无端怀疑,又要重视被告人及其辩护人提出的辩护理由,确定自己的庭审重点和组织庭审活动。

三是审理的方式不同。法官开庭审理一审案件,必须严格按照程序进行全面审理,所有的犯罪事实都必须当庭调查核实,所有的证据都必须出示并经法庭质证和认证,否则就是程序违法。而根据《规定》的规定,死刑二审案件开庭审理,有些程序性的东西可以简化,法官有较大的灵活掌握的权力,二审的全面审理是开庭审理与不开庭审理相结合的全面审理,可以只调查控辩双方有争议的事实,质证有争议的证据和二审发现的新证据,甚至只审理法律适用方面的争议问题。坚持原则性和灵活性的有机统一,公正与效率的有机统一。

三、把握好死刑二审案件开庭应当坚持的原则

一是全部开庭原则。按照最高人民法院的要求,死刑二审案件应当按照刑事诉讼法和有关规定全部开庭审理,对于目前全部开庭有困难的地方,也

应当尽可能多地开庭审理；对于应当开庭审理而没有开庭的案件，进入死刑复核程序后将以程序违法论。二是务求实效原则，死刑二审案件开庭审理，不是图形式，走过场，而是要取得书面审理所不能取得的实际效果。这个实际效果不仅仅是二审以后的改判率、发回率的高低，而是一审存在的程序性和实体性的问题与疑点，特别是被告人及其辩护人对于适用死刑的不同意见是否通过开庭审理解决了。通过二审开庭改变或者撤销了一审的死刑判决，当然是二审开庭的实效，但是，把一审没有解决的疑点和问题解决了，让被告人和辩护人在法庭上把不同意适用死刑的话都说了，要出示、质证的证据都出示和质证了，使被告人感到死刑判的是讲道理的，人民群众感到死刑判的是公正的，上级法院感到死刑判的是放心的，这也是一种重要的实效。三是繁简结合原则。即对于二审死刑案件的审理内容、审理方式等，要因案而异，具体情况具体分析，不要"一刀切"。对于需要精细审理的案件，可以比一审程序审理得还要细。对于当事人和检察人员只对某一个证据、某一起事实或某一个法律问题有异议的，可以只审理有争议的事实、证据和法律问题；对于没有争议的事实、证据和法律适用问题，经审查不需要开庭审理的，可以实行书面审理。要在确保正确裁判的前提下，尽可能地提高效率，节约司法资源。四是就地原则。即开庭审理死刑二审案件，原则上应当到一审法院所在地开庭审理，这样可以确保被告人和庭审的安全，有利于证人出庭作证，有利于人民群众旁听案件，发挥开庭的法治宣传功能。

四、注意提高死刑二审案件开庭的能力

过去，由于二审死刑案件开庭审理的不多，高级人民法院的法官、省级人民检察院的检察员多数缺乏开庭审理的经验，甚至还没有一审法院的法官和检察官的开庭经验丰富。因此，提高二审法官的庭审驾驭能力是非常必要和重要的。审判长和合议庭其他成员在庭审时要注意提高以下几个方面的能力：

第一，提高掌握庭审全局的能力。合议庭在庭审中既要坚持居中裁判地位，又要把握好庭审的方向和进程，控制好庭审的节奏，始终掌握着庭审的主动权。对于庭审中发生的突发事件，要果断处置，防止事态扩大。要根据案件的具体情况掌握庭审时间，使庭审紧凑而有序地进行。

第二，提高运用证人出庭作证的能力，确保证人出庭的效果。从审查书面证言到证人出庭作证，这是审判方式的重大改变，是阅卷式的间接审向直接性、亲历性审判转变的重要标志。要明确哪些证人应当出庭作证，证人出

庭作证要解决什么问题。既要节约诉讼成本和当事人的讼累，又要做到应当出庭作证的尽可能出庭。要引导好双方对证人的交叉询问，对于控辩双方没有问明白、问到位的，法官应当亲自询问。要防止把证人传唤到庭后，只是让证人陈述一下事实就完了的陈旧做法。要注意二审证人与一审证人的区别，二审证人对案情和判决结果一般都已知悉，很容易有意无意作对被告人有利或者不利的证言，这时就需要对证人进行交叉询问，需要通过案件的其他证据来核查证人的证言。对于没有其他证据佐证的证人证言，对适用死刑有决定作用的证人证言，对证人有不敢说、不愿说、不实说可能性的证人证言，一定要通过交叉询问和质证做到内心确信。

第三，提高支持双方举证质证的能力。要注意合法证据与非法证据的区别，依法排除非法证据，把握证据的客观性、合法性和关联性的有机统一。对于双方有异议的证据，要让当事人充分发表质证意见，并善于对质证意见进行追问，确保证据的可靠与真实。要区别有疑问的证据与有瑕疵的证据，对于有疑问的证据一般不能认定，而对于有瑕疵的证据，虽可以认定但在定罪量刑时要留有余地。

第四，提高主持法庭辩论的能力。二审开庭，由于案件事实和证据业经一审开庭调查质证，二审开庭准备工作已经有的放矢，故法庭调查和举证质证的时间相对较短。因此，可以适当延长一些法庭辩论和被告人最后陈述的时间，让被告人、辩护人和检察人员充分发表意见，把争议问题辩清楚，把想说的话说明白。要坚持诉讼权利平等原则，保证双方享有平等的辩论机会和辩论时间。对于双方辩论的争点、观点和理由，要注意及时整理归纳，尽量让双方知道合议庭已经明白或者注意到了自己说的观点及要求，以避免重复陈述拖延时间。要注意保障被告人最后陈述的权利，让被告人把要说的话说完，把向法庭的要求说清楚，把对自己行为的认识和态度说清楚，不要轻易打断被告人的最后陈述。

第五，提高死刑二审裁判文书说理的能力。法院开庭审理案件的一个重要功能，就是为裁判文书准备裁判理由的功能，而这个功能过去往往容易被忽视。在我看来，人民法院判决书、裁定书的裁判理由，主要来源于开庭，来源于控辩双方或原被告双方向法庭提交的书面材料和在法庭上的发言与辩论。在实践中，法官开庭的质量高效果好，也容易写出精彩的裁判文书。因此，裁判文书的裁判理由，主要不是法官自己事后冥思苦想出来的，也不是从哪一本著作或者教材中抄录的，而是通过阅读当事人提交的书面材料和口头发言而获得的。法官在开庭时要善于引导控辩双方说出支持各自主张的理由，并善于把控辩双方的理由吸收转化为合议庭的裁判理由。能够用当事人的理由说理的，应当多用，这对于提高裁判的效果是非常有意义的。

五、充分做好死刑二审案件开庭的各项准备

在实践中，死刑二审案件一般在原审人民法院所在地开庭审理，属于异地办案。法官、检察官、律师、证人、鉴定人等都要参加，开庭的成本较大。因此，合议庭应当在二审开庭前认真做好准备，确保一次开庭成功，防止节外生枝而再次兴师动众。合议庭要认真阅卷，拟定庭审提纲，确定庭审的重点和方式，及时通知当事人和所有诉讼参与人参加。要考虑有无可能导致延期审理的法定情形，若有，应当解决后才决定开庭。对于一方或者双方申请新的证人到庭作证的，或者要求重新鉴定的，也应当在开庭前解决，以免在开庭时提出造成被动。对于当事人故意在开庭前不提出要求，开庭中才提出并影响诉讼进行的，可以不予准许；对于二审才发现的新证据，应当开庭前送达另一方，必要时要组织双方交换意见，有重大分歧的要庭前解决，防止到开庭时一方搞证据突袭，一方要求延期审理的情况发生。要在开庭前搞清楚被告人是否有检举揭发等立功行为，被告人在庭审中提出检举、揭发等立功行为的，要记录在案，庭审结束后转有关部门核查，一般不要中断庭审。

六、高度重视刑讯逼供和鉴定结论问题

在刑事诉讼中，有两个问题必须引起法官高度警惕。一是刑讯逼供，二是司法鉴定结论。中外司法实践表明，刑讯逼供获得的假口供和错误的司法鉴定结论是导致错判、错杀的罪魁祸首。我国近年来发现的佘祥林、杜培武等死刑错判案件，无不是刑讯逼供或虚假的鉴定结论惹的祸。所以，死刑二审案件开庭审理，一定要把查清案件中有无刑讯逼供作为审理内容的重中之重。特别是在主要以言词证据定罪量刑的案件中，在根据言词证据查找到其他证据的案件中，在没有直接证明犯罪的物证、书证和鉴定结论的案件中，在已经发现有刑讯逼供嫌疑的案件中，合议庭须认真审查口供、证人证言及相关证据，必要时应传唤侦查人员出庭作证。要分清刑讯逼供和被告人狡辩的界限，对于被告人一审认罪，到了二审以后翻供并称一审的司法人员有刑讯逼供行为的，要根据言词证据的形成时间、地点、方式、内容及被告人的身体状况，并结合案件的其他证据作出判断。不能简单地在法庭上读一下有关部门的声明了事。既不要轻视被告人的二审翻供，也不要轻信被告人的二审翻供。

死刑二审案件开庭时要高度重视的第二个问题，就是对鉴定结论的审查采信问题。司法鉴定管理制度改革以后，除了侦查部门和检察部门还保留鉴定机构从事侦查工作所必需的鉴定业务以外，其他鉴定机构实际上社会化了，当事人可以自己委托社会上的监督机构作涉及案件处理的鉴定，就像当事人可以委托律师为自己辩护一样。这项改革的初衷是想改变刑事司法鉴定长期以来主要依靠公安司法机关自侦自鉴、自诉自鉴、自审自鉴的传统做法，实现司法鉴定的多元化和社会化，保障司法鉴定的公开性、中立性和公正性。但是，鉴定机构和鉴定人社会化改造以后，他们需要依靠市场养活自己，发展自己。在监督管理不到位，行业管理又跟不上的情况下，就可能出现鉴定人或者监督机构唯利是图，谁给钱就帮谁鉴定，谁委托就为谁说话的弊端。不负责任鉴定、虚假鉴定、多头鉴定、重复鉴定，以及有钱的争相鉴定、没钱的都不鉴定等现象就很难避免。这种情况如果出现在死刑案件中，就会给司法公正带来极大的威胁，因此，二审开庭需要特别重视对案件中的鉴定结论的审查采信。鉴定结论形成不合法的，不能采信；鉴定结论的内容有疑问的，要通过鉴定人出庭和法庭质证予以澄清，需要重新鉴定的，要指定有关部门重新鉴定或者委托监督机构补充鉴定；对于一审没有出庭的鉴定人，二审当事人对鉴定结论有异议的，合议庭应当传唤鉴定人出庭；对于二审补充的鉴定和重新作出的鉴定，鉴定人应当一律出庭对鉴定结论进行说明，接受案件双方的交叉询问；对于应当出庭的鉴定人拒不出庭作证的，可不采信其作出的鉴定结论。对于严重不负责任，或者故意提供虚假鉴定结论的，应当依法追究法律责任。对于案件事实证据有重大疑点，确需司法鉴定的，人民法院应当加大司法救助力度，主动提请鉴定机构鉴定，不能因为当事人付不起鉴定费用而丧失获得司法公正的权利。

结语

总之，死刑二审案件实行开庭审理，是刑事诉讼法实施近 30 年来我国刑事二审案件审判方式的重大变革，作用重大，意义深远。把这项工作坚持做下去、坚持做好以后，对下能够有力地指导一审法院正确适用死刑，慎重适用死刑；对上能够为死刑复核程序把好质量关，大大减轻死刑复核程序的工作量和压力，有效地节约司法资源。并能够推动刑事司法相关领域的工作开展与法律规定的贯彻落实，促进刑事司法队伍建设和刑事审判条件的改善。

死刑案件二审开庭之若干问题

刘祥林* 仇晓敏**

为确保死刑案件的审判质量，最高人民法院在《人民法院第二个五年改革纲要》和《关于进一步做好死刑第二审案件开庭审理工作的通知》中，提出了死刑二审案件全部开庭审理的目标。2006年以来，最高人民法院和最高人民检察院在人、财、物各个方面积极创造条件，并颁布了《关于死刑第二审案件开庭审理程序若干问题的规定(试行)》(以下简称《规定》)，保证了死刑案件二审开庭工作的顺利进行。然而，在司法实践中，人们关于死刑二审开庭的意义、性质以及实施中的一些问题仍然存在一些认识误区，本文拟对其中的几个问题略抒管见，以期对顺利展开这项工作有所裨益。

一、对死刑案件二审开庭意义的再认识

"二审审理方式不是一个单纯的形式问题，它与二审程序乃至上诉程序的功能和任务，与刑事诉讼的目的和价值都有密切的关系。"①我国刑事诉讼法对刑事第二审案件规定了开庭审理和不开庭审理两种审理方式，而最高人民法院积极推动死刑案件的二审开庭审理，表达了通过程序的正当性来保证死刑判决公正性与慎重性的重要蕴意，彰显了程序公正的重要理念。关于死刑案件二审开庭审理的意义，最高人民法院《关于进一步做好死刑第二审案件开庭审理工作的通知》中表达得非常明确，即"死刑案件，人命关天，必须适用极为严格、审慎的审理程序。死刑第二审案件开庭审理是严格执行刑事诉

---

* 刘祥林，北京市人民检察院第一分院法律政策研究室主任。
** 仇晓敏，中国政法大学博士研究生。

① 顾永忠：《刑事上诉程序研究》，中国人民公安大学出版社2003年版，第184页。

讼法、落实人民法院‘二五’改革纲要的重要举措,也是完善死刑案件审判程序、保证死刑案件质量的必然要求,有利于加强司法人权保障,有利于从制度上保证死刑判决的公正和慎重。”

开庭审理,是与不开庭审理相对的一种审理方式,是指法官在其他诉讼关系人的参与下,根据直接、言词原则的要求,涵盖了控方主张、辩方答辩、出示证据、双方质证、法庭调查、法庭辩论等环节的审理案件的活动。开庭审理方式发端于19世纪欧洲司法改革运动,是现代刑事诉讼程序的核心。该审理方式在言词主义、直接主义、自由心证和集中主义的基础上,包含了公开、对席、口头、直接、集中等原则。正是这些原则,使得开庭审理方式较之于不开庭审理方式,在事实认定方面,具有无可比拟的优势。尤其是开庭审理方式所特有的对证人证言的交叉询问制度,被认为是人类有史以来“发现真实最伟大的利器”。① 在限制以及慎重适用死刑时代背景下,为了更好地发挥死刑二审程序的把关纠错的功能,开庭审理方式的要求自然提上了议事日程。从这个角度来认识死刑案件二审开庭,对于理解死刑案件二审开庭的重要性和必要性,真正落实死刑案件二审开庭的作用无疑具有非常重要的意义。

然而,在认识死刑案件二审开庭的积极意义的时候,社会上却存有一个不应有的认识。有些人对死刑案件二审开庭抱以非常高的期望,认为既然死刑案件都二审开庭了,实践中就不容许再有死刑错案的发生。笔者认为,应当辩证、客观地认识死刑案件二审开庭的把关纠错功能。其实,死刑案件二审开庭的改革,只是我国死刑案件程序改革中的一环。原最高人民法院院长肖扬早就说过,“把好死刑案件的质量关,一审是基础,二审是关键”。第一审认定事实的方式主要是通过事实调查的方式,而第二审程序认定事实的方式更多的是证据核验的方式。② 这决定了二审程序即使采取开庭审理的方式,也不能取代一审程序的基础地位。另外,在1996年我国刑事诉讼法修改以来,第一审程序的开庭审理方式已经采用了对抗式的审理模式,原判决的产生是对抗制审理的产物,经过了正当程序。而第二审即使采取开庭审理的方

① See Wigmore. John. H (revised by Chadbourn, James HY), Evidence Volume 5, Canada: Little, Brown Company, 1974, p. 36. 转引自巫政松:《交互诘问研究》,我国台湾地区“司法院”2002年11月印行,第19页。

② 二审与一审的重要区别在于一审往往可以直接接触原始证据,而二审在多数情况下其接触的证据已经经过一审法院选定、加工和集中,二审法院更多的是对一审法院已经认定的事实在证据上再次进行核验,所以笔者称之为证据核验的认定方式。

式,更多的具有职权主义审判模式的特点。① 诉讼规律告诉我们,对抗式审判模式较之于职权主义的审判模式在事实认定方面是更好的模式。因此,纠正错案的功能完全寄望在二审开庭上是不切实际的。

其实,死刑案件二审开庭审理较之于不开庭审理,除了纠正事实认定错误的功能,还有释明法理和增强死刑判决的可接受性的重要意义,而后者往往是人们在认识死刑案件二审开庭的意义时容易忽视的。在开庭审理的过程中,释明法理的功能主要是通过辩论原则来体现的:上诉人(抗诉人)提出其上诉或者抗诉理由,检察员、被告人及其辩护人,针对其上诉或者抗诉理由进行反驳或辩护,这种口头争论从不同的角度提出不同的意见以及这些意见的交锋将会使案件的法理逐渐明晰。这种口头争论的方式在法院中立、公开的主持下,获得了一种公正的形式,使得上诉人或者抗诉人及其他诉讼参与人目睹整个正义"以看得见的方式实现",这样有利于消除当事人及社会公众对死刑判决的误解,增加死刑判决的可接受性。

二、关于二审开庭的实效问题

死刑案件二审开庭具有非常重要的意义,但是如果相关的配套制度没有及时跟进,很难期望发生预期的作用。肖扬同志早在 2006 年 5 月 23 日的全国刑事审判工作座谈会上就强调,要切忌把死刑案件的二审开庭仅仅当成一项任务、一种形式,应当当成查清案件事实、证据的必要渠道,正确适用法律的重要环节,要通过庭审正确解决事实认定中的疑点,法律适用中的难点。②这充分说明了最高人民法院非常重视死刑案件二审开庭的实效问题。当然也从一个侧面说明实效问题将是死刑案件二审开庭工作中的一个难点问题。笔者认为,实践中主要有以下几点因素影响二审开庭的实效:

首先,律师辩护的问题。律师能否有效辩护,是死刑案件二审开庭能否取得预期实效的重要条件。《规定》对确保律师辩护权进行了明确,其中第 6 条规定:"第二审人民法院应当及时查明被判处死刑立即执行的被告人是否委托了辩护人。没有委托辩护人的,应当告知被告人可以自行委托辩护人或者通知法律援助机构指定承担法律援助义务的律师为其提供辩护。"第 12 条第(八)项规定了庭前证据对辩护律师开示的制度:"人民检察院向第二审人

① 二审开庭的职权主义特点体现在以下几个方面:法官庭前书面阅卷和接触被告人非常重要,因此无法隔绝对一审材料的接触,无法排除一审书面记录带来的预断;控辩双方很少提出新证据,主要是对原有证据的重新核验;法官具有主动的依职权调查证据的权力,等等。

② 肖扬:"死刑案件二审开庭切忌走形式",载《人民日报》2006 年 5 月 26 日第 10 版。

民法院提交新证据的，第二审人民法院应当通知被告人的辩护律师或者经许可的其他辩护人在开庭前到人民法院查阅。”另外，为了解决有效辩护的问题，《规定》还规定了辩护人在开庭审理时充分发表意见的权利，并规定在人民法院的裁判文书中要写明辩护人的辩护意见，并写明其意见是否采纳及理由。

应该说这些规定较之刑事诉讼法的现有规定，体现了一定程度的进步。但实践中依然有两个问题比较突出，影响了律师辩护的成效，进而影响了二审开庭的效果。一是与被告人委托的律师相比，指定辩护律师的办案质量普遍不高。其主要原因是指定辩护的办案补贴太低，以江西为例，一个案子只有象征性的500元，这导致有经验的律师一般不愿办理此类案件，即使接手，也不愿下大气力进行充分辩护。因此，死刑案件的指定辩护，往往是由缺乏经验、没有案源的年轻律师来办理。二是《规定》没有妥善解决辩护人阅卷与检察院阅卷的衔接问题，《规定》虽然规定了二审法院应该在开庭前10天通知人民检察院阅卷，但是没有规定其阅卷期限，也没有规定通知辩护律师阅卷的时间和期限，更没有涉及两方的衔接问题。实践中经常出现检察院阅卷过程中辩护律师无法阅卷，或者检察院阅卷结束即临近开庭，辩护律师的阅卷时间大受挤压的问题，而辩护律师的阅卷时间无法得到保证，必将极大地影响了二审辩护的效果。对于第一个问题，我们认为可以借鉴美国的经验，[①]将死刑案件的指定辩护律师限定为有经验的律师（如从业至少5年以上），设立专项资金提高其办案补贴，并对死刑案件的律师进行定期的指导和培训。对于第二个问题，我们认为应该明确规定检察院的阅卷时间，防止检察院长期阅卷影响辩护律师的阅卷时间，充分保证辩护律师在开庭前有充分的时间和便利阅卷。

其次，证人、鉴定人出庭的问题。强化证人、鉴定人出庭制度，有助于充分保障被告人的诉讼权利，最大限度发挥第二审法院的“把关”作用，纠正错误判决，防止冤错案件发生。可以说证人、鉴定人出庭作证是二审开庭发挥实效的关键所在。《规定》第13条规定了三种证人、鉴定人、被害人必须出庭的情形：人民检察院、被告人及其辩护人对鉴定结论有异议、鉴定程序违反规定或者鉴定结论明显存在疑点的鉴定人应当出庭；人民检察院、被告人及其辩护人对证人证言、被害人陈述有异议，而且该证人证言或者被害人陈述对

---

① 对于承办死刑案件辩护的律师，全美律师协会制定了《死刑案件辩护律师的指派与职责纲要》，提出了具体的任职资格，并且从各方面提供相应的保障和条件。参见刘仁文：“如何加强对死刑案件的辩护”，载《检察日报》2006年2月8日。

定罪量刑有重大影响的证人、被害人应当出庭；合议庭认为其他应当出庭作证的。然而，实践中由于相关的配套制度仍未完善，如证人、鉴定人拒绝出庭应该如何应对，证人、鉴定人的出庭作证的误工费、交通费的补偿及人身安全保护问题应该由谁承担以及如何承担等，都制约着证人、鉴定人出庭比例。这些都需要研究制定相关的规范性文件。另外，实践中还经常出现一个问题：被告人提出侦查人员刑讯逼供而翻供的情形，是否应该通知侦查人员出庭作证。笔者认为，对于这种情况，二审法院根据案件情况不能排除这种可能的，应当要求侦查机关提供犯罪嫌疑人首次供认重大犯罪的录音录像；不能提供的，可以适用《规定》第13条规定的第三种情形，要求侦查人员出庭作证。

再次，审判独立的问题。审判独立也是影响死刑案件二审开庭实效的重要问题，具体表现在两个方面，一是二审法院与下级法院的关系；二是合议庭与审判委员会的关系。在法院系统内部，我国上下级法院之间的业务指导关系在理论上并不是没有问题。高级人民法院作为死刑案件的二审机关，对中级人民法院进行审判指导是其日常工作，中级人民法院的审判质量是衡量高级人民法院审判指导工作质量的一个重要方面，这样高级人民法院与其下级的中级人民法院之间就具有了某种共同利益。实践中，中级法院经常就死刑案件的一审问题向高级人民法院请示。在这种情况下，寄望于二审法院客观公正地对待一审法院的判决就具有相当的难度，二审开庭的意义也大打折扣。另外，根据我国刑事诉讼法的规定，死刑二审案件需要经过法院审判委员会讨论决定，这样就可能出现"审者不判，判者不审"的情形。在这种情况下，二审开庭审理也只具有形式上的意义。为了克服以上两个问题，笔者认为需要进一步理清高级法院和中级法院的关系，明确规定不仅仅事实问题不可以向高级人民法院请示，而且法律适用中的疑难问题向上级法院请示的做法也要改变。关于审判委员会与合议庭的关系问题，在死刑案件二审开庭审理中，在现有的制度框架下，可以坚持审委会成员参加合议庭的做法，这样合议庭与审委会之间就具有某种联系的纽带。另外，对审判委员会与合议庭进行一定程度的分工，合议庭对事实负责，审委会只对法律适用问题进行讨论并作出决定。

三、关于人民检察院的监督问题

对于二审法院纠正一审法院错误判决的能力，一位前美国司法部副部长曾经这样评价："宪法和常识都不能说明上诉法院的决定可能比地区法院的决定更正确。”[①]“两次审判比一次审判更有利于确保司法的正确性”这样的命题，并非不经论证即是正确的。第二审程序之所以能够纠正错误，不只因为它给当事人多提供一次机会，更因为它的存在本身构成对一审程序的监督，从而减少了一审判决出现错误的几率。但如果二审法官自身的权力处于无所制约的状态之下，那么监督者制造错误的几率并不低于其纠正错误的几率。[②] 因此，二审程序中需要一种监督机制。在刑事二审程序中，检察机关无疑在这方面发挥了非常重要的作用。

我国《刑事诉讼法》第188条规定：“人民检察院提出抗诉的案件或者第二审人民法院开庭审理的上诉案件，同级人民检察院都应当派员出庭。”《规定》第9条也规定：“第二审人民法院开庭审理的死刑上诉、抗诉案件，同级人民检察院应当派员出庭。”然而，在我国检察员出席二审法庭审理程序，究竟处于一个什么样的定位，一直以来就存在较大争议。主要有以下四种观点：一是法律监督机关代表；二是国家公诉人；三是公诉人兼法律监督机关代表；四是根据具体情况而定，在上诉审理中是公诉人，抗诉审理中是法律监督机关代表。[③] 笔者认为，出席二审法庭的检察人员的定位应该是法律监督机关的代表，其称谓是“检察员”，其出席二审法庭的主要任务是对二审审判机关的审判活动的内容和程序进行法律监督。具体表现在：(1)通过支持抗诉或者听取上诉意见，对一审法院作出的死刑判决提出建议改正或者维持的意见。不管二审程序是由抗诉还是由上诉引起，如果检察员认为一审判决是正确的，就应当根据事实与法律请求二审法院维持一审判决；如果检察员认为一审判决是错误的，就应当根据事实与法律请求二审法院改正一审判决。(2)对二审审判活动和审判程序本身进行监督。应该说，第一项监督是第二审法庭庭审内容的监督，监督的方式是现场监督，检察员在法庭调查阶段可以提出新证据，可以对被告人、证人、鉴定人提问，在法庭辩论阶段可以发表支持和反驳的意见。而第二项监督则是第二审法庭庭审形式的监督，监督方式是事后监督。如果二审开庭出现了侵犯诉讼参与人合法权利或者违反法定程序的情形，根据我国刑事诉讼法的规定，出庭的检察人员不能当庭提出，只有在庭审休庭或者闭庭后以检察机关的名义提出书面纠正意见。

关于人民检察院对于死刑案件的二审监督，实践中还存在两个问题需要

---

① [美]爱伦·豪切斯泰勒·斯黛丽、南希·弗兰克：《美国刑事法院诉讼程序》，陈卫东、徐美君译，中国人民大学出版社2001年版，第602页。

② 傅郁林：“审级制度的建构原理”，载《中国社会科学》2002年第4期。

③ 龙宗智：《检察制度教程》，法律出版社2002年版，第274页。

进一步细化。第一个问题是,检察长列席审判委员会的问题。2006 年 4 月 5 日最高人民法院、最高人民检察院联合颁布的《关于死刑第二审案件开庭审理工作有关问题的会谈纪要》第 6 条以及最高人民法院、最高人民检察院、公安部、司法部 2007 年 3 月 9 日联合发布的《关于进一步严格依法办案确保办理死刑案件质量的意见》第 34 条均规定了检察长列席审判委员会的制度,但是这些规定过于原则和抽象,实践中没有具体的可操作性。有关部门对这些都需要具体研究,制定出相关的细化规则。笔者认为,在审判委员会召开过程中,列席会议的检察长或副检察长原则上不参与案件的讨论和评议。只在会议讨论结束、决议形成之前,发表检察机关对所讨论案件事实认定、法律适用方面的意见和建议,供审判委员会参考。列席会议的检察长或副检察长如果对审判委员会召开过程中需要纠正的违法情况提出纠正意见,应当记录在案,然后连同审查意见一同移交给审判委员会。

第二个问题是如果检察机关认为死刑案件的二审判决"确有错误"如何应对的问题。出现这种情况,检察机关是像普通刑事案件那样,马上抗诉启动再审程序,还是等死刑核准程序之后再提起抗诉?抗诉之后会引起何种法律后果,法律上没有规定。对此,理论上应该加强研究,实践中也要慎重应对。笔者认为,人民检察院抗诉后二审法院维持原判的,或者二审检察院认为二审裁判确有错误的,二审检察院应该及时将有关案卷送交最高人民检察院,由最高人民检察院在死刑核准程序中继续提出监督意见。如果死刑核准程序没有采纳,可以在核准程序终结后,启动审判监督程序。

四、关于重点审与简易审问题

死刑二审案件一律开庭审理,以较高的司法成本来维护死刑判决的公正性,充分体现了对生命权的尊重。然而,从另一个角度来说,"正义的第二种涵义也是最普遍的涵义是效益。"①于是,这里就产生了一个尊重生命与追求效益的价值选择问题。最高人民法院规定死刑二审案件一律开庭审理,说明尊重生命的价值在一定程度上超过了追求效益的价值,可以说这是现代社会文明的重要体现。

但是,在尊重生命价值要求所有死刑二审案件一律开庭的情况下,追求效益的价值是否就完全舍弃呢?答案无疑是否定的。死刑虽为关天之刑,但

① [美]理查德·A. 波斯纳:《法律的经济分析》,蒋兆康译,中国大百科全书出版社 1997 年版,第 31—32 页。

是许多死刑案件案情并不复杂。另外,死刑案件不仅经过侦查机关、审查起诉机关的重重审查,而且在一审审判程序中经过正当程序的多重保障,应当说在二审程序出现错案的比例是相当低的。在这种情况下,对于所有死刑案件的二审开庭程序不加区分地适用全面审查原则,像一审程序那样全部适用普通程序,无疑会浪费大量的司法资源,漫长的二审周期还会增加诉讼当事人的痛苦。因此,笔者认为二审开庭程序应该采用重点审和简易审并行的模式。

令人欣慰的是,《规定》对重点审理原则和简易审理模式都有所规定。其中第14条规定:"第二审人民法院应当全面审理死刑上诉、抗诉案件。但在开庭时,可以根据具体情况围绕人民检察院、被告人及其辩护人提出争议的问题和人民法院认为需要重点审查的问题进行。"并对哪些程序可以简化进行了详细规定:(1)合议庭宣布开庭后,可以宣读原审判决书,也可以只宣读案由、主要事实、证据和判决主文等判决书的主要内容。(2)法庭调查的重点是,对原审判决提出异议的事实、证据以及提交的新的证据等。法庭调查部分同时规定一些可以不在庭审时审理的内容,体现开庭审理和书面审查相结合的原则。如:对人民检察院、被告人及其辩护人没有异议的事实、证据和情节,应当进行审查,可以不在庭审时审理;对没有被判处死刑的其他被告人的罪行,事实清楚的,可以不在庭审时审理,但应当对全案进行审查,一并处理;对被告人所犯数罪中判处其他刑罚的犯罪,事实清楚且人民检察院、被告人及其辩护人没有异议的,可以不在庭审时审理。(3)在法庭调查阶段,突出重点,充分保障被告人诉讼权利的同时,适当简化一些开庭程序,例如,规定了开庭审理时,对共同犯罪中没有提出上诉的原审被告人、没有判处死刑的被告人,人民检察院和辩护人在开庭前表示不需要进行讯问和质证的,可以不再一一传唤到庭。在举证、质证之前,人民检察院、被告人及其辩护人表示对第一审采纳的证据没有异议的,合议庭可以仅对新证据展开调查等。

笔者认为《规定》虽然体现了重点审和简易审的精神,但是还不够全面和彻底。实践中至少还有以下两种情况可以适用这一原则:一是被告人以及检察院对于第一审判决的事实认定没有疑问,仅在法律适用及量刑上有异议的死刑案件;二是第一审判决违反了《刑事诉讼法》第191条规定应该撤销原判发回重审的案件或者上(抗)诉理由仅限于对一审判决的程序性事项不服的案件。根据《规定》的精神,这两类案件也属于二审应该开庭审理的范围,开庭审理可以取得较好的社会效果。① 但是笔者认为,对于第一类案件,经过庭前书面审查以及讯问被告人后,合议庭认为在事实认定上没有疑问的,开庭审理可以仅仅围绕着法律适用或者量刑问题展开;对于第二类案件,在开庭审理过程中,应该围绕程序性事实展开调查和辩论,而没有必要对实体性事实一一进行审查。

死刑二审案件一律开庭审理,是完善审判程序,加强司法人权保护的重要举措,体现了法治的文明与进步。只有正确认识死刑二审案件开庭的意义,及时研究死刑二审案件开庭中遇到的问题并采取有效措施加以解决,才能确保死刑二审案件开庭审理能够真正发挥其应有的功能与作用。

① 李晓:"《关于死刑第二审案件开庭审理程序若干问题的规定(试行)》的理解与适用",载《人民法院报》2006 年 11 月 4 日。

刑事二审出庭若干问题探讨

天津市人民检察院第一分院课题组

修订后的刑事诉讼法施行十多年来,司法实务界和理论界在不断探索完善刑事诉讼程序的路径,对刑事诉讼的每一环节都进行了深入的探讨。但刑事二审领域,自刑事诉讼法修订之初,就没能引起足够的重视,相关法律规定较少而且不明确。刑事二审检察工作在这十多年中经历了茫然、反思、适应、不断改进的历程,正越来越发挥出重要的法律监督作用。刑事二审工作面临的问题很多,我们截取刑事二审出庭这一环节,站在二审出庭检察官的角度,与大家一同探讨相关问题。

一、检察人员出席二审法庭的法律地位探讨

对于人民检察院派员出席二审法庭的法律地位问题,刑事诉讼法没有明确规定,法学界和检察机关内部在认识上存在着较大分歧,主要有四种观点:

第一种观点是"一种身份,一种任务"说,认为检察人员是以国家法律监督机关代表的身份出席第二审法庭的,不再具有公诉人的身份,任务也不再是支持公诉,而是实行审判监督。其理由是:二审审理的案件经过第一审法院判决,不论是上诉案件,还是抗诉案件,在第二审法庭上都是针对第一审判决是否正确进行审查。从检察机关讲,一审支持公诉的任务已经完成,出席二审法庭的任务是审查第一审判决或裁定正确与否,同时监督第二审法庭的审判活动是否合法。因此,检察人员出席二审法庭已不是公诉人的地位,而是国家法律监督机关代表的地位。

第二种观点是"一种身份,双重任务"说,认为不论是一审还是二审,只要是公诉案件,检察人员出庭,都是以国家公诉人的身份出现。国家公诉人的任务,一是支持公诉,二是实行法律监督。

第三种观点是“双重身份，双重任务”说，认为出席二审法庭的检察人员，不论是对抗诉案件还是上诉案件，既要以国家法律监督机关代表的身份对审判活动实行监督，又要以国家公诉人的身份继续支持公诉。

第四种观点是“因案而异”说，认为检察人员出席二审法庭的法律地位，不能一概而论，应因案而异。出席上诉庭，因上诉人不服一审判决，其上诉的同时也是对一审公诉机关的公诉提出了异议，因此，检察机关所担负的公诉任务并未完成，必须通过第二审法庭上的活动继续完成公诉任务，继续支持公诉。出席抗诉庭，因抗诉案件是检察机关认为第一审法院所作出的判决在认定事实适用法律上确有错误而提出抗诉的，不存在被告人对检察机关的指控提出异议的问题，所以出庭人员只履行法律监督职责，其法律地位是法律监督机关代表身份。

我们倾向于第一种观点，“一种身份，一种任务”，即检察人员以国家法律监督机关代表身份出席第二审法庭，履行审判监督职责。

上述四种观点的分歧焦点是：检察人员出席二审法庭是否有公诉职能。我们认为，检察人员出席二审法庭的职责就是实行法律监督，没有公诉职能，这是由二审程序的职能和任务所决定的。二审程序审查的对象是一审的判决或裁定及审判活动，检察人员在二审法庭上是针对一审判决、裁定的正确性、审判活动的合法性、上诉意见的合理性等问题发表意见，不受一审公诉意见的影响，甚至可以否定一审公诉意见。这是由上级检察机关对下级检察机关执法活动的监督机制所决定的，也是“实事求是、有错必纠”原则决定的。具体说，上诉案件中上诉理由充分的，检察人员出席二审法庭发表的意见与上诉人及其辩护人的意见很可能一致，显然不具备公诉职能。上诉案件中上诉理由不充分的，检察人员多发表“建议二审法院驳回上诉，维持原判”的意见，而非维持“原诉”。原判与原诉也许一致，也许不一致。对原判与原诉不一致的，检察人员并未向二审法庭重新提起公诉，而仅就原审判决已经认定的情况发表评论性意见，显然也不具备公诉职能。抗诉案件中抗诉理由不充分，上级检察院撤诉的，不具备公诉职能。抗诉案件中抗诉理由充分，上级检察院支持抗诉的，检察人员出席二审法庭是针对一审判决或裁定的错误发表意见，而不是针对被告人继续指控，而且对抗诉书中所提抗诉理由可能是全部支持，也可能只是部分支持，所以也不具备公诉职能。综上我们认为，检察人员出席二审法庭，不是继续支持公诉，也不是对案件重新提起公诉，而仅仅是履行法律监督职责。

二、二审案件审判方式的确定及监督

修正后的《刑事诉讼法》第187条对二审的审判方式作了明确规定：第二审人民法院对上诉案件，应当组成合议庭，开庭审理。合议庭经过阅卷，讯问被告人、听取其他当事人、辩护人、诉讼代理人的意见，对事实清楚的，可以不开庭审理，对人民检察院抗诉的案件，第二审人民法院应当开庭审理。即二审刑事案件以开庭审判为原则，以阅卷并调查询问的不开庭审理方式为例外，对上诉、抗诉的二审案件不允许单纯“书面审”。开庭审判方式作为审理二审案件的基本方式，体现了刑事诉讼法的立法精神，它有利于全面贯彻各项诉讼原则和制度，有利于诉讼参与人充分行使法律赋予的各项诉讼权利，有利于检察机关法律监督职能的充分发挥，也有利于保证二审案件的审判质量。

《刑事诉讼法》第188条对检察院派员出席二审法庭的范围作了规定：人民检察院提出抗诉的案件或者第二审人民法院开庭审理的公诉案件，同级人民检察院都应当派员出庭。结合第187条，二审开庭审判原则的贯彻，使得二审法院开庭审理的公诉案件较之刑事诉讼法修正前大大增多，与之相关，检察院派员出席二审法庭的案件也大大增多。

检察人员多办案、多出庭，有利于法律监督职能的充分发挥。但贯彻《刑事诉讼法》第187、188条，是不是就要求二审法院对上诉案件100%开庭、检察院100%派员出庭呢？我们理解不是的。首先，《刑事诉讼法》第187条明确规定：合议庭经过阅卷、讯问被告人、听取其他当事人、辩护人、诉讼代理人的意见，对事实清楚的，可以不开庭审理。其次，在实践中，对一些一审认定事实清楚，证据确实充分的案件，再进行开庭审理的必要性不大。再次，如上诉案件一律开庭审理，检法两家均面临人员少、任务重、期限短的实际困难，时间久了，难以保证案件质量。最后，调查询问审理虽有一定的局限性，但有利于案件的及时审结，提高诉讼效率，符合诉讼经济原则。

我们认为，二审刑事案件应以开庭审判为原则，以调查询问基础上的书面审为补充。根据《刑事诉讼法》的精神，二审开庭审方式应被广泛采用，但不是不加区分地一律采用，有些案件可以依法采取调查询问审的方式。根据《刑事诉讼法》第8条（人民检察院依法对刑事诉讼实行法律监督）所规定的精神，检察院对法院二审案件的审理有监督职责。因此对于采取调查询问方式审理的案件要有条件限制，要有监督途径，不能一味沿用过去书面审的老办法。

对开庭审理的案件，我们可以通过出庭参与诉讼履行法律监督职责；对不开庭审理的案件，我们又该如何监督呢？下面谈一下我们的设想：

第二审人民法院对不开庭审理的上诉案件都要进行调查询问（即阅卷、讯问被告人、听取其他当事人、辩护人、诉讼代理人意见等），不可单纯书面审理。法院审查的结果，可能会得出两种结论：(1)有必要开庭审理；(2)没必要开庭审理。对前一类案件，即可按程序进行，这里不再赘述。对后一类法院认为没必要开庭审理，经合议庭阅卷调查即可结案的案件，我们认为，应通知同级人民检察院进行审查。

二审人民检察院审查此类案件，可以有别于需出庭的案件，有针对性地审查，主要看案件有无疑点、矛盾点，考察案件程序，尽量排除案件不开庭审理带来的监督上的不利。如不符合不开庭审理条件，或检察院认为有必要出庭履行监督职责的案件，则可着手做出庭前准备工作，并建议二审法院开庭。

经审查，认为法院准备不开庭审理案件具备不开庭审条件的，人民检察院可通知二审法院，同意该案不开庭审理，要求法院在不开庭审结该案后，及时将该案的二审判决、裁定送达检察院，以便对案件进行完整的法律监督。如发现问题，检察院可提出纠正意见；如二审判决、裁定不当，符合审判监督抗诉条件的，可以提请上级人民检察院抗诉。

三、二审案件开庭如何"参照"一审程序

关于刑事二审开庭程序，刑事诉讼法没有做出明确具体的规定，只是在《刑事诉讼法》第195条中指出："第二审人民法院审判上诉或者抗诉案件的程序，除本章已有规定的以外，参照第一审程序的规定进行"。那么，在实践中二审案件如何"参照"一审程序进行审判呢？在实践中执行该条款的做法较为混乱：有的完全照搬一审程序，开庭时合议庭把卷交给检察人员，检察员像一审公诉人讯问被告人一样讯问上诉人，逐一举证、质证，审判人员不参与调查与举证；有的则完全按以前纠问式（法官调查式）方法，由审判人员掌握案件卷宗并主审，检察人员参与讯问和质证，并发表结论性意见；有的则采取新旧参半式，纠问式（法官调查式）与控辩式相混合，先控辩，审判人员认为有必要的又按纠问式（法官调查式）继续审理。检法两家就该问题没有达成一致，法院内部做法也不统一。

修正后的刑事诉讼法对庭审方式作了重大变革，取消了一审法院庭前实体审查。公诉案件只要起诉书有明确的指控犯罪事实并且附有证据目录、证人名单和主要证据复印件或者照片的，人民法院就应当开庭审判。一审开庭

采取控辩式,公诉人承担讯问被告人,出示物证等职责。但是二审案件并非完全符合这些一审的特点,所以我们认为,在参照执行时,必须根据二审的特点做适当灵活的变通:

(一)二审庭审调查与辩论的顺序

一审公诉案件庭审中,由公诉人首先宣读起诉书,进行法庭调查,在法庭辩论阶段,也是由公诉人首先发表公诉意见。而对于二审案件庭审调查和辩论的顺序,我们认为要具体情况具体分析。二审程序启动的理由不同于一审,既有可能是基于一审被告人不服一审判决裁定而提起的上诉,也有可能是基于一审检察机关认为一审判决裁定确有错误而提起的抗诉,因此二审法庭调查的重点和程序与一审就应该有所不同。天津当前较通行的做法是:对于上诉的二审案件,一般由辩护人首先进行事实调查、首先发表辩护意见;而对于抗诉的二审案件,则由出庭检察官首先进行事实调查、发表出庭意见。这种做法有一定的道理,至少体现了不同的庭审侧重点。

(二)二审法庭的示证与质证

示证和质证是法庭调查的一项重要内容,二审庭审中,如何参照一审程序进行示证、质证,我们认为也要采取区别对待、具体问题具体分析的方法。

首先,对于一审已质证过的证据。刑事二审和一审都包含了示证和质证环节,而对于事实清楚的案件,把在一审庭审中已逐一向上诉人(原审被告人)出示并质证过的证据在二审法庭再全部重新出示质证一遍,显然大没必要。我们认为,根据一审卷宗记载,对于一审庭审时已出示并质证过的证据,二审中只需核实一审是否确实依照法定程序予以出示并经双方质证,然后征求上诉人(原审被告人)的意见是否有必要再次示证质证。如果案件当事人对已经一审庭审示证质证过的证据没有异议,则无须再次进行出示和质证。

其次,对于二审新调取的证据。二审期间,无论是检察官、法官还是律师,都有可能调取新的证据。对于这些证据,如果要作为定案的参考或依据,必须经过法庭示证、质证程序。示证的主体,以谁取证谁示证为妥,质证则仍然是控辩双方。原来有一种做法,法官根据证据的证明内容来确定法庭自行调取的证据由控辩哪一方来代为出示,然后进行质证。我们认为,这种做法大可不必。谁取证谁出示的做法,更为科学合理。

最后,对于二审庭审后法院自行调取的据以判案的证据。修正后的刑事诉讼法实施之初,许多法院认为经过庭审定案证据仍然不足、需要补查的案件,法官就自行取证,并依据所取证据直接进行最后裁判,而不再开庭进行庭审示证质证,使得对于这部分证据的采集和使用存在监督上的空白。随着检察机关监督意识的日益加强，目前我市检法两家已初步形成共识，对于庭后取得的新证据，一定要经过再次开庭示证、质证，才能作为定案依据。《刑事诉讼法》第189条第3款规定的“查清后改判”，并没有排斥再次开庭质证之意。

（三）二审庭审调查与辩论的内容

一审庭审，是对公诉案件进行全面基础性审查，是合议庭法官判断案件的重要根据，因此要注重每一个与判案相关的细节。而二审程序不同，它是基于一定事由发动的、旨在纠正一审判决裁定错误的特定程序，与一审庭审相比较，二审庭审调查和辩论，更应有所侧重和有针对性。

对于不服一审判决裁定的上诉案件，应重点审查上诉理由。庭审调查和辩论，都要紧紧围绕上诉人的上诉理由展开。虽然二审案件审查实行全面事实审，但并不意味着要在全面重复一审的基础上更加复杂化，而是指在关注全案事实的基础上集中精力审查辨明争议的焦点。例如，对于上诉人仅就量刑提出上诉，对被指控犯罪事实没有异议的二审案件，庭审时就没有必要就一审已认定清楚的犯罪事实再进行详细的法庭调查，而应将调查的重点放在对量刑有影响的情节上，在辩论阶段主要论述与量刑相关的法律规定的适用。对于复杂的多被告多罪名的案件，部分被告就部分事实和罪名提起上诉的案件，一方面要严格贯彻全案审查的原则；另一方面也要注意体现“有重点、有针对性”的二审法庭调查和辩论特点。

对于检察机关认为一审判决裁定认定事实、适用法律上有错而提起的抗诉，庭审调查及辩论应紧紧围绕抗诉书中的抗诉理由展开。虽然抗诉案件的二审出庭检察官在某种意义上履行着继续指控犯罪的职责，但这种指控主要是针对一审的错误和不当，不是单纯地针对被告人，所以着力点与一审也是有所不同。对于一审没有指控成功的部分，要加大庭审调查和法庭辩论的力度，详尽调查相关犯罪事实，充分论述认定犯罪理由，对一审的错误和不当之处充分予以阐述，这与一审时的庭审侧重点是不一样的。通过深入具体的调查辩论，查明真相，辨明真伪，透彻法律适用的尺度和依据，以达到使二审法院正确适用法律、纠正一审错误的目的。

总之，二审程序与一审程序虽然在形式上相似，但有着本质的不同。一审程序，公诉人的主要精力集中在如何使指控罪名成立上，而二审程序针对的是一审判决、裁定及程序的正确与否，既要针对定罪，又要针对量刑，还要关注程序，审查和关注的内容与一审不尽相同。因此，贯彻《刑事诉讼法》第195条规定，二审程序参照一审，不能盲目照搬照抄一审，而应在坚持基本程序一致的基础上，在庭审方式和内容上根据二审案件特点适度调整，这样才能更加高效、合理、公正地审理案件。

四、二审证据的补查及对《刑事诉讼法》第189条第（三）项的理解、运用和监督

案件在二审阶段，事实证据发生变化、被告人翻供或提出新的辩解、证人证言发生变化等情况时有发生，因此，二审的补查工作十分必要。如我们前面提到的，第一审与第二审程序不同，各有侧重，检察人员出席一、二审法庭的职责也不相同。那么在二审程序中，检察人员也不应像在一审程序中那样对证实犯罪承担唯一责任。对二审案件的审查，实际是检察员、审判员按照同样的审查方法、同样的审查标准、在同一诉讼程序中针对同样的审查内容对案件进行审理。对于需要补查的证据，检法可以互相协商、互相配合，在有限的诉讼时间内，尽量查清案件。对于二审补查的证据，无论是检、法取的，还是律师取的，都需要经过法庭质证，方可作为定案依据。

《刑事诉讼法》第189条第（三）项规定："第二审人民法院对不服第一审判决的上诉、抗诉案件，经过审理后……（三）原判决事实不清楚或者证据不足的，可以在查清事实后改判；也可以裁定撤销原判，发回原审人民法院重新审判。"对于一些事实不清、证据不足，开庭前没有取得充足证据的案件，二审检察官在二审庭审中常会发表适用该款的意见。检察人员发表了建议适用《刑事诉讼法》第189条第3款的意见，法院采用后，会导致两种结果：一是查清后改判，一是发回重审。

（一）查清后改判中存在的问题

《刑事诉讼法》第189条规定了法院在审理后查清改判的权利，即经过庭审，控辩双方未对各自主张的事实形成有说服力的证明，而要法官自己在庭审后去查清，并依据这种查清做出裁决。这里我们暂不探讨法官的这种权力设置的利弊和根据，仅就检察官一方讲，我们认为，发表这样的出庭意见就欠妥。二审是法官、检察官站在不同的角度对一审判决进行审查和判断，如果在出庭之前，出庭检察官对事实还不能形成明确的判断，而经过庭审仍不能形成正确的认识，最终发表请法庭"查清后改判"的出庭意见，那么检察官的监督职能如何体现呢？既然法庭可以自己全权完成整个司法审查任务，要二审检察官出庭又做什么呢？对于"查清后改判"的案件，法律没有明确规定相应的法定程序，那么是否再次开庭审理就成为法官的一种自由选择。对于选择不开庭就自行根据自己调查所得证据裁判的案件，检察官的监督职责就更加无从履行。所以，一方面我们积极主张，法官庭后调查取得的证据应经过

再次庭审质证方可作为定案依据;另一方面我们主张,二审检察官要力争通过自己的努力查清案件事实,尤其是一些对已有证据的调查核实,应尽量在自己审查案件期间完成,对于案件事实确实难以查清的,可以明确发表发回重审的意见。

(二)发回重审中存在的问题

司法实践中,发回重审的案件有增多的趋势,对此类案件如何监督也日益引起关注。

问题一:发回后的案件任意改判,如何监督?

二审案件在二审阶段做出裁判,二审检察官可以根据自己对案件的审查判断合法适当与否,对案件进行监督,对二审判决裁定不当符合抗诉条件的,可以依法提请上级人民检察院按照审判监督程序抗诉。但是对于发回重审的案件,就难以履行监督职责。例如有些案件,二审审查过程中,检察官发现了问题,但是案件一旦被发回,原审法院重新审判后,原审被告人不再上诉,下级检察院也未抗诉的,案件判决就此生效了,原发现的问题如未解决,二审检察官已经没有监督的途径了。如果案件自始就未经过二审程序,就不存在二审监督空白问题。而案件一旦经过了二审程序,二审检察官又对全案进行了审查,发现了问题,如果再出现法律适用错误或放纵犯罪的问题,就与检察官的职责相悖了。

如何解决这个问题,我们认为,要建立对发回案件的追踪制度,对审查过的案件要跟踪其发回后的处理结果,如果发现有问题的,可以及时与下级检察机关沟通甚至发出指令,通过抗诉程序来填补此部分的监督空白。

问题二:案件多次发回问题如何解决?

司法实践中,二审案件多次发回重审现象日益突出。虽然刑事诉讼法关于发回重审的规定,除了符合第 191 条一审法院违反法律规定的诉讼程序的五种情形外,只有“经过审理后,原判决事实不清楚或者证据不足的”的案件,才可以“裁定撤销原判,发回原审人民法院重新审判”,但实践中,许多案件并非完全是因为事实不清或证据不足或违反了法定诉讼程序而被发回重审。有些时候,是二审法院认为一审法院在定罪或量刑上裁判不妥的,但又不肯自行改判,就采取了适用第 189 条第(三)项的方法,将案件发回原审法院重审。由于发回的原因不仅局限于案件证据的补查,还涉及对案件的认识,所以再次审判后被告人上诉,再次被发回的情形也时有发生。对于发回重审的次数,法律没有明确规定,导致有些案件在原审法院和二审法院之间“踢足球”,反反复复地发回、上诉、再发回、再上诉。

我们认为,对于二审案件因事实不清、证据不足而发回重审的案件,在发回的次数上应该有所限制,比如以两次为限,经过两次发回重审后案件不得被再次发回,二审法院必须根据现有的证据状况做出有罪或无罪的裁判,以节省司法资源,避免司法的拖沓,及早给案件当事人一个明确的司法结论。

鉴于以上分析,我们主张二审检察官在出庭时要尽量少发表适用《刑事诉讼法》第189条第(三)项的意见,在积极主动查清案件事实的基础上,发表明确具体的出庭意见,以充分体现检察机关对刑事二审案件的法律监督职能。

刑事第二审程序审理方式之完善
——兼谈检察机关在刑事第二审中的职能作用

上海市人民检察院第一分院法律政策研究室

第二审程序,又称上诉审程序,是指第二审人民法院,根据当事人提出的上诉或者人民检察院提出的抗诉,对第一审人民法院尚未发生法律效力的刑事判决或者裁定进行再次审理的刑事诉讼程序。我国实行二审终审制,通过第二审程序,维持正确的裁判,纠正错误的裁判,维护国家法律的统一和尊严,保障当事人的合法权益,正确适用刑法惩罚犯罪。刑事诉讼法修改以来,相对于第一审程序而言,理论界和实务界对第二审程序实施问题似乎关注不够,改革力度也不够大。现从保障人权与法律监督之视角,对第二审程序中的突出问题及完善对策作一探讨。

一、二审开庭率偏低是第二审程序的突出问题

修正后的刑事诉讼法施行以来,第二审程序中存在的突出问题就是上诉案件审理开庭率偏低。《刑事诉讼法》第 187 条规定:“第二审人民法院对上诉案件,应当组成合议庭,开庭审理。合议庭经过阅卷,讯问被告人、听取其他当事人、辩护人、诉讼代理人的意见,对事实清楚的,可以不开庭审理。对人民检察院抗诉的案件,第二审人民法院应当开庭审理。”对此,我国诉讼法学界一般认为,现行第二审程序有开庭审理和调查讯问两种审理方式,[①]其中

---

① 审判实践中存在开庭审理、调查讯问审理和书面审理三种方式。其中:开庭审理亦称法庭审理,是指合议庭通过开庭方式,在控辩双方及其他诉讼参与人的直接参加下,审核证据,查明事实,做出裁决。调查讯问审理亦称“庭外调查讯问审理”或“提讯审理”,是指合议庭采取阅卷,讯问上诉人、原审被告人及询问其他当事人,进行必要的调查核实证据,听取或阅读检察员和辩护人的意见后,进行评议;或者由审判长讯问当事人并进行必要的核实证据后向合议庭汇报,进行评议,作出终审裁判。书面审理是指既不开庭,也不讯问被告人,合议庭成员通过审阅全部案卷材料和上诉人、辩护人、检察员的书面意见后进行评议,作出实体裁判的审理方式。刑事诉讼法修改时采纳了前两种审理方式。参见周道鸾、张泗汉主编:《刑事诉讼法的修改与适用》,人民法院出版社 1996 年版,第 314—317 页。

开庭审理应当是第二审程序审理的基本方式,且应当以开庭审理为原则,以调查讯问审理为例外。但是,有关调查结果显示:二审法院开庭的案件较少的可以低于10%甚至5%,而较多的则可以达到20%。但各地中级人民法院以开庭方式审理的上诉案件一般不会超过全部上诉案件的30%。[①] 当然,也有个别地方二审法院的二审开庭率比较高,如上海市第一中级人民法院和上海市检察院第一分院从1998年9月起,共同在本辖区对刑事二审案件实行全面开庭审理的改革措施,二审开庭率从10%上升到100%,当庭宣判率也从10%上升到40%,曾一度实现刑事二审案件的审理方式由调查讯问审理向开庭审理的转变。尽管从2003年起又恢复对部分上诉案件实行开庭审理的模式,但二审开庭率仍保持在50%的较高比率。[②] 因此,"从实际执行情况看,除个别地区外,开庭审理的二审案件只占少数,调查讯问成了二审的基本方式,开庭审理反而成了例外,与修改刑事诉讼法前的二审情况相比基本上没有什么变化。"[③]

二审法院对上诉案件不经过开庭审理迳行裁判必然产生如下弊端:一是限制上诉人有效行使辩护权。调查讯问审理由于不开庭,实际上剥夺了上诉人直接参与法庭审理的各项诉讼权利,如参加法庭调查、法庭辩论、申请通知新的证人到庭、调取新的物证并在法庭出示等权利。由于书面辩护意见缺少当庭辩论,也不利于辩护律师充分履行辩护职能。[④] 二是违背公开审判和程序公正等基本要求。公开审判、参与原则、直接、言词原则和辩论原则都是程序公正的基本要求,也是现代诉讼的基本特征。"开庭形式是诉讼程序区别于行政程序的根本性标志之一。"[⑤]然而,不开庭审理显然达不到上述要求,有损法律的严肃性和司法的公信度。三是变相取消检察机关的法律监督权。根据《刑事诉讼法》第188条规定:"人民检察院提出抗诉的案件或者第二审人民法院开庭审理的公诉案件,同级人民检察院都应当派员出庭。"检察机关无权参与二审法院对上诉案件的调查讯问审理。因此,"调查讯问式审理实际取消

---

① 陈瑞华:"对两审终审制的反思——从刑事诉讼角度的分析",载《法学》1999年第12期。

② 上海市第一中级人民法院刑一庭:"全面改革刑事审判方式,实行二审开庭审理",载《人民司法》1999年第11期。

③ 陈光中主编:《刑事诉讼法实施问题研究》,中国法制出版社2000年版,第253页。

④ 有律师指出:"等到二审,律师辩护的作用更是微乎其微,律师在二审中实际可为的只是提交一份二审辩护词或与承办人员进行一次简单的谈话,有时只能与合议庭非主办案件的成员甚至只能与书记员谈谈,这种谈话只限于律师单方陈述意见,作用甚小。有的二审承办人不等辩护词送到,便已将案件提交合议庭讨论决定,甚至已经制作了裁决书。有的二审承办人认为,律师交了辩护词就不必多问案件裁判情况。"详见李智波(广东环宇商务律师事务所):"我国现行上诉制度改革初探",载《浙江省政法管理干部学院学报》2000年第1期。

⑤ 徐鹤喃、刘林呐:《刑事程序公开论》,法律出版社2002年版,第246页。

了检察机关在二审过程中的法律监督权,只能待判决生效后进行事后监督。"①

二、二审开庭率偏低的成因

二审开庭率偏低,是立法不够科学与司法不够规范的"互动"结果,使立法对上诉案件可以不开庭审理的例外规定,正逐步演化为二审法院对上诉案件选择审理方式的"弹性"规定。

第一,《刑事诉讼法》第187条规定将案件"事实清楚"作为决定是否开庭审理的客观性标准。一是"标准"不够科学。根据该条规定,合议庭经过阅卷、讯问被告人、听取其他诉讼参与人的意见后,对事实清楚的,可以不开庭审理。但实践中存在合议庭"合而不审"的现象,实际上判断"事实清楚",决定是否开庭审理,由合议庭变为了主审法官。这种评价标准和方法具有明显的单方性,缺乏必要的制约,在实践中极易产生很大的主观性和随意性。② 二是"标准"容易产生歧义。根据第187条表述,对"事实清楚"的可以不开庭审理,除非一审判决存在适用法律错误,二审法院将维持原判。这样反而容易产生误解,对"事实不清"的开庭审理,就意味着必然会引起改判。③ 这种误解容易引导二审法官先入为主,产生不利于被告人的预断。三是"标准"不够合理。以"事实清楚"作为是否开庭审理的标准,可能会将一些重大复杂疑难案件排斥在开庭审理的范围之外,因为重大复杂疑难案件并不等于"事实不清",这样导致确需开庭详细审理的重大复杂疑难案件反而不开庭审理。

第二,适用调查讯问审理的案件范围,未能体现上诉案件以开庭审理为原则的立法宗旨。既然立法对二审方式确立了"以开庭审理为原则,以不开庭审理为例外",那么开庭审理的上诉案件就应占大多数,不开庭审理的上诉案件只占少数,这才是立法应然性的表现。但从实证的角度看,被告人不服一审认定事实的上诉案件要占上诉案件总数的一半以上。如以上海市检察院第一分院曾于2000年对近年来参与开庭审理的上诉案件(共519件706人)作过一次调查统计。在被告人的上诉理由中,认为一审判决认定事实错误的有390人,占55.3%;认为量刑过重的有207人,占29.3%;认为适用法

① 周道鸾、张泗汉主编:《刑事诉讼法的修改与适用》,人民法院出版社1996年版,第315页。

② 二审实践中,被告人、辩护人与二审法官或合议庭对一审判决认定的事实经常会发生争议,即被告人、辩护人认为一审事实不清、证据不足,二审法官或合议庭却认为一审事实清楚、证据充分,最终决定不开庭审理,直接作出二审裁判。被告人、辩护人连到法庭上申辩的机会也没有,也从一个侧面反映了开庭标准以及单方决定的弊端。

③ 因为《刑事诉讼法》第189条规定,原判决事实不清或证据不足的,可以在查清事实后改判,也可以发回重审。

律不当的有70人，占9.9%；认为漏定自首、立功等法定情节的有39人，占5.5%。如果按上诉理由划分，对量刑、适用法律、量刑情节等问题提出上诉的案件，属于事实清楚的，可以纳入不开庭审理的范围；对一审认定事实问题提出上诉的案件，可以纳入开庭审理的范围。当然，这仅仅是被告人或辩护人的单方认识，并不就是"事实不清"，经过二审合议庭、二审检察部门的分别审查和法庭审理，最终被认定事实不清的案件很少。[①] 可见，实践中事实清楚的上诉案件占了大多数，而法律规定将事实清楚的上诉案件作为不开庭审理案件的范围，必然会导致上诉案件开庭率偏低的实践结果。另从立法设置看，调查讯问审理方式只是一种"权宜"之计，主要是为了兼顾交通不便的边远地区"二审开庭难"和司法人力、财力保障不足等情况，但具体设计条文时，将不开庭审理方式无差别地适用于全国各区域，没有体现"地域差别"的设计理念，使得立法的"例外"变成了"普遍"。

第三，条文制定本身不够严谨，对司法实践产生负面影响。一是区别对待上诉案件与抗诉案件的审理方式。对"事实清楚"的上诉案件规定为可以不开庭审理，而对抗诉案件规定为"应当开庭审理"。学界对此多从控辩平等的角度指出："法律对控辩双方权利的保护严重失衡"。[②] 首先，我们不赞同把检察机关作为控方的身份参与抗诉案件的法庭审理，检察机关在第二审程序中行使的是法律监督职能。法律规定抗诉案件必须开庭审理，对不利于被告人的抗诉而言，有利于保障被告人充分行使辩护权。况且法律对抗诉规定了更为严格的程序，一审公诉机关提出抗诉后，由上一级检察机关审查，如果认为抗诉不当的，可以向二审法院撤回抗诉；如果认为抗诉正确的，出席法庭支持抗诉。因此，实践中抗诉案件远少于上诉案件，条文作区别规定，实际意义不大。二是不开庭审理的方式模糊。一般认为，法律对"事实清楚"的上诉案件不开庭审理的具体方式是"调查讯问"，即为"合议庭经过阅卷，讯问被告人、听取其他当事人、辩护人、诉讼代理人的意见"。但学界也有不同观点，一种观点认为，"调查讯问"既是庭前审查，又是实质审理。合议庭对上诉案件经"调查讯问"，决定开庭审理的，"调查讯问"就是庭前审查；而决定不开庭审理的，"调查讯问"就是实质审理。[③] 另一种观点认为，"调查讯问"是一种决定是否开庭审理的分流程序，不是一种法定的审理程序，立法没有提供开庭

① 如2000年上海市第一中级人民法院对二审案件改判和发回重审的只有56件，仅占9.9%，其中包括一审认定事实，适用法律等其他错误，就是一个很好的印证。

② 陈永生："刑事二审审理方式之改革"，载《政治与法律》2004年第1期。

③ 陈光中主编：《刑事诉讼法实施问题研究》，中国法制出版社2000年版，第254页。

审理以外的其他审理程序。[1] 我们认为,"调查讯问"与开庭审理合一是第二审中最完整的审理程序和方式;对事实清楚的上诉案件可以不开庭审理,第二审程序只是省略了开庭程序。问题主要在于条文表述不严密,只要在关于"调查讯问"表述的最后补充:"迳行作出判决或者裁定"即可。

第四,司法层面上的不规范运作,加剧了二审方式"原则与例外"关系的倒置。一是最高人民法院《关于执行刑事诉讼法若干问题的解释》将"事实清楚"具体化为"合议庭认定的事实与第一审认定的没有变化,证据充分"。《解释》将开庭标准"事实清楚"界定为一、二审认定事实一致,实际上将一审事实作为二审审查事实的参照物,容易引导二审法官由"审查"事实转为"求证"一审认定的事实,有违全面审查原则。全面审查原则反映在审查案件事实上,应当理解为二审合议庭全面审查一审案件事实,既不受上诉、抗诉范围的限制,也不受一审认定事实的限制,从而判断一审认定事实是否正确。二是法院系统推行"受审分离"制度,即由立案庭负责统一受理案件并安排开庭日期(又称为开庭排期),审判庭负责审理案件。立案庭取代二审合议庭审查并选择开庭案件,以查阅上诉状是否涉及事实问题的程序性审查取代"调查讯问式"的实质性审查,[2]造成选择开庭案件的混乱情况,有时只能将一些事实不清但未选择开庭的上诉案件重新安排开庭,但有的因审限不足、安排法庭困难等原因则未能开庭审理。三是立法规定的"调查讯问审"有异化为"书面审"的倾向。一般认为调查讯问审理,能够节约司法资源,提高诉讼效率,减少案件积压和超审限。其实严格按照调查讯问审理的要求,二审工作量也是相当大的。为此就有人提出"试想法院与诉讼参与人双方在开庭审理与上述调查、核实、取证工作所耗费的时间、精力和财力上孰多孰少"[3]的质疑。但在实践中,二审法官主要依靠阅卷,辅以讯问被告人和听取辩护人意见,而听取其他诉讼参与人的意见则视情可以选择,至于调查取证则很少进行。其中对

[1] 樊崇义主编:《刑事诉讼法实施问题与对策研究》,中国人民公安大学出版社 2001 年版,第 565—566 页。

[2] 二审实践中,由于多数被告人缺乏必要的法律常识,且基层法院一审判决的被告人提出上诉,聘请律师为其辩护的较少,所以他们自己书写的上诉状往往"词不达意",其上诉理由不一定能针对一审认定事实和适用法律。况且,大多数被告人被羁押,需要通过看守所转交上诉状。实践中有的看守人员却怕麻烦、图省事,干脆要求被告人在上诉状仅写"我要上诉"即可,理由是上诉理由反正要向法官或辩护人说的,没有必要写明。可见,以查阅上诉状的上诉理由来决定是否开庭的做法不可取。

[3] 崔敏:"刑事二审案件一律开庭审判的必要性及相关问题",载《武汉交通管理干部学院学报》第 3 卷第 4 期。

相距甚远的原审被告人是否完全做到提审，由于相当部分的被告人在二审程序中未委托或不再委托辩护人，故二审法官也无须听取辩护人意见。分析至此，不难发现，所谓的“调查讯问审理”，其主要成分仍是“书面审”。这恐怕就是有些二审法官偏爱于“调查讯问审理”的缘故。如果“调查询问审理”真成了规避法律的“书面审”，那是二审实践的倒退。

三、检察机关在第二审程序中的作用有弱化趋势

目前与二审开庭率偏低相关的问题是，检察机关对第二审程序的监督作用有弱化的趋势。检察机关依法只能参与占上诉案件总数很小部分的二审开庭审理的上诉、抗诉案件，但对大部分上诉案件因二审法院调查讯问审理而无法加入，因此不开庭审理的上诉案件成了法律监督的“盲区”。[①] 除因立法缺陷制约检察职能发挥外，从检察机关内部关系看，也有其自身的不足：

第一，没有相应的内设机构，投入力量明显不足。执行各种检察职能的业务机构是检察机关的主体。检察机关的业务机构设置，主要是根据其在第一审刑事诉讼程序不同阶段所履行的法定职能，设立如公诉、侦查等内设机构。对刑事第二审程序，检察机关没有设置专门部门参与。目前，全国只有少数直辖市分院设置独立的二审检察部门，大多数州市分院一般将二审检察职能划给公诉部门兼顾。由于公诉部门侧重于公诉指控职能，造成“重一审公诉，轻二审监督”的现象，将二审检察业务视为“副业”。

第二，法律定位模糊，导致观念偏差。检察官出席二审法庭审理究竟如何定位，长期以来争议不休，现有四种观点：一是法律监督机关代表；二是国家公诉人；三是公诉人兼法律监督机关代表；四是根据具体情况而定，在上诉审理中是公诉人，抗诉审理中是法律监督机关代表。[②] 上述争议，其实反映了检察机关应是“法律监督”还是“当事人化”的理论之争，如不澄清，将直接影

---

① 刑事诉讼法修改以前，立法没有明确规定二审审理方式，司法实践中，普遍采用“书面审”、“调查讯问审”和“开庭审”，二审法院一般会根据上诉案件的具体情况，要求二审检察机关共同参与上述三种方式的审理。但刑事诉讼法修改后，立法将检察机关明确限制在参与开庭审理的上、抗诉案件中。我们也注意到高检院编写的检察人员岗位培训教材《中国检察业务教程》（中国检察出版社 1999 年版，第 210 页）中指出：“对人民法院所采取的调查讯问方式的审理活动，人民检察院同样应当进行监督。”但问题是这种“监督”没有相应的制度和程序保障，不起任何作用。实践中，有的二审法院主动将经调查讯问审理作出的二审裁判文书提供给二审检察机关审查，但这仅是建立在检法相互配合的基础上，缺乏法律的约束。因此从这个角度而言，二审检察的职能作用还不如刑事诉讼法修订前。

② 龙宗智：《检察制度教程》，法律出版社 2002 年版，第 274 页。

响二审检察职能的正确履行。如实践中对二审检察官素有“第二辩护人”之称,即二审检察官对于上诉理由确实充分、原审判决确有错误的上诉案件,如果出席二审法庭同意上诉人及其辩护人的意见,就会成为“第二辩护人”。但有的怕当“第二辩护人”,甚至提出赋予检察机关(检察官)有不开庭审理的建议权。① 我们坚持检察官出席二审法庭审理,就是以法律监督机关代表的身份履行法律监督职责。纠正一审错误判决、维护被告人的合法权益,是二审检察官的法定义务,也是履行法律监督职责的具体体现。在这种情况下,二审检察官应该当“第二辩护人”。

第三,二审抗诉方向偏移,监督效果不够理想。当前实践中有两个倾向性问题,值得引起重视:一是普遍存在“抗轻不抗重”现象。目前,检察机关提出抗诉的绝大多数案件,是对被告人不利的,即认为一审判决重罪轻判;二审法院改判的绝大多数案件,却是被告人提出的上诉案件,是对被告人有利的。值得深思的是,一审公诉机关是二审抗诉程序的发动者,将抗诉视为其控诉职能的延续和工具,并不关注维护被告人的合法权益,抗诉往往带有明显的维护控方利益的倾向。在大陆法系的德国刑事诉讼中,同样遇到类似问题。德国的检察官负有客观公正的义务,德国的法学理论并未将检察官视为刑事诉讼中的一方“当事人”。但实践中,检察官的作用非常类似于更明确的当事人制度下的指控官员。比如检察官为了被告人的利益而提起上诉的情况就很少发生。正如德国学者指出:“一旦做出起诉决定,德国的检察官将抛开他们的中立态度,尽力去赢得诉讼,甚至不亚于美国的检察官。”②二是请求抗诉制度流于形式且收效甚微。被害人是刑事诉讼中人权保障的重要对象,刑事诉讼法修改时增加了被害人请求抗诉制度,以体现保障被告人与保障被害人并重的立法理念。但实践中,因被害人请求抗诉而提出的抗诉案件非常之少。有的检察官(公诉人)往往将被害人仅作为公诉的指控工具,以实现公诉指控要求,而并不真正帮助被害人实现实体权利和诉讼权利。当被害人向其提出抗诉请求时,又往往因指控目的已经实现,为维护控方“既得利益”而不同意启动抗诉程序。

---

① 李莉安、丁忠发:“上诉检察官应有不开庭审理建议权”,载《检察日报》2005 年 1 月 20 日。

② [德]托马斯·魏根特:《德国刑事诉讼程序》,岳礼玲、温小洁译,中国政法大学出版社 2004 年版,第 41 页。

四、第二审审理方式的完善对策

开庭审理是法院审判活动的基本方式，具有公开性、直接性和规范性，最能体现审判的公正和权威。对二审案件实行一律开庭审理，当然是解决问题的一种最理想办法。但是，目前我国发展很不平衡，城乡差别、地区差别扩大的趋势尚未扭转，一方面在发达地区如一些沿海地区和城市，经济发展较快，交通便利，已经基本具备二审全面开庭审理的客观条件；另一方面在欠发达地区如一些西部边远地区和农村山区，经济相对落后、交通十分不便，尚不具备二审全面开庭审理的条件，且在短期内无法实现根本改善。由于目前刑事案件总量上升而司法资源有限的形势，如果在全国范围内不分地域地对二审案件一律实行"开庭审"，这种"一刀切"做法，既不符合我国国情，也难以统一执行。

鉴于此，我们认为，要切实解决二审开庭率偏低的突出问题以及强化检察机关对二审审判监督的作用，必须从立法与司法两个层面上进行系统性改革。立法上应当坚持"以开庭审理为原则，以不开庭审理为例外"的审判原则，全面修改现行"调查讯问审理"方式；司法上建立相关配套措施，积极推行二审案件全面开庭审理的改革实践，为今后全面实行一律开庭审理积累立法经验。

（一）全面缩小调查讯问审理的适用范围

首先，将调查讯问审理的适用范围由"案件类型"改以"地域类型"为划分标准，建议立法取消将案件"事实清楚"作为适用调查讯问审理的"普适性"规定，明确规定调查讯问审理仅适用于交通十分不便的边远地区。通过地域限制，保证在全国大多数地区必须实行二审案件全面开庭审理，只能在少数或个别地区适用调查讯问审理方式，真正体现二审审理方式"以开庭审理为原则，以不开庭审理为例外"的立法宗旨。其次，由立法授权最高人民法院、最高人民检察院，以"两高"司法解释的形式，对"交通十分不便的边远地区"作出统一规定，以杜绝各地自行其是。"两高"还可以根据全国各地区的社会经济发展情况，适时调整"交通十分不便的边远地区"的界定范围，以逐步缩小调查讯问审理的适用范围。需要说明的是，这里的调查讯问审理，是指适用于交通落后、十分不便的边远地区。如果虽属边远地区但交通良好甚至发达，则不属于此列。此外，高级人民法院审理的二审案件是否适用调查询问审理？我们认为不宜适用。因为从高级人民法院与中级人民法院所在地看，目前省会城市与地区首府之间的交通设施较好，有些边远省份两地虽相距较远,但通行较为便利。况且根据审级管辖规定,中级人民法院作出的大多系无期徒刑、死刑的一审判决,对于严重刑事犯罪的上诉案件,更应开庭审理予以全面救济。

或许有人认为,如果立法将调查讯问审理适用于边远地区,而在其他地区实行开庭审理的话,由于立法本身的不平等,与其他地区相比,会剥夺边远地区部分上诉案件被告人参与法庭审理的诉讼权利,会造成程序不公正。我们认为,强调程序公正,应当追求的是实质公正,而不是形式公正。现行立法在全国统一适用调查讯问审理方式,形式上看似很公正,结果却造成二审审理方式"原则与例外"的本末倒置,实质上损害了大多数被告人的诉讼参与权利。况且立法也作过类似"区别对待"的规定,如《刑事诉讼法》第126条对"交通十分不便的边远地区的重大复杂案件",可以延长侦查羁押期限。可能还有人认为,全面开庭不利于提高诉讼效率,浪费司法资源,没有必要。我们认为,公正是司法的本质要求,是灵魂和生命线,司法离开公正就不成其为司法。在公正与效率的关系上,司法行为与行政行为不同的是,司法应强调"公正优先兼顾效率,不能为了效率过分牺牲公正"。①

(二)全面改进调查讯问审理方式

鉴于立法关于"合议庭经过阅卷……对事实清楚的,可以不开庭审理"的规定不尽科学、合理及严谨,建议立法:第一,取消以合议庭(法官)认定"事实清楚"作为决定是否开庭审理的判断标准,改为"上诉人、检察员对事实没有异议"的程序性标准。第二,将合议庭(法官)单方决定是否开庭审理,改为"经上诉人、检察员同意",才能不开庭审理,即由上诉人、检察员与法官三方共同决定是否开庭审理。第三,明确规定重大复杂等几类案件不得适用调查询问审理。同时,最高人民法院有必要对"重大复杂案件"作出司法解释,便于在司法实践中统一执行。如此主要基于以下考虑:

一是严格控制不开庭审理之需要。由于二审不开庭审理的方式是调查讯问审理,先根据"地域划分"的思路将调查讯问审理限制在"交通十分不便的边远地区",再根据"程序制约"的思路规范调查讯问审理方式,以实现减少和控制不开庭审理的立法目的。从"程序制约"的角度出发,通过设定程序性标准、分解合议庭(法官)对不开庭的决定权、赋予上诉人、检察官有程序选择权等措施,解决目前选择调查讯问审理存在的单方性、主观性和随意性等弊

① 陈光中:"刑事诉讼法再修改之基本理念",载《政法论坛》(中国政法大学学报)2004年第3期。

端。此外,为防止实践中以“事实清楚”为由,将一些重大复杂疑难案件排斥在开庭审理范围之外,立法明确规定不得适用调查讯问审理的几类案件。

二是保障检察机关参与审判监督之需要。我们建议在全国大部分地区对上诉案件实行全面开庭审理,还将检察官引入调查讯问审理程序中,并与上诉人一起享有对开庭审理的程序选择权。这种制度安排具有十分重要的现实意义,它实质上赋予了检察机关对全部上诉案件审理的参与权即无论是否开庭审理,都要从立法制度根本上保障检察机关履行二审检察职能,切实维护法制的统一正确实施和被告人的合法权利。

三是保障被告人诉讼权利之需要。第二审程序的制度功能主要应表现为第二审法院对第一审裁判的救济和纠正。[①] 所以一般将第二审程序称为救济程序,如德国刑事诉讼法典就直接称第二审程序为“法律救济”程序,当事人通过第二审程序获得纠正第一审未生效裁判的机会和可能。相对于国外诉讼制度,我国实行二审终审制,被告人对一审裁判只有一次上诉救济的机会,第二审程序十分重要,应当努力保证被告人享有完整的诉讼参与权。从程序公正的角度出发,“上诉权并不完全是为实体权益服务的,它更重要的是对程序的参与权,通过充分的参与,上诉人才会真正接受最后的裁判。上诉人提起上诉,就说明他对一审的公正性不够信任,如果二审法院不能在公开的法庭上充分听取其意见后直接下判,形式上看案件是了结了,实质上却对审判公正造成了进一步的损害”。[②] 这就是我们建议上诉人对开庭审理享有程序选择权的基本理念。

(三)切实解决边远地区二审“开庭难”的问题

一是建立“巡回法庭”审判制度。在交通十分不便的边远地区二审开庭审理,由于涉及一、二审法院相距遥远且交通不便,押解原审被告人不安全等实际问题。为此,根据立法关于“第二审人民法院开庭审理上诉、抗诉案件,可以到案件发生地或者原审人民法院所在地进行”的规定,由二审法院设立“巡回法庭”,甚至可以在刑事二审审判庭内成立若干个合议庭,“分片包干”本辖区一审法院的上、抗诉案件,主动到原审地开庭审理。二审检察机关也相应设立类似办案部门积极参与。二是适当延长在边远地区二审开庭审理的期限。在交通十分不便的边远地区二审开庭审理,还会涉及二审审限不足的具体问题。为此,建议立法对二审审限作区别规定:对一般地区二审开庭

---

① 樊崇义主编:《刑事诉讼法实施问题与对策研究》,中国人民公安大学出版社 2001 年版,第 542 页。

② 陈光中主编:《刑事诉讼法实施问题研究》,中国法制出版社 2000 年版,第 257—258 页。

审理,仍适用《刑事诉讼法》第196条的审限规定;对交通十分不便的边远地区二审开庭审理的重大复杂案件,若适用第196条规定的期限仍不能审结的,经高级人民法院批准、决定,可以再延长1个月。这里需要强调的是,在交通十分不便的边远地区,对适当延长二审审限要作严格限制,仅限于重大复杂案件并需经严格的审批程序,不能扩展到开庭审理的其他二审案件和调查讯问审理的二审案件。

(四)探索刑事二审全面开庭审与刑事二审开庭简化审相结合的改革

我们建议在直辖市、省会城市、计划单列市以及一些经济发达、区域较小且交通便利的地区,推行二审案件全面开庭审理的改革实践,为在全国范围内推行这一制度积累经验。实行刑事二审全面开庭审,一般对保障被告人诉讼权利、强化检察机关审判监督、促进司法公正等积极作用不会质疑,但对其可行性会有疑虑。如前所述,上海市第一中级人民法院在1999年至2002年实行二审全面开庭审的4年中,对本辖区9个基层法院的全部上诉案件开庭审理的数量分别为:1999年468件905人,2000年565件1118人,2001年717件1443人,2002年692件1339人,平均每年611件1201人。上海市检察院第一分院4年来均派员参与阅卷、出席法庭审理等所有程序,在办案力量配置上,该院二审检察处人员基本上保持在24人左右(其中包括处负责人、书记员及内勤),分为5至7个办案小组。中级人民法院刑事审判庭的人员配置也大致相当。客观地说,二审检察部门工作量相当繁重,办案节奏相当快,且每年上诉案件结案率均能保持在98%以上(法院二审结案率为96%),4年间每个办案小组平均结案数为87件,尤其是2001年、2002年间平均结案数为100件,实属不易。因上海区域面积较小,一、二审法院相距较近,且交通便捷,能对被告人参加庭审做到当天押解、当天还押。当然,还要考虑到法庭安排紧张等困难。综上因素分析,在相似地区实行全面开庭审理是有可能的。

应当看到,实行全面开庭审理后,必然会面临办案力量不足、案件积压、提高诉讼效率等问题。为此,有必要实行二审全面开庭审与二审开庭简化审相结合的审理方式。根据程序分流原理,对二审案件审理进行繁简分流:即对那些事实清楚,证据充分且争议不大的案件,可以适当简化审案方式和庭审环节,加快审案进度;对那些重大复杂疑难案件则加大审理力度,实现司法资源的合理配置。所谓刑事二审开庭简化审,是指对事实清楚、证据确实充分的上诉案件,在开庭审理的过程中,保持法官、检察官、被告人三方诉讼主体结构不变,经检察官、被告人同意,根据案件具体情况,适当简化或省略某些庭审环节,使案件予以快速审理的一种庭审方式。必须强调的是,简化审只能简化或省略法庭调查这一环节，不能简化或省略听取被告人上诉理由、法庭辩论及被告人最后陈述等环节，以充分保障被告人的各项诉讼权利。实务部门已有过这方面的探索，如上海市第一中级人民法院与上海市检察院第一分院早在2001年就尝试了二审开庭简化审，据有关数据显示，当年8月，共受理上诉案件72件124人，其中适用简化审的有27件43人，占到37.5%，且有2件被当庭改判，起到了一定效果。① 况且2003年3月最高人民法院、最高人民检察院、司法部颁布司法解释，试行第一审普通程序简化审，②由于法律规定第二审程序参照适用第一审程序，其实也为二审开庭简化审提供了法律依据。

（五）强化检察机关对二审审判监督的职能作用。

一是确立检察机关全面参与刑事第二审的原则。修改《人民检察院组织法》，鉴于目前组织法第二章"人民检察院行使职权的程序"中，仅规定："对第一审裁判认为有错误的，按上诉程序提出抗诉。"应增加规定："二审法院的同级检察机关派员参加调查讯问审理上诉案件和出席开庭审理上诉、抗诉案件"。二是建立独立的二审检察部门。在州市分院一级检察机关统一建立二审检察机构，专司二审检察职能，实现公诉指控与二审检察的职能分离。虽然因为二审方式"原则与例外"的倒置，目前二审检察工作量可能较少，但一旦二审方式被扭转，二审检察的法律监督效果就会体现出来。三是端正抗诉工作的指导思想。刑事抗诉是法律赋予检察机关行使法律监督的重要方式，不能将抗诉作为公诉的附属工具，对抗诉权的不当行使，只会使人们对抗诉的正当性产生怀疑，进而会对检察机关法律监督性质提出质疑。因此，当前，在对重罪轻判案件提出抗诉的同时，更要对轻罪重判案件提出抗诉，以树立法律监督的良好形象。四是建立上报备案审查制度。为有效防止刑事抗诉权不当行使，加强"检察机关一体化"建设。根据组织法关于上级检察院领导下级检察院的规定，建立一审诉判重大差异案件和被害人请求抗诉案件上报备案审查制度。下级检察院对公诉指控与一审判决有重大差异的案件以及被害人请求抗诉的案件，必须在法定抗诉期限内将相关法律文书上报上一级检察院备案审查，如下级检察院拟不提出抗诉或不同意抗诉的案件，需要书面说明理由。上级检察院发现一审判决确有错误的，有权指令下级检察院提出抗诉。同时，鉴于请求抗诉的期限现为10日，有可能不足，建议适当延长。

---

① 关于二审开庭简化审的实践，可以详见上海市人民检察院第一分院课题组："关于刑事二审简易审的思考"，载《华东政法学院学报》2001年第6期。

② 详见"两高一部"《关于适用普通程序审理"被告人认罪案件"的若干意见（试行）》。

综上所述,我们建议将《刑事诉讼法》第187条修改为:“(第1款)第二审人民法院对上诉、抗诉案件,应当组成合议庭,开庭审理。(第2款)交通十分不便的边远地区,第二审人民法院合议庭经过阅卷,讯问被告人,听取检察员、其他当事人、辩护人、诉讼代理人的意见,上诉人、检察员对事实没有异议并同意的,可以不开庭审理,迳行作出判决或者裁定。(第3款)交通十分不便的边远地区,第二审人民法院发现案件有下列情形之一的,应当开庭审理:(一)重大复杂的;(二)人民检察院提出对被告人不利的抗诉;(三)因被害人请求抗诉的;(四)第一审人民法院的审理违反法律规定的诉讼程序,可能影响公正审判的;(五)其他应当开庭审理的。(第4款)第二审人民法院开庭审理上诉、抗诉案件,可以到案件发生地或者原审人民法院所在地进行。”

检察官出席二审法庭程序研究

赵永红[*]　黄晓平[**]

在"积极实体真实主义"的主导下,我国刑事诉讼长期以来奉"实事求是,有错必纠"为圭臬,在审级设置上赋予二审与一审相同的调查事实、发现真相的义务,并在法律上确立了刑事二审实行全面审查原则和复审方式。但刑事二审程序所以有别于一审,在于它是一个审判监督程序、权利救济程序,是以一审的审判活动和判决为审查、监督对象,因此刑事二审法庭的主要诉讼活动系围绕审查、证明、评判一审判决正确与否展开。按照刑事诉讼法的规定,二审开庭审理的案件检察机关需派员出席法庭。与一审检察官"主要控告犯罪、同时监督诉讼"的立场不同,二审检察人员除承担继续指控、证实犯罪的职责外,更重要的任务是诉讼监督,在全面审查一审判决认定事实和证据是否正确、适用法律是否适当、诉讼程序是否合法等的基础上,支持、维护正确的原审判决,发现错误的则建议纠正。因此,出席刑事二审法庭的检察人员需要按照二审程序的制度功能和规律,立足自身的职能与立场,在实践中正确进行诉讼活动,切实履行法律监督职责。

本文首先根据刑事二审程序的制度特征,包括其审理对象、程序规范等,阐述二审出庭的检察人员诉讼活动在任务和程序方面有别于一审公诉人的特点。然后具体说明在刑事二审出庭实务中,检察员应如何针对二审特点,在庭前准备、法庭调查、法庭辩论等各个环节有效开展工作,正确履行监督职能。

* 赵永红,北京市人民检察院第一分院法律政策研究室副主任,法学博士。

** 黄晓平,北京市人民检察院第一分院法律政策研究室干部,法学硕士。

一、检察官出席二审法庭的任务和程序依据

（一）检察官出席二审法庭的任务

我国实行二审终审制，第二审是普通审判程序中重要的诉讼阶段。刑事第二审的目的，是在对第一审裁判进行全面审理的基础上，维持一审正确的裁判，撤销并纠正一审错误的裁判，以保障国家法律的正确实施，维护法律的权威和尊严，最终完成刑法和刑事诉讼法所担负的任务。所以，从检察机关的角度来说，与一审公诉职能相比较，刑事二审程序的本质，表现为对错误司法活动的纠正，并在此基础上对当事人合法权益进行救济。在这一意义上，可以说刑事二审中检察官诉讼活动的本质在于监督。

检察机关在办理二审案件过程中，其审理对象与第一审程序在对刑事案件的客观真实情况的审查方面是相同的。因为在刑事诉讼中，检察机关、被告方争议的基本问题是刑事案件的真实情况，因此无论在一审还是二审诉讼程序中，刑事案件的真实情况始终都是审理案件需要解决的根本问题。

相应地，刑事第二审检察官的任务，是通过参与上诉、抗诉案件的法庭审理，对第一审人民法院作出的刑事判决或裁定所认定的事实、适用法律以及诉讼程序是否正确、合法进行全面审查，依法维护正确的判决或者裁定，建议纠正错误的判决或裁定，促使犯罪的人认罪服法，保障无罪的人不受刑事追究，使刑事案件得到正确处理，从而保证刑法和刑事诉讼法得到正确实行。同时，通过二审诉讼活动，监督第一审审判机关、公诉机关的审判和公诉工作。

（二）检察官出席二审法庭的程序依据

刑事诉讼法中对刑事二审开庭程序没有作出明确的规定，只是在《刑事诉讼法》第195条指出："第二审人民法院审判上诉案件或者抗诉案件的程序，除本章已有规定的以外，参照第一审程序的规定进行。"尽管根据全面审查的原则，我国刑事二审实行"复审制"，基本要求是重新审判案件的事实证据、法律适用等全部内容，即进行所谓的"第二次一审"。但这并不意味着需要全盘照搬一审程序，完整地重演一遍，刑诉法上也仅规定"参照"而非完全适用，允许对二审程序作适当变通。由二审程序的本质任务、审查对象等决定，在确保程序公正合法的前提下，二审可以简略一审中的某些环节，集中力量重点审查控辩争议的问题，以更好地发挥其纠错、救济和统一法律适用的功能。与一审公诉人按照完备程序进行的诉讼活动，例如全面示证、质证等不同，二审出庭检察人员的诉讼行为，需根据二审"简化审"的特征作出相应调整。

比如,在二审的法庭调查阶段,出庭检察人员与原审被告人(或上诉人)两方无须进行全面举证,对一审已出示、质证过且双方没有争议的证据,不必再在二审法庭上逐一举证、质证,诉讼双方只需针对争点、焦点问题组织证据进行论证说明,或是对确有争议的证据、新收集的证据展开示证、质证。这样既符合诉讼经济原则,又能强化法庭调查主题,产生事半功倍的效果。又如法庭辩论,与一审要求全面查明有关事实不同,二审重在审查双方争辩的焦点,因此庭审上诉讼双方需有侧重、有针对地围绕上诉或抗诉理由展开重点论证和争辩。具体对二审出庭的检察员而言,其在庭审调查和辩论中的主要任务就是,着重围绕抗诉、上诉理由重点举证、质证、答辩,详实深入地阐明和论证抗诉理由及其依据,或是对上诉理由充分发表意见并阐述根据。

二、检察官出席二审法庭的准备程序

(一)二审出庭前审查活动

刑事诉讼法规定,刑事二审对原审案件实行全面审查,"第二审人民法院应当就第一审判决认定的事实和适用法律进行全面审查,不受上诉或者抗诉范围的限制"。"共同犯罪的案件只有部分被告人上诉的,应当就全案进行审查,一并处理。"根据这一要求,实践中检察人员在二审出庭前需进行相应的准备,主要是通过查阅第一审卷宗材料、提讯上诉人或原审被告人、复核主要证据等对案件进行全面审查。这使二审检察官能够在出庭前做好充分的准备,包括熟悉案情和证据情况,了解证人证言、被告人供述等证据材料是否发生变化,并深入分析与案件相关的法律、政策等问题,在此基础上拟定出席法庭提纲,为出庭工作做好铺垫。

实务中检察人员对二审案件实体性审查的主要内容包括:(1)第一审判决认定的事实是否清楚,证据是否确实、充分,证据之间有无矛盾;(2)第一审判决适用法律是否正确,量刑是否适当;(3)在侦查、起诉、第一审程序中,有无违反法律规定的诉讼程序的情形;(4)上诉、抗诉中是否出现了新的事实和证据;(5)被告人供述和辩解的情况;(6)辩护人的辩护意见以及一审判决采纳的情况;(7)上诉理由是否正确和充分;(8)附带民事判决、裁定是否适当;(9)第一审人民法院合议庭、审判委员会讨论的意见等。主要工作步骤表现为阅卷、提讯上诉人和原审被告人、发现问题进行补充调查及在全面审查的基础上制作案件审查报告这四个环节。

1. 审阅案卷

《人民检察院刑事诉讼规则》第 362 条规定,"检察人员应当客观全面地审查原审案卷材料，不受上诉或者抗诉范围的限制”。对此，实务中应予强调的有两个问题：一是“全面审查”与重点审查的结合。检察人员在二审出庭前，固然应全面地调阅、审查案卷材料，但仍需有所侧重，重点围绕抗诉或者上诉理由，审查原审判决认定案件、适用法律是否正确，证据是否确实、充分，量刑是否适当，审判活动是否合法。二是检察人员的“客观”立场。检察人员在阅卷过程中，需要摒弃由原审公诉意见和判决产生的偏见，以纠正审判错误、维护司法公正为目标，立足事实证据和法律、刑事政策等，实事求是地筛检、审查可能的事实不明、证据模糊、量刑不当等错误，维护包括上诉人或原审被告人在内的当事人合法权益。根据《最高人民法院、最高人民检察院关于死刑第二审案件开庭审理若干问题的规定（试行）》第 8 条规定，检察人员在审查案件卷宗时，进行下列工作：讯问被告人，听取被告人的上诉理由或辩解；必要时听取辩护人的意见；核查主要证据，必要时讯问证人；对鉴定结论有疑问的，可以重新鉴定或者补充鉴定等。由此可见，检察机关对办理死刑二审案件的客观审慎，尽管上述规定仅适用于死刑第二审案件的开庭审理工作，但仍应推定它对于检察人员出庭的其他二审案件，有着指导意义与适用余地。

2. 提讯上诉人或原审被告人

提讯上诉人、原审被告人的工作是审查二审案件过程中一个很重要的环节。因为在办理二审案件中，除了复核现有的书面案件材料外，最直接地了解案件真实情况的途径就是提讯上诉人或原审被告人。通过正面接触上诉人或原审被告人，有利于检察人员更清楚地了解案件情况，以及通过上诉人或原审被告人在提讯时的表现发现问题。因为上诉人或原审被告人对自己是否实施了犯罪行为及如何实施犯罪行为最为清楚，因此，讯问上诉人或原审被告人对复核证据，查明案件真实情况，有着重要的作用。

提讯工作需要讲究策略、技巧。讯问的主要目的是为了取得上诉人或原审被告人的口供，把案件的情况彻底查清。由于上诉人或原审被告人与案件的处理结果有着直接的利害关系，所以他们的口供存在着虚假供述的可能性。因此，检察人员一方面要重视口供的作用，另一方面又不能轻信口供，要注意将口供的内容与案件中的其他证据进行综合分析以得出正确的结论。为使提讯工作取得预期效果，检察人员在提讯之前应当将案件的全部卷宗材料审阅完毕，将案中可能存在的问题和疑点罗列出来，并在讯问前及时了解和研究上诉人或原审被告人的心理、基本情况及个人特点，以便有针对性地讯问，找到案件的突破口，使讯问能够有计划、有目的、有步骤地进行。在讯问中，应当结合阅卷中所遇到的问题及上诉人的上诉理由进行重点讯问。总体上，讯问应当重点查明下列情况：（1）上诉人或原审被告人对原审判决认定事实、运用证据以及适用法律的意见；（2）上诉人上诉的理由或者对抗诉书的意见；（3）有无新的事实或证据；（4）对原审程序的意见；（5）案件事实、证据以及法律适用中存在的重点问题；（6）有无新的证据向司法机关提供；（7）有无坦白、检举、揭发。

3. 复核证据、补充调查

检察人员在审阅案卷或提讯工作中，如果发现案件事实或证据可能存在问题或疑点，必须进一步展开证据复核或相关调查工作。复核证据可以通过核查现有案卷材料、实物证据进行，必要时办案人员可以到犯罪发生地、被告人居住地等进行核实。如果在复核证据，或者之前的阅卷、提讯步骤中发现新问题，如存在遗漏罪行、遗漏同案犯、遗漏量刑证据的；间接证据比较单薄，证据之间存在矛盾，不能形成完整的证据链的；原审被告人检举、揭发他人犯罪行为的等，办案人员应当进行补充调查。这类信息的来源大致包括以下情况：被告人的上诉理由或辩解；被害人提供的情况；被告人或其他人的检举揭发等。补充调查是办案人员全面认识案件真实情况的重要步骤。它有利于完善证据架构，增强指控犯罪的力度，还有利于揭发和证实其他犯罪。实践中，检察机关既可以自行侦查补充，也可以就相关证据的收集提出补充侦查意见，要求侦查机关进行所需证据的调取工作。

4. 制作案件审查报告

在审查案件的全部卷宗材料和提讯上诉人或原审被告人的工作以及复核证据或相关补充调查工作全部完成之后，检察人员要就审查情况形成意见并制作案件审查报告。案件审查报告是二审检察人员对案件全面审查后，对案件事实、证据、适用法律所进行的客观、真实记录，是对存在问题进行分析论证，提出处理意见所形成的书面材料。应当说，案件审查报告是二审检察人员对案件全部事实及证据归纳之后所作出的对案件的处理意见。

案件审查意见应当包括下列主要内容：一是记载"上诉人基本情况、被采取强制措施的情况、诉讼过程、一审法院判决情况"，"上诉理由及一审辩护人的辩护意见、一审检察机关对一审法院判决的意见"，"案件的侦破情况及上诉人或原审被告人到案的经过"等案件基本情况。二是归纳说明经审查后认定的案件事实及证据情况，采取一事一证的方法。在引用证据时，应当按照证据种类进行排列，注明证据的出处及证据在预审卷宗中的位置（X 卷 X 页），在排列证据时可以对证据进行分析。三是提出审查中发现的问题，主要对案件在事实上、证据间存在的问题进行说明。四是形成对案件的“审查意见”。检察人员应当对抗诉理由是否正确充分、上诉人的上诉理由或辩护人的辩护意见是否成立发表意见,并结合案情及证据情况进行有针对性的论述,还应当就发现的问题提出个人的处理意见。审查意见是二审案件审查报告的重要部分,应予重点论证。

除以上步骤外,检察人员在出席二审法庭之前,还需拟定出庭预案,包括讯问、询问、答辩提纲,举证、质证方案和出庭意见书等,在此不复赘述。

(二)二审出庭前阅卷期限

现行法律对于检察机关办理上诉或抗诉的二审案件,没有规定独立的审查程序和期限。《刑事诉讼法》只是在第188条规定,对抗诉案件或法院决定开庭审理的上诉案件,“第二审人民法院必须在开庭十日以前通知人民检察院查阅案卷。”1998年《最高人民法院关于执行〈中华人民共和国刑事诉讼法〉若干问题的解释》第267条则规定,自通知的第二日起,检察机关查阅案卷超过7日后的期限,不计入第二审审理期限。2000年最高人民法院《关于严格执行案件审理期限制度的若干规定》第9条更是明确规定:刑事案件二审期间,检察院查阅案卷超过7日后的时间,不计入人民法院对案件的审理期限。据此,最高人民法院通过发布司法解释,一方面将检察机关查阅一审案卷的时间限定为7日,另一方面将检察机关查阅一审案卷超过7日后的时间从第二审审理期限中扣除,以维护法院的办案时间。

由以上规定可知,二审检察官在庭审前实际只有七天的阅卷时间,这与司法实践中检察官阅卷工作的实际情况明显不符。对于需要对案件进行全面的实体审查并据以发表意见的二审检察官而言,七天的期限显然不够,客观上难以全面准确地掌握案情、证据等,即使出席法庭也不过是“走过场”而已,所谓办案质量更是无从保证。例如,对于某些疑难、重大、复杂的案件尤其是抗诉案件,检察人员需要认真查阅全部卷宗材料,按照《人民检察院刑事诉讼规则》的相关规定对原审被告人进行提讯、复核主要证据,并在此基础上形成对案件的书面审查意见即二审案件结案报告,然后制作讯问被告人、询问被害人、证人、鉴定人和出示、宣读、播放证据计划,拟写答辩提纲,形成二审出庭意见。同时,承办人还要严格依照最高人民检察院关于刑事案件办理流程的规定和本院的相关制度管理性规定开展工作,如对案件进行逐级汇报,对抗诉案件向检察委员会作专门报告等。如此工作量,试问短短的七天如何够用?如果按照目前所谓“十日”或者“七日”作为二审检察人员阅卷的法定期限,其结果只能有两种:一是受制于期限的制约,检察人员无法开展实质性的审查工作，出席二审法庭也只能流于形式；二是服从于保障二审办案质量的实际需要，突破上述期限，但这一突破却缺乏合法性的支持。

因此，我们建议立法上应尽快明确检察机关办理二审案件的法定期限，从而保障二审检察官的阅卷时间，使其能够全面地审查和熟悉案情，在二审法庭上更好地履行职责。

三、检察官参加二审法庭审理的程序

（一）刑事二审的法庭审理模式及现状

目前刑事诉讼法规定，第二审人民法院开庭审理上诉案件或者抗诉案件，参照第一审程序的规定进行。这一粗疏笼统的规定，导致实践中检法两家、法院内部对如何执行二审庭审规则都各不相同。实践中法院的做法不一，有的完全照搬一审程序；有的则是完全遵循旧法中的纠问式，法官掌握案件卷宗并主审，检察人员参与讯问和调查；有的采用两方控辩与法官纠问式调查相混合。在最高人民法院要求对全部死刑二审案件开庭审理之后，最高人民法院与最高人民检察院联合制定和发布了《关于死刑第二审案件开庭审理若干问题的规定（试行）》（以下简称《规定》）以后，二审案件开庭审理初步有了统一规则可予遵循，上述情况才有所改观。

我们认为，对二审庭审程序的规则设置，既要符合终局审判活动的科学、严谨要求，又要兼顾诉讼经济原则，体现出有别于一审完备模式的灵活性。二审程序需根据功能定位与特点，在确保程序公正合法的前提下，参照一审时作相应的简化与变通，以更好地发挥其纠错、救济和统一法律适用的功能。二审程序在参照执行一审程序时实行“简化审”与“重点审”，是一种妥当的模式。首先，二审并不比一审更具有发现事实真相的优势，它距离案件发生的时间距离更远，由此带来物证特征可能湮灭、证人记忆更加模糊等不利因素，即使完全按照一审程序，二审也难以承载全面发现真实的任务，相反只是事倍功半。因此查明事实的基础与中心在于一审，二审应更集中于发挥把关纠错的作用。其次，二审与一审的本质不同在于它的审查对象是一审的审判活动和判决，主要任务是审查和纠正一审错误，实现对被告人的权利救济和统一法律适用。如果二审像一审那样全部适用普通程序，就模糊了二审与一审的界限，淡化二审的审查重点，不利于争议问题的审查辨明，实质上不利于纠正司法错误和救济被告人权利。第三，从诉讼价值取向而言，二审的“完全一审式”背离了诉讼公正与效益的平衡，进行徒有形式的程序和多余的审查，不仅延长了诉讼周期，浪费人财物等司法资源，而且给诉讼参与人特别是被告人造成“诉累”，同时二审裁判无法及时作出也背离了程序正义的基本要求。①第四，从实际情况来看，实践中二审受理案件大部分是案情事实清楚、证据确实充分的案件，重大、疑难、复杂案件只占一小部分。如果对二审案件开庭审理实行繁简分流，科学、合理地配置司法资源，将办案力量向重大、疑难、复杂案件倾斜，可以更有效地确保二审办案质量与效率。② 因此，二审开庭审理实行“简化审”与“重点审”结合的方式，有其必要性与合理性。所谓“简化审”与“重点审”结合，是指在二审开庭审理中，保持法官、检察人员、上诉人（或原审被告人）三方诉讼主体结构，在保障当事人法定诉讼权利的前提下，根据案件具体情况，适当简化和省略某些庭审环节，而重点围绕上诉、抗诉理由对争议焦点进行法庭审理。

《规定》的颁布实施，以及2001年最高人民检察院公布的《刑事抗诉案件出庭规则（试行）》也体现出“简化审”与“重点审”结合的精神。据此，实践中检察人员出席二审法庭，也应根据二审特点作适当的调整，以更好地履行职责。以下结合上述的司法解释，就检察人员参加二审庭审的各个阶段作具体说明。

（二）二审检察官参加法庭审理的程序

1. 宣读法律文书

审判长宣布开庭后，宣读原审判决书，也可只宣读案由、主要事实、证据和判决主文等判决书的主要内容。其后，上诉案件由上诉人或者辩护人先宣读上诉状或者陈述上诉理由，抗诉案件由检察人员先宣读抗诉书，并应当在宣读抗诉书后接着宣读支持抗诉意见书，引导法庭调查围绕抗诉重点进行；对于既有上诉又有抗诉的案件，先由检察人员宣读抗诉书，后由上诉人或者辩护人宣读上诉状或者陈述上诉理由。

2. 讯问被告人

一审中检察人员的讯问方式是，先让被告人按照事件发生的先后顺序完整地陈述事实，然后再重点讯问。这是由于一审是对公诉案件进行基础性审查，需要全面查清所有与定罪量刑相关的事实、情节。二审与一审显著不同，它是由一定的上诉或抗诉事由启动，并着重审查这些事由，纠正一审中可能存在的错误。因为案件已经过一审审理，事实证据已全部公开，检察人员在

---

① 陈卫东、李奋飞：“刑事二审‘全面审查原则’质疑”，载《中国人民大学学报》2001年第2期，第81页。

② 上海市人民检察院第一分院：“刑事二审庭审方式改革的实践与思考”，载《检察日报》2002年3月11日。

二审法庭上，对于没有异议的事实没有必要再进行全面讯问，此时应改用单刀直入式的讯问。即不必由上诉人或原审被告人先陈述，直接由检察人员引导，围绕上诉、抗诉理由以及对原审判决认定事实有争议的部分进行有针对性的讯问。这既能直指争议的焦点，又能够明确法庭调查的思路，为下一步的法庭举证、质证做好铺垫。

3. 示证与质证

二审的“全面审查”原则，并不要求检察员必须在法庭上进行全面举证。重新完整地演示一审认定的所有证据，包括询问证人、宣读书证、证人证言等笔录，播放视听资料等，不仅耗时耗力，无谓地加重法院、证人的“诉累”，而且徒有形式，实际上无助于法庭重点调查争议问题，反而容易冲淡庭审调查的主题，产生适得其反的效果。“两高”关于死刑案件开庭审理的规定明确指出，法庭调查的重点是对原审判决提出异议的事实、证据以及提交的新的证据等，对于诉讼双方没有异议的事实、证据和情节，可以不在庭审时调查；检察机关、被告人及其辩护人对原审判决采纳的证据没有异议的，可以不再举证和质证。言下之意，就是二审法庭调查应突出重点，审查一审判决中事实、证据认定的争议点和新的证据，其他的则可由庭下“书面审查”进行。这一法庭调查方式，不但并不违反全面审查原则，也更符合二审案件的实际情况。实践中大多数二审案件事实、证据情况并不复杂，一审已基本认定清楚，存在争议的可能只是量刑情节等内容，因此在法庭上对全案事实重来一遍大可不必，根据具体情况围绕争议展开重点的证据调查更为有效。

由于在刑事二审中，检察人员不像一审公诉人承担着完全翔实地指控、证实犯罪的职能，因此无须全面组织与犯罪构成要件和量刑要素等相关的所有证据，他任务的重心只是就争议问题展开举证说明，支持正确抗诉，反驳无理上诉。因此，二审中检察人员应变一审的“全面举证”为“重点举证”。具体而言，检察人员对于经过原审举证、质证并成为判决、裁定依据，而上诉人（原审被告人）并未声称异议的证据，可以提请法庭不必再逐一举证、质证；重点针对原审判决中一方提出异议的事实、证据、情节，进行详细调查、质证和论证；出庭检察人员对己方补充的新证据，承担宣读出示的责任，对上诉人或原审被告人提供的新证据及法院调取的新证据，检察人员应充分发表质证意见。[①]“对于被告人或辩护人提供的新的证据，检察人员应从证据获取的方式、来源、证人与本案的利益关系等方面入手，结合己方证据进行重点质证，

① 马凯：“刑事案件二审中举证问题研究”，载《人民检察》2007 年第 10 期。

从而查明证据的合法性、客观性和关联性。”①

4. 法庭辩论

二审法庭辩论时，抗诉的案件由检察人员先发言，上诉的案件由上诉人、辩护人先发言，既有上诉又有抗诉的案件，由检察人员先发言，并依次进行辩论。与二审法庭调查类似，出庭检察人员在二审辩论中，应作简化处理，省略去不必要的唇舌之争，而作有针对的重点论辩。检察人员不必为指控罪名成立、建议刑罚正确而进行全面论证，而只需揭露和辨明上诉人上诉理由中存在的错误、虚假、不合理等，加以驳斥，维护原审的正确判决；或者主张、证明抗诉理由的正确性、合理性，指出原审判决中的错误，要求对原审被告人正确定罪量刑。因此，检察人员在辩论过程中，不论是发表己方意见还是答辩对方，都应抓住争议的问题展开重点论证。例如上诉人仅就量刑过重提起上诉，对一审法院认定的事实并无争议，进入法庭辩论阶段后，检察人员完全不必再大费周章地对犯罪构成的要件事实进行论述，而是要集中力量具体说明根据量刑情节与相关法律，原审确定刑罚的适当与否。

在之前法庭调查和辩论的基础上，出庭检察人员需要发表出庭意见。抗诉的案件，法庭调查结束，开始法庭辩论时，检察人员应当首先发表支持抗诉的意见，这主要是概括原审判决认定的事实、证据及当庭质证的情况，论证原审判决是否认定事实清楚、证据确实充分，以及论证原审判决适用法律是否正确，量刑是否适当，并在此基础上明确阐明支持抗诉的意见。然后，对于原审被告人、辩护人提出的观点，认为需要答辩的，应当在法庭上运用事实、证据、法律等有重点、有层次地予以答辩。上诉的案件，由上诉人、辩护人先发言，检察人员发表出庭意见。检察人员要围绕上诉人的上诉意见，对事实证据或定罪、量刑等方面的争议问题，充分阐明观点和事实、法律依据。由于检察人员发表出庭意见的问题相对较为复杂，因此在下面单列出来作详细说明。

5. 发表出庭意见

首先，这涉及撰写出庭意见书的问题。《二审出庭意见书》是二审检察人员出庭履行其职务的一份最重要的法律文书，与一审出庭的公诉意见有着明显的区别。它是对一审判决认定事实、证据、量刑及审判程序的审查意见，也包括对上诉人的上诉理由是否正确的审查意见。意见书要对一审判决认定

① 黑龙江省人民检察院审查起诉处：“怎样做好抗诉案件的出庭公诉工作”，载《检察实践》1999 年第 3 期。

的上诉人的犯罪事实及采信证据的情况进行评价，同时对一审判决对案件定性是否准确，量刑是否适当，审判程序是否合法进行评价，并应当引用法律规定、法学理论及结合司法解释进行说明。对上诉人的上诉理由需进行有针对性的分析，对上诉人的上诉理由是否成立用案中的证据进行说明，且注意重点突出，切忌面面俱到而无重点，说服力不强。

其次，当前检察人员当庭发表意见存在的问题。目前二审出庭实践中，检察人员在发表意见时往往对案件证据论证不足，甚至以“证据确实、充分”一语带过。对证据的分析论证不足，导致检察人员所发表的意见缺乏足够的证明与说服力。因此，检察人员需加强对证据的运用、分析和论证，为所发表的意见提供事实和说理支持。另外，在最终意见的发表上，出庭检察员还应根据庭审中新出现的证据、辩论观点等情势变化，对预拟的出庭意见及时作出调整，以增强所发表意见的针对性和说服力。①

第三，检察人员如何发表不同情形出庭意见的问题。《刑事诉讼法》第189条对于二审案件的终局处理规定了驳回上诉或抗诉维持原判、改判或者发回重审三种情形。相应地，出庭的二审检察员也应区分不同情形发表以下三种审查意见：一是对案件事实清楚、证据确实、充分，量刑适当且审判程序合法的上诉案件，应当明确发表驳回上诉、维持原判的意见；二是原判决认定事实没有错误但适用法律错误，或者量刑不当的，应当发表改判意见；三是对一审判决认定事实不清或者证据不足的，或是在程序上存在《刑事诉讼法》第191条所规定的严重违法情形的，应当发表发回重审的意见。

上述三种情形的意见源自于法律的规定，并应严格执行。但在实践中，由于控诉与监督角色上的两难，疑案从无与从宽处断上的两难，使得检察机关在决定出庭意见时往往面临左右两难的尴尬境地。实际上，这涉及指控证据证明标准的把握、涉及保障人权与保护社会的价值取向等问题。例如，经审查一审判决所认定的事实、证据以及定罪量刑本无错误，而且立足于继续履行公诉职能，甚至从控方的角度、从内心确信的角度可以断定犯罪行为是上诉人所为，但有时因为被告人翻供、证人翻证或者其他情形出现，使得定罪证据显得单薄。这种情况导致检察机关难以明确提出维持原判的意见，当然，由于职能所限也“难以”或者“不便”明确提出改判或者发回重审的意见。所以我们认为，可以尝试发表第四种情形的意见，即在对案件事实、证据等方

① 吴汝信：“出席二审法庭检察员的职能定位与相关问题探析”，载《人民检察》2007年第10期。

面客观分析、评价并据实指出案件存在的各种问题的基础上，发表要求二审法院公正处理的意见。公正处理是一种相对中性的意见，既体现了检察机关对案件的基本态度，也兼顾了提请法院充分注意案件中存在的问题，同时也体现了对法院自由裁量的尊重。

6. 听取上诉人或原审被告人的最后陈述

在法庭辩论结束后，上诉人或者原审被告人有最后陈述的权利，充分地向法院论述其观点和根据，以争取实现上诉的权利救济目的，或避免因检察机关的抗诉而遭到加重刑罚等不利益。由于二审审理活动具有终局性，所作裁判与原审被告人利害攸关，且二审程序旨在纠正一审错误、防止冤案错案发生，因此保障上诉人或原审被告人作最后陈述，是严格保证被告人诉讼权利和二审审判质量的体现。出庭检察人员作为法律监督者，应积极保障上诉人或原审被告人享有最后陈述的权利，并认真听取陈述的内容。

四、结语

由于刑事诉讼法对于刑事第二审程序规定较为原则，加之实践中法院对二审案件多采“讯问调查式”的审理方式，开庭审理的很少，实务上相关探索与积累不足，因此不论从立法或司法层面，刑事二审程序都有待进一步完善和规范。相应地，在检察实务中，检察人员出席刑事二审法庭也面临着做法不一、莫衷一是的窘境。随着对死刑二审案件一律开庭审理，刑事二审案件的开庭审理日益受到重视和关注。对检察机关而言，如何按照刑事诉讼法及司法解释的规定，在刑事二审开庭审理的案件特别是死刑二审案件中，出席法庭正确履行各项职能，确保办案质量，成为一个重大的实务课题。我们认为，探讨检察官出席刑事二审法庭程序，需要立足二审出庭检察工作与一审公诉间的区别，即二审检察官应针对二审的特点，在出庭工作重点、方式等方面作出适当调整，从而正确履行其法律职责。上文的内容也正是以此为出发点，穿梭于条文规范和二审检察实务之间作分析、论述，并希望本文的研究对检察官更好地在刑事二审程序中履行法律监督职责能够有所裨益。

刑事二审上诉案件审理程序的困境与出路
——对二审上诉案件开庭审理的反思

江　伟*

引言

自1996年刑事诉讼法制定实施以来,我国的刑事审判工作取得了明显的进步。但是十二年过去了,一些新的问题开始引起了人们的关注,对1996年的刑事诉讼法进行必要的改革已经成为了一种共识。刑事证据规则、刑事庭审程序等问题成为刑事诉讼领域关注的热点。就刑事庭审程序而言,普遍认为第一审程序改革的重点在于对审判方式进行改革,改变现有的庭审流于形式的弊端;第二审程序改革的重点在于对上诉案件应当实现真正的开庭审理①和全面审查。在理论界,这种观点基本上已经很少有反对的声音。笔者认为从长远来看,这种改革目标当然是积极的,值得提倡的,但是在现阶段,以此为切入口来改革刑事二审程序,没有多少现实的意义。针对刑事上诉案件应当开庭的问题,笔者在分析现状的基础上,认为刑事二审上诉案件是否进行开庭审理对完善二审程序并不具有根本性的意义。

一、刑事二审案件审理现状及原因

(一)刑事二审案件的审理现状

刑事二审案件在中、高级法院立案审理的刑事案件中占有很大的比例。

* 江伟,北京市第一中级人民法院刑二庭法官。

① 陈瑞华:"侦查案卷裁判主义——对中国刑事第二审程序的重新考察",载《政法论坛》2005年第5期,第102页。

以一中院为例,每年审结的二审案件至少约为一审案件数量的4—5倍。而在所有的二审案件中,除了二审抗诉案件,依照法律规定进行开庭审理以外,上诉的二审案件进行开庭审理的比例非常低,除了极少数上诉案件因为在二审阶段出现新证据,或者二审发现一审认定事实错误之外,二审上诉案件基本上是通过提讯被告人和书面审查案件卷宗的方式最终得到审结的。同时,针对二审上诉案件的改判和发回重审率也非常低,绝大部分刑事二审上诉案件是得到了维持的。另外,针对刑事二审终审的上诉案件启动再审程序的数量也极为有限。

通过以上对刑事二审上诉案件审理现状的分析,可以得出这样的结论:a. 刑事二审上诉案件进行书面审理是刑事二审上诉案件审理的常态;b. 绝大多数刑事二审上诉案件认定事实和适用法律与一审是相同的;c. 在现有的审判监督程序之下,很少发现有刑事错案。

(二)导致刑事二审案件审理现状的原因

导致大量的刑事二审上诉案件以不开庭的书面形式进行审理的原因有很多,总结起来有这样几点:

1.《刑事诉讼法》第187条第1款规定了刑事二审上诉案件应当组成合议庭,进行开庭审理,但是同时在第二款又做了例外性规定,尽管第二款是例外性规定,但是该规定毕竟还是为不开庭审理二审上诉案件提供了法律依据。依照该款的规定,二审合议庭通过阅卷、提讯等庭前审查活动,只要认为案件“事实清楚”的,就可以自行决定不开庭审理。也就是说在庭前审查中,只要没有发现一审认定的事实不清、证据不足,且二审没有发现有新的足以影响事实认定的证据的情况,不开庭审理二审上诉案件是有法律依据的。

2. 大量的案件和紧迫的审限压力让法官不得不主动选择对二审上诉案件进行书面审理。刑事审判的现状基本上属于案多人少,时间紧张。举例说明,中级法院刑庭的法官一个季度大约的结案数为10件二审,3件一审。如果对二审上诉案件大部分或者全部选择开庭进行审理,那么一个合议庭3名法官要为近40件案件进行开庭审理工作,这样,一个季度不到70个工作日中一大半要用来开庭,在目前还不能达到当庭宣判的情况下,会给审判工作带来巨大的压力。

3. 即使开庭审理刑事二审上诉案件,也未必能够收到比书面审理更好的效果。当前,一审的庭审面临着流于形式的诟病,在一审案件的审理中,也存在着开庭质证没有实际意义的情况,这样,寄希望于二审上诉案件的开庭能够收到什么特别效果也是没有经验依据的。

二、刑事二审上诉案件审理现状的弊端分析

刑事二审上诉案件的审理现状为什么引起众多学者和司法实务者的关注，其究竟有什么样的弊端呢？对此，总结近年来的理论和实践，普遍认为二审案件在审理程序中有这样一些弊端：

（一）庭前实质审查制度的弊端

我国《刑事诉讼法》第184条、185条以及《最高人民法院关于执行〈中华人民共和国刑事诉讼法〉若干问题的解释》第245条的规定要求一审法院在上诉、抗诉发生后将案件卷宗、证据、案件的审结报告和其他应当移送的材料都移送至上级人民法院。对此，有观点认为，在二审法院决定对二审上诉案件决定是否开庭审理之前，对这些案件卷宗材料的审查实际上导致了法官的先入为主。在这样的前提下，如果决定开庭，那么一定是已经发现了一审中存在的问题，开庭只是走个形式，案件要么发回重审、要么改判；①如果决定不开庭，那么就不能进行充分的质证，上诉人的辩护权就不能得到有效的行使，公开、公正的审判难以保证。一言以蔽之，庭前的实质审查制度使得法官在开庭审理之前已经对案件的事实和处理有了基本的倾向性意见，从而难以再听取上诉人及公诉人等各方的观点、意见。不能够全面了解案件事实和适用法律。而理想的二审案件审理程序无疑是法官尽量通过听取控辩双方的举证、质证和辩论，来形成对案件事实的内心确信，从而减少案件卷宗，尤其是侦查卷宗对于法院裁判的影响。在目前的二审案件审理程序中，庭前的实质审查使法官的先入为主在所难免。但是这种困境并非是刑事二审程序所独有的。

众所周知，1996年的刑事诉讼法已经将一审刑事案件的庭前实质审查改为形式审查，在“起诉书一本主义”和“案件卷宗移送主义”之间选择了一种折衷的限制卷宗移送主义。但是，在随后出台的若干规定和解释中，又规定在庭审之后三天内将案件的全部卷宗移送法院，甚至于在庭前也可以自行决定移送的主要证据复印件。如此一来，实际上即使在一审程序中，一方面检察院还是可以在庭前将所有卷宗复印件移送至法院，另一方面法官还是可以在庭审后马上接触所有的卷宗材料。实际上，现实的做法已经背离了1996年的刑事诉讼法改革的初衷。由此可见，无论是二审程序还是一审程序都面临着

① 当然，开庭与否与发回、改判的关系并不是一一对应的，但是在总体上是符合本文所描述的逻辑的。

开庭意义大打折扣的局面。

(二)大量的上诉案件不开庭审理的弊端

我国上诉案件一般不开庭审理是第二审程序中普遍存在的现象。据有关调查结果显示:二审法院开庭的案件较少的可以低于10%甚至5%,而较多的也仅仅达到20%。但各地中级人民法院以开庭方式审理的上诉案件一般不会超过全部上诉案件3%。[①] 从实际执行情况看,除个别地区外,开庭审理的二审案件只占少数,调查讯问成了二审的基本方式,开庭审理反而成了例外,与修改刑事诉讼法前的二审情况相比基本没什么变化。

二审法院对上诉案件不开庭审理会产生的不良后果是:a. 公开审判等基本的现代诉讼要求无法满足。审判公开、直接言辞、辩论、参审与陪审等原则是程序公正的应有之义,也是现代诉讼的基本特征,也应当是二审司法程序与行政复议程序的根本区别之一。否则,刑事二审程序如同行政复议程序一样,带有极为浓厚的行政色彩。b. 上诉人的辩护权和其他各项诉讼权利没有行使的机会。由于不开庭进行审理,那么就只能够通过阅卷、提讯上诉人等方式进行审理。这种不完整的审理程序必然导致客观上剥夺上诉人直接参与法庭审理的各项诉讼权利。上诉人在不开庭的情况下,无法实现参加法庭调查、进行法庭辩论、申请通知新的证人到庭、调取新的物证并在法庭出示证据的权利。同时,在二审提讯中,即使上诉人想行使其诉讼权利,也可能因为没有针对性的对象而降低或丧失其诉讼权利能力,这也不利于辩护律师充分履行辩护职能。c. 检察机关无法及时行使法律监督权。我国的《刑事诉讼法》第188条规定:“人民检察院提出抗诉的案件或者第二审人民法院开庭审理的公诉案件,同级人民检察院都应当派员出庭。第二审人民法院必须在开庭十日以前通知人民检察院查阅案卷。”而在以提讯方式取代开庭审理的程序当中,检察机关都不参与其中。现实的做法往往是二审案件在审理终结之后,由法院给检察机关的二审监督部门发送生效的法律文书,而检察机关也只能待判决生效后仅仅针对法律文书进行事后的监督。显然,除了法律文书的明显错误之外,这样的监督是没有任何效果的。

(三)司法机关行政化给刑事二审程序带来的弊端

司法机关的行政色彩过于浓厚的问题是整个司法队伍中都存在的现实问题。这一现象也给刑事二审程序带来了一些不利影响。在目前的审判体

---

① 沈国庆:“当前审判机关审判职能存在的问题及其对策”,载《知识经济》2007年第12期,第15页。

系中,刑事二审程序实际上是一种监督、纠错的程序。就个案的审判而言,上下级法院之间是相对独立的。上级法院不能对下级法院正在审理的案件发表任何倾向性的意见,这也是现代司法程序的一大进步。但是实际的情况是下级法院在遇到难以处理的案件时,往往主动请示上级法院的意见,并最终按照该意见进行判决。[①] 因此,当被告人上诉至第二审人民法院时,由于第一审判决就是第二审人民法院的意见,第二审人民法院往往作出"原判决认定事实清楚,适用法律正确,量刑适当,驳回上诉,维持原判"的裁定,这就将第二审程序和第一审程序合二为一,形同虚设。起不到纠错的作用。

三、刑事二审上诉案件开庭审理的反思

针对以上刑事二审案件审理的弊端,多数意见主张应当对刑事二审程序进行改革,而改革意见的重点则在于对刑事二审案件应当进行开庭审理。二审案件大量不开庭确实是造成现行二审审理程序存有弊端的一个原因,但是,想要完善刑事二审的审理程序,仅仅依靠实现二审案件的开庭审理,在笔者看来,其效果却是有限的。

(一)案卷材料的移送制度注定二审开庭没有实质效果

在刑事第一审的程序当中,庭审流于形式的缺陷已经成为刑事第一审程序最大的问题所在。而案卷移送制度又被认为是造成庭审流于形式的根本原因。如前文所述,1996 年原本备受指责的庭前案卷移送制度在形式上被改革之后,在现实中仍然没有得到任何改变。只不过原先的庭前移送变成了现实中的庭后移送。既然这种案卷材料的移送制度导致了一审庭审程序的虚置,那么在二审程序发生之后,所有案件卷宗向上一级法院的移送同样会致使二审庭审程序的虚置。

因为被告人的上诉或者检察院的抗诉,一审法院在案件审理终结之后,会将所有的一审案卷材料移送至上级法院,包括一审卷宗、侦查卷宗以及案件的审结报告等。这种上诉的移送制度是我国《刑事诉讼法》第 187 条第 2 款的事实基础。如果没有这些卷宗的移送,那么二审法官的实质审查便无从着手。对于《刑事诉讼法》187 条第 2 款规定的不开庭审理的前提,即事实清楚便无从判断。

问题是当所有的一审卷宗移送至二审法院之后,法官便开始了实质审

---

① 这里除了有业务水平的原因之外,还存在着法院内部以改判、发回率作为考核标准的原因。绝大部分的法院都将案件的改判、发回率,或者错案率作为年度考核的指标。

查。卷宗材料，尤其是侦查卷宗将其对一审法官的影响再一次间接地传递到了二审法官那里。二审法官基于所有卷宗材料的审查必然与一审基本上没有差异。正如陈瑞华教授所言："二审法官所看到的就不只是这种形式化的一审流程记录，还包括了对一审事实裁判具有实质影响的侦查案卷笔录材料。由此，侦查案卷笔录就不仅对一审法院的裁判具有决定性的影响，而且还与一审法院的审判笔录一起，对二审法院的事实认定继续发挥作用。"①既然如此，为什么还存在二审法院对事实的认定与一审法院不同的情况，从而决定开庭审理呢？这主要由于两个原因，一是上诉人或者其辩护人提供了新的足以影响事实认定的证据；二是因为二审法院通过实质审查发现一审法院对检察机关移送的证据作出了错误的结论。存在这两种情况的案件在刑事上诉案件中占有极少的比例。但是，即便是在这样的情况下，法官作出开庭审理的决定之前也已经形成了对认定事实的印象，而且这个印象无论如何也摆脱不了绝大部分来源于一审移送的卷宗材料。

显然，论述至此，我们能够发现一审移送至二审的卷宗材料，通过二审的实质审查，已经使法官形成了对事实的认定。在此基础上的开庭审理工作，往往又是一种没有意义的、形同虚设的司法流程而已。

（二）二审全面审查制度的不合时宜

《刑事诉讼法》第186条规定："第二审人民法院应当就第一审判决认定的事实和适用法律进行全面审查，不受上诉或者抗诉范围的限制。共同犯罪的案件只有部分被告人上诉的，应当对全案进行审查，一并处理。"这一规定明确了我国刑事二审的全面审查制度。也就是说，我国刑审二审不是单纯的法律审，而是对事实和法律的复合审。确立这样的制度，是因为在二审终身的审级制度之下，要纠正可能的错误，就必然要求二审法院对案件的情况予以全面的审查，保证发现事实真相，从而正确的处理案件。全面审查制度与主张二审案件基本开庭的观点具有内在的契合性。因为既然所有的二审案件都要对全部的事实问题进行审查，那么对于查明事实有着天然优势的庭审自然是全面审查制度的应有之义。

全面审查原则在相当长的时间内被视为理所当然的原则。不过，这一原则在近年来也受到了一些质疑，甚至有学者主张废除该原则。

主张废除全面审查制度的学者认为：全面审查制度违背了控审分离、审

① 陈瑞华："侦查案卷裁判主义——对中国刑事第二审程序的重新考察"，载《政法论坛》2005年第5期，第102页。

判中立这一刑事诉讼的基本原则，对未上诉或抗诉的内容进行审查，实际上就是无诉因的审判。这种“无诉因之审判”是在上诉或抗诉请求没有明确提及的情况下，由二审法院自行决定审判标的的，它既违背了审判的被动性特征，也和“不告不理”的基本诉讼原则相冲突。同时，该观点还认为刑事二审的目的就是仅仅针对上诉人或抗诉机关对一审判决的不服，而并非是为一审案件的审理质量进行把关，所以全面审查制度还违背了刑事二审的诉讼目的。①

对于二审的全面审查制度，笔者认为一味主张完全废除确实过于偏激。但是全面审查制度又的确需要加以改造。近年来随着人们对传统真实发现主义的质疑、对当事人主义的关注，以及法律真实观的确立都使得以事实的唯一性和绝对性作为存在依据并以此作为追求目标的全面审查原则在很大程度上失去了存在的意义。一方面，全面审查制度与现代诉讼的多种价值诉求如审判中立、控审分离、诉讼经济等相背离，另一方面，由于考虑到上诉人系事实的亲历者，但其法律知识相对于控审机关较弱，因此，笔者认为二审的全面审查制度应当改为对事实的审查仅以上诉、抗诉为限，而对法律的审查则继续保持全面审查。即所谓改良的刑事二审审查制度。② 之所以对于事实的审查仅以上诉、抗诉为限是因为对事实问题的判断主要依赖于经验和常识，法官自身也不具备认定事实的独特优势。而且控辩双方经过一审的开庭审理，对一审认定的案件事实都有清楚的认识，对双方共同认可的事实和争议也有明确的认识，上诉人作为案件事实的亲历者对法院认定的事实是否符合真实情况更加明确。由于控方和被告方对于事实均有认识，因此，他们对一审判决认定的事实不上诉、不抗诉的部分，就应当是双方均认可的部分。对于这一部分事实，二审法官进行审查不但有违诉讼中立，不告不理的原则，而且更重要的是二审法官也不能够再得出更加接近事实真相的结论。因此，笔者认为对于事实的审查应当仅以上诉、抗诉为限。而法律问题则不同，上诉人由于处于明显的法律知识上的弱势地位，对判决的法律问题不能形成明确的认识，而精通法律的法官自然应当进行全面的审查。另外，二审法院事实上还承担着统一法律适用的责任，因此，也必须要对法律问题全面审查。在这样的刑事二审审查原则之下，二审案件中有相当一部分对事实没有争议的就只需要审查其法律问题，而这部分问题往往又是通过不开庭的书面审理

① 张智辉、武小凤：“二审全面审查制度应当废除”，载《现代法学》2006 年第 3 期，第 168、170 页。

② 秦宗文：“刑事二审全面审查原则新探”，载《现代法学》2007 年第 3 期，第 176 页。

就能够解决的。对这种事实没有争议的案件进行开庭审理似乎意义也不大。

(三)基于诉讼经济原则的反思

刑事诉讼法规定刑事二审案件的审理期限较短,司法实践中不开庭审理的二审案件一般均在一个半月以内审结。但是一旦开庭,整个案件审结的时间就远远长于一个半月。根据目前刑事诉讼的规则,二审上诉案件一旦选择开庭,就应当将案件卷宗移送检察机关,检察机关阅卷的时间除占用法院七天的审限之外,多余的时间在刑事二审案件的审限当中形成了一段空白。即检察机关多于七天的阅卷时间均不占用法院的审理期限。而检察机关因为二审开庭而阅卷的时间又没有具体的法律限定。因此,在实践中,决定开庭的上诉案件的实际审理时间都远远长于一个半月。这对于上诉人而言,显然是很不利的因素,[①]诉讼的效率得不到保证。更为关键的是,当我们付出了更长时间和更多司法资源的诉讼成本之后,所带来的诉讼收益却未必是更高的。在刑事上诉的二审案件当中,有相当一部分如前文所述,并没有开庭的必要。如上诉人仅仅认为量刑过重的案件、上诉人仅仅为了延长在看守所羁押时间的案件,等等,这类案件如果选择开庭审理,其除了浪费了诉讼成本之外,没有带来任何的诉讼收益,与诉讼经济原则相去甚远。

行文至此,笔者认为刑事二审上诉案件进行开庭审理尽管对于查明案件事实、保障上诉人的诉讼权利、保障辩护人的辩护权利、体现现代司法特征等众多方面具有无法替代的作用和优势,但是不加选择地认为刑事二审上诉案件都应当开庭审理,或者基本开庭审理是不理智的。其可能具有“片面而深刻”的学术价值,但是在实践中不具有可行性。同时,笔者也承认刑事二审上诉案件的审理现状并不令人满意,刑事二审上诉案件基本不开庭审理不但有着众多弊端,也与刑事诉讼法的立法初衷相违背。但是,笔者认为对刑事二审上诉案件审理程序的改革建议不应将重点放在是否选择开庭审理的形式上,仅仅要求刑事二审上诉案件基本上实现开庭审理的改革建议对于我们完善目前的刑事二审上诉案件的审理程序并无多大的价值。

四、对刑事二审案件审理程序的改革建议

对于刑事二审案件审理程序进行改革的关键既然不在于是否基本选择开庭审理的形式,那么改革的出路又在哪里呢?笔者对此也仍有疑惑,但是

① 对于上诉人而言,这样的做法还在无形中加长了其在未得到生效判决下的羁押时间,在实践中,也有可能会对其二审改判的刑期产生不利的影响。

坚信刑事第一审程序的改革对于二审程序一定有着非常重要的作用。以下几点建议是笔者认为必须进行且对完善刑事第二审程序有着关键作用的。

(一)完善刑事第一审程序具有基础性价值

刑事第一审是刑事第二审的前提和基础,如果刑事第一审的审理程序比较完善,能够有效保证案件的审判质量,那么刑事第二审的问题自然减少了许多。陈瑞华教授曾经指出,“只要这种以案卷笔录为依据的裁判方式能够继续存在,那么,任何旨在推动二审开庭审理的改革举措都将难以发挥有效的作用”。① 笔者深表赞同,同时,由于这也是造成刑事第一审程序流于形式的原因,因此,笔者认为完善刑事第一审程序对刑事二审程序改革具有基础性的价值。

在刑事审判中,庭审变为没有实际意义的司法仪式的原因就在于法官已经提前具有了对案件的预断。要保证司法公正就需要法官的保持中立,就必须在司法制度中确立利益规避和排除预断的制度。预断排除规则是诉讼程序中保障公正审判的一个重要规则。它要求确保法官在庭审调查之前保持对案件事实的“不知”状态,避免由于预先接触证据材料而形成事实上的先入为主和内心确信,使法庭审判的重心落在庭审,保证法官正确对待庭审双方各自的举证和发表的意见。在目前的司法改革中,贯彻“起诉书一本主义”是比较合理的选择。

所谓“起诉书一本主义”,是指检察官在起诉时只将具有法定事项和格式的起诉书提交有管辖权的法院的诉讼原则。根据这一原则,审理案件的法官便无从接触那些案件的侦查卷宗,从而减少预先审查卷宗所带来的先入为主的观念。这是英美法系国家中普遍采用的诉讼原则,而大陆法系的国家近年来也开始逐渐吸纳“起诉书一本主义”的诉讼原则。这一诉讼原则对于保证法官的中立以及庭审的对抗性和实质性具有积极意义。因为,它有利于防止法官的“先入为主”,避免产生不利于被告人的偏见。而且,实行“起诉状一本主义”使得法官没有接触证据的机会,自然不得不对举证、质证环节更为认真。这也保障了直接言词原则的实现。贯彻实施“起诉状一本主义”自然可以使得刑事第一审程序和第二审程序的庭审形式化现状得到彻底的改善。庭审形式化的现状一旦有所改观,刑事二审案件选择不开庭审理的理由便不那么充分了。并且,由于不能够接触案件卷宗材料,只能依庭审情况作为裁

---

① 陈瑞华:“侦查案卷裁判主义——对中国刑事第二审程序的重新考察”,载《政法论坛》2005 年第 5 期,第 105 页。

判依据来形成裁判结论，必然也会提高当庭宣判的适用，从而增加公开审判的可信度和判决的权威性。

（二）确立改良的二审审查制度

如前面所谈到的，笔者认为刑事二审的全面审查制度是需要改变的。改良的二审审查制度是对事实的审查仅以上诉、抗诉为限，而对法律的审查则继续保持全面审查。基于目前审判案件数量的压力，笔者始终认为对所有的，或者绝大部分的二审上诉案件进行开庭审理是不太可能的，也是没有必要的。相当一部分的上诉案件，进行不开庭的审理也能够得到正确的处理，通过提讯被告人也可以审结案件。这也是对诉讼效率的一种保证。在中级人民法院的审判实践中，仅仅针对法律问题提出上诉的，约占二审案件总数的30%。① 这类案件即使不开庭进行审理往往也能合理解决，可以节约相当多的司法资源。而对于因事实问题而上诉的案件，法院应当尽量进行开庭审理。如此以来，在没有牺牲公正审判的前提下，既可以增加大量的二审上诉案件的开庭审理，又适度地考虑了案件数量给法院带来的现实压力。

（三）完善检察机关的监督职能

法律规定检察机关除了具有支持公诉的权力之外，还负有法律监督的职能。在刑事二审中检察机关监督职能的进一步明确和充分行使也是完善刑事二审程序的一个有利途径。对此，有学者提出了不同的看法，认为检察机关在二审的职能只应该是公诉，而不应当包括法律监督职能。因为这样做会带来一些不利影响：将刑事二审中检察机关的职能定位于审判监督不利于树立法院的权威；将刑事二审中检察机关的职能定位于审判监督不利于充分调动检察机关行使公诉权的积极性；将刑事二审中检察机关的职能定位于审判监督不利于实现控辩平等和程序正义；将检察机关在二审中的职能定位于审判监督，检察机关掌握着刑事二审的主动权，会产生在刑事二审程序中的优越感，将导致有些该开庭的案件不能开庭。因此，从实然的角度来看，检察机关在二审中的职能应当回归到公诉上来。②

对于检察机关在刑事二审程序中是否应当具有监督权，笔者认为这是应当肯定的。因为否定检察机关不应具有监督权的这些理由，恰恰是从实然的角度来看，以上学者的理由其实并不成立。但是，现实中检察机关行使二审的监督权面临着两个问题亟须解决：一是二审的监督权如何实现？现实中除

① 胡道才："刑事上诉案件审理方式剖析"，载《人民司法》2004年第9期。

② 陈卫东、李玉华："刑事二审程序中检察机关的职能与定位"，载《法学杂志》2007年第1期，第105页。

了二审抗诉案件依照法律规定必须开庭审理之外，二审上诉的案件大量选择不开庭进行审理，一旦不开庭，检察机关便无法了解案件的审理情况，似乎其监督职能也就成了无源之水，没有了依据；二是检察机关行使法律监督权不应当对法院的审理工作产生不利影响。对于前一个问题，笔者认为可以赋予检察机关对刑事二审上诉案件以开庭审理的建议权。而法院在接到检察机关的开庭审理建议后针对事实问题的上诉案件应当作出同意开庭的决定，针对法律问题的上诉案件法院可以依据不同情况作出是否同意开庭的决定，并将决定理由告知检察机关。这样对于开庭审理的二审案件，检察机关可以通过公诉的途径来实际行使法律监督权利，而对于决定不开庭的案件，检察机关也通过建议权的表达阐明了自己的观点和理由，同样起到了对二审案件法律监督的作用。对于第二个问题，主要集中在检察院对二审决定开庭审理的案件的阅卷时间上。普通的二审案件，法院的审理期限仅为一个半月，而检察机关的阅卷时间如果过长的话，不但在事实上延长了法律规定的审理期限，①而且也不利于保护上诉人的权利。因此，检察机关的二审阅卷时间必须有明确的限定，似乎不宜超过一个月。

结语

刑事二审程序有着诸多不足之处，但是似乎众人关注的目光都投向了二审上诉案件应当开庭审理这一形式之上。实际上，要完善刑事二审程序，不仅仅是改革上诉案件是否开庭的问题，改革庭审的审判方式、重新确立二审的审查原则、通畅检察机关二审监督职能的行使等都是在现实状态下，达到理想的二审审理程序的必要内容。当然，由于行文匆匆再加上能力和理解有限，笔者的观点不足之处难免，但希望能为完善刑事二审程序提供更多的改革视角。

① 现行的刑事审理期限规定是否合理倒是需要考虑的另一个问题。

检察机关死刑二审案件办理若干问题探析

刘　惠*

对于刑事案件，我国的刑事诉讼设计了"两审终审"制度。实践中，法院对于大多数的二审案件实行书面审理，同时最高法院还规定除少数几种案件之外，多数的死刑案件的复核权下放到了省级法院，实际上导致将死刑复核程序与二审程序合并，死刑复核程序虚置，死刑复核流于形式。2006年以来，在最高法院着手收回死刑复核权的背景下，我国的死刑第二审程序由原来的书面审理改为公开开庭审理，全国的死刑第二审案件全部开庭审理，这标志着我国的法治进程又向前迈进了一大步，但随之而来的是对承担着出庭履行法律监督职责的二审检察机关提出了更高的要求。办案中，由于立法对二审案件的开庭审理程序规定还比较滞后，因此，我们在实践中也遇到了许多问题。本文就死刑第二审案件办理中的一些实务问题进行探讨，以期抛砖引玉。

一、死刑第二审抗诉案件相关问题解析

检察机关对刑事诉讼的监督是控诉权的必然延伸，其最重要和最严格的途径是行使抗诉权。因此抗诉权的行使是检察机关行使法律监督职权的重要手段和途径，近年来，北京市检察机关下大力气狠抓抗诉工作，尤其是死刑案件的抗诉工作有了很大的突破，但是，囿于法律规定及立法上的不完善，导致死刑案件的二审抗诉工作仍存在一些难题。

(一)对于涉及共同犯罪的抗诉案件，提出抗诉的下级院仅就部分原审被告人提出了抗诉，二审检察机关在审查案件过程中是否可以增加被抗诉的对象

"上诉不加刑"的原则来源于我国《刑事诉讼法》第190条规定："第二审

---

* 刘惠，北京市人民检察院公诉二处副处长。

人民法院审判被告人或者他的法定代理人、辩护人、近亲属上诉的案件,不得加重被告人的刑罚。人民检察院提出抗诉或者自诉人提出上诉的,不受前款规定的限制。”对于被告人提出上诉的案件,二审法院在审理中不得加重对上诉人的处罚,但对于检察机关提出抗诉的被告人则不受此原则的限制。这是大家都认可的原则,但是在实践中有这样一种情况,上级院在审查下级院提出抗诉的共同犯罪案件过程中发现:下级院只对部分被告人提出了抗诉,而没有提出抗诉的某些被告人的量刑也存在明显的畸轻畸重的情形,能扩大抗诉对象的范围,在支持抗诉时将其直接列入抗诉对象中。实践中有一种意见认为,根据我国刑事诉讼法对二审案件全面审查的原则,在二审程序中,不仅要对提出抗诉的被告人的犯罪事实及量刑进行审查,也要对未提出抗诉的被告人的犯罪事实和量刑进行审查,由于是抗诉案件则按照刑事诉讼法规定当然不受上诉不加刑原则的限制,可以直接增加被抗诉人;另一种意见认为,上诉不加刑原则及于上诉人、未上诉的被告人及未提出抗诉的原审被告人,对于下级院未提出抗诉的被告人也当然应当列入该不加刑范围内,不能在支持抗诉的过程中任意加大被抗诉人的范围。笔者同意后一种观点,即在支持抗诉的过程中对于下级院未提出抗诉的被告人,上级院在支持抗诉时不能任意增加对其的抗诉,因为,上诉不加刑原则是我国刑事诉讼法原则中一项最为重要的原则,此原则适用于上诉人也应当适用于未上诉的原审被告人,虽然《刑事诉讼法》第190条第2款规定人民检察院提出抗诉或者自诉人提出上诉的,不受上诉不加刑原则的限制,但是此规定应当只局限于被下级院提出抗诉的被抗诉人,对于未提出抗诉的原审被告人应当仍然适用上诉不加刑原则。事实上,如果不是共同犯罪案件,在未提出上诉的单独犯罪案件中,在一审判决之后,对于未上诉的被告人而言,此判决就是生效的判决,不存在二审序审理的问题,而作为共同犯罪案件中的原审被告人因为同案检察机关提出抗诉而将自己置于不利形势是有悖上诉不加刑原则的,对于该原审被告人也是不公平的,因此虽然是抗诉案件,对于检察机关未提出抗诉的原审被告人应当适用上诉不加刑原则。同样在检察机关行使抗诉权的过程中,也要严格遵守“上诉不加刑”的原则,在法定的范围内正确行使抗诉权。如我院在办理苗某某、李某某等四人故意伤害致人死亡抗诉一案时发现,下级检察机关仅对本案的一告与四告提出抗诉,而案件中一告与二告在本案中的地位和作用基本相当,原审量刑也基本一致,如果仅对一告提出抗诉而不对二告提出抗诉将造成量刑上的失衡。但是二告在本案中既未提出上诉也未作为被抗诉人提出抗诉,虽然下级院提出抗诉的对象范围确实存在失误,但经过研究,我院按照上诉不加刑原则的要求只对一告的抗诉予以支持并获得法院认可。那么对于二告的量刑问题应当如何解决,笔者认为:虽然受上诉不加刑原则所限,检察机关不能任意扩大抗诉对象,但对于此种量刑明显失衡的案件,检察机关可以在案件二审判决生效之后,通过审判监督程序予以纠正。

(二)在抗诉中是否可以改变一审公诉机关的指控罪名进行抗诉,尤其是由轻罪抗重罪

由于刑事诉讼法规定对于检察机关抗诉的案件不受上诉不加刑原则的限制,因此,作为抗诉案件,二审检察机关对于一审判决适用法律有误的案件依法可以发表从重处理的意见,对于定性问题也可以直接发表改判意见。但是实践中存在一审公诉机关起诉时指控罪名有误,而在其提出抗诉时只针对量刑提出抗诉,对定性问题未提出抗诉,作为支持抗诉的二审检察机关是否可以直接变更抗诉理由,在实践中存在争议。一种观点认为,上下级检察机关都是国家的控诉机关,二审检察机关的职能除了法律监督之外,更多的是承担着继续指控犯罪的职责,因此,对于一审检察机关的指控应当坚持而不能随意变更,否则有失法律的严肃性。也有观点认为,二审检察机关虽然承担着一审公诉的延续职能,但更重要的职能是法律监督,这种监督应当及于案件的全部,对于一审公诉指控失误的也应当依法提出变更。笔者同意第二种观点,无论是一审检察机关还是二审检察机关都承担着法律监督职责,作为二审检察机关,法律监督职责的履行更重于一审公诉的延续职责,不能因为一审检察机关的起诉指控错误而放弃对一审定性错误的判决进行监督的权力。同时,二审检察机关在依法办案过程中,不仅要对侦查机关、审判机关的诉讼活动进行监督,也要对下级院的审查起诉工作进行必要的监督与指导,本着有错必纠的原则,应当就下级院在认定事实与法律上存在的问题及时进行纠正,只要该抗诉理由针对的对象是被抗诉人,支持抗时变更罪名的做法就不违背上诉不加刑原则的要求。如我院办理的杨某某故意伤害抗诉一案中,我院发现一审公诉机关指控故意伤害罪有误而在支持抗诉时将定性作为抗诉的主要理由,支持抗诉时以故意杀人罪进行了抗诉,同时对一审检察机关在起诉的定性错误也从内部进行了纠正。

(三)附带民事诉讼的判决存在明显错误的,是否是检察机关据以提出抗诉的理由

检察机关在审查二审案件过程中秉承的是全面审查的原则,即既对上诉人的犯罪事实及量刑进行审查也要对未上诉人的犯罪事实及量刑进行审查;既对实体进行审查,也要对程序问题进行审查;既对刑事判决部分进行审查,也应当对附带民事部分进行审查。2001 年 2 月 5 日《最高人民检察院关于刑事抗诉工作的若干意见》中规定“刑事抗诉的范围是对人民检察院提出的附带民事诉讼部分所作的判决、裁定明显不当的”，其文中之意是只有人民检察院代表国家提出了附带民事诉讼的，如果该民事诉讼判决不当的，可以提出抗诉，那么对于不是由人民检察院提出的附带民事诉讼而是由被害人家属提出的附带民事诉讼的判决不当的，不能作为检察机关针对一审判决提出的抗诉的理由。据笔者所知，检察机关民事行政部门只对法院生效的一审民事判决进行监督而对于刑事附带民事的案件则不予受理，而受理当事人申诉案件的控告申诉部门对于仅就刑事附带民事的判决提出抗诉申请的也不予受理。这就造成了无论在立法上还是在司法实务中，对于刑事案件产生的附带民事的判决的合法性的监督处于盲区。当事人只能通过自己的上诉来解决附带民事判决中存在的问题或者依赖法院内部自己发现问题后自行纠正。作为全面审查二审上诉案件的检察机关对于民事部分的判决处于无能为力的状况。笔者认为，这是法律规定的漏洞，应当尽早通过立法将此漏洞弥补，以有效发挥检察机关的法律监督职能。如我院在审查一起王某故意杀人上诉案件中发现，刑事附带民事诉讼原告人所提出的赔偿要求中有一项是人身损害赔偿，按照相关赔偿规定，民事诉讼原告提出的赔偿请求应当按照 2007 年的规定进行计算，但是一审法院却比照 2006 年的规定进行了计算，这种误差的计算导致最终的赔偿数额少计算了 4 万余元。虽然该民事判决存在失误，但由于如何纠正无法律明文规定，因此，我院最终在处理时既未提出抗诉，也未在出庭意见中提出，而是庭后以口头方式对二审法院提出，建议二审法院予以考虑。

（四）赃款、赃物的处理及作案工具的收缴是否是提出抗诉的理由

从我院所办理的二审上诉案中，我们发现有许多案件在主要事实的认定及量刑的处理上都是适当的，但是存在着法院对涉案的赃款赃物处理不当的问题，对于这一问题是否应当以抗诉的手段进行监督存在争议。有的意见认为：赃款赃物、作案工具的处理既涉及程序问题也涉及实体问题，但由于赃款赃物的处理并不影响刑事案件本身的主要事实，因此从节约诉讼的角度讲，不应当通过抗诉这一比较严厉的手段进行纠正；也有意见认为：既然该问题属于程序上的问题，作为履行法律监督职责的检察机关就应当充分运用抗诉权对法院进行监督。笔者同意第一种意见。赃款赃物的处理涉及被告人或者被害人的切身利益，处理不当会带来不良社会影响，但由于抗诉权行使的结果将必然引起二审程序甚至审判监督程序的启动，将耗费大量的司法资源解决一个本可以通过法院的自行纠正来解决的问题,因此笔者建议:在实践中可以通过书面函件的形式要求审判机关内部自行纠正,这样也可以达到与抗诉同样的效果,还不至于要启动新一轮的司法程序,从节约诉讼资源的角度看,这种方式更好于通过抗诉手段实现的目的,也较容易被法院接受。如我院在办理柴某某等七人雇凶杀人二审案件中,一审法院将本应当收缴的作案工具——被告人名下的一辆轿车发还给被告人的亲属,一审检察机关据此提出抗诉。我院经审查,该赃物的处理确实不符合法律的规定,但抗诉时提出此问题使得抗诉理由重点不突出,该问题完全可以在出庭意见中作为纠正事项口头提出,重点支持分院的其他抗诉理由。这种做法有利于使得我们的抗诉观点鲜明,重点突出,易被二审法院所接受。

二、死刑第二审上诉案件相关问题解析

(一)刑事附带民事赔偿与量刑的关系问题

刑事附带民事诉讼是指在刑事诉讼中,被告人因其实施犯罪行为而向被害人及其近亲属给予的民事损失之赔偿。附带民事诉讼是保障刑事案件被害人合法权益的有效途径,是保障人权、有效化解被告人与被害人双方矛盾的渠道,是使刑事案件的处理达到法律效果与社会效果双统一的有效方法之一。附带民事诉讼介入刑事诉讼中并作为一个影响量刑的考量因素,在对被害人权利的救济及促进犯罪损害的社会关系得到有效修复方面起到了积极的作用。但是,在实践中,笔者也发现,作为本应当就其犯罪行为给被害人一方造成的损害履行法定赔偿义务的被告人,却将这一赔偿义务作为与司法机关在对其量刑时可以进行等价交换的筹码,造成了“拿钱买命”、“以钱赎刑”的不良影响。诚然,对于被告人已经赔偿被害人损失的,可以作为量刑的情节予以考虑,对积极赔偿的被告人酌情从宽处罚,既是罪刑相适应基本原则的要求,也是充分维护被害方合法权益的要求,有充足的法律、法理依据,完全符合宽严相济的刑事司法政策精神,但是,这一政策的立法原意在于被告人积极赔偿或其家属代为积极赔偿,表明其真诚悔罪同时取得了被害人家属谅解的,可以作为酌定从宽处刑的情节,并非是以钱来减轻处罚的一种方法。

实践中,笔者发现,被告人及其家属积极赔偿的同时提出以不判处被告人死刑为条件,并不符合最高人民检察院《关于加强死刑案件办理和监督工作的指导意见》中规定的“有真诚悔罪的表现”。但二审法院往往不考虑赔偿的目的,只考虑如何满足被害人家属的赔偿要求,以被告人家属实际赔偿作为条件判处被告人死缓,这种做法虽然有利于实现被害人家属关于民事赔偿

的诉求,有利于民事赔偿的执行,但也出现了被告人将本应履行的法定义务变成了与司法机关讨价还价的筹码,给人们以“拿钱买命”的感觉。笔者认为,在实践中,还应当具体案件具体分析,对于那些严重危害社会秩序、罪行极其严重,必须判处死刑立即执行的犯罪分子,我们主张不能一味地由于其履行了赔偿义务而对其从轻至不判处死刑立即执行。如:我院所办理的一起宋某故意杀人上诉案中,在二审开庭前,上诉人从未表示过要积极进行民事赔偿,而在二审开庭过程中,宋某的家属突然向法庭提出愿意拿出4万元对被害人家属进行赔偿,但所附条件是请求对上诉人从轻判处死缓。虽然我们的二审检察员当庭发表了民事赔偿是上诉人的法定义务,不能因此而减轻罪责的意见,但最终二审法院还是以此为由改判上诉人死缓。在此案的处理中,我们发现:被告人家属之所以积极代为赔偿,并未源于被告人的真诚悔罪,而是一种以赔偿作为与司法机关交换的条件,并不符合刑事司法政策的要求,因此二审法院作出如此判决显然违背了司法解释的初衷,作为在办理案件中同样承担着化解社会矛盾,消除不安定因素的检察机关,我们并无意于以此案为例通过抗诉手段去遏制法院民事调解权力的滥用,但法院这种以赔偿作为对被告人从轻处罚条件的做法令人堪忧。笔者认为,司法实践中不应当为降低死刑数量而人为地以民事赔偿作为减轻量刑的主要因素,应当根据案件的具体情况来区分可以从轻的情形。对这一酌定情节的适用应当附加一定的限制条件:(1)只能适用于社会影响不是特别恶劣,主观恶性较小、人身危险性不大的刑事案件;(2)适用时应当充分考虑案件所造成的社会影响,应当考察人民群众的心理承受力;(3)该民事赔偿应当取得了被害人或其家属的真正谅解;(4)在作为量刑的情节时,应当充分征求检察机关的意见,接受法律监督;(5)应当在裁判文书中明确对被告人从轻的理由。唯此,才能使附带民事诉讼的处理与刑事责任的处理达到法律效果与社会效果的双赢。

(二)上诉不加刑原则与加重处理意见的冲突问题

我国《刑事诉讼法》第190条规定:“第二审人民法院审判被告人或者他的法定代理人、辩护人、近亲属上诉的案件,不得加重被告人的刑罚。人民检察院提出抗诉或者自诉人提出上诉的,不受前款规定的限制。”“上诉不加刑”是我国刑事诉讼中的一项基本原则,该制度的目的在于切实保障被告人的上诉权利,并且可使二审的纠错功能得以充分实现。对于承担着一审公诉的延续功能与法律监督职能双重责任的检察机关在审查二审上诉案件并最终发表出庭意见时,也应当严格遵守该原则,不能提出对被告人不利的加重处罚的意见,这一点已经成为共识,毋庸置疑。但是实践中有下述两种情形,使得检察机关在拿出最终的处理意见时处于两难境地。

第一,对于新发现的法定加重情节如何处理问题。

被告人犯罪的事实清楚,证据确实、充分,但是在审查中发现,被告人所犯罪行中还有一审未予认定的法定加重情节,该情节可能会导致对被告人直接加刑。如我院在办理的康某某、李某某抢劫上诉一案中发现:在一审判决认定二被告人实施抢劫致人死亡的犯罪行为之外,我们在被害人尸体上发现了枪弹射击残留的痕迹,后经工作发现二被告人还有持枪抢劫的法定加重情节未予认定。由于此情节系法定加重情节,如果直接在二审中提出纠正意见所带来的法律后果是要提出加重对被告人处罚的意见,如此处理将有悖于"上诉不加刑"原则的精神。但是如果对此情节置之不理,将导致出现遗漏重要犯罪情节的问题,其中还可能出现对其他犯罪分子如提供枪支或买卖枪支等人员放纵不理的问题。对于此问题,二审检察机关尊重刑事诉讼法律原则的精神,确实不好直接发表增加认定的意见,但是在程序上可以以"事实不清"为由建议二审法院将案件发回重审,以有利于打击犯罪。当然,有学者或法律人士会认为,此时的发回重审属于变相加刑。笔者认为:《最高人民法院关于执行〈中华人民共和国刑事诉讼法〉若干问题的解释》第 257 条第 1 款第(五)项规定"对事实清楚、证据充分,但判处的刑罚畸轻,或者应当适用附加刑而没有适用的案件,不得撤销第一审判决,直接加重被告人的刑罚或者适用附加刑,也不得以事实不清或者证据不足发回第一审人民法院重新审理……"从该法条可得出以下结论:对于二审法院已认定事实清楚、证据充分的案件,应按照"上诉不加刑"的原则,不得通过重审对被告人加刑。而对于事实不清或者证据不足的案件,并未规定不可以通过重审程序加刑,因此只有在事实清楚、证据确实、充分的基础之上的发回重审才属于变相加刑,而本案属于事实不清,根据《刑事诉讼法》第 189 条第 3 款的规定将案件发回重审确有法律依据。

第二,二审上诉程序中发现一审指控及判决认定的罪名有误可否直接发表对由轻罪改判为重罪的意见问题。

检察机关起诉的效力只及于起诉书所控的被告人及所涉及的犯罪事实,法庭审理的案件事实是以检察机关指控的事实为依据的。经审理后,控审双方对起诉指控的犯罪事实,都认为构成了犯罪,只是对同一犯罪事实的罪名在认定上产生分歧,法院最终依据审判职权可以对检察机关业已起诉的犯罪事实以自己审理认定的罪名定罪量刑。《刑事诉讼法》第 189 条第(二)项明确规定:第二审人民法院对不服第一审判决的上诉、抗诉案件,经过审理后,原判决认定事实没有错误,但适用法律有错误,或者量刑不当的,应当改判。这种基于同一整体事实而作出的不同于起诉指控的认定的判例在司法实践中已有很多,并不罕见。问题是对于二审检察机关而言,如果认为一审指控的罪名存在问题,需要由轻罪改为重罪的情况下,是否可以直接发表改判意见?笔者认为,直接发表改判意见不妥,因为如果二审阶段直接提出由轻罪变更为重罪的意见,将使被告人只有一次机会对新罪名进行辩护,而我国的二审终审制将无法在这类案件中得到实行。因此,1993年最高法院关于上诉审在原判认定的事实和决定执行的刑罚不变的基础上改变原判认定罪名问题的批复中规定:“第二审人民法院将原判较轻罪名改为较重罪的,无论是否必须加重原判的刑罚,均应发回原审人民法院重新审判。”从这一规定中我们可以看出,即使不需加重对被告人的处罚,也应当给予被告人两次的辩护权利,任何人都不能剥夺。因此,对于这类案件,作为检察机关既要履行法律监督职责,对适用法律存在的问题进行纠正,又要兼顾被告人辩护权的保障,在程序上检察机关最好建议二审法院将案件发回重审。

(三)二审发现新罪或未追究的罪行如何处理问题

在我院的二审上诉案件的办理过程中,有很多被告人为争取减轻其罪责,出现了大量的坦白自己余罪的情况,对于已经查实的余罪应当如何处理,在实践中有两种情形:第一种是上诉人已经被判处死刑立即执行,追加认定新出现的漏罪将不会影响量刑;第二种是上诉人所坦白的余罪为重罪,追加认定其新罪将加重对其处罚。上述两种情形,从以往的判例来看,对于第一种情形,法院认为原审被告人已经被判处死刑,即使发回重审认定了漏罪,也不可能再判处更重的刑罚,往往对发现的漏罪基本未予追究,程序上也未予发回重审。对于第二种情形,法院则基本采用了发回重审的方式要求检察机关追加起诉并予以认定,实质上最终的处罚较上诉时的量刑是加重了。因此有人对法院采纳检察机关意见将案件发回后加重处罚的方式表示质疑,认为发回重审改变了原认定而对原审被告人加刑,有变相加刑的嫌疑,违背上诉不加刑的原则。笔者认为,在实践中无论出现上述哪一种情形,检察机关都应当本着实事求是的态度建议二审法院将案件发回重审,以查清案件事实。主要理由为:第一,从法理上看,上诉不加刑原则只是针对实践中在事实和证据均没有发生变化的情况下,单纯为了加重对被告人的刑罚而发回重审的情形。如果在二审阶段发现新罪,就符合我国刑事诉讼法关于发回重审情形中的“事实不清”问题,应当发回重审而不应受“上诉不加刑”原则的限制。第二,我国刑诉法规定,二审应当对全案的事实进行审查。如果二审中发现原审被告人还有漏罪,理应对漏罪进行追究。即使对漏罪追诉后仍然是判处原审被告人死刑,也应当对漏罪一并予以判决,做到有罪必罚,维护司法的公正。否则,不但违背了刑诉法的相关规定,而且直接剥夺了漏罪中被害人或者已死亡被害人近亲属提起附带民事诉讼的权利。被害人的合法权益受到严重损害,特别是已死亡被害人亲属精神得不到慰藉,不利于社会的和谐稳定。2007 年以来,我院建议二审法院发回重审的案件中,就一部分案件系存在重大漏罪并经查实后建议二审法院发回重审,二审法院也采纳了我院意见将案件发回重审。

三、检察机关介入死刑复核程序的相关问题

我国刑事诉讼法第四章专门规定了死刑复核程序。死刑复核程序是独立于两审终审程序之外只适用于死刑案件的特殊诉讼程序,也是中国刑事诉讼中特有诉讼程序。由于死刑复核程序是法定程序,立法规定简单,因此对于死刑复核程序的性质,学术界及司法实务部门有不同的理解,有人认为该程序是一种普通救济程序,有人认为它是法院内部的一种特殊审核程序。从《最高人民法院关于复核死刑案件若干问题的规定》来看,死刑复核程序的启动是由下级法院报送最高法院,由法院内部主动启动,是一种在没有控辩双方参与的情况下法院内部自行对案件的审查与复核程序,是法院的一种单方行为,在审理方式上也基本采用书面审理的方式。因此,控辩双方在没有机会参与整个程序的情况下,造成由法院一方主导着死刑复核的全过程,无论是被告人一方,还是担负着法律监督职责的检察机关,均对该程序所涉及的所有程序和实体上的问题均无法知悉,造成了双方均被动等待最终裁判结果的现状。同时,死刑案件作为一类特殊的案件,人命关天,进行必要的监督是不能回避的。自从死刑复核权收归最高法院以来,2007 年一年最高法院所核准的死刑案件只占我院所办理死刑案件总数的 18%,其中有部分案件的发回重审系证据上存在一定的问题,但有一些案件的发回系最高法院以事实不清、证据不足为由的模糊原则而发回重审的。笔者以我院所办理的一起被最高法院发回重审的案件为例谈谈检察机关介入死刑复核程序进行法律监督的必要性。

案例:上诉人姜某及原审被告人雷某某为勒索钱财于 2005 年 1 月 29 日,将在网聊中结识的被害人杨某某(女,殁年 17 岁)骗至其为实施绑架而事先承租的北京市大兴区某临建房内。当日 21 时许,雷某某持刀威胁,姜某用铁丝捆绑杨某某的手脚后,姜某通过电话向杨的母亲勒索人民币 30 万元。后二

人用胶带、被子闷堵杨的口鼻,在被害人停止挣扎后,姜某还继续用被子按住杨的头部,致杨某某机械性窒息死亡。后二人将杨的尸体抛至作案房屋附近的一土坑内。一审法院以雷某某有重大立功情节从轻判处其无期徒刑,姜某被判处死刑立即执行。被害人家属放弃民事赔偿的权利,强烈要求判处被告人死刑,因此此案一、二审均未对民事部分进行判决,只就刑事部分进行了审理并下达判决。但此案在报请最高法院核准期间,因被告人家属向最高法院交纳50万元人民币并明确要求对姜某从轻判处,最高法院最终以"认罪态度好得到了被害人家属的谅解"为主要理由将案件发回北京市高法院重新审理,北京市高法院也最终对姜某改判为死缓。从本案的处理来看,最高法院对于上报的死刑核准案件进行审查,而对于业已经处理完且未上报的民事部分进行处理显然无法律依据,但由于最高法院的死刑复核程序是一种内部自行运作的书面审核活动,由于缺失有效的制约监督机制而使最高法院的死刑复核活动的合法性无从评价。

对此,笔者认为,作为两审终审制的刑事诉讼制度,死刑复核无疑是对案件最后把关的一道关键程序,但现行缺少监督的死刑复核程序存在以下问题:一是以不开庭审理的方式进行致使控辩双方无法就关键事实问题进行当庭质证,也无法就控辩双方争议的焦点问题进行充分有效的辩论。二是检察机关无法有效介入死刑复核程序,无法对死刑复核活动是否合法进行有效监督。三是控辩双方无法就案件中的问题进行有针对性地辩论。如何解决上述问题,如何有效地把好死刑案件的质量关,检察机关介入死刑复核程序的法律监督就显得尤其重要。因此,笔者认为,可以采取以下措施加强监督:(1)应当在立法上明确规定检察机关有权对法院的死刑复核活动进行法律监督,我国《刑事诉讼法》第8条虽然明确规定"人民检察院依法对刑事诉讼实行法律监督",但由于立法规定的粗疏与实务操作的复杂性,导致实践中检察机关根本无法介入最高法院的死刑复核程序,立法机关应当重视此问题,并尽快以立法的形式将这一介入机制进行明确。(2)检察机关应当设立相应机构及制度争取主动介入死刑复核工作。如在程序上考虑在最高检察院设置相应的部门作为介入最高法院复核工作的机构;在方式上要求下级检察机关就已经报最高法院核准的案件进行备案审查,主动要求列席最高法院审委会或合议庭对案件的研究,并以函件的形式对死刑复核的案件提出意见或建议;对于发现确有错误的复核案件应当及时以抗诉或检察建议履行法律监督职责,等等。

通过程序实现正义是程序法追求的终极目标,而构建一个理性的程序正是实现正义的基本前提。死刑第二审案件的开庭审理工作虽然已经在全国开展了近两年，但由于受法律规定不能穷尽一切可能所限，死刑第二审案件的办理在程序上还是存在许多新的问题，笔者试以此文将实践中存在的问题提出，供学者或立法部门参考，从而进一步完善我国的死刑第二审案件的办理程序，真正保障被害人及被告人双方的合法权益，保证死刑案件的质量。

刑事二审抗诉监督的难点与对策探析

尹　畅*

检察机关作为国家法律监督机关，主要通过刑事上诉、刑事抗诉、出庭支持公诉等途径，强化刑事二审监督，维护司法公正和社会公平正义。由于刑事诉讼监督受到立法上的缺陷和运行机制的制约，“抗的少、抗的难、抗不赢”的现象较为普遍。透过最高人民检察院1998年至2007年的工作报告，不难发现检察机关这一期间提起公诉的人数从1998年的584763人猛增至2006年的1029052人，增幅近76%，而同期检察机关对人民法院生效错误判决裁定提起抗诉的案件却从1998年的3791人减少至2006年的3161人，下降16.6%。这种“徘徊走低”的状况，反映了当前检察机关刑事审判监督处境尴尬，亟待深入剖析审判监督，尤其是刑事二审抗诉监督不力的原因，提出改进对策。

一、刑事二审抗诉监督的法律依据及若干规定

我国《宪法》规定检察机关是法律监督机关，刑事抗诉权是检察机关法律监督权的重要组成部分。刑事抗诉是指人民检察院认为人民法院的刑事判决或裁定确有错误时，在法律规定的范围内，依照一定的程序要求人民法院对案件重新审理的诉讼活动。我国1997年《刑事诉讼法》第181条规定：“地方各级人民检察院认为本级人民法院第一审的判决、裁定确有错误的时候，应当向上一级人民法院提出抗诉。”该条赋予检察机关对尚未生效的判决、裁定向上一级人民法院提出要求重审的权力，即二审程序抗诉权。1997年《刑事诉讼法》第185条第2款规定：“上级人民检察院如果认为抗诉不当，可以

* 尹畅，重庆市人民检察院第二分院法律政策研究室干部。

向同级人民法院撤回抗诉，并且通知下级人民检察院。"第188条规定："人民检察院提出抗诉的案件或者第二审人民法院开庭审理的公诉案件，同级人民检察院都应当派员出庭。"该条将支持抗诉的权利赋予了上级人民检察院。《人民检察院刑事诉讼规则》第396条规定："人民检察院依法对人民法院的判决、裁定是否正确实行监督，对人民法院确有错误的判决、裁定，应当依法提出抗诉。"第397条规定："人民检察院认为同级人民法院第一审判决、裁定有下列情形之一的，应当提出抗诉：（一）认定事实不清、证据不足的；（二）有确实、充分证据证明有罪而判无罪，或者无罪判有罪的；（三）重罪轻判，轻罪重判，适用刑罚明显不当的；（四）认定罪名不正确，一罪判数罪、数罪判一罪，影响量刑或者造成严重的社会影响的；（五）免除刑事处罚或者适用缓刑错误的；（六）人民法院在审理过程中严重违反法律规定的诉讼程序的。"

与此同时，1997年《刑事诉讼法》第205条规定："最高人民检察院对各级人民法院已经发生法律效力的判决和裁定，上级人民检察院对下级人民法院已经发生法律效力的判决和裁定，如果发现确有错误，有权按照审判监督程序向同级人民法院提出抗诉。"即凡具备下列情形便应提出抗诉：(1)出现了新的证据证明原审法院判决、裁定认定的犯罪事实确实有错误；(2)认定犯罪的主要证据不充分、不确实或者是证明犯罪事实的主要证据之间相互矛盾不能排除；(3)原审法院判决、裁定在适用法律上出现错误；(4)有证据证明审判人员在审理案件的过程中，有贪污受贿、徇私舞弊、枉法裁判的行为。2005年6月10日，最高人民检察院下发了《最高人民检察院关于进一步加强公诉工作强化法律监督的意见》，规定应当提出抗诉的具体情形。本文侧重探析刑事二审抗诉监督的现状、难点、原因及改进对策。

二、刑事二审抗诉监督现状、面临的难题及原因

近年来，全国各级检察机关坚持"依法、坚决、准确、有效"的刑事抗诉工作原则，对人民法院作出的错误判决和裁定依法提出抗诉，虽收到较好的法律监督效果，但乃存在抗诉案件数量较少、抗诉类型有限、改判率不高的现状，抗诉监督形势不容乐观：

1. 抗诉数量较少，类型有限

从司法实践看，抗诉案件不仅数量少，且案件类型多局限于认为有罪判无罪的情形，对此罪与彼罪（如特定案件抢劫与抢夺、贪污与受贿定性）、情节的把握（法定从轻、减轻情节与定罪量刑）、两档以上徒刑涉扩量刑幅度的处置等方面二审监督的案例极少，不能有效体现国家设立这项制度的初衷。据

《最高人民检察院工作报告》的统计数据显示，2005 年度全国检察机关共提起公诉 950804 人，对有罪判无罪、量刑畸轻畸重等刑事判决、裁定提出抗诉 2978 件（包括二审程序的抗诉和审判监督程序），抗诉率为 0.313%；2006 年全国检察机关共提起公诉案件 999086 人，对认为确有错误的刑事判决、裁定提出抗诉 3161 件，抗诉率为 0.316%①。渝检二分院辖区两级院刑事抗诉情况的统计显示：2005 年刑事上诉案件 264 件，其中刑事一审上诉案件 140 件，刑事二审案件 124 件，总共改判 42 件，占总数 15.9%，个别基层检察院有的年份办理刑事抗诉案件尚未实现"零突破"。

2. 改判率不高，抗诉监督推进艰难

据不完全统计，2005 年全国检察机关抗诉的、法院已审结的案件中，法院采纳检察机关意见率才将近 60%，其中改判率才 44%，发回重审率 16%②。渝检二分院辖区两级检察院 2005 年、2006 年办理刑事二审监督案件改判率分别为 15.9%、18.6%。全国各地检察机关对刑事二审抗诉工作普遍感到没抓好，监督效果徘徊不前，甚至有所萎缩。如上述最高检的工作报告，2005 年公诉案件多了，但抗诉件数确下降了。与此同时，检察机关抗诉监督工作往往经历的时间长、波折多、困难大。如河南省检察院对胥敬祥杀妻错案的抗诉监督，先后经过长达 7 年的努力才有明确结果。有的案件虽提起了抗诉，却难以查处案件背后可能存在的违法违纪问题，抗诉权行使起来显得辛酸、无奈。

纵观全国各级检察机关开展刑事二审监督的情况，当前主要存在以下困难和问题，其原因显而易见：

1. 立法存在缺陷，角色定位混乱

我国现有刑事诉讼法对检察机关刑事审判监督操作的具体形式、保障等程序性问题规定不够完善，存在立法缺陷。如 1997 年刑事诉讼法规定刑事二审案件应当以开庭审理为原则，以不开庭审理为例外，但在司法实践中，大多数二审案件不开庭。根源在于对检察机关介入刑事二审案件的角色存在认识混乱。目前，检察机关在刑事二审中的职能与定位主要存在三种观点，第一种观点：检察机关在刑事二审中的职能是审判监督。认为检察机关二审程序中支持公诉的任务已经完成，二审程序也没有支持公诉的任务。出席二审法庭的检察人员，就是帮助和监督二审法院，维护法律的正确而有效实施③。

---

① 最高人民检察院 1998—2007 年工作报告。

② 最高人民检察院 2005 年、2006 年工作报告。

③ 徐静村、樊崇义主编：《刑事诉讼法学》，中国政法大学出版社 1994 年版，第 326—327 页。

我国是将检察机关提起的抗诉作为行使法律监督职能的一项内容，而不是将其作为一审检察机关刑事控诉职能的一种延伸①。第二种观点：检察机关在刑事二审中既有公诉职能又有法律监督职能。如提起二审程序，诉讼活动将继续进行，这种诉讼活动结束以前，就不能认为支持公诉的任务已经完成。在二审程序中明确检察人员负有公诉任务，有利于刑事诉讼活动的进行②。法律监督在不同的场合具有不同的内容，检察机关出席法庭支持公诉是法律监督在审判监督程序中的具体体现。第三种观点：出庭检察人员是否具有诉讼职能要因案而异。对于被告人上诉的案件，检察人员有继续支持抗诉和法律监督的双重职能，而对于抗诉案件，检察人员在二审法庭上则只有法律监督职能。三种意见的同时存在，带来检察机关在刑事二审案件中的角色混乱，不利于准确行使职能职责。

2. 监督对象和监督手段都相对单一

1997 年《刑事诉讼法》第 8 条规定："人民检察院依法对刑事诉讼实行法律监督。"检察机关对刑事审判的监督，是对人民法院刑事审判活动的合法性以及裁判结果的正确性进行法律监督。既包括对一审审判活动的监督，也包括对二审、再审活动及死刑复核活动的监督；既对刑事公诉案件审判活动进行监督，也对刑事自诉和附带民事诉讼案件进行监督；既对庭审活动监督，也对庭外活动监督。而当前检察机关对刑事二审案件监督主要通过对已经生效的法院判决裁定发生再审抗诉进行监督，针对被告人犯罪实体问题的监督，对刑事附带民的监督形同虚设；监督的手段主要是再审抗诉，或发"检察建议"对审判违法行为进行"督促纠正"。抗诉具有强制性法律效果，检察建议则仅为建议性质，法院可以不予重视。

3. 刑罚的原则性与自由裁量权的随意性致使法律监督缺乏应有的刚性

现行法律呈现量刑标准原则化、量刑幅度大、抗诉条件苛刻的特点，为少数法官乱用自由裁量权提供了空间。我国刑法对量刑是否属畸轻畸重，适用缓刑不当的判决裁定，没有一个具体的可操作性的标准，法官自由裁量权空间较大，对于量刑畸轻畸重的即便提起抗诉，也不一定能成功。如个别重伤案件，按照法律规定，行为人的刑期应在三年以上有期徒刑，但法院却依据此案被告人积极赔偿被害人经济损失、认罪态度较好等情节，判处被告人缓刑。

① 周永年："刑事二审程序中履行检察职能的若干问题研究"，载《华东政法学院学报》2006 年第 3 期。

② 陈光中主编：《中国刑事诉讼程序研究》，法律出版社 1993 年版，第 291 页。

4. 改判率和错案率纳入工作量化考核直接影响抗诉工作的开展

检察机关提起刑事二审抗诉主要基于法院判决"确有错误",司法实践中检察官与法官往往对这个"确"字理解和把握不尽一致,双方的分歧可以既有主观认定的错误,又有证据运用的错误;既有犯罪性质认定错误,又有具体刑罚裁量错误,很难在一个层面统一起来。而各级检察机关受传统价值判断标准影响,衡量抗诉工作质量高低的主要标准是改判率,即上级检察院要求下级检察院所抗诉的案件必须为法院能改判的案件,达到抗诉率等于改判率。近年来,各级院将抗诉成功率纳入对基层院的年度工作目标考核,但抗诉以法院改判结果为准,"受制于人",形成"以法院为准绳",严重制约了抗诉的数量。加上抗诉必须由上级检察院支持,而上级检察院考虑方方面面的关系也很少支持抗诉。这样,检察机关追求的改判率表现为原审法院的错案率,而衡量审判工作质量的主要标准是错案率,发生错案要进行错案追究,错案追究使法官、检察官与案件的结局直接发生牵连,法官、检察官成了当事人,影响到检察院和法院在当地党委、人大中的地位和声誉。人民检察院、人民法院此时不得不碍于两院多年形成的唇齿相依关系,或者有意将无罪的意见"透露"给对方,或做某种变通处理,或在可能作无罪时先行撤回起诉,或通过协调让法院免予刑事处罚,或对法院的一些错误判决听之任之,使得审判监督空间被人为压缩、变窄。

5. 基层检察院因无实质性抗诉权而挫伤其抗诉工作的积极性

司法实践中,由基层检察院提起抗诉后,或者基层检察院在提起抗诉前与上级检察院沟通汇报的案件,上级检察院认为抗诉不当可以直接撤销或决定不予抗诉,基层检察院纵然认识不一但无有效的救济措施,使得基层院对抗诉工作产生消极态度,致使个别有价值的抗诉案源流失。

6. 上下级法院就疑难复杂案件达成一致意见后抗诉难以改变其结论

司法实现中,基层法院为防止错判,普遍存在将疑难复杂案件在宣判前向上级法院进行请示汇报,就判决达成一致意见。在案件审理过程中实际存在的这种案件请示汇报制度,将法律规定的二审终审制度变成事实上的一审终审制。检察机关即使认为法院所判决的案件属畸轻或畸重而提出抗诉,二审法院一般不会改变其前期做出的决定,导致检察机关的审判监督达不到法律监督的效果,抗诉工作不得不流于形式。

7. 检法两院对职务犯罪"自首"情节理解不一使得判决与抗诉难统一

司法实践中,办理的职务犯罪案件因被告人身份特殊、被告人自身素质特殊、多是言词证据、人为干扰因素较多,较其他刑事案件比较,证据稳定性较差，免刑、缓刑率较高，尤其是“双规”和其他若干情节是否认定为“自首”方面，检法两家易于理解不一，检察机关对此类案件提出抗诉后，法院二审往往维持原判。

三、改进刑事二审抗诉工作的对策及建议

针对上述问题，笔者认为应立足源头标本兼治，从立法和司法两个层面寻找破解刑事审判监督难题的最佳答案，促使刑事二审抗诉工作朝着健康有序的轨迹发展。

（一）不断健全法制，确保刑事二审抗诉的法律规定明确统一

立足人民法院强调“审判独立”、从抗诉到审判涉及系列级别设置、法律规范局部疏漏、量刑及司法解释束缚抗诉的实际，在修改完善新的《刑事诉讼法》时，对检察机关在二审程序中的职能和检察人员的角色定位作出明确规定，对检察机关刑事二审监督具体操作程序规定清楚。司法实践中要针对当前法院判决量刑上的畸轻畸重的现象，通过最高人民检察院司法解释的形式，界定可以抗诉的畸轻畸重幅度，使一些重要司法解释尽量详尽而单一，形成具体操作性强的实用型统一标准，防止因立法和司法解释本身的不严密而使现实中违法变得“合情、合理、合法”。涉及具体修改《刑事诉讼法》关于“第二审程序”方面，可以明确地方各级人民检察院认为同级人民法院第一审的判决、裁定有错误的时候，可以向上一级人民法院提出抗诉；不服判决的上诉、抗诉期限为十日，不服裁定的上诉、抗诉期限为五日，从接到判决书、裁定书的第二日算起；地方各级人级检察院对同级人民法院第一审判决、裁定的抗诉，应当通过原审人民法院提出抗诉，并且将抗诉书抄送上一级人民检察院。原审人民法院应当将抗诉书连同案卷证据移送上一级人民法院，并且将上诉书副本送达当事人等。

（二）树立质量与数量并重的抗诉理念

加大刑事抗诉力度必须树立质量与数量并重的观念，克服重此轻彼的片面性。抗诉力度是数量与质量存在有机统一，没有数量，力度就无从谈起；没有质量，力度也就没有实际意义。在办理具体的刑事抗诉案件时，要坚持“敢抗与抗准”[①]，对符合抗诉条件的案件要依法坚决提出抗诉，对提出抗诉的案件要讲求质量、讲求效果，力求抗准。要坚持做好刑事政策和依法抗诉有机结合、抗诉质量与数量的有机结合、审判监督与检法协作有机结合，坚决克服

① 最高人民检察院副检察长邱学强有关法律监督问题的讲话。

不愿监督、不敢监督的畏难情绪，防止“因强调宽严相济的刑事政策而放弃监督，因办案人员少、工作量大、任务繁重而放弃监督，因强调快速办理案件、提高工作效率而放弃监督，因强调司法协调和加强检法沟通而放弃监督”的现象发生。

（三）在明确抗诉重点和把准案件“抗点”上下功夫

将有罪判无罪、量刑畸轻畸重、因徇私枉法和违反诉讼程序造成错误的案件以及各类错误裁判的重大案件、有较大社会影响的案件作为刑事抗诉重点，对人民法院的判决裁定确有错误，符合抗诉条件的，要坚决依法提出抗诉。对检法两家就事实认定和证据采信争议较大的案件，努力找准“抗点”，重点抓好“对于法院采信自行收集的证据，未经庭审质证即作为裁判的根据，导致错误裁判的；不采纳公诉人庭前收集并经庭审质证的有效证据，仅因被告人翻供而判决无罪或改变事实认定，导致错误裁判的；审判活动严重违反法定诉讼程序，或者审判人员在审理案件过程中有贪污受贿、徇私舞弊等行为，影响公正裁判的；判决裁定认定事实或者适用法律错误，量刑虽然未致畸轻畸重，但社会影响恶劣的；因重要事实、法定情节认定错误而导致错误裁判”五种情形的提抗，以准确、合法、合理的抗诉理由获得二审法院的认可，通过获得改判来坚定我们抗诉的信心和决心。

（四）严把起诉的事实和证据关口，全面提高一审刑事案件审查起诉质量

立足司法实践，案件质量有问题的地方往往是撤诉率高、撤抗率高、无罪率高和改判率低的情况同时存在。因此，一审是基础，二审是关键，起诉的质量往往决定抗诉的质量。要提高案件质量，重要的是把好起诉这个源头。就刑事二审抗诉而言，同样存在起诉的质量往往决定抗诉的质量。应严格按照起诉的法定条件审查起诉案件，严把事实关、证据关、程序关和适用法律关，确保案件的办案质量，提高抗诉的成功率。应在正确认定案件事实、全面审查证据的基础上，强化对定案证据、犯罪构成等问题的分析论证，准确把握罪与非罪、此罪与彼罪、罪重与罪轻的界限，对不符合起诉条件的案件不勉强起诉，争议分歧较大的案件不轻易起诉，把握不准的案件不草率起诉，不具备起诉条件的案件绝对不能起诉，确保起诉的案件犯罪事实清楚，证据确实充分，定性准确，为刑事抗诉奠定坚实基础。

（五）按照抗诉全面性时效性的要求，坚持保障人权与维护公平正义并重

刑事抗诉是作为对院裁判不服要求重审并因此引起再审程序的一种法

定方式，是公诉监督的继续和补充，是公诉制度中一项救济性权能①。推进刑事二审抗诉监督，必须深入领会刑事监督的内涵与外延，准确把握抗诉的全面性，既注重指控犯罪，又注重保障人权，避免只抗有罪判无罪和量刑畸轻案件，对量刑畸重和错误认定有罪的案件也应依法提出抗诉，对因徇私枉法和违反诉讼程序造成错案的应依法提出抗诉，对符合高检院《关于进一步加强刑事抗诉工作，强化审判监督的若干意见》规定的5种情形的案件应依法提出抗诉；抗诉的时效性强调抗诉的社会效果。在司法实践中，检察机关抗诉工作不能局限于法院判决的定性错误，尤其要针对当前法院判决量刑上的畸轻畸重的现象，最高人民检察院通过司法解释的形式，界定可以抗诉的畸轻畸重幅度，以便更具操作性。

（六）建立健全抗诉工作合理的考核机制，致力形成抗诉工作合力

从提高二审改判率、减少撤抗率、确保抗诉案件质量的需要出发，取消检察机关内部不合理的考核规定，取消上级检察院撤回抗诉的权力，建立由一审检察院派员出庭支持抗诉的制度，赋予上级院检察员列席抗诉审审判委员会讨论案件的权力，建立健全了检察机关内部上下协调、达成共识、节约诉讼资源的抗诉工作机制，致力形成抗诉工作合力。在司法操作层面上，可以采取案件承办人、部门负责人、主管检察长三级负责程序，加强对刑事判决书、裁定书的审查；对于基层检察院提抗的案件，事先将案件情况与上级院沟通，须在向法院提出刑事抗诉前，就法院裁判中的事实认定、证据采信、法律适用和审判程序是否合法等问题进行系统分析，就可抗性、抗诉条件进行论证，把好案件提抗关；要加强与法院的沟通交流，确保检察长列席审委会制度落实到位，并就案件事实、性质、证据等方面充分发表意见，提高抗诉案件审理质量；上级检察机关要加大对下级院刑事抗诉工作的指导力度，对重要案件的抗诉尤其是直接受理侦查案件的抗诉，上级院的公诉部门要提前指导，形成抗诉工作合力，对抗诉有理的案件上级检察机关要及时给予有效的支持，必要时要加强与同级法院的协调，及时解决抗诉工作中的实际问题。

（七）提高直接受理侦查案件抗诉质量，展示检察机关良好司法形象

检察机关公诉部门应认清职务犯罪案件在证据收集、运用和对案件性质的认定、法律适用等方面都有较大难度，要明确办案质量的好坏直接关系到检察机关法律监督的形象，要以高度的政治责任感、法律责任感，认真办好每一起案件。要高度重视提高直接受理侦查案件抗诉质量，避免发生办理直接

① 龙宗智：《相对合理主义》，中国政法大学出版社1999年版，第295—289页。

受理侦查案件难度大而“怕抗”、因自己侦查的案件只要判无罪都“硬抗”两种倾向。要加强对重要案件和重要证据的复核和固定工作，尤其对易变性证据，要采取适当手段加以固定，要密切与直接受理侦查部门配合，加强补证工作。要坚持非法证据排除规则，避免“带病”证据进入二审、再审程序，注意通过办理抗诉案件规范直接受理侦查案件的调查取证工作。要加强对重要直接受理侦查案件抗诉的研究论证工作，细抠事实和法律，解决案件中的疑难问题。要加强公诉人员对职务犯罪有关法律规定、司法解释和法学理论的研究，努力提高正确适用法律的能力。

（八）充分发挥检察建议应有作用，拓宽刑事二审抗诉监督渠道

检察建议作为刑事抗诉的有益补充，在诉讼监督中发挥着重要作用。刑事二审监督环节要认真落实高检院关于抗诉工作的有关规定，既注重正确把握抗诉条件，运用抗诉手段加强对刑事审判的监督，努力提高抗诉质量，又注重采取检察建议的方式，对一些带有普遍性的问题提出综合性监督意见。收到法院判决裁定时，要及时召开主诉检察官会议对法院判决的事实认定、法律适用、定罪量刑等方面进行审查，以决定是否提出抗诉；对于法院制作的法律文书在引用法律条款、语句表述等方面存在的错误，对庭审中的违法情况，采取向法院制发检察建议的方式予以监督纠正，力求收到良好的法律与社会效果。

刑事二审中的监督要点及常见问题的处理

赵　彬*

刑事诉讼的结果,不仅体现了对国家宪政体制和法制秩序的维护,而且与诉讼当事人的切身利益有着重大关系。由于我国人民法院实行的是四级两审终审制,因此,刑事二审对司法公正的作用至关重要。虽然刑事二审是刑事诉讼中一个独立的诉讼阶段,但是,我国刑事诉讼法及司法解释对二审程序规定较少,大部分以参照一审程序进行。由于"参照"具有不确定性的属性,这就给检察机关如何对刑事二审进行法律监督提出了课题,本文想就刑事二审中的监督要点及常见问题的处理方法谈一些个人体会。

刑事二审程序又称上诉审程序,是指第一审人民法院的上一级人民法院根据上诉权人的上诉或者人民检察院的抗诉,依法对下一级人民法院第一审裁判尚未生效的判决进行重新审判的诉讼程序。

根据《刑事诉讼法》第 186 条规定,刑事二审程序实行的是全面审查原则。全面审查原则要求,刑事二审程序审理案件时,要对一审判决所认定的事实、适用的法律和诉讼程序进行全面审查。根据上述原则,本人认为检察机关在刑事二审中的监督职能主要体现在以下几个方面。

一、程序方面

在推进司法体制改革,健全社会主义法制的进程中,应把实现程序正义作为刑诉法治的首要目标。因为程序正义有利于防止国家权力异化,避免人治在诉讼中膨胀,为刑诉法治的实现提供了保障。同时程序正义还有利于增强诉讼中的民主和人权保障,推动刑事法治建设的顺利进行。所以我们要彻

---

* 赵彬,天津市人民检察院第一分院干部。

底摒弃“重实体、轻程序”的陈旧观念，牢固树立“实体与程序并重”的执法理念，把确保程序公正放到法律监督的突出位置，并要切实强化对司法机关违反诉讼程序现象的法律监督，努力以程序的正义来保障实体的正义。刑事二审中对诉讼程序的监督，不同于其他部门只对自己履行职责的某一诉讼阶段的程序进行监督，而是要对一审的全部诉讼程序进行监督。其中包括侦查程序和审判程序两大方面的监督。

（一）侦查程序监督

1. 审查监督要点

检察机关对此方面的监督重点，主要是审查公安机关在侦查阶段是否依照刑事诉讼的顺序、步骤、方式、方法等进行了诉讼活动。审查范围包括：案件的来源；侦查机关对案件是否有管辖权；侦查机关有无超期羁押犯罪嫌疑人的情况；逮捕犯罪嫌疑人是否经过人民检察院批准或者人民法院决定；拘留、逮捕犯罪嫌疑人后，是否在二十四小时以内通知了其家属或者他的所在单位并在二十四小时以内进行了讯问；讯问犯罪嫌疑人或证人是否依照法律规定的方式进行的；搜查的方法是否合法；将用作证据的鉴定结论是否告知了犯罪嫌疑人、被害人。经过对上述内容审查后，如果发现侦查人员有严重侵犯诉讼参与人诉讼权利的行为，以及严重违反诉讼程序的做法，应提出纠正意见。

2. 常见问题及相应对策

（1）诉讼法律文书不全。这是在审查侦查机关程序卷时经常发生的问题。有些案件因各种情况，不能在短期内报捕，需要延长拘留期限，可是有些侦查人员不带《呈请延长拘留期限报告书》附卷，致使在审查时不能确定其诉讼时限是否超期。这种做法不仅不符合有关案卷移送的规定，还会给以后的诉讼程序造成不必要的麻烦。因为，当今的辩护人已从以前的在实体方面进行挑剔转向在程序上找纰漏。特别是在二审阶段，出现这方面的问题后要想查实，不仅需要繁杂的手续，而且要消耗一定的时间，直接影响诉讼效率。解决问题的最好方法是，将这方面的问题集中起来，以书面形式通知侦查部门进行纠正，以引起侦查部门的重视。

（2）由于工作的过错造成程序上的违法。在司法实践中，曾出现个别的侦查人员由于工作上的疏漏，造成所取证据无效的结果。如我市某区公安机关在侦查一起寻衅滋事、敲诈勒索团伙犯罪案件时，由一名侦查人员对证人进行询问，为了取得形式上的合法，将另一名侦查人员的名字写在了笔录上。而这名侦查人员当时也是一个人正对另一证人进行询问，同样为了取得形式上的合法，又将前面那名侦查人员的名字写在笔录上，这样就形成了，在同一时间、同一地点，由两名侦查人员同时对两名证人进行询问的情景，该案在开庭审理时，辩护人对这两份证据提出异议，认为取证方式违法，属无效证据。审判长当即采纳了辩护人的意见。造成以上证据无效的原因是，我国《刑事诉讼法》第 97 条明确规定，询问证人应当个别进行。这条规定的目的是为了防止证人之间互相影响，以保证证人证言不丧失个性特征，保证询问结果的真实性。由于这两份证据是证实犯罪嫌疑人构成犯罪的主要证据，公诉人不得不建议法庭休庭，重新搜集证据。所以，我们在审查言词证据时，特别是犯罪次数和人数较多的案件时，要特别注意审查取证的时间、地点、询（讯）问人、记录人等项内容记录的是否正确，如发现有误，应及时建议有关人员进行纠正，以避免事后退查，造成不必要的司法资源浪费。

（3）不如实提供有利于犯罪嫌疑人的证据。在司法实践中，时常发现这种情况，在侦查机关提供的案件来源或抓获经过的证明中，不将犯罪嫌疑人投案自首情节或犯罪嫌疑人带领侦查人员抓捕同案犯的立功表现如实写明，统称为被抓获归案。不管这种情况的发生是因为工作交接时的疏忽，还是因其他原因造成的，都会给犯罪嫌疑人带来不利的诉讼结果，直接削弱了司法的公信力。因此，在审查案件来源时，要给予高度重视，发现疑点，可通过和犯罪嫌疑人的接触，了解归案的真实情景及是否有立功表现。如发现所了解的情况和侦查机关提供的证明不符，应及时核查补正，以此来维护犯罪嫌疑人的合法权益和司法公正。

（二）审判程序监督

1. 审查监督要点

由于各种因素的影响，很难做到每一次审判都是完全公正的。所以我国在立法时，建立了二次审理的救济制度，使当事人在经过第一次审判之后，经过这一通道，再次重申自己的主张，求得他理想的裁判结果，使其感受到公正的存在。二审的作用即在于此。刑事二审在程序方面主要是审查审判活动是否合法，当事人的合法权益是否得到了保障。

2. 存在问题及相应对策

（1）严重违反法定诉讼程序。如合议庭的组成人员不符合法律规定；未将人民检察院起诉书副本在开庭前十日以前送达被告人；判决所依据的证据没有经过当庭举证、质证；被告人没有到庭；被告人的辩护权被剥夺；案卷中无法庭笔录等，如果存在这种情况，无须考虑其判决是否正确，检察机关可行使监督权，建议二审法院发回重审。

(2)轻微违反法定诉讼程序。如个别法律手续不全,合议庭个别成员未在庭审笔录上签字,笔录上的时间和地点没有记录清楚等,对此,则要具体分析,区别对待。如果经审查,对判决的公正性不产生实质性影响,可口头向二审法院提出纠正意见;如果这种现象已经影响到判决的公正性,那就应该与严重违反法定程序的现象一样对待。只有这样,才能制止"重实体、轻程序"的倾向。

(3)审判程序中还存在一种普遍现象应引起重视,即不传唤被害人到庭。这种现象说明,审判机关只注意了保护被告人的合法权益,而忽视了被害人的合法权益。去年,我市某区法院审理了一起诈骗案件,由于在开庭审理时未传唤被害人到庭,被告人则在庭上肆意狡辩,拒不认罪,结果一审法院听信了被告人的辩解,宣告被告人无罪。区检察院提出抗诉后,在二审审理期间,被害人四处奔波、告状信访,并发誓以死相争也要讨回公道。二审开庭审理前,出庭检察员及时和二审法院办案人进行沟通,指出一审法院在审理此案时未通知被害人到庭,违反了诉讼程序,建议二审开庭时通知被害人到庭。二审法院采纳了这一意见。在二审开庭时,被害人在法庭上,以其切身所受到的侵害揭露了被告人的犯罪行为,并经过与被告人面对面的质证,批驳了被告人的无理狡辩。最终这一案件得以改判,为被害人伸张了正义。这一事例说明不传唤被害人到庭做法不仅违背了立法原意,剥夺、限制了被害人的诉讼权利,而且不利于社会的稳定。检察机关作为法律监督机关,要充分履行法律监督职能,如发现这种情况存在,应及时提出纠正意见,依法保障被害人的合法权益。

二、事实、证据方面

(一)审查监督要点

对于刑事二审案件,我国实行的是全面审查原则,即不受上诉和抗诉范围的限制,主要审查内容是,第一审判决认定的事实是否清楚;证据是否确实、充分,证据之间有无矛盾;有无遗漏犯罪嫌疑人及犯罪事实;上诉或抗诉理由是否充分等。

(二)存在问题及相应对策

1.案件事实不清、证据不足。

以事实为根据,以法律为准绳,是我国刑诉法的基本原则之一。从这一原则可以看出,事实是适用法律的基础,只有事实清楚,适用法律才能正确。因此在审查案件过程中发现事实不清时,应针对不清的事实作出分析,查找原因。并考虑在二审中能否查清的可能性及对定罪量刑的影响。对证据不足案件的分析,主要是从证据学的角度分析证据的关联性、合法性与证明力,还应确定证据在刑事证明标准上是否达要求,是否还有欠缺,欠缺原因。对事实不清、证据不足的案件根据法律规定,一般采取以下两种处理方法:一是进行补查,在查清事实后建议改判;二是如果发现二审将难以查清事实时,可建议撤销原判,发回重审。但应当注意的是,如二审中出现了新证据或新事实,检察机关在行使监督权时,应建议二审法院将案件发回重审,不宜直接改判。因为,面对新证据或新事实,若建议二审法院行使改判权,则必然影响当事人的审级利益。

2. 起诉时遗漏犯罪事实。

这类案件通常不是因侦查或审查不细造成的。形成的原因主要是犯罪嫌疑人被抓获时出于逃避惩罚的心理状态,只交待现行,不交待历史。但法网恢恢,疏而不漏,其罪行终将被揭露出来。如果在二审阶段发现上诉人有漏罪时,最好不要采取发回重审的方式,特别是某一上诉人因团伙犯罪被起诉,而遗漏单独犯罪事实的案件和有附带民事赔偿的案件,应从提高诉讼效率和维护当事人的利益出发先结案,然后,通过正常渠道,建议原起诉机关对有遗漏罪行的上诉人另行起诉。

3. 拓延监督职能。

目前,检察机关的刑事监督一般是从侦查部门报捕案件以后开始,经过审查起诉到法院,然后通过庭审和对判决进行审查。实践中这三个环节监督还不能完全充分发挥检察机关的监督职能作用,因此,延伸、拓宽监督渠道十分必要。如我院在审理叶林绑架上诉一案时,发现实施同一犯罪的同案犯因抓捕时间的不同,对先行抓获的张欣以非法拘禁罪判处有期徒刑一年零六个月,而对后来分别抓获的王军、叶林以绑架罪分别判处有期徒刑十一年。对同一犯罪事实的不同案犯在定罪和量刑上出现如此大的偏差,引起了我们的注意。为确保案件质量,调取了张欣非法拘禁案的原始卷宗,重新核实了本案的犯罪事实。根据证据证实张欣系该起绑架案的共犯,应以绑架罪定罪科刑。区人民法院认定张欣犯有非法拘禁罪的刑事判决,确有错误。鉴于此判决已生效,我院启动审判监督程序,向我市第一中级人民法院提出抗诉。我市第一中级人民法院采纳我们的意见,以绑架罪对张欣进行了处罚。这说明,案外监督,对保障法律正确实施,维护公平正义起到了不可低估的作用。

三、量刑方面

(一)审查监督要点

对于量刑方面的审查,应注重一审法院在作出具体刑罚结论时,是否对所有的情节予以考虑了,是如何考虑的,其中是否有违反法律规定的行为,法官是否受到了非司法因素的干扰,量刑是否畸轻畸重,如果发现存在问题,应以在出庭发言中直接对其进行分析,供合议庭在讨论案件时参考。

(二)存在问题及相应对策

1. 上诉人撤回上诉问题

上诉是法律规定的一项权利,其权力主体既可以依法行使,也可以自愿放弃。对上诉后又撤诉的案件,应对上诉人撤诉的原因进行分析,查明其是否受到了其他因素的影响。如属于上诉人正常的撤诉,应尊重合议庭的裁判结果,如认为有原判事实不清、证据不足、无罪判有罪,轻罪重判的情节,应当建议合议庭不准许撤回上诉,并依照上诉审程序进行审理。本人曾审查过这样一个案件,被告人刘某系未成年人,在和另一少年游戏时因模仿电影的暴力情节,杀人未遂,一审判处其有期徒刑十年,其母作为被告人的法定代理人,以量刑过重为由提出上诉。经审查后,我院认为被告人在这起犯罪中,依据刑法规定有两个从轻或者减轻处罚的情节,在量刑时,应考虑减轻处罚的情节,在法定刑以下量刑。但一审判决书只作了从轻处罚的决定,属量刑不当,应建议二审法院对被告人给予重新量刑。但在开庭前,上诉人考虑到开庭程序的烦琐,提出了撤诉的请求。鉴于本案在量刑上存在问题及上诉人对法律知识的不甚了解等因素,我们建议二审法院不同意上诉人撤诉的请求,应开庭审理此案。二审法院采纳了我院意见,并对被告人做了减轻处罚的判决。这起案件从形式上表现为刑期发生了变化,而实质上则是法律监督职能在刑事二审中的实现。另外也满足了上诉人通过救济性程序来达到自己目的的渴望。

2. 量刑问题

量刑是合议庭根据对业已查明的案件事实依据法律规定,对于构成犯罪的行为人,确定是否判处刑罚、判处何种刑罚以及判处多重刑罚的刑事司法活动。尽管我国刑罚对各种量刑情节都作出了较为具体的规定,但在实践中,由于法官个人对法律的理解存在差异和认识案件事实的角度不同,就同一案件,不同的法官可能会有不同的量刑意见,特别是在考虑酌定量刑情节方面,法官自由心证的自由就更大,因而出现量刑的差异是正常的。因此,为维护法院裁判的严肃性，只要一审法院在量刑时是在独立、中立的情况下作出的合法判决，应该认为是准确的，不宜随意提出改变意见。

四、刑事二审监督中需立法解决的问题

（一）事后监督的问题

我国1997年刑事诉讼法调整了检察机关在不同阶段的监督手段和监督方式，特别是将审判监督方式由庭上监督改为庭下的事后监督，这样既不利于解决问题且也不能很好地发挥检察监督职能。如：不应公开审理的案件，由于法官的一时疏忽公开审理了；不该参加旁听的本案证人，坐到了旁听席上；未通知有关当事人参加庭审诉讼活动等，有些错误已然铸成，于事无补，即使事后有些问题得到了解决，如发回重审或者抗诉再审等，也是一种不必要的诉讼资源的浪费。因此，在修订刑诉法时应把事后监督的弊端，提到日程上来。

（二）法官庭后搜集证据的问题

我国刑诉法规定，法院有权对有疑问的证据进行调查核实，由于这一规定过于原则，理论界对此有不同的理解，一种意见为法院在庭后只能对呈堂的证据进行调查核实。另一种意见为法院不仅对呈堂的证据可以进行调查核实，也可以搜集新的证据，也就是说法官具有侦查权。由于第二种意见被广泛采纳，所以在司法实践中，暴露出一些问题。如：根据法律规定，控、辩双方向法庭提交的证据，要在审判长的主持下，进行质证，但没有规定审判长提交法庭的证据由谁来主持质证。又如：法律还规定，控辩双方可以对提交法庭的证据进行互相辩论，但没规定对审判长提交法庭的证据能和审判长进行辩论。今年发生过这样一件事，二审法庭在审理一件经济犯罪案件时，庭后调取了一份新证据，在法官宣读这份证据后，控、辩双方都提出了反对意见，但这位法官仍采用了这份证据。这就给法律监督提出了新问题，即对法官的侦查权由谁来监督，其提交的证据如何采信。

现代社会，各国立法普遍确立了法官中立、控辩双方平等、充分保障被告人诉讼权利等基本原则以保证刑事司法公正。随着我国刑事审判方式的改革，我国在立法时也正朝着这个方向努力，法官也正在由一个积极调查的角色转变为一个消极仲裁的角色。但由于我国法律制定的还不完善，如若要在我国真实确立法官中立的位置，保证司法的公信力，还需在立法中对法官的权力重新进行设计。

试论为检察机关刑事抗诉权松绑

吴　敏[*]

《刑事诉讼法》第181条规定：地方各级人民检察院认为本级人民法院第一审的判决、裁定确有错误的时候，应当向上一级人民法院提出抗诉。

《刑事诉讼法》第205条第3款规定：最高人民检察院对各级人民法院已经发生法律效力的判决和裁定，上级人民检察院对下级人民法院已经发生法律效力的判决和裁定，如果发现确有错误，有权按照审判监督程序向同级人民法院提出抗诉。

依据上述条款的规定，人民检察院拥有刑事抗诉权。刑事抗诉权是检察机关对刑事审判活动进行监督的重要手段，是检察机关履行刑事审判监督职责，确保司法公正最重要、最有效的途径。长期的检察实践证明，由于检察机关抗诉权的使用，一些案件得以改判，维护了司法公正。然而，由于抗诉权在程序立法规定上较为粗糙，导致在实践中运行机制不畅，各种案外因素的困扰和影响，抗诉权实际运行效果并不理想，在一定程度上存在弱化现象，需要予以完善。刑事案件抗诉一般分为两种，一是根据上诉程序提起的抗诉，即下抗上审；二是根据审判监督程序提起的抗诉，即同抗同审。笔者仅对下抗上审谈一些粗浅看法。

一、目前检察机关抗诉权存在的弊病

（一）抗诉权定位的模糊，使抗诉权的行使不便于操作

根据我国宪法规定：检察机关是国家法律监督机关。检察机关在抗诉权的行使上，实际是蕴含两种不同的权利。一是代表国家法律监督机关对审判

---

* 吴敏，北京市西城区人民检察院干部。

活动进行依法监督的权利。二是代表国家进行诉讼依法对损害进行追偿的诉讼权利。监督权与诉讼权在理论上是有所区别的。诉讼权是刑事诉讼构架中起诉、审判、辩护三大权力中的一种,在形式上是以检察官的名义行使。主诉检察官办案责任制实施后,一般情况下决定起诉权、提起公诉权和支持公诉权是由主诉检察官个人行使的。而抗诉中蕴含的监督权则是以法律监督机关的名义进行。由于目前抗诉权所包含的两种权力,使得抗诉权的行使较为尴尬,主诉检察官身兼主控官和监督人的双重身份,既站在国家法律监督机关的角度实施监督同时又站在国家公诉的角度进行的抗辩,实践中两种职能的行使往往不容易兼顾,存在加大抗诉力度与提高抗诉质量顾此失彼的问题。既弱化了监督职能,也在一定程度上弱化了公诉职能。而这种兼顾也使律师、法官对检察官的权限颇有微词。在庭审过程中,控辩平等是司法公正的基础,检察机关过度强调监督权,容易造成控辩之间的不平等。

现有法律对于检察机关抗诉权的立法过于空泛。虽然《刑事诉讼法》第181条对检察机关启动第二审程序作了规定,最高检察院《刑事诉讼规则》也作了相应的规定,最高检察院《关于刑事抗诉工作的若干意见》(2001年2月5日最高人民检察院第九届检察委员会第八十一次会议通过)也作了相对细化。但就目前的状况而言,我国立法中关于检察机关在刑事审判中的抗诉权规定还比较空洞,原则性太强,不便于具体操作。

最高检察院《关于刑事抗诉工作的若干意见》中刑事抗诉工作制度之规定:刑事抗诉案件必须经检察委员会讨论决定。这一规定表明检察机关对于行使法律监督的职责较为慎重,但规定中显然是考虑监督的职责多于公诉的职责。

(二)严格的规则,严重侵害了国家诉讼的权力

对目前现行抗诉权与上诉权进行比较,笔者发现产生的方式不同、发生效力的时间不同。我国法律明确规定,在刑事诉讼过程中,诉讼主体一律平等。但对目前检察机关抗诉权过于严格的规定,明显侵害了国家公诉权。依据《刑事诉讼法》第180条规定:"被告人、自诉人和他们的法定代理人,不服地方各级人民法院第一审的判决、裁定,有权用书状或者口头向上一级人民法院上诉。被告人的辩护人和近亲属,经被告人同意,可以提出上诉……对被告人的上诉权,不得以任何借口加以剥夺。"被告人在法院判决、裁定后,只要它不服判决或裁定,无论何种理由都可以进行上诉。而检察机关对于法院判决、裁定提起的抗诉理由,最高检察院《关于刑事抗诉工作的若干意见》中规定了四项十四种情形,从而严格规定了抗诉的理由。此外上诉自上诉人提起即发生效力,而抗诉需经上一级检察机关的确认后才能产生。这种确认还需要一段时间和过程,因此发生效力的时间落后于上诉权。

目前检察机关在抗诉中强调监督权,忽视了被害人合法权益的保护。《刑事诉讼法》以及最高检察院《刑事诉讼规则》没有规定在什么情况下人民检察院应当接受被害人抗诉请求,同时法律规定的请求抗诉条件也不具体、不统一。根据《刑事诉讼法》规定被害人只要不服人民法院判决即可启动请求抗诉程序,而人民检察院要对此提出抗诉必须是发现人民法院的判决确有错误,两者标准的不统一,使检察机关对于是否抗诉具有较大的自由裁量权,被害人请求抗诉权形同虚设,不能发挥真正的作用。此外,法律并没有规定受害人对检察机关做出不利于自己决定后的救济手段。

(三)上级机关对抗诉的严格审查,限制了下级院抗诉权的行使

《刑事诉讼法》第185条规定,"地方各级人民检察院对同级人民法院第一审判决、裁定的抗诉,应当……将抗诉书抄送上一级人民检察院。……上级人民检察院如果认为抗诉不当,可以向同级人民法院撤回抗诉,并且通知下级人民检察院"、第188条规定,"人民检察院提出抗诉的案件或者第二审人民法院开庭审理的公诉案件,同级人民检察院都应当派员出庭"。由此可见,在刑事抗诉案件中抗诉主体实际上是双重的,对一审判决的抗诉实际上是由上下两级检察院共同实现。下级检察院是提出抗诉的主体,而上级检察院则是完成抗诉的主体,享有撤回抗诉权。这种立法初衷虽然是对抗诉权加以适当限制,避免滥用抗诉权,确保抗诉质量,但明显带有行政化倾向。根据这一规定,下级检察机关对案件提起的抗诉,只有经过上级检察机关的同意后才能正式产生效力,无疑是对下一级检察院抗诉权的行使上了一道枷锁,设置了一道门槛。往往造成下级机关多一事不如少一事或者唯命是从,缺乏独立性和主动性。从检察具体实际工作出发,承办案件的第一责任人应该是一审中主诉检察官和所在检察部门的主管领导,他们熟悉案件,对证据和法律的运用研究得较为透彻,决定是否抗诉还需要经过检委会的集体讨论,这表明检察机关在行使审判监督权力上是非常慎重的。但上一级检察机关的介入,使得下级机关还要向上一检察机关汇报,案情复杂的还要多次汇报。长此以往,不仅挫伤了下级检察机关抗诉的积极性,而且弱化了检察机关的监督力。下级检察机关怕提出抗诉后上级检察院不支持、法院不改判,影响自己的工作成绩,对于一些可以抗诉的案件而不抗。同时使诉讼期限延长,增加了诉讼成本。这种"办案者不定案,定案者不办案"的情形容易影响案件审理的公平正义精神。

二、对检察机关抗诉权和审判监督活动的再定义

检察机关强化法律监督职能是新形势下检察机关实践科学发展观参与和谐社会构建的必然选择。如何充分保障检察机关在刑事诉讼中的诉权和加强审判监督,妥善使用好两种权力,笔者建议采取以下措施:

(一)将监督权和诉讼权从抗诉权中分离

我国宪法规定:“人民检察院是国家的法律监督机关。”人民检察院的这一宪政地位决定了法律监督是检察机关的主要职能。一般认为,刑事抗诉是人民检察院对人民法院审判活动是否合法实行监督的重要手段和方式。从广义的理解看,检察机关所依法实施的全部诉讼活动和非诉讼活动,都应是法律监督活动。但在检察实践中,刑事抗诉权具有刑事诉权的基本特征,其本质属性不是监督权,而是一种诉权。这是由于:刑事抗诉权是一种司法请求权,这符合诉权的司法请求权的特征。刑事抗诉权是检察机关认为判决、裁定“确有错误”时,向法院提出的重新审理请求。至于判决、裁定是否“确有错误”,则须通过法院再审才能予以确定。因此,刑事抗诉权仅仅具有启动法院再审程序的效力,并不必然引起法院对判决、裁定本身的改判,即不必然引起实体性的法律后果。深化公诉改革,将诉讼权和监督权从抗诉权中分离出来,公诉部门只承担诉讼的权利,对法院的审判活动不再同时进行监督,这种诉权可保持原有的抗诉权之称谓,这样有利于强化保护国家利益维护司法公正。对审判活动的监督权,依法由检察机关反贪、反渎部门承担。

公诉部门独享对法院判决、裁定的抗诉权,不再受监督权的干扰和困惑,履行的检察职能不再重叠,主体身份不再双重,诉讼地位理论上还原于诉讼主体平等的地位,有利于维护司法公正。

(二)重塑抗诉权的性质,赋予它新的定位

根据新的抗诉权只为诉讼权的定位,对刑事诉讼法进行修改,同时修改最高检察院《刑事诉讼规则》和《关于刑事抗诉工作的意见》,重塑抗诉权的原则、性质、内容,赋予检察官与被告人一样对于未生效判决拥有同等的上诉权,扩大被害人请求上诉的权利。同时检察官的抗诉权与被告人上诉权遵循同样的上诉程序。

检察机关提出的抗诉的理由可以继续保持最高检察院《刑事诉讼规则》规定的情形,但就被害人提出的附带民事追偿部分可以不受上述规定的限制。检察机关提出抗诉后,在抗诉期限届满之前,有权撤回,但有利于被害人的抗诉,须经过被害人同意,方可撤回。撤回抗诉后,检察官不得再行抗诉。

(三)取消上级检察机关审查下级院抗诉的程序,加强对下级院抗诉案件的宏观监控

取消《刑事诉讼法》第185条规定,“地方各级人民检察院对同级人民法院第一审判决、裁定的抗诉,应当……将抗诉书抄送上一级人民检察院。……上级人民检察院如果认为抗诉不当,可以向同级人民法院撤回抗诉,并且通知下级人民检察院”的有关规定,将抗诉权力下放,给予下级检察机关充分的信任。上级检察机关的抗诉虽然从程序上体现了检察机关对审判监督的慎重,但这有违司法亲历性的要求。判断法院裁判是否公正,是否“确有错误”,直接办案的同级检察机关最有发言权。因此,笔者建议,取消上级检察机关审查下级院抗诉的程序,为下级院抗诉权松绑,给予下级院抗诉的最大权限,充分发挥检察机关的公诉职能,维护刑事案件中检察机关所代表诉方的合法权益,实现法律的公正性。

加强检察机关内部的制约,强化上级院对下级院抗诉案件的宏观监控,保证检察机关办案质量。取消上级检察机关审查下级院抗诉程序后,检察机关提起抗诉的案件主要由审判机关依法进行裁量。上级机关只对下级院抗诉案件进行宏观监控,对于抗诉不成功的案件进行审查,认真分析案件抗诉不成功的理由,如发现下级院在抗诉中抗诉理由不符合抗诉标准,可以加强对下级院的理论指导和案件质量考核,促使下级院提高抗诉水平,严把抗诉案件质量。

取消上级检察机关对下级院抗诉案件的审查程序,可以减少诉讼环节,提高诉讼效率,有效地解决刑事抗诉案件在检察环节久拖不决的问题。

(四)加强对审判活动的监督,启用检察机关多种监督职能

目前检察机关对审判活动的监督,从检察职能部门的设置来看,主要放在公诉部门。但从实践中,公诉部门对法院审判活动的监督仅仅浮在表面,除现有的抗诉权外,没有更为有效的监督措施。笔者认为,从检察职能的设置来看,检察机关实际拥有多种对审判监督的监督措施,但在目前检察实践中还没有被充分的利用。一是再审监督。《刑事诉讼法》第205条第3款规定:“最高人民检察院对各级人民法院已经发生法律效力的判决和裁定,上级人民检察院对下级人民法院已经发生法律效力的判决和裁定,如果发现确有错误,有权按照审判监督程序向同级人民法院提出抗诉。”再审监督是检察机关对审判活动实行监督的重要形式,但目前看还不成熟。检察机关应当加强对再审案件监督具体规则的研究和细化,将对审判监督权交与上级检察机关,加大对已发生法律效力的判决和裁定的监督,充分使用再审抗诉权利,对法院适用法律是否正确、诉讼程序是否合法进行监督，敦促审判机关严格适用刑罚，维护司法公正。二是对审判人员司法廉洁性的监督。犯罪追究是一种深刻和有效的法律监督形式，检察机关拥有对公职人员滥用职权、收受贿赂等犯罪活动进行侦查的权利。要充分发挥反贪局、反渎局监察审判人员审判活动是否廉洁、高效、公正的职能作用，加强对审判人员贿赂、枉法裁判、渎职等犯罪的追究力度，打击在审判活动中的犯罪行为，维护国家审判活动公正运行的良好秩序。

总之，为检察机关抗诉权松绑，有利于检察机关充分行使抗诉权，符合检察机关强化法律监督的本质要求，能够更好地发挥检察机关法律监督的职能作用，从而为推进司法机关廉洁高效地从事司法活动提高有力保障。

宽严相济刑事政策在二审案件中的适用研究

申　云* 任国库**

党中央提出了要构建社会主义和谐社会,要求司法机关转变执法理念,积极化解社会矛盾,维护稳定服务发展。而宽严相济刑事政策则如同雪中送炭,为司法机关更好地服务于构建社会主义和谐社会搭建了一个更为广阔的平台。

刑事二审是一个救济程序,主要针对一审判决存在的错误或失误而导致的司法不公正现象进行纠正,它对于化解矛盾纠纷,满足当事人的合理诉求,确保国家法律正确、统一的实施,起着关键性和决定性的作用,在当前两审终审的诉讼制度下,人民群众对二审程序有着更多和更高的期待。因此,在审理刑事二审案件过程中,正确适用宽严相济刑事政策兼顾情、理、法,使法律效果与社会效果有机统一,对定分止争、促进和谐社会的建设具有非常重要的意义。

一、刑事二审案件存在问题的分类

刑事二审涉及的犯罪一般都比较复杂,甚至是疑难案件。2006—2008 年我院受理的二审案件共有 72 件,其中既有对常见犯罪的特殊情形的争议,也有对非法处置查封、扣押、冻结财产等比较少见的犯罪如何认定的争议。而涉及刑罚裁量情节的案件更为多见,有累犯、自首、立功、未成年人等法定情节,也有挽回财产损失、对被害人进行积极救助和赔偿、认罪悔罪等酌定情节,犯罪情节复杂交错,从轻情节与从重情节、法定情节和酌定情节常常交织

* 申　云,北京市人民检察院第一分院二审监督处处长。
** 任国库,北京市人民检察院第一分院二审监督处干部。

在一起，使得司法公正的尺度更加难以把握。

通过对近三年来审理的刑事二审案件进行分析，依据一审判决存在的错误大致可以分为四类问题，即证据问题类、法律问题类、程序问题类、情节裁量类。因此，审理二审案件要求的能力是多方面的，证据问题类的案件，主要需要司法人员查微析疑，识疑补缺，纠错防漏；法律问题类的案件，关键的是要在特定的情形下准确区分罪与非罪、此罪与彼罪；而程序问题类的案件，不仅需要有严格的程序意识，还需要针对程序对实体权利的影响作出客观的评价；而情节裁量类的案件，包括具有多个法定从轻情节是否可裁量减轻处罚、多个酌定从重情节和法定从轻情节共存如何裁量、法定从重情节和多个酌定从轻情节共存如何裁量等案件，所以情节裁量类案件不仅需要上述办案能力，同时还需要结合宽严相济刑事政策对犯罪情节事实的选择、犯罪情节之间的权重比例等进行综合分析进而运用宽严相济刑事政策的精髓去把握、处理案件，作出最终的裁量。鉴于我院三年来受理的72件二审案件中，情节裁量类有30余件，占据了全部案件的40%多，且与宽严相济刑事政策的适用关系密切，故本文主要阐述宽严相济刑事政策在情节裁量类案件中的适用。

二、宽严相济刑事政策在情节裁量类刑事二审案件中的适用研究

宽严相济刑事政策体现了国家在宏观上对犯罪问题、犯罪的控制和预防问题的基本看法和态度，是刑事法律适用的灵魂，能够帮助司法人员正确判断和认定复杂多样的案件事实，并运用法律精神处理案件。换言之，司法人员可依据宽严相济刑事政策运用自由裁量权，根据涉案人员的主观恶性、人身危险性结合社会危害性区分宽严的不同情况，做出法律上的处断。情节裁量类刑事二审案件，因其涉案情节多，适用法律难度大，而辗转于有罪与无罪、罪轻与罪重之间，需要运用宽严相济刑事政策去分析行为的社会危害性、涉案人员的主观恶性、人身危险性，对犯罪情节事实进行甄别，对多种情节之间权重比例作出判断，进而作出公正的裁量。

情节裁量类刑事二审案件首先涉及犯罪情节的选择、认定，然后才能对犯罪情节的权重作出正确的裁量。而司法人员选择应当予以刑法评价的事实情节，正是体现了宽严相济刑事政策在司法实践中的应用。例如刘某玩忽职守罪案，刘某在某区国税局征收管理科任副科长，负责发票的审批等管理工作。该区某税务所根据对冉某的公司报送材料的审查情况，建议该公司的增值税专用发票领购量定为每月3本75份，后上报征管科审批。冉某得知该信息，与刘某联系，让刘多批一些。后刘自称根据工作经验，认为应当批5本

125 份。该公司在办理增值税专用发票申领过程中，冉某请刘某夫妇到泰国旅游，由冉某支付购买商品及旅游的费用等共计4000余元。冉某领取到5本125份增值税专用发票后，虚开增值税专用发票45份，金额为人民币4114668.34元，税额为人民币699493.66元，均已抵扣。2005年，冉某因虚开增值税专用发票罪被追究刑事责任。承办该案的一审检察院就刘某的行为是否可以作相对不起诉处理向上级检察院请示，上级检察院检委会研究决定，对刘某以玩忽职守罪依法提起公诉。但一审法院判决刘某无罪。两级检察机关启动抗诉程序，二审法院终审判决刘某犯玩忽职守罪判处有期徒刑一年六个月。

一审法院与二审法院对刘某作出无罪与有罪两个截然相反的判决，除了对刘某在审批增值税专用发票过程中的玩忽职守行为是否应当追究刑事责任的法律认识不同外，最为关键的在于对刘某收受4000余元的贿赂的行为是否应当进行刑法意义上的评判。一审法院仅根据刘某审批增值税专用发票的事实与情节，而不考虑其在该审批过程中收受贿赂的情节而做出无罪判决，这是显失公正的。

刘某虽然由于受贿金额不足5000元的立案标准，而不能以受贿罪追究刑事责任，但并不能否认其主观恶性深，社会危害性大。对刘某收受贿赂的犯罪情节视而不见，显然是不恰当的。而二审法院恰恰考虑了刘某收受贿赂的情节，并综合玩忽职守所造成的危害后果，而作出了截然相反的有罪判决。对刘某收受贿赂的犯罪情节进行评价的意义，在于刘某接受贿赂所凸显出的主观恶性，使本来处于刑法否定评价临界点的玩忽职守行为具有了刑法否定评价的应然性。所以，只要行为的社会危害性达到了刑法所规定的程度，就应当被刑法否定评价。

宽严相济刑事政策，与对案件犯罪事实情节的认定具有的指导意义相比较，对于法定从重、从轻情节与酌定从重、从轻情节交织在一起的案件裁量的指导意义更加明显。对严重犯罪中的从宽情节和轻微犯罪中的从严情节依法分别予以宽严体现，能够使本来难以裁断的情节得到合理合法的解决，从而达到定分止争、案结事了，使受到损害的社会关系和社会秩序得到恢复。例如郭某等三人强奸案，2007年4月30日晚22时许，被告人郭某(时年16岁)、张某(时年17岁)以出来玩为由将被害人邓某(时年16岁)带至本市石景山区郭某朋友暂住地。田某恰逢也在此处。23时左右郭某、张某以玩游戏为由将邓某带上三楼的另一个房间，施以暴力相威胁，当着张某的面强行与邓某发生性关系，张某在郭某强行与邓某发生性关系时，帮助按住邓某的胳聘。张某、田某(时年18周岁)在明知郭某与邓某发生性关系后,二人也先后强行与邓某发生性关系。三人将邓某控制后,郭某再次与邓某发生性关系。次日上午,郭某与邓某第三次发生性关系。而且被告人郭某曾于2005年因犯抢劫罪被判处有期徒刑一年六个月,属于累犯,应当从重处罚。一审法院经依法审理后判处被告人田某犯强奸罪,判处有期徒刑十年,被告人郭某犯强奸罪,判处有期徒刑七年;被告人张某犯强奸罪,判处有期徒刑二年。一审法院的判决仅考虑郭某、张某的未成年人的身份,而对两人的从重情节考虑不够,属于量刑畸轻。所以两级检察机关对郭某、张某的量刑提起抗诉。二审法院采纳了检察机关的抗诉意见,以郭某犯强奸罪,改判有期徒刑十一年;张某犯强奸罪,改判有期徒刑九年。

此案涉及未成年人、累犯、强奸的手段、次数等多个犯罪情节。在犯罪行为及多个情节的事实认定方面,一审法院与二审法院不存在分歧,而在如何评价这些犯罪情节,却有着较大的分歧意见。宽严相济是指导如何综合评价本案的多个犯罪情节并准确适用法律的刑事政策标准。就该案而言,量刑失当极为明显。郭某的强奸行为属于轮奸,依照刑法应当判处十年以上有期徒刑,又系累犯,应从重处罚;另外具有强奸的犯意起意者、多次强奸、被侵害对象也属于未成年人等酌定从重情节;而郭某仅有属于未成年人一个从轻情节。刑法规定,已满十四周岁不满十八周岁的人犯罪,应当从轻或者减轻处罚。郭某虽然属于未成年人,应当从轻,但却具有多个法定从重或酌定从重情节,所以根据宽严相济刑事政策对郭某不应当减轻处罚,而只应适当从轻处罚。二审法院综合其从重、从轻情节,采纳检察机关的抗诉意见而改判郭某十一年有期徒刑、张某九年有期徒刑的结果,体现了罚当其罪的法律原则,是正确的,也是公正的。

宽严相济刑事政策对于审理这种情节裁量类的二审案件的指导意义,关键在于通过对行为人的主观恶性、人身危险性、行为的社会危害性的分析,首先确定了对行为人的总体处理倾向,是从重打击,还是从宽处理,然后根据其具体行为分析每个犯罪情节在最终裁量中的权重比例。

上述两个案例都体现了宽严相济刑事政策从严的一面,这不意味着在二审程序中司法人员仅考虑从严情节而从重打击,对于应当从轻处罚而判决不公引起的抗诉或上诉案件,二审程序中予以改判也是有的。如李某职务侵占案,李某系某公司的最大股东且兼任总经理,利用职务便利,采取伪造拆迁补偿协议等方式,将本公司拆迁补偿款23万元非法占有。在本公司职工举报后,其退出全部赃款,并主动向公安机关投案。一审法院认定其自首,积极退赃,认罪态度好,依法从轻判处其有期徒刑6年。一审检察院以量刑畸重为由提出抗诉,上级检察院经过审查认为,此案中,李某存在着自首的法定从轻情节,且具有积极退赃的酌定情节,还应当考虑23万元拆迁补偿款属于该公司应得的合法财产,而李某系该公司的最大股东,对拆迁补偿款享有一定的权利,只是不该在未分配该项财产前采取伪造拆迁补偿协议的非法手段全部侵占。所以尽管一审法院在法定刑的幅度内判处刑罚,量刑不属于畸重,但综合上述情节,量刑属于偏重。为此,本着当宽则宽的精神,依法支持了抗诉,二审法院依法改判李某有期徒刑5年。虽减刑幅度仅为1年,却充分体现了刑事政策对适用法律的指导作用,彰显了法律的公正和对人权的尊重。

综上所述,宽严相济刑事政策是宽与严有机结合的整体,要宽以济严,严以济宽,要防止只适用某一方面,而忽视另一方面,即不能只强调严打而忽视轻缓政策的适用,也不能只强调轻缓政策而忽视对严重犯罪行为的严惩。针对情节裁量类的刑事二审案件,运用宽严相济刑事政策通过对犯罪情节的选择、分析、判断,确定个案情节的权重比例,进而具体分析行为的社会危害性和行为人的主观恶性、人身危险性的程度大小,作出终审判决实现真正意义上的罪责刑相适应,在此司法过程中,宽严相济刑事政策对执法理念及诉讼监督所具有的指导意义,又引发我们的进一步思考。

三、宽严相济刑事政策在情节裁量类的刑事二审案件适用中的深层思考

宽严相济刑事政策适用的深层原因在于宽严相济刑事政策能够使刑事二审程序的职能得到充分地发挥,从而更加有利于统一司法人员的执法理念,进而达到通过具体办案实现诉讼监督的目的,保障诉讼各方当事人的合法权益,合情合理合法地化解、缓和社会矛盾。

(一)宽严相济刑事政策使二审程序的职能充分发挥,既对一审的审理活动进行了监督,又维护了当事人的正当权益

二审程序的职能在于维护法律的正确、统一实施,具有纠正错误裁判和安抚劝慰功能。刑事二审程序通过对有管辖权的具体个案的审查、判断和审判指导工作,对公民人身权利的救济提供保障。但法律的统一性依赖于承办具体个案的司法人员对于法律的理解和适用。而宽严相济刑事政策作为刑事法律适用的灵魂,通过为具体司法人员提供审查、处理案件的思路,考察具体情节的标准,而使得诉讼监督更具有可操作性,从而使当事人的正当权益得到更为有效的保障。

二审程序还具有定分止争、释放社会压力的减压功能。二审程序作为社

会纠纷解决机制的一部分,可以对与社会对立的不满情绪进行疏导。而相对独立且更具权威性的上级法院因其职责要求能够以更为理性的态度听取抗诉意见和申诉理由,尤其对于当事人来说,能有机会倾诉,进一步地主张权利,首先是感觉受到了尊重。其次是因对二审程序的亲历与参与,容易产生对二审裁判的认同感,有利于定分止争、案结事了。例如故意伤害案件中,一审中的被告人家属代为缴纳全部或部分赔偿款,法官进而认定被告人具有积极赔偿的酌定情节而过宽的从轻裁量,被害人却坚决要求抗诉或者提出申诉的情况。一审中被害人虽然得到了实际的经济补偿,防止了刑事附带民事判决仅仅一纸空判的现象,但其量刑幅度应该结合被害人身心损伤得到恢复的程度、谅解情况、赔偿的数额等情况综合考虑。不能只要有赔偿就从轻裁量。人的权益价值,是不能用金钱来衡量的。当然经济补偿确实能对被害人受伤害的心灵起到一定的安抚作用,也正是由于被告人的赔偿行为表明其对被害人的忏悔,才具有了在刑法意义上予以从轻裁量的依据。因此,对于被害人不服判决而要求抗诉,且理由正当的,二审的司法人员应该继续做被害人或其亲属的工作,施以人文关怀,不能让被害人在受到身体伤害的同时,再经受心灵创伤,应当在审理案件过程中,综合考虑案件本身及相关情节,客观、公正地进行再审的评价,并在量刑幅度方面加以调整,使社会矛盾趋于缓和。

(二)宽严相济刑事政策有利于更新执法理念,而更加注重案件处理的实际效果,使二审化解社会矛盾的职能得到最大发挥

在刑事二审的司法实践中存在着两种司法观,一种是规则至上的司法观念,仅以严格依法为标准,办案的结果公正与否,实际产生的社会效果如何不在考虑范围之内。另一种是注重解决纠纷的司法观,比较注重从法的公平正义的价值出发,设身处地站在各方当事人的角度去思考问题,运用调解在内的各种可能的手段,使纠纷得到真正解决。显然后一种司法观更符合构建和谐社会的要求,也更能体现司法公正,有利于实现法律效果与社会效果的统一。因此,宽严相济刑事政策作为刑事法律适用的灵魂,对于司法人员的观念具有重要的指导意义。宽严相济刑事政策排斥机械执法、完全不考虑社会效果的规则至上的执法理念,而要求司法人员从法的公平正义的首要价值出发,运用各种可能的法律手段,并通过正确适用法律和宽严相济刑事政策达到定分止争,实现案结事了、促进社会和谐的目的。

总之,法律是社会中的法律,产生于解决社会不和谐、社会矛盾的需要,从而其主要任务在于定分止争,化解、缓和社会的矛盾冲突。而宽严相济刑事政策作为适用法律的指导思想，着眼点和落脚点自然应当放在解决社会矛盾冲突上。而刑事二审程序的监督职能以及化解社会矛盾的职能，通过正确适用宽严相济刑事政策，必然能够得到最大化的体现，刑事二审程序也必将发挥出法律参与构建社会和谐的最大作用。

调查与分析

关于刑事案件被改判发回情况的调研

白山云*

一、基本情况

2004—2007年我院刑事案件被改判率维持在10%左右、被发回率维持在4%左右。具体情况如下：

2004—2007年刑事案件被改判发回情况表

项目 年份	一审 审结数	上抗诉案件 审结数	改判情况		发回情况	
			改判数	改判率	发回数	发回率
2004	289件	189件	20件	10.1%	9件	4.2%
2005	326件	195件	27件	13.8%	8件	4.1%
2006	352件	172件	11件	6.4%	7件	4.1%
2007	352件	173件	19件	11%	6件	3.5%
汇总	1319件	729件	77件	10.6%	30件	4.1%

从以上统计看，没有形成明显上升或者下降的趋势，需要我们对改判、发回的案件做具体分析，从而找出原因，提出提高质量的对策。

（一）被发回案件30件，分为几种情况

1. 因上诉后发现漏罪、漏犯被发回的4件

漏罪如2005年被发回的王某故意杀人案。王某在预审期间交代其还于1993年在通州扎死一名卖鸽子的老年男子，在一审时没有侦查材料，二审时，公安局提供了初步侦查的证据材料，证实不能排除王某有重大漏罪。二审认

---

* 白山云，北京市第二中级人民法院副院长。

为,王某坦白的余罪系命案,涉及被害人亲属提起附带民事诉讼的权利,故将此案发回重审,并建议我院与检察机关协商,补充证据,追加起诉。

漏犯如2004年被发回的马某、于某故意杀人案。二审时马揭发杀死被害人受其父指使经查,其父供认。

2. 因事实不清被发回的12件

(1)因被告人自然情况未予查清被发回的2件

因被告人身份事实未查清的,如2006年被发回的徐某故意杀人案。一审认定徐某是审判时怀孕的妇女,二审认为,一审在没有充分证据的情况下认定徐某系怀孕妇女且系审判的时候怀孕的妇女,事实不清,适用法律不当。根据司法解释,采取强制措施前不属于“审判的时候怀孕的妇女”。

因被告人年龄未查实的,如2005年被发回的王某故意伤害案。一审认定王某出生日期为1982年4月5日,高院在死缓复核期间,王某的亲属交来同村7名证人书面证言,证明王某出生日期为1984年4月5日,认为王某犯罪时未成年。高院认为王某是否成年,证据存在明显矛盾,事实不清,发回重审。

(2)因犯罪事实本身不清的被发回10件

因被害人的死因存在其他合理怀疑的,如2006年被发回的刘甲、刘乙、刘丙、胡某故意伤害案。高院针对被害人死因的证据进行审查,并咨询有关专家,专家意见认为,本案的尸体检验报告及对被害人进行抢救、医治过程的医院记录中均存在问题,应对被害人的死亡原因重新进行鉴定。据此,二审认为该项事实是否查清,直接影响本案事实认定及量刑,将此案发回重审。

因犯罪行为未予查清的,如2007年被发回的赵某合同诈骗案。我院多次研究,此案事实比较复杂,处理意见不一致。后判决认为,2002年9月至2004年12月间,赵某在无实际履行合同能力的情况下,先后以北京甲公司、乙公司的名义招聘160余名司机,骗取风险抵押金640余万元,又以乙公司的名义骗租多家公司的汽车20余辆,价值250余万元,行为已构成合同诈骗罪,判处赵某有期徒刑15年。二审认为:判决认定赵某骗取车辆风险抵押金共计人民币640余万元非法占有的主观故意及赃款、赃物的去向等事实不清,证据不足,须认真审核该起事实是否构成犯罪;赵某以签订劳动合同骗取风险抵押金的行为,如若构成犯罪,应以诈骗罪论处;该案应属单位犯罪;认定赵某以乙公司名义骗租其他公司或个人汽车的价值计算有误。故将此案发回。

3. 因程序问题被发回的7件

(1)因管辖问题被发回的1件

2006年被发回的曾某等走私普通货物案。一审认为,走私的汽车散件曾在北京组装，根据两高一署的意见，货物的进出口地、报关地、核销地、走私物品的销售地、运输地、收购地和贩卖地均属于犯罪行为发生地，因此北京属于走私物品的运输地之一，故我院对该案有管辖权。二审认为，报关地、销售地等不在北京，北京与该案无关，故我院享有管辖权必须报请最高院指定，故以我院无管辖权为由发回重审。

(2)因公开审判问题被发回的2件

2004年被发回的钱某故意杀人案，被告人嫖娼时与卖淫女发生口角杀人，二审认为涉及个人隐私依法应当不公开审理；2007年被发回的代某抢劫、朱某介绍卖淫案，二审认为，该案涉及个人隐私，不应公开审理，但我院公开审理。

(3)因举证、质证等庭审程序问题被发回的3件

因举证、质证问题被发回的，如2005年胡某故意杀人案。高院认为检察机关移送的一些证据是认定胡杀人的重要证据，一审未举证、质证，可能影响案件公正审判，对判处死刑的案件，必须要求事实清楚，证据确实充分，尤其对在案没有直接证据，需由间接证据形成链条，认定犯罪事实成立的案件，更应调取、出示被告人犯罪的全部证据，进行质证、确认，不能有遗漏，不能存在疑点。另外，门框上发现可疑指纹一枚待排除。

因应参加庭审的诉讼参与人未到庭的，如2005年陈某故意杀人案。陈某属限制责任能力人，一审未通知其法定代理人到庭参加诉讼，附带民事原告人及代理人也未到庭，不符合法定程序。

(4)因鉴定机构不合格被发回的1件

如2004年被发回的郭某故意杀人案。此案第二次发回，第一次因参与第一次司法鉴定的主治医师又以专家身份参与了复核鉴定，违反有关规定；被告人是否具有刑事责任能力的两份证据存在矛盾。第二次因为我院委托的中国法医学法医鉴定委员会不具备进行司法精神病鉴定的鉴定机构主体资格。

(5)因漏审、漏判被发回的1件

如2005年被发回的林某故意伤害案。被害人家属在一审时明确提出要求被告人赔偿死亡补偿金的诉讼请求，但在合议庭审理、评议、汇报时，均没有涉及该请求，判决书中也未表述与判决，属于漏审、漏判。

4. 因适用法律不当被发回的3件

主要是在法定刑以下判处刑罚、共犯中属于应当交待的共同犯罪事实的认定存在问题，如2005年被发回的常某、龚某挪用公款案。常、龚二人挪用公

款100万元，一审对二人在法定刑以下减轻处罚，判处常有期徒刑5年，龚有期徒刑4年。高院维持并依法报最高法院核准，最高法院认为，常龚二人不具有法定刑以下判处刑罚的特殊情况，发回我院重新审判。2006年被发回的何某等故意伤害、抢劫案，一审认定被告人何某在抓获后协助公安机关抓获另一被告人许某，并揭发许窝藏罪，依法构成立功；但二审法院认为何某交待许某窝藏的事实与何本人的故意伤害行为及其逃匿行为均有关联性，属于被抓获后如实交代罪行，不构成立功。

5. 因量刑不当被发回的2件

一件是康某、李某抢劫案，李某、康某预谋抢劫，骗租被害人驾驶的面包车，二被告用事先准备的绳索猛勒被害人颈部，致被害人机械性窒息死亡。李的作用略大于康，一审期间李的亲属交来5万元赔偿款，希望对李从轻处罚，我院考虑如果对李判处死刑立即执行，被害人家属得不到赔偿款，故判康死刑，李死缓。二审认为，康、李在共同犯罪中的地位和作用不同，应在查清二人罪责的基础上依法裁量刑罚；需进一步核实本案是否具有持枪抢劫的情节；要求继续做民赔工作，争取被害人亲属谅解。另一件是史某故意伤害案，史某因故意伤害和寻衅滋事分别被判处有期徒刑6个月和1年6个月，在洗浴中心因琐事与被害人发生口角，遂持随身携带的尖刀猛刺被害人腹部一刀，致被害人失血性休克死亡。我院考虑被告人系累犯，没有从轻情节，判处死刑，剥夺政治权利终身。宣判后被告人未上诉亦未抗诉，我院依法将史某的刑事部分判决报送北京市高级人民法院复核后转请最高人民法院核准。高院经复核认为，原判对被告人史某的量刑不当，发回重审。

6. 因附带民事部分被发回的2件

一件是竺某故意伤害案，二审认为一审判决对同一被害人的赔偿计算标准混合使用农村标准和城镇标准，致使事实不清。如被害人王甲系农村居民户口，依法应以农村居民的标准进行赔偿，但一审在计算死亡赔偿金时，依照城镇居民的标准进行赔偿，对其他赔偿却按农村居民标准计算。另一件是王乙故意伤害案，二审法院认为一审有以下问题：第一，一审对附带民事赔偿的责任人和承担责任方式判决不当，一是遗漏了附带民事原告人起诉的附带民事被告人田某；二是一审在判决主文中判决并没有被附带民事诉讼原告人王丙起诉要求赔偿的肖某、王丁承担民事责任。第二，被告人王丁实施犯罪行为时尚未成年，其原监护人王戊、赵某在王丁没有经济能力时，仍负有赔偿责任，一审法院引用了该条款但在主文部分未对此作出判决。第三，被害人所受经济损失系王乙、肖某、王丁三人的共同行为所致，三人属于共同侵权，依法应承担连带赔偿责任，一审判决三人承担按比例赔偿责任不当。

（二）被改判案件77件，分为几种情况

1. 因认定事实有误被改判的3件

一件是多人犯数罪、起数多，起诉未指控被告人高某参与的一起寻衅滋事罪，一审认定了，二审认为，鉴于公诉机关没有指控高某参与在平谷区电视塔附近殴打芮某、程某这起寻衅滋事，原判认定高某所犯寻衅滋事罪事实不清，量刑不当，予以改判。另一件是薛某贪污、挪用公款、挪用资金、行贿案，一审对起诉的其中一起受贿30万元的事实认为证据不足而未予认定，二审认为此30万元可以认定为被告人的受贿数额，故予以改判。还有一件是蔡某贪污、挪用公款案，二审认为一审认定的其中一起贪污16万元的事实证据不足，不予认定。

2. 因定性不准被改判的8件

（1）因包庇罪、帮助毁灭证据罪定性混淆的4件

如2006年被改判的王某、朱某、赵某故意伤害、包庇案，被告人王某等人伤害被害人后，被告人赵某驾驶吉利牌轿车将王某等人带离现场，并将王某等人作案时使用的刀具扔弃。故一审法院认定被告人赵某明知是犯罪的人仍帮助毁灭重要证据，其行为构成包庇罪，且属情节严重，判处有期徒刑三年，缓刑三年。二审法院认为一审对被告人赵某的定性及适用法律错误，应认定帮助毁灭证据罪，判有期徒刑一年，缓刑一年。

再如2007年被改判的金甲抢劫、常某包庇、帮助毁灭证据案。常某得知金甲、金乙抢劫杀人后，在金甲、金乙清理案发现场时，指使金甲、金乙将被害人的尸体运至一苗圃内掩埋。金甲、金乙逃离现场后，常某向本单位负责人谎称被害人失踪，并在公安机关向其调查取证时出具虚假证言，掩盖金甲、金乙的犯罪行为。一审认为：常某帮助毁灭证据及包庇的犯罪行为，两个行为的目的具有同一性和行为过程的紧密性、关联性，可以认定两者为重行为和轻行为的关系，符合刑法吸收犯的规定，故只认定常某的行为构成包庇罪，没有认定构成帮助毁灭证据罪。二审认为一审不认定常某的行为构成帮助毁灭证据罪缺乏法律依据。

（2）因其他罪名定性有误的4件

如2005年被改判的王某玩忽职守案。检察院起诉被告人王某犯非法出具金融票证罪，一审法院认为，王某的行为符合1979年刑法中的玩忽职守罪。宣判后，检察院以定性不准和适用法律错误抗诉，二审法院认为，王某利用职权决定并指令本单位其他工作人员为他人非法出具不真实的存单作为资信

证明用于质押贷款,给本单位造成重大损失,其行为构成非法出具金融票证罪。(一审主要是认为《关于惩治破坏金融犯罪的决定》第15条规定:“银行或者其他金融机构的工作人员违反规定为他人出具信用证或者其他保函、票据、资信证明,造成较大损失的……”本案涉及的存单不是资信证明。二审参照有关规定,如1995年3月8日中国人民银行《关于对金融诈骗案涉及的金融工作人员行政处分的暂行规定》第3条中“为诈骗分子开具票据、信用证、银行存单、房契、地契以及各种产权证明等,都是该产权人的资信证明。此外,由银行出具的有关财产书面委托书、协议书、意向书等,也都能成为持有人的资信证明”,认为资信证明包括存单,故被告人的行为符合非法出具金融票证罪的构成要件。)

3. 因量刑不当被改判的40件

(1)由于支持抗诉改为较重刑罚的4件

如2007年被改判的郭某抢劫案。郭某预谋抢劫,持刀猛刺被害人致被害人急性失血性休克死亡,还伙同他人持刀抢劫被害人财物。一审认为郭某到案后坦白了公安机关不掌握的部分抢劫罪行(指第二起抢劫犯罪),家属赔偿2.5万元,郭某坦白第二起抢劫事实时,交代了同案的暂住地,公安机关据此抓获了同案,但该地址系同案在有关部门正式登记的暂住地,因此,一审未认定为立功,但量刑时考虑了此情节,对其判处郭某死缓。二审认为郭某到案后如实供述了司法机关不掌握的其他抢劫犯罪事实,有坦白情节,但不足以从轻处罚,故改判郭某死刑。

(2)由较重刑罚改为较轻刑罚的33件

主要集中在死刑改为死缓、有期徒刑量刑从轻,如谭某故意杀人、抢劫案,谭某伙同他人入户抢得被害人物品后,怕罪行暴露伙同他人用电源线等物,将被害人杀死。一审判处谭某死刑,二审根据本案有同案在逃等具体情节,改判死缓。又如罗某等人故意伤害案,罗某被杨某指使殴打被害人,王某持刀扎被害人,罗某持空酒瓶对被害人殴打,致被害人死亡,后罗、王二人分别自首。一审认定罗某自首,判处有期徒刑15年,二审鉴于罗某具有自首情节及在共同犯罪中所起的作用、应负的罪责,认为一审量刑不当,改判为有期徒刑11年。

(3)因量刑情节有误改判的3件

如2006年被改判的吴某、杨某、张某、史某抢劫、同某窝藏、盗窃案。吴某、杨某、张某、史某抢劫被害人任甲、段乙,其间,吴某持刀将任甲扎死,同某明知吴某等四人系犯罪后潜逃,为四人提供隐藏处所,帮助逃匿。同某被抓获后交代了吴某等人抢劫的事实。一审未认定同某交代吴某等人抢劫的事实为重大立功,二审对此予以认定,故改判。

4. 因追缴等问题被改判的4件

有的是对随案移送的犯罪工具处理不当,有的是出现追缴发还对象错误,有的是在对共同犯罪的各被告人判处追缴项时出现重复追缴的现象,有的甚至未对涉案赃物作出处理,如2005年被改判的于某走私普通货物案。一审未对已收缴赃物作出相应判决,二审改判扣押在案的走私车辆变卖款项予以没收,上缴国库。

5. 因附带民事问题被改判的15件

2004年7件,2005年6件,2006年1件,2007年1件,呈现逐年下降的趋势,问题主要体现在几方面:一是对最高法院《关于审理人身损害赔偿案件适用法律若干问题的解释》没有及时执行,在2004年5月1日以后,应该判处死亡补偿金的没有判处,此类情况的有9件;二是一审判决时公布了上一年度城乡居民人均收支等情况,而仍适用旧的标准,此类情况有2件;三是对附带民事主体不合格应裁驳而判驳了;四是一审计算数额有误的;五是二审时上诉人增加了赔偿数额,二审认为应予支持而改判的。

6. 因二审出现新情况(不包括有以上情形的)被改判的7件

新情况主要包括:有的被告人及家属在二审期间积极大额甚至全额退赔,有的是在二审期间查实检举揭发情况的,有的是存在漏罪、漏犯的情况,有的是二审期间附带民事当事人出现死亡情况,如2006年被改判的金某等人虚开增值税专用发票罪一案。二审期间金某的亲属主动缴纳人民币30万元用于弥补国家的税款损失,据此二审对金某由无期徒刑改判为有期徒刑15年。又如2007年被改判的李甲抢劫、盗窃、李乙盗窃、销售赃物案。二审期间出现新的证据,证明李乙具有协助抓获同案犯的重大立功情节,故二审改判李乙盗窃、销售赃物免予刑事处罚。

二、原因分析

分析以上改判发回的案件,除二审期间出现了新证据、新情况的因素外,自身原因主要有以下几方面:

(一)工作不细、执法不严

发回和改判的案件中,无论是实体问题还是程序问题,无论是刑事方面的问题还是附带民事方面的问题,其中,产生问题的原因相当一部分是由于办案人员工作不够细致或者粗心大意造成的。如涉及隐私的案件却公开审理;委托作鉴定的机构不具有资质;该举证、质证的证据未举证质证;未通知法定代理人参加庭审;公诉机关未起诉的事实判决书予以认定;应判而未判继续追缴赃款赃物等。附带民事方面,漏判死亡补偿金或者伤残鉴定费等项目的;已有新标准还按旧标准计算的;赔偿数额计算有误等。

这些问题的出现并有一定的数量,首先反映出承办人工作不细致、考虑不周全;其次也反映出合议庭成员以至庭院长把关不严,对应予纠正的问题没有及时发现。

(二)学习不够,掌握不准

尽管我们经常采取讲座、座谈、疑难案件论证、改判发回情况案件及时通报等多种形式进行学习,但是我们学习的自觉性和实效性仍然不够,反映在审判中就是对于法律、司法解释适用理解不准确。如附带民事部分改判的增加死亡补偿金的案件,我们虽然学习了最高法院《关于审理人身损害赔偿案件适用法律若干问题的解释》,但理解、掌握不够,想等高院有明确意见再执行而没有严格依照解释,从2004年5月1日以后立的案件执行该解释,导致有9件应判处死亡补偿金而未判处的案件被改判。又如2004年被改判的宋某故意杀人案,一审将一物业公司列为民事被告,判驳,二审认为主体不合格,改为裁驳。对不具备民事被告主体资格的案件没有裁驳,而是判驳,这反映了我们民事法律知识欠缺。因对法律理解不深、不准确导致发回的徐某故意杀人案,就是我们对审判时怀孕的妇女理解不准,根据解释,采取强制措施前不是被羁押期间,且徐某是否流产证据不充分。王某玩忽职守案对资信证明的外延把握得不准,资信证明实际上包含存单,但我们查找有关规定不够,从而没有准确定性。类似情况,反映出我们理解适用法律的能力有待进一步提高。

(三)与二审的认识有差距

在定性方面、量刑情节、量刑幅度掌握方面,我们与二审在认识上有一些差距,主要体现在以下方面:

一是在定性方面认识有差距,主要集中在:单位犯罪和个人犯罪的区分;近似罪的认定上,如包庇与帮助毁灭证据、运输毒品与持有毒品、诈骗与合同诈骗、诈骗与民事欺诈的掌握上,如陆某等票据诈骗、金融凭证诈骗案,陆某是个人犯罪还是单位犯罪,我们与最高法院认识有差距;王甲、朱乙故意杀人、王丙包庇案,王丙在明知王甲、朱乙犯罪情况下,向二人提供铁镐等工具,并伙同二人将被害人的尸体掩埋,烧毁车内部分物品,一审认定包庇罪,但二审改判帮助毁灭证据罪。

二是对有法定从宽处罚情节怎样掌握的问题，主要表现在前几年对个别罪行极其严重，但有法定从宽情节的，我们判处了死刑立即执行，没有体现从宽。如2004年被改判的高某绑架案，我们认为高某虽有立功表现，但起意、策划、直接实施杀人行为，不足以从轻处罚，二审认为立功应该体现，从宽予以改判。

三是对酌定情节的如何掌握，这种情况既有对从轻的体现不够，可以判处死缓的判处了死刑，也有过多考虑从轻因素，可以判死刑的判处了死缓。如2004年被改判的张某故意杀人案，张某指使他人行凶，致人死亡，自己未直接动手，我们判死刑，二审考虑其作用，改判死缓。又如许某故意伤害案，许某向被害人索要工资，遭拒绝后，持尖刀猛刺被害人胸部一刀，致被害人死亡，一审判处许某死刑，二审鉴于许某被人追上后没有继续反抗和逃跑，到案后能如实供述罪行，有一定的悔罪表现等本案具体情节（许犯罪时刚满18岁），改判许某死缓。

四是共同犯罪中的量刑问题，如各被告人罪刑基本相当的量刑问题、主从犯的认定问题，我们与二审存在差距。如被告人吴某、王某等四人故意伤害案，我们认定两名主犯，但二审认为未实施直接致害行为的被告人王某构成主犯的证据欠缺，因而改判；被告人何某、许某、李某故意杀人案，何某与被害人有矛盾，遂雇用许某、李某欲对被害人进行报复，何将被害人行踪通知许某等人，并提供了事先准备的尖刀、斧子等工具，许某等人蹲守，由李某望风，许某持斧子砍击被害人的头部、脚部，年某（另案处理）持尖刀扎其腹部、腰部，致被害人死亡，一审法院未予认定主从犯，二审认为，被告人李某与许某等人虽事先购买了凶器，但在犯罪中没有使用，也没有殴打被害人，只是望风，在共同犯罪中系从犯，因而改判。

三、改进措施

针对存在的问题和原因，应加强以下改进措施：

（一）加强责任心，培养认真细致的工作作风

审判人员、书记员都要加强责任心，认真细致地做好每一项工作，尤其在开庭准备、庭审过程、撰写文书等环节上，要细心、细心、再细心，反复考虑有无遗漏的内容，有无不符合法律规定的情况，有无笔误、错别字等，合议庭成员尤其是审判长也要认真把关，对案件质量负责。工作不细造成的低级错误，虽然不反映能力、水平，但反映责任心，这方面造成的错误，有时很严重，容易引起当事人对司法公正的怀疑和对法院的不满。为此，刑事审判人员包括庭长、院长要高度重视案件质量，要采取相应措施最大限度地防止和减少因工作不细造成的错误。

（二）加强业务学习，不断提高正确适用法律的水平

从发回、改判的案件分析原因，有些是我们对新法律学习、掌握不及时造成的，有些是对法律理解不深、把握不准造成的，还有些是对形势、政策及时掌握不够造成的。为此，我们要大力加强业务学习。

第一，要及时学习新法律、新政策，正确理解、掌握、领会其中的内容。凡是颁布与刑事审判工作有关的法律、解释等，都要认真学习、理解、适用，不要等组织、等布置、等强调；要养成自觉学习的习惯，这是作为一名法官应具备的素质；第二，要注意学习当前形势、政策，了解大局，注意办案尽可能做到法律效果与社会效果的统一；第三，要加强对疑难案件的研讨，对法律理解没有把握时，要敢于"不知为不知"提出来，大家一块多研究、多讨论、多论证，力求准确理解适用法律；第四，要善于从发回、改判以及评查的案件中分析原因，找出存在的不足与差距，对已出现的问题，大家要互相吸取教训，举一反三，防止同类或类似问题的再出现；第五，要学习最高、高院公布的有关刑事案例，通过学习和借鉴其他法院的案例来丰富我们处理类似案件的经验；第六，要学习一些好的理论文章和裁判文书，通过经常性的学习，提高理论素养，提高审判能力。

（三）加强沟通，不断总结经验教训

对与二审法院认识不一致的问题，我们要多从自身下功夫，查找有无我们对法律理解不准、不深的问题，有无对政策、形势考虑不够的问题，要善于从改发案件中分析原因、找出差距、提高认识。只有虚心查找自己的不足，才能有新提高。要加强与高院和最高院的沟通，多年来我们坚持请高刑一、高刑二与我院刑一、刑二庭座谈，让高院的同志谈谈我院刑事审判中存在的问题及今后应注意的问题。今后我们要有计划地请最高法院从事死刑复核工作的同志给我们讲课，请高院的同志与我们座谈，及时了解全国法院死刑案件的审理中反映出的问题，加强对最高法院有关材料的学习，提升我们的办案质量意识，提高我们的办案经验和能力，切实保证刑事案件的高质量。

审理刑事二审抗诉案件的问题与对策

谭劲松*

抗诉，按照刑诉法“地方各级人民检察院认为本级人民法院第一审的判决、裁定确有错误，应当向上一级人民法院提出抗诉”的规定，既是检察院的权利也是检察院的义务。考虑到提起抗诉的主体——检察院的地位、作用及所代表的对象比较特殊，且刑诉法对提起抗诉的原因进行了严格限制，只有在检察院认为判决、裁定确有错误的情况下才可进行，因此，无论是法院还是检察院对于抗诉工作均十分重视，并将抗诉情况作为一项工作考核指标。二审抗诉是检察院监督法院刑事一审审判工作的一种方式，从法律规定的限制性条件看，实际相当于对一审法院刑事案件处理结果的“否定”，相对于当事人不服判决、裁定提出的上诉而言，更具权威性，相应也应更严肃、更慎重。通过分析、研究二审刑事抗诉案件的审理情况，有助于检、法统一司法尺度，规范司法行为，节约司法资源，更好地发挥抗诉的“审判监督”职能。

一、刑事二审抗诉案件审理情况分析

(一)刑事二审抗诉案件审理概况

自2002年12月21日至2007年9月20日止，我院共审理刑事二审抗诉案件53件(其中新收50件，旧存3件)，已审结46件①。

在已审结的46件抗诉案件中：检察院撤回抗诉26件，约占审结抗诉案件的56.5%(其中24件是上级检察院认为抗诉不当申请撤诉，2件是抗诉机关自行申请撤诉)；我院驳回抗诉8件，约占审结抗诉案件的17.4%；我院支持

---

* 谭劲松，北京市第二中级人民法院刑二庭法官。

① 其中3件系2002年12月21日前立案，2002年12月21日后结案。

抗诉12件,约占审结抗诉案件的26%(其中9件对抗诉意见完全支持,3件部分支持)。有关我院近几年来审理抗诉案件的具体情况详见附表1。

附表1:我院近几年来审理二审抗诉案件情况一览表

年份	2003	2004	2005	2006	2006.12.21至2007.9.20	总计
立案	6	12	9	6	17	50
结案	9	12	9	6	10	46
撤回抗诉	5	7	6	2	6	26
驳回抗诉	1	2	1	2	2	8
支持抗诉	3	3	2	2	2	12

从上表中可以看出,检察院提起抗诉的案件数量在过去几年起伏不大,但今年出现一个较大攀升,仅前三个季度提起抗诉的案件就已达17件,比过去两年的总和还要多,这可能与检察院于2005年提出要加强刑事抗诉工作的指导思想有直接关联①。

从对已审结抗诉案件的处理结果看,检察院撤回抗诉和我院驳回抗诉,即抗诉意见不能成立的,占到全部已审结抗诉案件的近74%,而支持抗诉的仅约占26%,可见,抗诉案件的成功率不高,抗诉整体质量有待提高。

不同年份的抗诉案件数量虽有起伏,但总体的抗诉成功率起伏不大,每年我院支持抗诉的案件总数基本保持不变,为2—3件,即便在今年抗诉案件数量大幅增加的情况下,也未见支持抗诉的案件数量有相应增幅,仍然与过去保持基本一致,考虑到抗诉案件基数加大,同比抗诉成功率相对还有所下降。

(二)抗诉案件案由情况分析②

检察院提起抗诉案件的案由散布于刑法分则第二、三、四、五、六、八章,共涉及23个罪名,其中危害公共安全2件,涉及罪名2个(交通肇事和破坏电力设备);破坏社会主义市场经济秩序3件,涉及3个罪名(非法吸收公众存款、合同诈骗和生产、销售不符合卫生标准的食品);侵犯公民人身权利17

① 2005年5月,全国检察院第三次公诉工作会议提出,要着力运用抗诉手段加强对审判不公的监督;同年8月,最高检下发了《关于进一步加强刑事抗诉工作强化审判监督的意见》,由此拉开了加强抗诉工作的帷幕。

② 被告人涉及多个罪名的,仅统计被检察院提起抗诉的罪名。案由以一审判决确定的罪名为依据,如果一审宣告无罪的,则以检察院起诉时的罪名为依据确定。

件，涉及罪名5个（其中故意伤害11件，强制猥亵妇女2件，强奸2件、过失致人死亡、非法拘禁各1件）；侵犯财产13件，涉及罪名4个（其中抢劫4件，诈骗5件，盗窃和职务侵占各2件）；破坏社会管理秩序7件，涉及罪名6个（寻衅滋事2件，非法持有毒品、贩卖毒品、聚众冲击国家机关、聚众扰乱社会秩序、妨害公务各1件）；贪污贿赂8件，涉及罪名3个（其中挪用公款4件，贪污3件，受贿1件）。提起抗诉案件案由情况分布见附表2。

附表2：被提起抗诉案件案由情况表

年份/案由	危害公共安全	破坏社会主义市场经济秩序	侵犯公民人身权利	侵犯财产	妨害社会管理秩序	贪污贿赂	总计
2003			3	1		2	6
2004		1	5	1	3	2	12
2005		1		5	2	1	9
2006			3	2	1		6
2006.12.21至2007.9.20	2	1	6	4	1	3	17
总计	2	3	17	13	7	8	50

从被检察院提起抗诉案件的案由情况看，抗诉案件相对集中于侵犯公民人身权利、侵犯财产、妨害社会管理秩序和贪污贿赂四类犯罪，占到抗诉案件的90%，其中又尤以侵犯公民人身权利和侵犯财产犯罪突出，占到抗诉案件的60%。这种分布与刑事案件总的收案分布情况基本吻合。从具体罪名看，故意伤害罪中被提起抗诉的案件最多，占到抗诉案件总数的22%。

（三）抗诉理由情况分析

按照刑诉法的规定，检察院提起抗诉的理由只能是"一审判决、裁定确有错误"，一审判决、裁定的错误主要体现在对事实有无及行为性质的认定和适用法律等问题上。检察院提起抗诉的具体理由主要有以下几种：应当认定为犯罪的事实没有认定；一些可能影响量刑的事实认定有误；量刑不当，或畸轻或畸重或不应适用缓刑；行为性质认定有误；适用法律不当。这些理由之间有的相互关联，如有些关键事实未予认定，导致定性有误；也有的因法律适用不当导致量刑不当等。

这几年我院审理的53件抗诉案件，大致包括以下几种情况：应当认定为犯罪事实但没有认定的12件（含2002年立案的1件），约占全部抗诉案件的

22.6%；对一些可能影响量刑的事实认定有误的5件（含2002年立案的1件），约占全部抗诉案件的9.4%；量刑不当的10件，约占全部抗诉案件的18.9%（其中量刑畸轻的及不应适用缓刑的9件，约占全部抗诉案件的17%；量刑畸重的1件，约占全部抗诉案件的1.9%）；行为性质认定有误的24件（含2002年立案的1件），约占全部抗诉案件的45.3%；适用法律不当的2件，约占全部抗诉案件的3.9%。有关提起抗诉理由的分布情况参见附表3。

附表3：不同年度提起抗诉理由情况表

抗诉理由 年份	认定事实有误		量刑不当		定性有误	适用法律不当
	应认定的事实没有认定	认定的事实错误	量刑畸轻	量刑偏重		
2003	2	1			3	
2004	3		4		5	
2005	2				6	1
2006		1	1	1	3	
2006.12.21至2007.9.20	4	2	4		6	1
总计	11	4	9	1	23	2

从上面可以看出，检察院与法院在事实认定和行为性质认定上的分歧最大，检察院因为对事实认定和行为性质认定有不同意见从而认为一审法院判决错误提起抗诉的，占到整个抗诉案件的77.3%。另外，因为对量刑存在不同意见而提起抗诉的案件主要是认为一审法院量刑畸轻，占到以量刑不当为由提起抗诉的案件的90%，而以量刑畸重提起抗诉的案件仅有1件。

不同案由检察院提起抗诉的理由分布情况也不相同（不包括2002年立案的3件），侵犯公民人身权利犯罪中，以量刑畸轻提起抗诉的6件，占整个以量刑畸轻为由提起抗诉的66.7%；侵犯财产犯罪以定性有误提起抗诉的8件，占到侵犯财产犯罪中被提起抗诉案件的61.5%；贪污贿赂犯罪中以应认定事实没有认定为由提起抗诉的4件，以定性有误提起抗诉的3件，两者占到贪污贿赂犯罪被提起抗诉案件的87.5%。有关不同案由提起抗诉的理由分布情况参见附表4。

附表4:不同案由提起抗诉理由情况一览表

抗诉理由 案由	认定事实有误		量刑不当		定性有误	适用法律不当
	应认定的事实没有认定	认定的事实错误	量刑畸轻	量刑偏重		
危害公共安全	1				1	
破坏社会主义市场经济秩序	1				2	
侵犯公民人身权利	2	3	6		6	
侵犯财产	2	1	1		8	1
妨害社会管理秩序	1		1	1	3	1
贪污贿赂	4		1		3	

(四)抗诉案件处理情况分析

不同案由提起抗诉案件的处理情况不同,侵犯公民人身权利案件抗诉成功率最高,在已审结的16件被提起抗诉的侵犯公民人身权利案件中,撤回抗诉的和我院支持抗诉的各占一半。妨害社会管理秩序案件和危害公共安全的抗诉成功率最低,为零。危害公共安全的抗诉案件,二审检察院全部认为不宜抗诉,而妨害社会管理秩序犯罪中,二审检察院支持抗诉的2件,但均被我院驳回。贪污贿赂犯罪抗诉案件抗诉成功率也很低,8件案件中,5件被二审检察院撤回,2件被我院驳回,我院仅支持了1件以量刑畸轻为由提起抗诉的贪污贿赂案件。有关不同案由抗诉案件处理的情况参见附表5。

附表5:不同案由抗诉案件处理情况一览表

案由 处理情况	危害公共安全	破坏社会主义市场经济秩序	侵犯公民人身权利	侵犯财产	妨害社会管理秩序	贪污贿赂
撤回抗诉	2	2	8	4	5	5
驳回抗诉				4	2	2
支持抗诉		1	8	2		1

以不同理由提起抗诉的案件抗诉成功率并不一致。抗诉成功率居首位的是以量刑畸轻为由提起抗诉的案件,在已审结的8件案件中,我院支持抗诉的5件,占到已审结的以量刑畸轻为由提起抗诉案件的62.5%;其次是以定性有误提起抗诉的案件,我院支持抗诉的6件,占到已审结的以定性有误

为由提起抗诉案件的27.3%；而以认定事实有误提起抗诉的案件，抗诉成功率比较低，在已审结的以认定事实有误为由提起抗诉的14件案件中，10件撤诉，3件被我院驳回，我院仅支持了1件，抗诉成功率为7.1%。以不同理由提起抗诉的案件处理情况参见附表6。

附表6：以不同理由提起抗诉的案件处理情况一览表

抗诉理由 / 处理结果	认定事实有误		量刑不当		定性有误	适用法律不当
	应认定的事实没有认定	事实认定错误的	量刑畸轻	量刑偏重		
撤回抗诉	8	2	2	13	1	
驳回抗诉	2	1	1	1	3	
支持抗诉	1	5	6			

二、抗诉案件特点分析

通过对抗诉案件进行全面细致的分析，我们发现，在以往几年我院审理的抗诉案件中具有以下几个方面的特点：

1. 检察院提起抗诉的主要原因是一审判决认定的事实或对行为性质的认定与起诉书指控的内容不符

我院过去几年审理的53件抗诉案件中，有41件主要就是因为一审判决认定的事实或确定的罪名与起诉书指控的内容不一致而被提起抗诉的。

在以事实认定有误为由提起抗诉的案件中，多数是因为一审法院与检察院在证明事实的证据是否充分的问题上存在不同认识，即用于证明某一事实的证据是否达到了刑诉法所规定的“确实、充分”的程度双方理解不同。如冯某某盗窃案，其中证明一起事实的证据有：被害人、证人证明被害人曾在某饭店丢失了财物；被告人供述当晚曾去过该饭店；在被告人家中发现了被害人丢失的财物。检察院认为上述证据已能形成完整证据链，被告人关于被害人财物系其捡拾的辩解不能成立。而法院则认为，上述证据只能证明被告人有盗窃的重大嫌疑，但还不能充分证明就是被告人实施的盗窃，上述证据不具有排他性的证明力，故没有认定。

在以事实认定有误为由提起抗诉的案件中，我院支持抗诉的案件极少，仅有1件，反映出一、二审法院之间对事实认定的证据尺度上基本能保持一致；而一审检察院提起抗诉的案件在二审检察院审查时，14件案件中有10件二审检察院认为不宜抗诉而申请撤回抗诉，这反映出上下两级检察院在对案件事实、证据认定的把握上存在比较大的分歧。

相对于事实认定有误，对以定性有误为由提起抗诉的案件处理结果反映出二审检察院和我院对法律适用的基本一致，而上下级检察院之间存在较大意见分歧。一审检察院以定性有误为由提起抗诉的22件案件中，二审检察院认为抗诉不当的13件，占到59.1%，反映出上下两级检察院在对行为性质的认识上同样存在较大分歧。而二审检察院支持抗诉的案件中，有三分之二的案件我院同意检察院的意见，改判了一审法院的定性。

可见，检察院与法院之间在对证据的把握上意见分歧比较大，缩小二者在这方面的分歧，将有助于降低抗诉案件数、提高抗诉成功率。

2. 对于因量刑不当提起抗诉的，检察院主要以量刑畸轻为由提起抗诉，很少以量刑畸重为由提起抗诉

以量刑不当为由提起抗诉的案件，撤抗率较低。9件以量刑不当提起抗诉的案件仅有2件二审检察院认为不宜抗诉而撤回抗诉，占以量刑不当为由提起抗诉案件的22.2%。而以量刑不当为由提起抗诉的案件抗诉成功率最高，9件案件中有5件抗诉成功。量刑不当的具体理由主要是认为对被告人适用缓刑不当或一审法院直接以“情节轻微”对被告人定罪免刑不当。这反映出一审法院对被告人适用缓刑的标准仍不十分清楚、统一，尤其是贪污贿赂案件。如巴某某贪污案就比较典型。被告人巴某某伙同他人共同贪污公款34余万元，其分得10万元，一审法院认为其有自首情节，又能认罪悔罪并积极退赔，故适用缓刑。检察院则认为，巴某某是共同贪污主犯，贪污数额巨大，不符合适用缓刑的条件。就对贪污贿赂犯罪分子何种情况下可以适用缓刑的问题，最高法院有过专门的司法解释，只要严格依据该解释处理，应该不会产生更多的分歧。一审法院在处理巴某某贪污案时，没有掌握好适用缓刑的尺度，导致案件被抗诉进而被改判。

以量刑不当为由提起抗诉的案件，一个显著的特征就是检察院以量刑畸轻为由提起抗诉的占压倒性比例，9件案件中有8件是以量刑畸轻为由提起抗诉，唯一一件以量刑过重为由提起抗诉的是刘某某等人聚众冲击国家机关案。一审检察院认为法院采纳了辩护人对其中四名被告酌情从轻处罚的意见，仍对该四名被告均判处法定最高刑，系量刑不当。虽未明确提出系量刑畸重，但从抗诉理由中可以看出，实际就是认为法院对该四名被告适用法定最高刑属量刑畸重。但二审检察院的抗诉意见与一审检察院的意见就量刑是否适当问题上并不一致。二审检察院认为其中一名被告是首犯，应从重处罚，但与另一名主犯量刑相同，属量刑不当。其中隐含的意思就是该首犯量

刑畸轻。故二审检察院实际并未支持一审检察院的抗诉意见。这样,唯一1件以量刑畸重为由提起抗诉的案件在二审期间抗诉理由实际变成了量刑畸轻。

3. 二审检察院的撤抗率过高

从已审结的抗诉案件的情况看,一审检察院提起抗诉的案件,二审检察院审查后认为不宜抗诉而申请撤回的超过五成。抗诉撤回率偏高的原因自然有两级检察院在一些问题上的认识分歧较大,但也间接反映出有的一审检察院是在理由不充分的情况下提起的抗诉,显得抗诉不够严肃、慎重。

按照刑诉法的规定,检察院只有在认为一审判决、裁定确有错误时,才能提起抗诉。之所以规定如此严格的标准,主要是从有利于被告人角度出发,防止检察院滥用抗诉权,避免"上诉不加刑原则"空设的局面①。"确有错误"必须要有确实的证据、充分的理由,而不能仅仅因为一审判决与公诉意见不同。

三、抗诉案件审理过程中易出现的问题及对策

(一)抗诉案件审理过程中易出现的问题

1. 检察院为突出"法律监督职能",完成抗诉指标而盲目抗诉

根据前面的分析,可以看出,前几年检察院每年对一审判决提起抗诉的案件数量并不太多,但从今年前三季度的情况看,检察院明显加强了抗诉工作,抗诉案件数量大幅攀升。这自然与检察院加强抗诉工作的指导思想有关。为加强抗诉工作,有的检察院规定了提起抗诉率和抗诉成功率的指标,这样做,一方面固然可以通过制定抗诉指标,迫使下级检察院加强抗诉工作,进一步发挥下级检察院的法律监督职能,实现"依法指控犯罪,强化诉讼监督,提高办案质量"三项工作并重的工作格局。检察院提高抗诉率本身无可非议,但应注意的是,提高抗诉率首先要提高抗诉质量,但从今年前三季度审结的10件抗诉案件的结果看,抗诉质量并未随抗诉案件攀升而同时得到明显提高。今年前三季度审结的10件抗诉案件,撤回抗诉的6件,占到同期审结抗诉案件的60%,为历年之次高,而我院支持抗诉的仅2件,抗诉成功率为20%,为历年之次低。这反映出在指标的压力下,抗诉案件数量确实有大幅提高,但质量却未随之提高。如果下级检察院仅仅为完成指标而在理由不是

① 虽然检察院也可从有利于被告人的角度出发进行抗诉,但一方面在实践中,此种情况比较少见;另一方面,抗诉是可以加重被告人一审所判刑罚的唯一途径,无论以何种理由提起抗诉,均存在加重被告人刑罚的可能。

很充分的情况下提起抗诉,造成二审期间大量抗诉案件被撤回或被驳回,既降低了抗诉的权威性,也有损刑诉法设立抗诉制度所追求的诉讼价值。

检察院制定的所谓抗诉指标,隐含着一个前提,就是法院处理案件的错判率必然大于"检察院抗诉成功率",这实际从一个侧面打击、削弱了法院判决的公信力,动摇了我国司法系统"公正、公平"的形象,使本来就比较脆弱的司法形象更是雪上加霜,对建立和谐、公正的司法整体形象并不十分有利。

2. 上下级检察院间意见分歧过大

作为一个司法系统,上下级检察院的意见应基本保持一致,这样才可能保持执法尺度的一致,不至于同一案件由不同的检察院处理时出现不同的法律结果。但从这几年已审结抗诉案件的情况看,上下级检察院在一些问题上的认识存在较大分歧,这一点只需从每年抗诉案件的撤回率就可看出。近几年我院审结的抗诉案件,撤抗率最低的 2006 年,也达到了 33.3%;最高的 2005 年,更是达到了 66.7%。平均撤诉率高达 56.5%。这远远高于我院同期审理的上诉案件的撤回率。居高不下的撤抗率反映出上下级检察院在一些问题上的巨大分歧,同时损害了抗诉的权威性。相比较而言,执法尺度在法院系统内部更为统一,从二审法院每年对上、抗诉案件的改判发回率就容易得出这一结论。

3. 审理期限延长,办案效率降低

抗诉案件相对于上诉案件而言,实践中,程序比较复杂。虽然刑诉法规定二审以开庭为原则,但实践中,上诉案件除非有新的事实及证据,二审法院主要采取书面审理的方式,一般只提讯上诉人,案件也不移送检察院审查。但抗诉案件不同,二审法院收案后,必须先将案件移送对应的检察院进行审查,如果检察院认为抗诉不当申请撤回抗诉,则经过二审法院审查后,可以不开庭审理。如果检察院经审查后仍坚持抗诉,则在书面审查的同时需开庭审理。这样,抗诉案件在二审法院必须要经过检察院的一次审查,在程序上相对多了一道手续,从而延长了案件的审理期限。从过去已审结抗诉案件中的撤诉案件达 56.5% 的情况看,抗诉如果不提高质量,可能造成司法资源浪费和审理期限延长、办案效率降低的后果。

4. 以片面追求定罪、重刑为抗诉目标,而忽视检察院应全面保障法律正确适用的司法功能和监督职能

从过去几年我院审理的抗诉案件的情况看,检察院提起抗诉的案件主要包括:一审法院没有完全认定检察院起诉的"犯罪事实"的案件,即部分起诉事实一审法院没有予以认定的案件;一审法院或以证据不足,或以不构成犯

罪为由宣告被告人无罪的案件;一审法院将起诉的罪名由重罪改为轻罪的案件及认为一审法院量刑畸轻的案件。这部分反映出检察院的抗诉仍以尽可能从严、从重追究被告人刑事责任为目的,这一点尤其体现在检察院以量刑不当为由提起抗诉的案件中。正如前面分析的情况,检察院以量刑不当为由提起抗诉的案件,二审期间检察院均认为对某些被告人量刑畸轻,要求二审法院加重刑罚。从2003年至今,以量刑不当提起抗诉的案件10件,其中已审结9件。已审结的案件中,我院支持抗诉的5件,相应加重了被告人的刑罚。但同期我院审理的二审上诉案件中,仅以量刑过重为由改判的案件就达48件①,即这些案件均存在量刑畸重的问题,但检察院没有就此提起过抗诉。按照最高检《关于刑事抗诉工作的若干意见》中有关"量刑错误,即重罪轻判或者轻罪重判,量刑明显不当的"规定,检察院不仅负有对一审法院量刑畸轻的案件提起抗诉的职责,对于一审法院量刑畸重的案件同样负有提起抗诉的职责。从目前的情况看,检察院似乎更重视前者。

按照刑诉法的规定,检察院不单单是以追究犯罪嫌疑人刑事责任为己任,而是要查清案件的真实事实,保证法律的正确适用。因此,在搜集证据时,不仅要搜集对犯罪嫌疑人不利的证据,同时也要搜集对犯罪嫌疑人有利的证据,以实现对案件事实的全面了解,尽可能真实再现案件事实,保证正确适用法律。同样,检察院在对一审案件提起抗诉时,也应本着对被告人负责、对法律负责的态度,而不能仅仅为了显示起诉工作的正确性或一味追求被告人有罪、罪重的结果。

5. 对一审法院案件审理工作可能造成负面影响

由于抗诉案件数及抗诉成功率不仅是检察院评价工作成绩的一项指标,也是用于考核法院案件审理质量的一项重要指标。在检察院要求加强抗诉工作的情况下,一审法院可能会因为顾虑检察院抗诉,而在审理一些与检察院意见不尽相同的案件时,或顺应检察院意见,或下判时犹豫不决,或通过向上级法院请示,以求上级法院支持。这样做,一方面可能降低一审案件的办案效率,延长案件审理周期;另一方面也可能影响案件审理的公正性,损害被告人的权益。

(二)解决抗诉案件审理过程中常见问题的对策

首先需要明确的是,抗诉是发生在诉讼过程中的一种正常现象,由于检

---

① 不包括一些被告人一审时具有从轻、减轻情节,但一审未予认定,我院二审时予以认定并相应改判降低被告人刑罚的案件。

察院和法院在对法律规定的理解上[①]、认定证据及事实的标准上存在差异，因此，同样的证据，检察院可能认为已足以认定某一事实，但法院却认为证据尚不充分；同样的事实，检察院可能认为已构成犯罪，但法院却认为缺少某一犯罪构成要件，行为不构成犯罪；同样的情节，检察院可能认为应判重刑，而法院却认定情有可原，可以从轻判处。这样法院与检察院之间从案件的事实认定到最终定罪量刑的每个环节可能均存在一定程度的意见分歧，这种分歧并非就表示法院或检察院的办案一定出现了错误，也并非就是对法院或检察院工作情况的否定。反而是仅仅为了完成或减少某一指标而盲目抗诉或在审理案件时妥协、变通处理的做法，不仅没有真实反映检察院、法院公正司法、保护社会和公民合法权益的司法工作实绩，反而违背了法治原则，有悖于建设和谐法治社会的根本目标。

无论是法院希望减少抗诉，还是检察院强调要加强抗诉，其目的应是一致的，即通过自身的工作，查明案件事实、正确适用法律，从而实现公正司法、司法为民的目标。为解决目前抗诉案件审理过程中已经或可能遇到的问题，笔者认为，应加强以下几方面的工作：

1. 取消抗诉情况作为检察院或法院工作考核指标的规定，建立全面、科学的工作考核标准

对于检察院而言，衡量抗诉工作的好坏不是看一年内检察院对多少案件提起了抗诉，不仅仅是一个“敢抗”的问题。抗诉应更注重质量，要“抗准”。是否“抗准”，不仅仅要看提起抗诉案件的抗诉成功率，同时还要比较因被告人上诉而引致案件的改判、发回情况。被告人上诉的案件，二审法院经过审查改变一审判决的，说明一审判决在程序上或实体上确实存在错误（除非是因在二审期间出现了新证据、新事实、新情况等改判的），而按照刑诉法的规定，这种情况检察院就应提起抗诉。从我院每年对上诉案件的改判发回情况看，每年改判发回的上诉案件数量远大于抗诉成功的案件数量，这说明检察院根本不存在没有案件可以提起抗诉的问题，至少在现阶段还是如此，而是存在如何转变执法观念、改变抗诉思路的问题。检察院如要真正提高抗诉工作质量，首先需要明确抗诉的目的不是为“挽回面子”，而是要保证法律正确适用，实现公正司法。抗诉不应仅仅作为检察院“炫耀”自己工作成绩的资本，更重要的是应将之作为维护公民合法权益、完善司法监督机制及推进法

① 这一点即便是在最高司法机关之间也不能完全统一，一个比较典型的例子就是关于对“挪用公款归个人使用”的理解上，二者存在严重分歧，最终导致最高法院刚刚颁布相关司法解释后不久，全国人大常委会又就此作出了立法解释，这在以前是极为罕见的。

治进程的手段。必须看到,检察院和法院在抗诉工作的问题上,无论支持还是反对,均应只有一个目的,就是寻求案件事实真相、保证法律正确适用,从而维护司法公平、公正的形象,树立司法权威。

对于法院而言,同样需要正确看待检察院的抗诉,就如同认真对待党、人大代表、政协委员、公众的监督一样,抗诉只不过是一种法定的、具有诉讼实质意义的司法监督,虽然它可能导致案件被改判的结果,但其目的仍是帮助法院正确适用法律,最终与法院进行的审判工作具有同样的目的。不能因为检察院对案件提起了抗诉,就认为案件审理工作出现了问题,同时也不必把所办案件检察院没有提起抗诉作为工作成绩。检验法院刑事审判工作的好坏,最终仍要回归到案件事实认定和法律适用的正确性,回归到社会效果和法律效果的统一性,回归到司法公正、社会和谐的价值目标。这也是建立科学评价体制的出发点。

2. 建立、健全证据规则,统一、协调公、检、法办案标准,缩小公、检、法处理案件的意见分歧

除非一审法院承办法官的业务水平明显偏低或存在枉法裁判的因素,法院与检察院在事实认定存在意见分歧最重要的原因在于对证据的审查判断上。何种程度的证据达到了刑诉法中所规定的定罪量刑所应达到的“确实充分”的标准,不同的人可能有不同的认识。这种认识上的差异,一方面源于个人不同的经验和社会阅历,另一方面也源于对法律的理解和认识。由于我国缺乏一套科学的、明确的证据规则,因此从一开始对证据的采信,到最后证据间是否可形成完整的认定事实所需的证据链条等问题上,均可能存在理解上的差异,这种差异被逐级放大,最终导致了检察院和法院在事实认定的意见分歧。因此,一套科学、明确的证据规则,有助于缩小检、法两机关对证据证明力、证据证明事实范围的意见分歧,从而一定程度统一司法尺度,减少案件抗诉率。

3. 进一步规范、整合案件抗诉程序,提高抗诉质量

最高检对于抗诉工作整体来讲是相当重视的,早在 2001 年,最高检就下发了《关于刑事抗诉工作的若干意见》,用以“规范和加强刑事抗诉工作,提高办理刑事抗诉案件的质量和效率”。2005 年 5 月,全国检察院第三次公诉工作会议又提出要“着力运用抗诉手段加强对审判不公的监督”,在同年 8 月,最高检又下发《关于进一步加强刑事抗诉工作强化审判监督的意见》,进一步明确了加强刑事抗诉工作的思路。

加强刑事抗诉工作不仅是提高抗诉案件数,更重要的是要提高案件抗诉

质量。从我院这几年审理的抗诉案件的处理结果看，一审检察院提起抗诉的案件超过5成被上一级检察机关撤回抗诉，也就是说，一半以上的抗诉案件即便在检察院自己看来，一审判决也不存在确实错误。

笔者认为，如果二审检察院在抗诉前对一审检察院的抗诉工作给予指导和监督，在一审检察院提起抗诉前，就开始审查一审检察院认为一审判决或裁定确有错误需要提起抗诉的案件，在二审检察院认可一审检察院提起抗诉意见的情况下，再提起抗诉，将极大提高抗诉质量，一定程度上保证抗诉正确性和严肃性，同时可以减轻二审法院的诉讼负担。

二审检察院提前介入，最大的障碍可能是提起抗诉的期限。因为根据刑诉法的规定，对一审判决不服提起上、抗诉的期限为10天，如何在这么短的时间内判定是否应当提起抗诉，对于一些明显存在错误的判决而言还比较可行，但对于一些疑难复杂的案件可能就存在一定的困难。这种情况下，可以采取有针对性、重点审查的方法。一审判决送达后，一审检察院可先进行审查，提出是否抗诉的初步意见。如果发现确有错误，认为需要提起抗诉的，即应向上一级检察院汇报所发现的错误、拟提出抗诉的理由及依据，听取上一级检察院的意见。这样可以大幅减少抗诉案件的撤回率，提高案件抗诉成功率，一定程度上保证案件抗诉的质量。

4. 加强业务学习，不断提高办案水平

加强抗诉工作不是目的只是手段，一种提高案件审理质量的手段，其最终目的必然要落实到案件质量上。要实现这一目的，首先应加强检、法人员的业务学习，提高业务水平，保证起诉准确、审判正确，只有这样，才能从根本上缓解抗诉案件审理的诸多问题。

对于法院而言，加强业务学习，提高案件审理质量，可以降低案件错误率，进而降低案件的被抗诉率和改判发回率。而对于检察院而言，加强业务学习，同样可以提高案件起诉质量，减少被法院改变起诉事实的几率，同时也可提高抗诉质量，及时、准确地提起抗诉。

加强业务学习，首先要及时学习、了解新颁布的法律、法规、司法解释，掌握立法、司法的新动态、新趋势。我院曾审理的两件抗诉案件，就是因为一审法院对全国人大常委会有关对刑法中信用卡的解释了解不透彻，没有认识到该解释实际已将通常意义上的信用卡范围由原来的贷记卡和准贷记卡扩大到了所有银行卡，而是仍然按照解释前的理解，将信用卡的范围局限于贷记卡和准贷记卡，从而将冒用他人借记卡的行为认定为诈骗罪。这样的抗诉案件完全可以通过业务学习加以避免。另一方面要加强理论学习，掌握大家已达成共识的刑法理论。刑法理论对于辨析行为性质具有重要的指导意义。如正当防卫的认定，我院曾审结几起抗诉案件，一审时，检察院以故意伤害提起公诉，一审法院认为属正当防卫宣告无罪，一审检察院提起抗诉，二审检察院审查后支持了法院的意见，撤回抗诉。这表明在正当防卫问题上的认识，一审检察院存在一定程度的偏差，这些问题都可以通过业务学习加以解决。

作为业务学习的一种方式，上下级检察院之间可以通过召开片会等形式，总结经验、吸取教训、加强沟通、共同提高，这也是降低抗诉案件被撤回率的一个方法。像法院系统，每年都要召开这样的会议，分析、研究在案件审理过程中遇到的问题，防止今后类似错误的再次发生，这也是为什么一、二审法院之间能保持相对统一的办案思路的重要原因。当然，为更好地搞好刑事审判工作，公、检、法三机关甚至也可经常一起交流，提出问题、找寻解决方案，共同提高办案质量，从侦查起就严把案件质量关，减少错误发生率。

5. 建立科学的案例指导制度，通过对具体案件的分析，引导检、法形成统一的法律思维模式

法律能否发挥对行为的指引功能，前提是要保证适法的统一性，而统一适法需要一个统一的法律思维模式，即对一个法律问题有一个大致一致的意见。有一个统一的法律思维模式，检、法两机关之间的分歧就会缩小，抗诉案件数量相应也可降低。

最高检、最高法可以协商，挑选一些比较典型的案件作为指导案例，通过对在审理这些案件中遇到的问题进行分析、研究，如证据的采信原因、证据链条是否完整及分析、案件事实如何由证据推导出来、行为性质认定的理论及法律依据、量刑的比较平衡等，下级检察院和法院可以从中学习并锻炼一种思维模式，进而逐步缩小检、法在认识问题的差异，实现事实认定和法律适用的统一及准确。

法院刑事二审未开庭审理改判案件引发问题思考

常国锋*

一、有关背景情况

(一)研究的目的和方法

目前,关于刑事第二审开庭审理案件,法律和有关司法解释虽有规定,但是规定内容较为笼统。不同地方的法院和检察机关在具体执行时也存在地区差异。就北京市来说,第一中级法院和第二中级法院在开庭审理的二审案件范围上就存在较大不同。依照有关规定,对于第二审法院开庭审理的二审上诉案件,同级检察院应当派员出庭。因此,法院对于不开庭审理的二审上诉案件,不通知人民检察院派员参加,而是在二审裁判宣判后送达同级人民检察院。因此,在不参与案件审理情况下,如何对不开庭审理案件进行法律监督,如何与审判机关共同促进审判的公开、透明,从而维护司法公正,是检察机关面临的一个重要课题。

笔者对2006年以来某中级人民法院刑事第二审不开庭审理的上诉案件进行了调查,对其中改判的上诉案件的改判理由、改判类别等主要情况进行了分类统计,并力图从判决书中发现改判合理与否,以期总结该类案件特点,发现程序设置、法律规定本身的问题并提出解决问题的对策。

(二)法律和司法解释对于第二审应当开庭审理案件范围以及人民检察院审查案件的有关规定

《中华人民共和国刑事诉讼法》第187条规定,第二审人民法院对上诉案件,应当组成合议庭,开庭审理。合议庭经过阅卷,讯问被告人、听取其他当

* 常国锋,北京市人民检察院第一分院二审监督处副处长。

事人、辩护人、诉讼代理人的意见，对事实清楚的，可以不开庭审理。对人民检察院抗诉的案件，第二审人民法院应当开庭审理。《最高人民法院关于执行〈中华人民共和国刑事诉讼法〉若干问题的解释》第253条规定，对上诉案件，应当组成合议庭，开庭审理。经过阅卷，讯问被告人，听取其他当事人、辩护人、诉讼代理人的意见后，合议庭认定的事实与第一审认定的没有变化，证据充分的，可以不开庭审理。对人民检察院抗诉的案件，第二审人民法院应当开庭审理。《中华人民共和国刑事诉讼法》第189条规定，第二审人民法院对不服第一审判决的上诉、抗诉案件，经过审理后，应当按照不同情形，分别做出维持原判，改判、发回重审等处理。

《中华人民共和国刑事诉讼法》第188条规定，人民检察院提出抗诉的案件或者第二审人民法院开庭审理的公诉案件，同级人民检察院都应当派员出庭。第二审人民法院必须在开庭十日以前通知人民检察院查阅案卷。《人民检察院刑事诉讼规则》第359条规定，对提出抗诉的案件或者公诉案件中人民法院决定开庭审理的上诉案件，同级人民检察院应当派员出席第二审法庭。

《最高人民法院、最高人民检察院关于死刑第二审案件开庭审理若干问题的规定（试行）》第2条规定，“第二审人民法院审理第一审判处死刑缓期二年执行的被告人上诉的案件，有下列情形之一的，应当开庭审理：（一）被告人或者辩护人提出影响定罪量刑的新证据，需要开庭审理的；（二）具有刑事诉讼法第一百八十七条规定的开庭审理情形的”。

（三）北京市法院系统刑事第二审上诉案件开庭审理概况

根据审级规定，在北京市法院系统中，只有北京市高级法院、第一中级法院、第二中级法院、铁路运输中级法院有权审理刑事第二审案件。据了解，在这四个法院中，对于开庭审理的上诉案件没有统一的规定。北京市高级人民法院在20世纪80年代与市检察院协商确定了开庭审理的二审上诉案件包括死刑、未成年人、外国人犯罪、有新证据、有重大社会影响等；北京市第二中级法院与第二分院协商确定的开庭审理的上诉案件范围是二审期间出现新证据的案件、可能改判的案件、事实不清、证据不足的案件、未成年人犯罪案件、社会影响重大或者处理意见分歧较大的案件等；铁路运输中级法院与铁路运输检察分院协商对拟改判的和社会影响大的案件进行开庭审理。第一中级法院从2006—2007年办案情况看，二审开庭的上诉案件仅限于二审期间有新证据的部分案件。

二、调研的基本情况

(一)数量情况

通过对某中级法院未开庭审理案件的二审裁判文书进行统计,2006 年、2007 年两年某中级法院以不开庭方式审结上诉案件数量均在 1000 件左右,其中 2006 年案件改判 22 件,2007 改判 42 件。

而从同期某中级法院开庭审理的上诉案件的统计看,2006 年某中级法院开庭审理的上诉案件 8 件,改判 1 件;2007 年以来开庭审理的上诉案件 7 件,改判 2 件。

从以上两组数字对比可以看出,不开庭审理的上诉案件远多于开庭审理的上诉案件,开庭审理案件数量仅占全部二审上诉案件的不到 1%;不开庭审理但二审改判案件的数量也大大多于开庭审理改判案件的数量。

(二)改判类型情况

笔者对 2007 年二审不开庭审理但改判的判决书改判的类型进行了分类,发现只对一审判决量刑予以改判的有 26 件,该部分案件可视为法院在量刑自由裁量权范围内的改判,占全部改判案件的 62%;二审判决同时改变一审判决事实认定和量刑的 10 件,占 24%;同时改变罪名和量刑的 2 件,只改罪名的 2 件,只改赃物发还的 2 件。

从量刑改变情形看,由实刑改为缓刑的 11 件。量刑减轻幅度在 3 年以上的 7 件,改变幅度最大的为由 14 年有期徒刑改为 2 年有期徒刑。

(三)改判理由情况

通过对二审判决书改判理由进行分析,情况如下:

二审法院只改量刑的案件情况看,以原审被告人二审期间有认罪、悔罪、其家属积极赔偿损失等情节为由予以改判的有 11 件,以二审认定具有坦白、自首、立功等情节为由改判的 5 件,以原判量刑过重为由改判的 6 件,以鉴于具体情节二审可再予以从轻为由改判的 2 件,以情节严重认定有误改判的 1 件。

从改变事实认定进而改变量刑的案件情况看,以部分事实证据不足不予认定为由改判的有 9 件,以认定未遂为由改判的 1 件。

从改罪名的案件情况看,认为一审认定罪名错误的 4 件,其中 2 件系因颁布了新的司法解释,罪名变更。

三、发现的问题以及引发的思考

(一)二审法院在不开庭审理方式有过度适用和超范围适用的情况

1. 法院对上诉案件不开庭审理适用过度

从《刑事诉讼法》第187条“第二审人民法院对于上诉案件,应当组成合议庭开庭审理。合议庭经过阅卷,讯问被告人、听取其他当事人、辩护人、诉讼代理人的意见,对犯罪事实清楚的,可以不开庭审理。对人民检察院抗诉的案件,第二审人民法院应当开庭审理”的规定,可以看出,对于二审上诉案件开庭审理是原则要求,而不开庭审理应当是例外情形。笔者认为,作为原则要求,应当体现在以下几个方面:一是从措辞看,开庭审理用的是“应当”,而不开庭审理除了规定了限制条件,在措辞上用的是“可以”,因此对于二审上诉案件,法院应当优先考虑的是开庭审理。二是在适用比例上,开庭审理比例应当大于不开庭审理比例。但从笔者调查的情况看,以某中级法院为例,开庭审理的上诉案件每年在10件左右,仅占全部上诉案件的不到1%,而不开庭审理案件占绝大多数,二者在数量和比例上相差悬殊,这种情况与法律规定的初衷显然是背道而驰的。

2. 法院在不开庭审理方式适用上有未严格执行法律规定的条件的情况

《刑事诉讼法》第187条规定了可以不开庭审理案件的标准,即“合议庭经过阅卷,讯问被告人、听取其他当事人、辩护人、诉讼代理人的意见,对犯罪事实清楚的,可以不开庭审理”,其中“犯罪事实清楚”是重要标准。《最高人民法院关于执行〈中华人民共和国刑事诉讼法〉若干问题的解释》第253条,对犯罪事实清楚做了进一步的阐述,即“合议庭认定的事实与第一审认定的没有变化,证据充分的”。而在笔者调查的二审不开庭审理而改判的案件中,认定事实与一审不一致的有9件,加上自首、立功等情节认定不一致的7件,共有16件在事实和影响量刑的情节上二审法院与一审法院认定不一致。根据最高法院有关解释规定,这部分案件不符合“合议庭认定的事实与第一审认定的没有变化,证据充分的”的标准,不符合不开庭审理的条件,而是应当开庭审理案件的范围。

(二)不开庭审理案件的标准过于笼统,不利于把握

在刑诉法中规定了“事实清楚”作为上诉案件不开庭审理的判断标准,尽管在最高法的司法解释中有“合议庭认定的事实与第一审认定的没有变化,证据充分的”稍微细化的解释,但是仍然过于笼统,不利于实践中把握和操作。从我们调查的改判案件判决书看,判决书中均有“认为事实清楚,不开庭

审理”的表述,而有的判决恰恰改变了一审判决认定的事实。从这一矛盾,一方面可以看出二审法院在把握“事实清楚”这一标准时还存在一定问题,同时也反映出“事实清楚”这一标准本身含义不够明确,同时在如何判断方面缺乏具体内容和操作程序。

1.“犯罪事实清楚”的含义问题

对于“犯罪事实清楚”具体含义,法律和有关司法解释没有正面的论述。笔者认为应当包括两个层面的问题,一是犯罪事实的内涵,二是“清楚”的判断标准问题。

关于“犯罪事实”的概念,通常是指与定罪量刑有关的事实,实践中主要争议在于除了被告人所实施触犯刑法分则规定构成犯罪的行为外,关于犯罪主体以及自首、立功、坦白等从轻、减轻、从重处罚的法定或者酌定量刑情节是否属于犯罪事实的组成部分。部分法院将“自首、立功、坦白”等情节排除在犯罪事实之外,采取了一种狭义的理解方式,因此对于在上述情节上与一审法院认识不同的案件也采取不开庭审理方式。这一理解是否合适,值得商榷。笔者认为,应当采用广义的理解,即犯罪事实应当包括据以定罪的事实和据以量刑的事实。这一点可以从最高人民法院等六部门颁布的《关于刑事诉讼法实施中若干问题的规定》第 36 条规定中得到印证,该条规定:人民检察院提起公诉的案件,应当向人民法院移送所有犯罪事实的主要证据的复印件或者照片。“主要证据”包括:……(3)作为法定量刑情节的自首、立功、累犯、中止、未遂、正当防卫的证据。《人民检察院刑事诉讼规则》也有类似的规定,如第 283 条规定,“……主要证据是对认定犯罪构成要件的事实起主要作用,对案件定罪量刑有重要影响的证据”。

关于“清楚”的判断标准,《人民检察院刑事诉讼规则》第 279 条列举了“犯罪事实已经查清,证据确实、充分,依法应当追究刑事责任的,应当作出起诉决定”的四种情形,即“(一)属于单一罪行的案件,查清的事实足以定罪量刑或者与定罪量刑有关的事实已经查清,不影响定罪量刑的事实无法查清的;(二)属于数个罪行的案件,部分罪行已经查清并符合起诉条件,其他罪行无法查清的;(三)无法查清作案工具、赃物去向,但有其他证据足以对被告人定罪量刑的;(四)证人证言、犯罪嫌疑人供述和辩解、被害人陈述的内容中主要情节一致,只有个别情节不一致且不影响定罪的”。这一标准作为人民检察院提起公诉的标准,尽管也未直接回答“犯罪事实清楚”的问题,且公诉标准和审判标准是否适用同一标准尚存在争议,但在目前无具体法律规定的情况下,还是可以借鉴适用的。而作为判断二审上诉案件是否可以不开庭审理的犯罪事实“清楚”，则有特殊的判断方式，即“认定的事实与第一审认定的事实没有变化，证据充分的”。

从笔者调研的案件情况看，二审法院并未完全遵从这一标准，对认为事实或者部分事实证据不足的9个案件仍采用不开庭审理并最终改判。

2. 关于对“犯罪事实清楚”的判断主体、操作程序和监督制约问题

从《刑事诉讼法》第187条规定看，判断犯罪事实是否清楚的主体显然是二审法院合议庭，这一点并无疑问，其判断标准依据什么程序判断，是否应有监督制约，则缺乏法律和司法解释规定，从而给法院自由选择审理方式留有较大的空间，从而导致在程序选择上公开性、透明度不够。从司法实践看，法院在判断“犯罪事实清楚”时较为主观，“犯罪事实”是指审查认定的事实(法律事实)，还是客观事实，或者是法官内心确信的事实，不同的法官有不同的理解。从很多改判的案件判决书反映出，有人认为所谓“犯罪事实清楚”是指二审法官认为客观事实清楚，而不是一审判决认定的事实清楚，即便二审判决认定的事实与一审认定的事实并不一致。在程序上，法律虽规定判断主体是合议庭，但是是否要经过合议庭评议，主审法官意见能否代表合议庭意见，决定不开庭审理是由合议庭决定还是主审法官决定，没有程序性规定。从监督机制角度看，选择是否开庭审理是合议庭的权利，但是法律法规均没有设置监督程序，包括法院内设监督机构和程序和外部的监督机关和程序，造成实践中没有一个机构对合议庭的选择是否合法进行监督，也没有相应的监督制度。

由于存在上述法律层面的缺陷，在实务中，刑事第二审上诉案件在开庭审理和不开庭审理的方式选择上存在比较突出的问题，主要表现为：第一，法院对上诉案件不开庭审理适用过度，数量和比例远远高于开庭审理的案件；第二，在不开庭审理方式适用上没有严格把握法律和司法解释规定，随意性较大，超出法律规定范围适用情况严重；第三，对于开庭审理或者不开庭审理方式的选择是否合法缺乏应有的监督。

(三)关于二审上诉案件证据的有关问题

证据必须经庭审质证才能作为定案的根据，这一原则在刑诉法和有关司法解释中都有明确规定。《刑事诉讼法》第47条规定，“证人证言必须在法庭上经过公诉人、被害人和被告人、辩护人双方讯问、质证，听取各方证人的证言并且经过查实以后，才能作为定案的根据”。《最高人民法院关于执行〈中华人民共和国刑事诉讼法〉若干问题的解释》第58条规定，“证据必须经过当庭出示、辨认、质证等法庭调查程序查证属实，否则不能作为定案的根据。对

于出庭作证的证人,必须在法庭上经过公诉人、被害人和被告人、辩护人等双方询问、质证,其证言经过审查确实的,才能作为定案的根据;未出庭证人的证言宣读后经当庭查证属实的,可以作为定案的根据”。二审案件审理也应当遵从这一原则。根据有关规定,在审理二审案件时,对原审判决采纳的证据,人民检察院、被告人及其辩护人没有异议的,可以不再举证和质证。从以上可以看出,对二审期间出现的新证据,以及在二审审理期间控辩双方存在争议的证据,应当进行举证、质证。实践中较为含糊的是以下两个问题:一是对于原审已经质证过、二审法院与一审法院有不同认识的证据,是否应当进行庭审质证;二是对于二审期间出现的影响量刑的证据材料是否应当进行庭审质证。

对于第一个问题,笔者认为,由于对证据有不同的认识导致可能改变事实认定的情况,法院应当对证据进行庭审质证。而对于那些虽认识不同,但不影响事实认定,也不影响量刑的证据,是否应当进行质证,可以探讨。在我们调研的案件中,有 9 件属于二审法院对一审认定的证据有不同的理解,进而改变事实认定,但均未对相关证据进行庭审质证。

对于第二个问题,我们认为,应当进行具体分析。如果二审期间出现的新的证据材料属于自首、立功等法定量刑情节,这类材料依照规定属于犯罪事实的主要证据,应当进行质证;对于二审期间出现的关于原审被告人的具有悔罪表现、赔偿损失或者现实表现等情况的材料,是否应当质证存在争议。严格来看,这类材料不属于与案件事实相关的证据,属于事后表现的材料,原则上不受应当质证的约束。笔者认为,如果法院拟据此进行改判,其在作用上可视为影响量刑的证据,有必要开庭审理对其真实性进行质证。

(四)关于法院的自由裁量权的适用问题

在二审上诉案件中,法院的自由裁量权集中体现在两个环节:一是在程序选择上,包括是否开庭的审理方式的选择,一审确认的但二审合议庭认为有争议证据是否质证的选择等方面,法院自由选择的空间较大;二是对于刑罚的适用上,二审法院有较大的自由裁量权力,在量刑上予以从轻、减轻或者改变刑罚的执行方式,由实刑改为缓刑。第一类自由裁量权,前面已经述及,有的是在法律的框架内,有的则游走于法律框架的边缘。第二类自由裁量权,则基本属于在法律框架内履行权力,但同时也是争议最大的权力之一。

从本次调研中,二审法院单纯改变一审判决量刑的案件有 26 件,其中仅 1 件属于一审法院量刑明显错误、应当纠正的情形。其余案件一审法院量刑均在法律规定的幅度之内,亦即在自由裁量权范围之内。二审法院对有些案件以一审量刑不当、量刑过重、量刑失重等理由再次给予从轻、减轻判处，对有些案件改为适用缓刑。二审法院行使自由裁量权改判的结果是否定了一审法院自由裁量权适用的准确性。从中反映出的问题是，法院内部在自由裁量权适用上并无明确的规则和判断标准，上级法院似乎拥有比下级法院更大的自由裁量权，也拥有评判下级法院自由裁量是否适度的评判权和监督权。一审法院和二审法院本应平等拥有的权力，在这里产生了冲突。

（五）关于检察机关的监督问题

检察机关作为法律监督机关，肩负着对刑事诉讼活动全程进行监督的职责，而法院对上诉案件过多适用不开庭审理方式，弱化了检察机关的监督权力。检察机关依法只能参与占上诉案件总数很小部分的二审开庭审理的上诉案件，但对大部分上诉案件因二审法院调查讯问审理而无法介入，不开庭审理的上诉案件成了检察机关法律监督的“盲区”。

1. 检察机关被排斥在不开庭审理案件的诉讼程序之外，无法对诉讼活动是否合法进行监督

法律和司法解释规定，二审法院合议庭在决定不开庭审理前，要进行阅卷，讯问被告人、听取其他当事人、辩护人、诉讼代理人的意见等工作，但法律并未要求法院听取检察机关的意见。本应由控辩审三方参与的诉讼活动，由于没有检察机关的参与，变得仅有辩方和主持审判保持中立的审判一方二者参与，控辩力量失衡。同时，不开庭审理的诉讼活动从程序看，也变得更像一个行政审批活动，检察机关完全被排斥在不开庭审理的诉讼程序之外，对于诉讼程序是否合法无从监督。

2. 检察机关不参与二审审理，削弱了对于案件实体问题的监督

首先，检察机关不参与二审审理，对于案件实体问题不能发表意见。而原审被告人及其辩护人却能向二审法院表达其意见。这种状况增加了法院做出有利于上诉人判决的可能性。从本次统计的案件看，改判案件中有30件有辩护人参与，占改判案件的71.4%。

其次，检察机关对终审的判决、裁定的审查监督力度不够。检察机关对于一审判决裁定审查可以提出抗诉方式，引起第二审程序，以纠正法院判决的错误，继续公诉职能。而对于不开庭审理的上诉案件，检察机关只能通过对已生效的终审判决裁定进行审查，以审判监督程序抗诉方式，履行监督职能。但是在实践中，审判监督程序抗诉案件的标准比二审程序抗诉更为严格，启动程序也更为烦琐，法院改判的可能性也更小。因此，通过对生效裁判审查来发现错误并履行监督操作难度极大，从这种意义上说，检察机关的这

种监督被架空。从被调研的案件看,仅有1件由基层检察机关申请上级检察机关提请审判监督程序抗诉。

四、有关建议和对策

开庭审理是法院审判活动的基本方式,具有公开性、直接性和规范性,最能体现审判的公正和权威。对二审上诉案件实行一律开庭审理,当然是解决问题的一种最理想办法。但是,鉴于我国目前的司法状况不具备二审全面开庭审理的条件。要切实解决二审上诉案件开庭率偏低等问题,强化检察机关的监督职能,必须从立法与司法两个层面上进行系统性改革。并通过强化检察机关的二审监督工作,切实履行法律监督职能,确保二审上诉案件审理公开、透明、公正、严肃。

(一)修改刑事诉讼法有关规定,从立法层面明确不开庭审理的上诉案件适用范围和操作程序

鉴于立法关于"合议庭经过阅卷……对事实清楚的,可以不开庭审理"的规定过于笼统,且操作中容易引起歧义,建议对刑事诉讼法第187条以及相关法条进行修订。

我们建议:一是取消以合议庭认定犯罪事实清楚作为决定是否开庭审理的判断标准,改为"上诉人、同级人民检察院对事实没有异议"的程序性标准;二是将合议庭单方决定是否开庭审理,改为"经上诉人、同级人民检察院同意",才能不开庭审理,即由上诉人、同级检察院、合议庭三方共同决定是否开庭审理;三是增加规定"合议庭经阅卷、讯问上诉人、听取辩护人和同级人民检察院意见后,对于具有以下情形之一上诉案件,不适用不开庭审理方式:(一)事实认定与一审法院不一致,影响定罪量刑的;(二)二审期间出现影响定罪量刑的新证据或者对原审判决认定的证据存在较大争议的案件;(三)拟做较大幅度改判的案件;(四)一审判处死刑的案件;(五)其他不宜不开庭审理的案件。"

(二)探索刑事第二审案件开庭审理程序改革,逐步解决二审上诉案件开庭审理率低的问题

在当前尚不能通过立法手段解决刑事第二审开庭上诉案件全面审理的情况下,有必要在司法层面进行规范和改革。首先,司法机关应当统一开庭审理的上诉案件的范围和标准,解决不同地区各行其是的问题。以北京为例,建议由北京市高级人民法院和北京市人民检察院协商,确定刑事第二审案件开庭审理的案件的范围和标准,并制定相应的操作程序细则,至少在本市范围内达到开庭审理上诉案件工作的统一、严肃。其次，对刑事第二审上诉案件开庭审理方式作必要的改革，推行刑事二审开庭简化审理方式，即对开庭审理的刑事第二审案件，在征得上诉人、原审被告人、出庭检察员同意情况下，由合议庭决定适当简化或省略某些庭审环节，使案件予以快速审理。2003 年 3 月最高法院、最高检察院、司法部颁布司法解释，试行第一审普通程序简化审。由于法律规定第二审程序参照适用第一审程序，其实也为二审开庭简化审理提供了法律依据。在《最高人民法院、最高人民检察院关于死刑第二审案件开庭审理若干问题的规定（试行）》第 14 条中有关审理程序的规定，也能体现简化审理的精神。因此，实行刑事第二审开庭案件简化审理，既有相应的法律依据，也符合二审案件的特点，能够提高庭审效果、节约诉讼资源，对于解决刑事第二审开庭审理比率低的问题，逐步实现刑事第二审上诉案件全面开庭审理方面能起到积极的推动作用。

（三）强化检察机关对二审审判监督的职能作用

1. 检察机关应当强化全面监督意识

根据法律规定，检察机关的刑事诉讼监督是对刑事诉讼活动全流程的监督，刑事第二审活动也应当是监督对象。但当前司法实践反映出，检察机关对于刑事第二审监督监督意识不强，监督工作还不够。其原因除了由于法律规定的不完善导致检察机关不能全面参与二审诉讼活动外，检察机关自身存在对二审监督工作重视程度不如一审，对法院二审审理活动不愿监督、监督手段不多等问题也是重要因素之一。因此，检察机关应当强化全面监督意识，针对二审监督工作存在的薄弱环节，提出对策，解决监督范围、监督途径和监督方式的问题，从而进一步强化二审监督工作。

2. 充分发挥检察一体化的优势，上级检察院与下级检察院联手共同监督，强化监督效果

根据法律规定，检察机关实行上下级院领导关系，使检察机关资源一体化和监督职能一体化成为可能。在二审监督工作上，检察机关也应当充分发挥这一优势。在办案工作机制上，加强上下级院的联系，形成互动的工作机制。目前，检察机关在抗诉工作上已经初步形成了上下级院联动的工作机制，成效逐步凸显。办理上诉案件可借鉴抗诉工作机制的成功经验和做法。下级检察院认真对法院一审、二审裁判进行审查，对所发现的问题和争议，及时上报上级院，争取上级院的支持和指导；上级检察院在审查开庭审理的上诉案件以及对不开庭审理的上诉案件裁判文书审查工作中，也应和下级院进行沟通，听取下级院意见。上级院及时总结办案过程中发现的问题，加强对

下级院的指导。

3. 集中监督力量,突出监督重点

案多人少是检察机关全面监督面临的一个实际困难。在短期内不可能有较大变动的情况下,集中现有力量,找准监督着力点,解决当前二审监督工作中重点和难点问题,力求监督实效。如可将监督重点放在:不开庭审理方式选择是否合法;法院自由裁量权是否存在滥用;实刑改缓刑理由是否充分等。在监督方式上,可采取多种形式。对于个别案件,二审法院改判确属存在错误的,影响判决的公正性的,可通过审判监督程序抗诉进行纠正;对于轻微违法情况,可通过纠正违法或者检察建议方式予以纠正;对于检法认识分歧问题,可通过加强沟通,通过协商尽量达成共识,或者共同报上级机关研究解决。

4. 通过办案,查处司法人员职务犯罪或者违法行为

检察机关应当通过对重点案件、重点办案环节的监督工作,发现可能存在的司法不公和司法人员腐败线索,通过打击司法人员徇私枉法、受贿、渎职等行为,促进司法公正,以保证二审案件准确、公正。

办理追诉累犯、再犯情节抗诉案件的问题与对策

上海市人民检察院第一分院二审案件检察处

累犯、再犯历来是我国刑法明文规定的法定从重处罚情节，随着市场经济的迅速发展，流动人口大幅增加，刑事案件呈高发多发态势，犯罪分子为逃避法律严惩，使用假名犯罪，故意隐瞒前科[①]事实，致使法院判决遗漏累犯、再犯情节的现象也随之增多。这既不利于正确适用法律和政策，也不利于依法从重从快从严打击严重刑事犯罪，更不利于社会治安的综合治理。为此，本文就我院近年来办理的此类案件作一专题调研，期望能够引起重视，达到统一正确执法的目的。

一、基本情况、主要特点及其影响后果

（一）基本情况

2003 年以来，我院受理的案件中，发现法院判决遗漏累犯情节的案件共有 7 件 12 人。

1. 从被告人身份情况来看，12 人中除 1 人系本市人员外，其余均系外来人员；除 1 人系个体私营者外，其余均系无业人员。12 人中具有初中文化程度 4 人，小学文化程度以下 8 人。

2. 从发现的途径来看，在二审期间被发现的 2 件 2 人，如卢某某虚开增值税发票上诉案、马某某贷款诈骗上诉案，均是在二审审查过程中被发现的；在

① 前科这个概念在我国刑法中并未使用，但在刑法理论上前科是一个通行的刑罚专业术语，司法实践中也广泛使用这一称谓，通常是指曾被法院认定有罪并被判处刑罚的情形。由于我国不存在前科消灭制度，因此一个人一旦犯罪，就会留下前科，他在符合法律规定的累犯、再犯的条件下就构成了累犯、再犯。

服刑期间被发现的5件10人，其中被监管场所管教民警发现的2件2人，经政策教育而主动交代的1件5人，同案犯揭发的1件2人，同监房罪犯检举的1件1人。

3. 从涉及的罪名来看，涉及金融犯罪的2件2人，涉及财产犯罪的1件2人，涉及毒品犯罪的1件1人，涉及暴力犯罪的3件7人。

4. 从前次犯罪发生地来看，前次犯罪与本次犯罪发生在不同省市的2件6人，如黄某某强奸案，本次犯罪发生在本市徐汇区，而前次犯罪发生在江苏省镇江市；发生在本市不同区域的3件3人，如廖某某故意伤害案，本次犯罪发生在本市浦东新区，前次犯罪发生在本市宝山区；发生在相同区域的2件3人。

5. 从查处情况来看，(1)由法院自行启动再审程序纠正的2件3人，如卢某某虚开增值税上诉案，待二审生效后，由原审法院启动再审程序予以自纠；(2)检察机关按审判监督程序提出抗诉的3件3人，其中，中级法院直接改判的1件1人，如廖某某故意伤害案，我院按审判监督程序向市一中院提出抗诉，市一中院审理后采纳抗诉意见，直接做出改判，由原判的有期徒刑2年改判为有期徒刑3年；由市一中院指令原审法院再审的2件2人；(3)因被告人的刑期已经执行完毕，未予追究的1件1人，如马某某贷款诈骗上诉案，马某某曾于2000年8月因贩卖毒品罪被判处拘役3个月，缓刑3个月；2002年12月又因贩卖毒品罪被判处有期徒刑6个月，而在2002年的判刑时未认定再犯，考虑到当时的刑罚已经执行完毕，故未予追究；(4)另有1件5人尚在审理过程中。

(二)主要特点

归纳起来，此类案件主要有以下四方面的特点：

1. 犯罪主体以外来无业人员居多，且居无定所，流动性大。12名被告人中有11名系外来人员，在本市均无固定住所，占总人数的90%以上；此外，11人中除1人系个体私营者外，其余10人均系无业人员。

2. 此类犯罪以流窜作案、普通刑事案件居多，人身危险性大，社会危害性严重。7件案件中跨市、区作案的达5件；涉及暴力、毒品、财产类犯罪的5件，均占受案总数的70%以上。

3. 此类犯罪的犯罪分子多采用谎报真实姓名、故意隐瞒前科的手法达到逃避法律严惩的目的。7件案件中有6件均是由于犯罪分子故意隐瞒造成的，占受案总数的85%以上，其中2件案件中犯罪分子使用假名，如维吾尔族罪犯谢某某运输毒品案，其前后两次犯罪均使用自报名。

4. 此类案件的发现具有很大的偶然性，缺乏完善的发现机制。在服刑期间被发现的5件中，有的基于罪犯曾在同一监管场所服刑或由同一管教民警监管而被发现，如维吾尔族罪犯谢某某运输毒品案，其先后两次均在本市女子监狱服刑而被管教民警辨认出。有的经政策教育主动向管教民警交代而被发现，如杜某某寻衅滋事、盗窃、抢劫案，杜某某在新收犯监狱服刑期间经管教民警的多次教育，才主动交代出自己曾在外地服刑的经历；有的被同监房罪犯检举而被发现；有的因同案犯认为判决不公，基于心理不平衡才予以揭发而被发现。如刘某某、王某某盗窃案，因王某某认为同案犯比自己判得轻，心理不平衡才揭发了刘某某有前科的事实。

（三）影响和后果

遗漏累犯、再犯情节主要造成以下五个不利影响和后果：

1. 没有体现依法从重处罚的精神，违反罪责刑相适应原则。对累犯、再犯从严处罚是当今世界各国通行的做法，此类罪犯与初犯或者其他犯罪分子相比，主观恶性较深、人身危险性较大。因此，我国刑法规定对累犯、再犯予以从重处罚。此外，个别犯罪中，累犯还有"加重处罚"的含义，如盗窃罪中，根据最高人民法院有关司法解释的规定，盗窃数额达到"数额较大"或者"数额巨大"的起点，并具有累犯情形的，可以分别认定为"其他严重情节"或者"其他特别严重情节"，即在原有量刑幅度上升一个档次量刑。遗漏上述情节，将使原本应从严打击的犯罪分子被科以轻刑，导致重罪轻判的结果。

2. 影响法律的统一正确实施，有损法律的严肃性和权威性。同样具有累犯、再犯情节，有的给予严惩，有的却因未发现而给予轻判，法律的公正性难以体现。在法治社会里，人们不但崇尚法律面前人人平等，更注重对所有人公正、平等地适用法律，从而显示法的公正性、平等性和整体一致性，增强人民群众对司法机关的信赖和对法治的信心。

3. 增加诉讼成本，有悖于诉讼经济原则。诉讼经济是现代刑事司法的一项基本原则，该原则要求司法机关应当以尽量少的人力、物力和财力耗费来实现诉讼的价值目标——客观公正。遗漏累犯、再犯的法定量刑情节将导致原判决错误，而纠正原判决错误须投入二级以上司法机关的资源，这将使原本有限的司法资源，耗费在本该可以避免的诉讼上。

4. 客观上助长犯罪分子的侥幸心理，使其故意隐瞒累犯、再犯情节达到逃避法律严惩的目的。刑罚的本质是惩罚与教育，通过对犯罪分子适用一定的刑罚，从而对社会上其他人，主要是对那些不稳定分子产生阻止其犯罪意念的威慑作用。此类案件由于缺乏相应的发现机制，发现手段具有很大的偶然性,尚可能有一部分因未予发现,而得以轻判,这将导致犯罪分子抱着侥幸心态,瞒天过海,能赖则赖,且此类案件的犯罪分子多系外来无业人员,居无定所,这也给他们谎报真实姓名,隐瞒累犯、再犯情节带来一定的便利条件。

5. 影响刑罚的正确实施,具有较大的社会危害性。我国刑法明确规定,对于累犯不适用缓刑,不得假释。之所以对累犯作上述规定,是因为缓刑、假释的适用是以犯罪人具有悔罪表现,不致再危害社会为前提条件的,而累犯则是屡教不改,具有较大人身危险性的人,如果遗漏累犯、再犯情节,就可能会使那些对社会具有较大危险性的犯罪分子过早地回归社会,给社会带来隐患。

二、程序法适用问题

实践中,司法机关针对遗漏累犯、再犯这一法定从重处罚情节的错误判决在实体法的适用上均无异议,主要在程序法适用上遇到一些问题,具体有以下三个方面:

(一)对于一审生效判决遗漏累犯、再犯情节是由发现的派驻监管场所的检察院还是由原起诉的检察院提请抗诉

如前所述的廖某某故意伤害案,该案一审判决生效后,廖某某在本市新收犯监狱服刑期间,被管教民警发现遗漏累犯后,由检察机关通过审判监督程序向法院提出抗诉。根据刑事诉讼法规定,有权按审判监督程序对一审生效判决提出抗诉的是一审法院的上级检察院,但是对于提请抗诉的机关没有明确规定。上述案例中,是由检察机关派驻监管场所的检察院(以下简称"派出院")还是由原起诉的检察院提请抗诉存在两种不同观点。一种观点认为,原起诉的检察院作为案件的原审公诉机关,是审查同级法院生效判决、裁定的当然主体,由其提请抗诉顺理成章。另一种观点认为,由于原起诉的检察院在案件审查起诉过程中已经存在疏漏,由其自纠,工作效果不一定好,同时也缺乏必要的监督。考虑到原审被告人的累犯、再犯情节是在服刑的监管场所发现的,由派出院自行立案、审查并提请抗诉具有一定的工作便利性和积极性,更有利于这类抗诉工作的开展。

(二)二审上诉阶段发现遗漏累犯、再犯情节后是采用发回重审还是审判监督程序予以纠正

如前所述的卢某某虚开增值税专用发票上诉案,在二审审查过程中发现一审判决遗漏累犯的情节,应通过何种程序予以纠正存在二种不同观点。一种观点认为,刑事诉讼法中规定的"事实不清"中的事实应当包括犯罪事实、

量刑事实。遗漏累犯、再犯属于量刑事实不清,故应当以事实不清为由发回原审法院重新审理。另一种观点认为,遗漏累犯、再犯的情况是基于被告人上诉而发现的,不管是二审改判还是发回重审加重被告人的刑罚,都不符合上诉不加刑原则,故应当在第二审判决、裁定生效后,再启动审判监督程序予以纠正。

(三)上级法院对同级检察院按审判监督程序提出抗诉的一审生效案件适用何种程序审理

如前所述的维吾尔族罪犯谢某某运输毒品案,该案在区法院判决后,被告人未提出上诉,公诉机关也未提出抗诉,属一审生效判决。市检察分院向中级法院提出抗诉后,中级法院的再审程序应按何种程序存在不同观点。一种观点认为,中级法院接受抗诉再审,实质上可以看做是一种特殊形式的提审,应作为提审案件适用第二审程序。另一种观点认为,人民法院按照审判监督程序重新审判的案件,如果适用第二审程序,那么所作的判决、裁定则是终审判决、裁定,被告人不能提出上诉,这样就剥夺了被告人的上诉权,故上级法院应当直接适用第一审程序审理。还有一种观点认为,上级法院对于检察机关再审抗诉的案件,可以采用指令再审的方式,由原审法院重新审理。

三、主要成因

办案实践中,遗漏累犯、再犯的现象主要发生在普通刑事犯罪案件中。遗漏的原因既有当前社会处于转型期发展变化引起,也有被告人自身编造虚假身份的因素,还有司法机关工作中的不足,主要表现为:

(一)社会加速融合、频繁交流的客观趋势

目前,随着经济的快速发展,社会人口的组成和发展趋势较以往都发生了深刻的变化,其中流动人口数量的增幅尤为显著。以上海为例,根据市统计局2006年4月5日公布的上海人口概况报告,2005年上海市实有人口中,户籍登记人口约为1360万,外来常住人口为438万,来沪居住一天以上的外来人口达到了581万,同比增长45万人,增长了8.4%①。城市中,流动人口长期大量存在的客观情况已对犯罪人员的构成产生了一定的影响,流窜作案、异地作案的犯罪人员的比例逐渐增大,客观上造成了对犯罪人员身份查证的困难。

(二)犯罪分子避重就轻、趋利避害的心理选择

修订后的刑法,加大了对累犯、再犯的打击力度,一部分犯罪嫌疑人害怕

---

① 参见上海市人口与发展中心网页,http://www.spic.sh.cn。

坦白前科可能会构成累犯、再犯从而加重本次刑罚，因而捏造事实，伪造身份（包括冒用他人的真实身份）；部分有余罪的在逃人员害怕在交待真实身份后会导致数罪并罚；部分虚荣心较强的罪犯，害怕家人或亲属知道自己违法犯罪的情况；部分犯罪人员怀有脱逃或再犯罪思想，为了脱逃或再犯罪后逃避抓捕而编造个人情况；少数犯罪人员出于自我保护心理，在被捕后拒不交待自身情况，等等。

（三）案件侦查量多人少、重捕轻诉

一是警力配备不足，无暇顾及。尽管发案率仍然维持在较低的水平，但案件总量的绝对数较大，现有警力在应对上还存在一定的缺口。二是存在以逮捕替代侦查、破案即结案的现象。少数侦查人员往往注重破案率和逮捕率，办案重心也明显倾向于检察机关的审查批捕部门，而较少考虑案件批捕之后，侦查工作的整体质量对案件诉与不诉、诉准与诉全的影响。这就使得侦查中对案件事实及证据的要求往往满足于上述两个标准，不利于提高侦查人员的证据意识，甚至会产生“侦查成功的标志就是破案”的认识偏差，以至于使侦查游离于“诉讼”之外。三是重本次罪行的查证，轻累犯、再犯等量刑情节的查证。个别侦查人员在审讯过程中，讯问的重点往往围绕本次犯罪的事实以及有无遗漏其他罪行展开，对于累犯、再犯情节的查证往往就案论案，不够主动积极。如果犯罪嫌疑人自己如实交待了或者有其他的同案犯、证人指证的，就依照有关的工作规定和要求予以查证；如果犯罪嫌疑人故意隐瞒的，在完成一般的查询工作之后，往往不会再通过其他的调查途径开展查证工作，这就给了犯罪嫌疑人可乘之机，强化了他们的侥幸心理。

（四）监督制约作风不细、把关不严

实践中，个别检察干警在审查案件中放松了对犯罪嫌疑人的身份审查以及累犯、再犯等情节的审核监督。除犯罪嫌疑人主动交待、他人指证、意外发现等特殊情况外，认定犯罪嫌疑人是否具有累犯、再犯情节主要依靠公安机关查证的资料，尚未全面严格执行审查起诉的规定要求，从而使得公安机关成为审查、查证犯罪嫌疑人身份、累犯、再犯情节的第一道也可能是唯一一道司法防线。一旦公安机关在侦查阶段未能发现或者因疏忽而遗漏犯罪嫌疑人累犯、再犯情节的，就很可能一直延续到判决生效而不被发现，致使案件适用法律及量刑有误。

（五）技术投入参差有别、互通不足

对于犯罪嫌疑人、被告人尤其是流窜作案、异地作案的非案发当地户籍的犯罪嫌疑人、被告人，自报姓名且一时无法查实真实身份的案件，现有的人口信息查询工作已经不能达到确认犯罪嫌疑人、被告人身份的预期目的，查清这些人员的前科情况存在许多技术上的难题，主要表现在侦查、监管等阶段中：一是信息共享的问题，二是系统内部的预警识别能力。

信息共享的对象一般是指现有的指纹比对信息和保存在公安、监所等司法机关档案中的案件信息等有助于查找、确认犯罪嫌疑人、被告人身份及累犯情况的信息。查证工作中经常碰到的技术壁垒，主要涉及信息共享的技术基础、共享的主体范围以及共享的信息层次等方面。以犯罪嫌疑人指纹信息库为例，据悉全国的公安系统内部至今仍未形成统一的、能够共享的指纹鉴识查询系统，公安部与各省市乃至区、县分局之间同时采用不同的软件系统，客观上形成了系统兼容性的问题。当犯罪嫌疑人的前次犯罪与本次犯罪的管辖地不一致时，由于能够上传到公安部总库以交换到对应省市查找的案件有一定的数量限制和时间上的等待，因此在区分轻重缓急的情况下，查找累犯、再犯信息势必成为一项费力、耗时的工作，使得很少有案件会采用该途径来查证犯罪嫌疑人的累犯、再犯信息。当犯罪嫌疑人的前次犯罪与本次犯罪的管辖地一致时，由于现有的指纹信息库的指纹样本难以穷尽和覆盖在本地犯案的所有犯罪人员，因此，发生遗漏累犯、再犯的情况也在所难免。与此同时在公安机关与监管场所之间，以及监管场所系统内部之间，案件信息和犯罪人员信息资料都是自成系统，没有形成一个相对集中、健全的信息网络中心为办案人员提供及时的案件查询信息，互通有无以预防和纠正遗漏累犯、再犯的情况。

在现有的信息系统中，也缺乏识别累犯、再犯的预警功能设置，不能自动反映出需要的情况信息。对于信息查询的要求往往只设置姓名、案由等不具有唯一性的查询条件，一旦进行查询，很难迅速、准确地从不特定多数符合条件的对象中“对号入座”。由于犯罪嫌疑人、被告人虚报的假名在很多情况下都是比较简单、常见的名字，因此发生身份重复的几率就比较高，从而使得查询工作势必会受到较大的限制，成效不高。

（六）身份信息送达脱节、更新迟滞

在某些情况下，司法机关未能及时查获被告人累犯、再犯情况是因为犯罪人员信息资料中没有及时更新相关的前科信息。根据最高人民法院《关于执行〈中华人民共和国刑事诉讼法〉若干问题的解释》（以下简称《解释》）第182条的规定，人民法院在刑事判决书“生效后还应当送达被告人的所在单位或者原户籍所在地的公安派出所。”但实践中，由于被告人使用自报名而无法送达刑事判决书，或者由于工作疏忽或者办案人员轮换、系统更新等原因，有时未能及时将刑事判决书送达被告人原户籍所在地的公安派出所；另一方面公安机关在收到判决书后也存在遗漏登记的现象，从而造成犯罪人员信息滞后、不全的结果。如黄某某强奸案，在其因强奸罪再次被判处刑罚后，司法机关曾向其原户籍所在地的公安派出所调取黄某某的人员信息资料，但意外发现当地派出所出具的相关证明中没有黄某某前次因强奸罪被江苏省镇江市某法院判刑的前科记录。

（七）对制度规定认识分歧、执行不一

以提请抗诉的主体为例，一般情况下，发现生效判决、裁定确有错误的途径主要是：人民检察院自行发现；原审被告人及其近亲属申诉；监狱或者其他刑罚执行机关发现。当上述机关或个人发现原审判决遗漏了被告人的累犯、再犯情节，依照案件管辖的有关规定，提请抗诉的检察院一般应为原起诉的检察院。实践中出现的分歧意见主要集中在：派出院在履行监所检察职能中发现生效判决、裁定确有错误的案件线索后，是转请原起诉的检察院，由其审查是否应该提请抗诉，还是不移送原起诉的检察院，直接提请抗诉。由于现行法律没有明确规定，也没有相应的司法解释，造成实践中相关部门做法不一。

四、对策与建议

（一）强化监督意识，突出防范重点，切实把好质量关

首先，应在观念上牢固树立各司其职、层层把关的监督制约意识。司法工作人员要严格遵守法律、办案规定等刚性规定，并内化为良好的工作习惯。强化公检法三机关的相互制约机制，通过个案总结的方法，由点带面，从个案中引出具有共性的问题，建立和完善现有的办案质量保障体系，完善办案内部审批制度，杜绝工作粗糙、办事拖拉的作风，严格按照本职工作规定的要求，扎扎实实地履行各项法定职责，努力做到侦查全面、监督有力、犯罪人员信息更新准确完备及送达及时。

其次，突出防范重点，讲究工作方法。应着力提高对犯罪嫌疑人是否具有前科情况的审查能力。审讯中，对于作案手法老到、抗审与反侦查能力较强的犯罪嫌疑人要予以重点关注；同时可以根据犯罪嫌疑人的具体情况，灵活机动地调整讯问的策略，通过分析犯罪嫌疑人常见的畏罪心理、侥幸心理、抵触心理、悲观心理以及特殊的心理弱点，有针对性地综合运用多种审讯技巧，重点击破，提高审讯的效果。

（二）拓宽侦查渠道，完善工作机制，切实把好发现关

犯罪嫌疑人的身份是否真实，是关系到最终能否查找到犯罪累犯资料的重要条件。一方面,要加强户籍管理机构的司法协作意识,增强相互配合,有效打击犯罪的责任感。同时建议在发往当地核实犯罪嫌疑人身份的函件中,可以附上犯罪嫌疑人照片、犯罪嫌疑人自述的基本情况以及体貌特征等足以明显区别他人身份的资料,以避免冒名情况的发生,增加辨认的准确度。另一方面,对身份的查证工作不应仅仅停留在书面的函调上,还可以通过进行必要的外调工作收集有关的信息。例如,可以在其临时落脚处、暂住地进行小范围的重点排摸,走访其周边熟悉的亲友或者知情人,了解犯罪嫌疑人的原籍、家庭住址等情况;也可以在犯罪嫌疑人的被扣押物品中寻找有用的线索,如信件、便条、记事本、通讯录、手机内存信息、号码等;还可以采用一些必要的技侦手段,通过加强法律政策教育,鼓励在押人员自首、检举立功,并兑现政策,从而从外围获取相关信息。

针对办理自报名案件过程中反映出来的薄弱环节,建议进一步完善工作机制。一是对自报名案件予以重点审查,在查清本次犯罪事实的基础上,针对此类犯罪嫌疑人可能隐匿累犯、再犯甚至漏罪以逃避相应处罚的特点,加大对其前科、漏罪的审讯力度,彻底清查犯罪情况。在调查后仍未取得有关证据材料的,可以对犯罪嫌疑人再作一次前科记录的指纹比对工作,取得《前科记录通知单》。二是在案件进入审查起诉阶段后,承办人应与公安承办人重点沟通、确认自报名案件的犯罪嫌疑人身份及其累犯、再犯情况,对涉及故意杀人、故意伤害、抢劫、强奸、绑架、涉毒等严重刑事犯罪的,应重点审查上述内容,结案时在审查终结报告中应对审查情况进行说明。

(三)加大科技投入,提高科技含量,创新工作方法

如果在判决生效后又发现遗漏了累犯、再犯的情节,即意味着前一次的刑事诉讼中存在瑕疵,而每一次的“返工”都说明增加了工作成本。因此加大科技投入,提高科技含量是一种有效途径。

首先,要尽快建立健全全国的指纹鉴识系统,采用全国一体的数据系统,实现全国联网,方便办案查询使用,基层的技术部门也要及时、准确、完整地上报有关人员的指纹信息,不断完善指纹库的内存信息。

其次,根据实际情况,酌情建立、拓展新的信息资料库,尝试将有关违法犯罪人员的影像资料、体格特征(特别是颅骨图像)以及DNA采样资料等信息统一进行收集。利用换发第二代居民身份证和社保卡信息采集的契机,实现信息的优化组合与合理吸收利用,扩大信息总量。

再者,加强社会控制手段,多渠道掌握社会成员的真实信息,弥补社会治安防控漏洞。一是强化居民身份证的规范管理,加大打击制作、使用假身份证行为的力度。对于提供住宿服务的旅馆业和个人私有住房的租赁市场、手机等通讯工具的销售以及银行、证券公司等金融机构在办理开户业务时应加强市场管理的力度，严格实行实名登记，以掌握相关人员的真实信息，同时降低潜在高危人群的犯罪可能性。二是可以借鉴国外对城市外来人口的管理方法，对于到城市学习、打工的外来人口，要求本人必须如实填报本人情况，并将经济担保人、固定的住址以及录用单位的证明等视作优先资格，有关部门审查无误后通过，发给可予务工经商的证件。如果某人填写的情况不实，则记入个人的诚信纪录，提醒有关部门和人员注意重点掌握，如果有提供假证件、假证明行为的，应当及时追究其法律责任。

（四）积极贯彻区别对待、宽严相济的刑事政策，努力构建长效发现机制

累犯，尤其是有组织犯罪累犯、暴力犯罪累犯以及毒品再犯等，历来是我国刑法打击的重点，修订后的刑法更是将普通累犯前后犯罪的时间间隔由修订前的3年延长为5年，体现出从重打击累犯、再犯的立法倾向。然而实践中，由于种种原因司法机关尚无法查清所有犯罪人的前科情况，从而使得从重惩处累犯、再犯的刑法规定没有得到全面、有效的贯彻和体现。与此同时，要从根本上解决遗漏累犯、再犯的问题不能仅仅依靠单个司法机关的一家之力，还必须依靠各种综合手段来预防，其中一个重要方面就是要积极运用我国区别对待、宽严相济的刑事政策，根据犯罪人隐瞒、供述本人或揭发他人累犯、再犯情况的主客观表现所体现出的不同社会危害性，分别情况，区别对待，在认定处理上宽严结合，有宽有严，惩办少数，教育多数。

建议在沪公发[2004]543号《关于对在押人员自首、检举立功适用法律的意见（试行）》文件的基础上，参照自首、立功检举的有关奖励规定，对如实供述个人真实身份和累犯、再犯的行为适当设定从宽措施：鼓励犯罪人主动交待个人真实身份和累犯、再犯情况，对于如实供述本人或者揭发他人包括同案犯的累犯的，要在有关规定、政策中对该行为予以肯定，落实相关的措施，例如，可以在起诉意见书、起诉书、判决书中将犯罪人的上述行为加入到“如实供述”的内容中去，以便量刑时酌情从宽处罚；对于经过多次教育仍然拒不供述个人真实情况的，从重处罚；因他人检举或判决后被发现有隐瞒累犯的，再审时更要从重处罚。

强调法律政策教育的个别化，因人、因案而异。要针对个人和案件的不同特点情况，有选择地将自报名犯罪人以及作案手法老到、反侦查能力较强等具有已受刑事处罚人员特点的案件列为重点对象，开展政策教育，促使犯罪人交代累犯等前科事实。

逐步完善监狱管理系统现有的在押人员信息库，对已在押的罪犯，要及时输入犯罪人的身份信息、体态特征、前科经历等重要情况。同时，在此基础上充分利用该信息库的丰富资源，探索建立侦查机关与刑罚执行机关犯罪人员信息系统的对接，实现犯罪人员信息的互通查询，方便今后办案人员核实前科等情况。

（五）对一审生效判决遗漏累犯、再犯情节是由发现的派出院还是原起诉的检察院提请抗诉这一问题，我们同意前文所述的第一种观点，即追诉累犯、再犯情节的案件应由原起诉的检察院提请抗诉

主要理由是：

首先，派出院办理自行发现的提请抗诉案件缺乏充分的法律依据。根据高检院《关于监所检察工作若干问题的规定》，监所检察工作的任务是依法对刑罚执行和监管活动实行监督，查办监管人员职务犯罪案件，打击在押人员犯罪活动，保护被监管人员合法权益，保障国家法律的统一正确实施。派出检察院除履行监所检察部门的基本职责外，还应承担对刑罚执行和监管活动中发生的司法人员职务犯罪案件进行立案侦查，对服刑罪犯又犯罪案件和劳教人员犯罪案件审查逮捕、审查起诉，对诉讼活动实行监督，对被监管人员的申诉、控告和举报依法审查处理等职责。由此可见，派出院的办案重点在于查办监管人员实施的职务犯罪案件以及在押人员在监管场所实施的犯罪案件。案件显然超出了其自身的工作范围。

其次，派出院是否有权立案审查其他同级乃至上级人民法院的生效判决、裁定值得商榷。参照高检院《复查刑事申诉案件规定》第8、9、10条规定的精神，县级人民检察院管辖不服同级人民法院已经发生法律效力的刑事判决、裁定的申诉，分、州、市院以及省级人民检察院管辖不服同级和下级人民法院已经发生法律效力的刑事判决、裁定的申诉。即地方各级人民检察院仅能就对应的同级或者下级人民法院已经发生法律效力的刑事判决、裁定进行审查，超越管辖划分范围的跨区、越级审查与检察机关机构设置及职权划分的原有之意不符。

再者，由派出院向上级检察院提请抗诉可能会引发工作机制的不顺。一是当派出院与有权提出抗诉的上级检察院没有隶属关系时，案件需要通过派出院的上级检察院移送中转，无形之中多了一道中间环节；二是按审判监督程序抗诉的案件实践中往往会被指令原审法院再审，因此仍然需要原起诉的检察院出席再审庭审活动，案件也就再次交由原起诉的检察院审查。从案件移转环节看，如果由派出院提请抗诉到案件正式进入审理阶段，最多需要经历派出院→上级检察院→有权提出抗诉的上级检察院→同级法院→原起诉的检察院五个诉讼环节;如果由派出院将案件直接移送原起诉的检察院提请抗诉,就自然省却了“上级检察院”这一环节,案件移送到法院之后如果裁定指令再审的,原起诉的检察院只需按照有关程序规定出庭即可,可以省略多道中间环节。此外,由于派出院在案件审查、提请抗诉的过程中很少会主动知会原起诉的检察院,因此很多情况下,原起诉的检察院直至收到再审通知才知道案件已经进入再审诉讼程序,这样也不利于对案件的审查与出庭。

当然,正如第二种观点所言,由原起诉的检察院审查、提请抗诉不可避免存在一定的不利因素:要求原起诉的检察院对本院办理的遗漏原审被告人犯罪累犯的瑕疵案件自行提请抗诉,可能会受到主观因素的影响从而人为地削弱了抗诉工作的积极性,造成该抗不抗的局面;而派出院由于没有了相关工作考核上的激励手段,也可能会降低发现同类案件的工作积极性。因此有必要建立合理的监督机制,确保案件在原起诉的检察院得到认真审查,同时也要完善考核奖励措施,鼓励派出院继续发现案件线索并及时移送。

(六)对二审上诉阶段发现原审判决遗漏累犯、再犯情节的案件应适用何种程序予以纠正的问题,我们同意第二种观点,即应当在二审生效后,按审判监督程序纠正

主要理由是:

首先,在上诉审程序中追诉累犯与“上诉不加刑”原则存在冲突。累犯,作为我国刑法对行为人在法定时间之内再次犯罪的一种价值判断,基于行为人本身屡教不改的人身危险性和该行为对国家法律的权威和社会心理秩序的破坏,以及可能引起的效仿可能性增大等不利后果,我国刑法将其作为法定从重的量刑情节,表现在判决中就是要求在同种犯罪的一般量刑基础上、法定刑范围内从重处罚,而且不能适用缓刑。但在刑事二审程序中,为了保障被告人依法行使上诉权、维护上诉制度,根据《刑事诉讼法》第190条的规定,第二审人民法院对被告人一方不服第一审判决的上诉案件,在审理中不得以任何理由加重被告人的刑罚,即上诉不加刑原则。“不加刑”的内容具体包括:二审裁判不得对被告人改判更重的刑种;不得加长被告人的刑期;不得加重被告人的罚金或没收财产的数额;不得对被告人刑罚改为更重的执行方法。

其次,在被告人一方提出上诉且检察机关派员出庭的案件中,虽然检察机关根据《人民检察院刑事诉讼规则》的要求,在听取上诉人的意见上,可以对错误的原审判决或者裁定提出纠正意见,但该诉讼行为不等同于检察机关的抗诉活动,不能突破“上诉不加刑”原则的限制性规定。在上诉不加刑的前提下,二审法院即使注意到了检察机关对原审判决所提出的纠正意见,也不可能超过原审判决中决定的刑罚,加重对被告人的刑罚力度。

再者,根据《解释》第257条第(五)项的规定,第二审人民法院审理被告人或者其法定代理人、辩护人、近亲属提出上诉的案件,不得加重被告人的刑罚,直接加重被告人的刑罚或者适用附加刑,也不得以事实不清或者证据不足发回第一审人民法院重新审理。必须依法改判的,应当在第二审判决、裁定生效后,按照审判监督程序重新审判。所谓事实不清,是指影响本次定罪量刑的基本事实不清,如原审判决所依据的主要事实不清,证据不足的;证据未经查实的等。本文所讨论的原审判决仅遗漏累犯、再犯量刑情节的情况,不应属于“事实不清”的范围。况且提出抗诉的案件,一般情况下已将累犯、再犯情节查证属实,也不需要发回重审。因此,从有利于维护上诉制度出发,以适用审判监督程序予以纠正为宜。

(七)对上级法院对同级检察院按审判监督程序提出抗诉的一审生效案件应当适用何种程序审理的问题,我们同意第二种观点,即直接适用第一审程序审理

主要理由是:

首先,上级法院审理再审抗诉的一审生效案件,应直接适用第一审程序。《刑事诉讼法》第206条明确规定,对于一审生效判决按照第一审程序进行审判。这既未剥夺被抗诉人的上诉权,也节省了诉讼成本,体现了司法公正应有的效率,更与刑事诉讼法的规定相一致。

其次,上级法院审理同级检察院按审判监督程序提出抗诉的一审生效案件,不适用提审。“提审”仅在《刑事诉讼法》第205条第2款中有所提及,即“最高人民法院对各级人民法院已经发生法律效力的判决和裁定,上级人民法院对下级人民法院已经发生法律效力的判决和裁定,如果发现确有错误,有权提审或者指令下级人民法院再审。”可见,提审是法院内部即最高人民法院对各级人民法院,上级人民法院对下级人民法院自行发现错误的生效判决、裁定后,自行决定组成合议庭进行重新审判,实践中亦称法院内部的“自纠”程序,属于法院内部的审判权范围。此外,《解释》第305条对于适用提审、指令再审范围的规定,也是以《刑事诉讼法》第205条第2款为基础,为了便于实践操作,针对法院内部的自纠案件所作出的规定。因此,人民检察院按审判监督程序提出抗诉不属于刑事诉讼法规定的提审程序。

再者,人民检察院对一审生效判决遗漏累犯、再犯情节按审判监督程序提出抗诉的案件，也不属于指令再审的范围。根据《刑事诉讼法》第 205 条第 4 款规定，对于原判事实不清楚或者证据不足的人民检察院抗诉的案件，接受抗诉的人民法院可以指令下级人民法院再审。由此可见，接受抗诉的法院可以作出指令再审的案件，只能限于原判事实不清楚或者证据不足。刑事抗诉是检察机关履行审判监督职能的主要方式和途径，特别是审判监督程序的抗诉，直接关系法院裁判的效力、再次启动诉讼程序等重大程序问题，因此，最高人民检察院要求各级检察机关慎重、准确、及时地对待抗诉工作，并规定了严格的审查程序，如决定提出抗诉的均须由检委会讨论决定。对于遗漏累犯、再犯情节的案件均是由于原审判决没有发现而造成的，一旦被发现后，往往要经过二级以上检察机关的审查确定无误后才会启动抗诉程序，而且随着物证鉴定技术的发展，对于前科的认定完全可以通过指纹识别程序予以确认，故此类案件的事实清楚且证据确实充分，不属于指令再审的范畴。

关于三峡库区刑事二审工作的调查报告

张　清[*]　赖江陵[**]

重庆市人民检察院第二分院地处三峡库区腹心，下辖一区、八县，共九个基层检察院。笔者对2005年和2006年二分院辖区的上、抗诉案件进行了专题调研，其中重点调研了抗诉工作、书面审理情况、开庭比例、改判情况等，发现了刑事二审工作中存在的一些问题，力图就检察机关如何加强对上、抗诉案件的法律监督提出可供参考并具有操作性的措施。

一、基本情况

（一）上诉工作基本情况

1. 上诉案件基本情况

2005年刑事上诉案件总数为264件，其中刑事审判一庭受理刑事上诉案件140件，刑事审判二庭受理上诉案件124件。在受理的264件上诉案件中，改判42件，占15.9%；维持原判145件，占54.9%；发回重审3件，占1.13%；另有撤回上诉72件，调解2件。开庭审理的为8件，占上诉案件的3.03%。开庭审理的8件案件中，改判4件，维持原判4件，各占50%；不开庭审理的为182件，占上诉案件的68.9%。其中改判38件，占20.9%；维持原判141件，占77.4%；发回重审3件，占1.6%。

2006年刑事上诉案件总数为231件，其中刑事审判一庭受理刑事上诉案件125件，刑事审判二庭受理上诉案件106件。在受理的231件上诉案件中，改判43件，占18.6%；维持原判112件，占48.4%；发回重审4件，占1.7%；

* 张清，重庆市人民检察院第二分院公诉处副处长。
** 赖江陵，重庆市人民检察院第二分院公诉处干部。

另有撤回上诉70件，调解2件。开庭审理的为16件，占上诉案件的6.9%。开庭审理的16件案件中，改判8件，占50%；维持原判7件，占43.7%；发回重审1件，占6.25%。不开庭审理的为143件，占上诉案件的61.9%。其中改判35件，占24.4%；维持原判105件，占73.4%；发回重审3件，占2.09%。

2. 上诉案件基本特点

上诉案件的基本特点主要表现为：(1)开庭审理率过低。2005年上诉案件开庭8件，仅占上诉案件的3.03%；2006年的上诉案件开庭16件，仅占上诉案件的6.9%。大量的案件通过书面审理的方式结案，另有部分由于上诉人的撤回上诉而结案。(2)整体改判率较高。2005年上诉案件中改判了42件，占15.9%；2006年改判了43件，占18.6%。(3)书面审中的改判率高。2005年书面审的改判率为20.9%，2006年的书面审改判率为24.4%。(4)撤回上诉率较高。2005年受理的264件上诉案件中，有72件撤回上诉；2006年受理的231件案件中，有70件撤回上诉，分别占27.2%、30.3%。

(二)抗诉工作基本情况

1. 抗诉案件基本情况

据统计，2005年至2008年库区公诉部门向法院提出抗诉22件27人，针对人民法院的刑事判决、裁定定性错误、不当适用法律2件、认定事实和量刑有争议的21件，因程序违法提起抗诉的仅1件。从案件的最终处理结果来看，法院改判7件8人。涉及的罪名有抢劫1件，故意杀人(未遂)1件，盗掘古墓葬1件，盗窃罪1件，私分国有资产1件，挪用公款1件、贪污受贿1件1人。

2. 抗诉案件基本特点

从库区办理的抗诉案件看，适用法律错误等法官不得不接受的抗诉理由容易抗诉成功，而对案件事实有争议、量刑偏轻甚至畸轻等涉及自由裁量权的行使，往往法官不愿意接受。尽管法律规定在认定事实、采信证据、适用法律、量刑四个方面出现共计26种情况下，检察机关应当提起抗诉，但在司法实践中提起抗诉的类型较为单一、倾向性问题较为突出。主要表现在：(1)重普通程序，轻简易程序。库区近年来所办抗诉案件类型上均是普通程序案件，未涉及简易程序。(2)重主刑，轻附加刑。库区近年来所办抗诉案件中均是针对主刑量刑不当提出的，单独因附加刑适用错误而提出抗诉的在库区还是空白。(3)重量刑畸轻，轻量刑畸重。库区近年来所办抗诉案件针对量刑不当提出的抗诉案件中，均是量刑畸轻，法院作改判的7件案件由罪轻改罪重的4件，由无罪改有罪的3件，经过改判之后，被告人的刑期均被加重。

(4)重实体,轻程序。库区近年来针对程序违法提出抗诉的仅1件,仅占提出抗诉案件总数的4.5%。

二、存在的问题

(一)上诉工作中存在的问题

1. 法院没有按规定送达上诉状和裁判文书。《刑事诉讼法》第184条规定,原审人民法院应当在三日内将上诉状连同案卷、证据移送上一级人民法院,同时将上诉状副本送交同级人民检察院和对方当事人。根据这一法条,是"应当"送交同级检察院,而不是"可以",实践中,法院对这一规定没有严格执行,可以说是想送就送,不想送就不送,导致检察机关监督出现盲点。

《刑事诉讼法》第163条规定,当庭宣告判决的,应当在5日内将判决书送达当事人和提起公诉的人民检察院;定期宣告判决的,应当在宣告后立即将判决书送达当事人和提起公诉的人民检察院。那么对二审的判决、裁定如何送达?刑事诉讼法和相关司法解释均没有规定。这一法律上的空白,导致人民法院对送达二审判决、裁定具有很大的随意性,除了上诉开庭审的判决、裁定向人民检察院送达外,书面审的判决基本不向检察机关送达。而检察机关对这种不送达判决、裁定的做法,监督起来又不能有板有眼,因为法律就没有规定要向二审法院的同级检察院送达判决、裁定,检察人员与法官沟通时,最多只能说参照一审程序的有关规定办理,显得"于法无据",苍白无力。

2. 书面审改判率高,但对书面审的监督乏力。不开庭审理的案件,法院径行改判,改判率达百分之二十几,2005年、2006年分别为38件和35件。这部分二审改判的案件可以肯定地说并非完全正确,对这部分案件的监督本应当成为监督的重中之重,但目前却是监督的盲区。因是书面审,检察机关也无法知悉二审事实的认定、法律的适用、程序是否合法。这是检察机关亟待加强的工作,一方面对上诉案件的质量起到较好的监督,另一方面又可以及时发现二审的错误改判,从中发现抗源,从而提请市院按审判监督程序抗诉,全面履行法律监督职责。

3. 是否开庭审理由法院确定,检察机关处于被动局面。《刑事诉讼法》第187条规定,合议庭经过阅卷、讯问被告人、听取其他当事人、辩护人、诉讼代理人的意见,对事实清楚的,可以不开庭审理。书面审占了上诉案件的大部分,那么对这分案件是否符合不开庭审理的条件,法院是否经过了阅卷、讯问等法定程序,本也应当是检察机关监督的内容之一,但检察机关几乎不知晓法院是否经过了法定程序方决定不开庭审理。法院通知检察机关出庭,检察机关就派人出庭，不通知则检察机关处于信息空白的境地。

4. 对开庭审理的条件，法院作了限制性操作。2006年重庆市高级人民法院、重庆市人民检察院联合下发了《关于刑事二审案件开庭审理范围的规定》，以列举的方式规定了七种应当开庭审理的范围：一是人民检察提出抗诉的案件；二是一审人民法院判处死刑的上诉案件；三是人民法院可能改判无罪的上诉案件；四是人民检察院、被告人及其辩护人对主要事实的认定或法律适用有重大分歧的上诉案件；五是主要事实不清、证据不足，可能改判无罪且不需要发回重审的上诉案件；六是出现影响定罪量刑的新证据，需要庭审质证的上诉案件；七是人民检察院或者上诉人及其辩护人要求开庭审理的上诉案件。实践中，法院作了限制性的操作，执行了第一、二、三、六项的规定，对第四、五、七项规定则执行不到位；特别是对拟改判的案件，只要没有新的证据，往往也不开庭审理。其理由是如果严格按此规定开庭审理，其办案人员数量太少，不能应付如此庞大的工作量。其理由确也客观存在，包括检察机关同样也存在这一问题。

5. 上诉开庭审的数量呈逐年上升趋势。2005年的上诉开庭审仅为8件，2006年的上诉开庭审为19件，而2007年的上诉开庭审为25件。2006年11月肖扬在全国第五次全国刑事审判工作会议上讲到"要逐步实现二审案件开庭审理"，预计上诉开庭审的数量将进一步增多。面对日益繁重的任务，公诉部门办案人员并没有增加，就二分院公诉处而言，目前二审办案人员还有所减少，这与日益增多的二审开庭审理工作任务不相适应。

6. 检察人员对出庭前的准备工作有待加强。《刑事诉讼法规则》第364条规定，检察人员出席第二审法庭，应当制作讯问被告人、询问被害人、证人、鉴定人和出示、宣读、播放证据计划，并拟写答辩提纲。二分院设立了专门的二审办案组办理上诉案件、再审案件、请示案件、抗诉案件等，但由于二审组的办案人员数量少，二审案件数量又持续上升，对复杂、疑难及社会影响大的案件，办案人员作了详尽的庭审预案，对较为简单的案件庭审预案则相对简单，庭前的准备不够充分，势必影响监督的力度。

7. 上诉案件事实上处于无审限状态。《刑事诉讼法》第196条规定，第二审人民法院受理上诉、抗诉案件，应当在一个月审结，至迟不得超过一个半月。有本法第126条规定情形之一的，经省、自治区、直辖市高级人民法院批准或者决定，可以再延长一个月。此规定应当说清晰明了，即上诉抗诉案件的最长审限不得超过两个半月。但最高人民法院《关于执行中华人民共和国刑事诉讼法若干问题的解释》第267条规定，人民法院依法开庭审理的第二审案件,应当在开庭10日前通知人民检察院查阅案卷。自通知后的第2日起,人民检察院查阅案卷超过七日后的期限,不计入第二审审理期限。这一规定显然使刑事诉讼法关于不得超过两个半月的规定形同虚设,法院在审理过程中如果超过了两个半月,完全能够以检察院尚在阅卷为理由,从而合法超审限。

8. 法院没有在开庭10日前通知检察机关阅卷。《刑事诉讼法解释》第267条规定,人民法院开庭审理的第二审公诉案件,应当在开庭十日前通知人民检察院阅卷。实践中,法院有的办案人员在开庭前几天才通知检察人员阅卷,有的甚至今天通知阅卷,明天就通知开庭。这种情况检察人员完全可以拒绝,应当坚持在阅卷十日后再出庭,以保证对案情及证据的全面了解,准确地行使法律监督职责。

(二)抗诉工作中存在的问题

1. 最终结果的无法把握性导致抗诉工作开展不力。德国研究检察制度的著名专家洛克信认为,检察官具有法律守护人的地位。将检察官的作用提高到很高的作用,从我国立法上看好像检察机关的法律监督权比司法权和行政权处于更超然的地位。但是在现实中检察监督权往往流于形式,即便是就规定较为刚性的检察机关的抗诉权而言也不过是一种程序启动权,对法官而言,其自由裁量权表现在其原则性规定、空白性规定、概括性规定。庞德曾经说过"历史始终是在推崇广泛的自由裁量权和坚持严格细致的规则之间来回摆动",法律规定当审判机关定罪量刑错误时人民检察院可以提起抗诉,以纠正错误裁判。库区检察官在二审刑事监督中针对法官自由裁量权的监督是乏力的。当检法两家对证据的采信、情节的认定、事实的认定有争议时,往往抗诉的结果是维持。这也或多或少影响了抗诉工作的积极性,成为库区抗诉成功率不高的原因之一,从所抗案件看,法院已审结15件20人,改判的7件,发回重审的1件,维持原判的有7件。采纳意见率仅为53.3%。因此不能把司法实践中监督疲软的责任尽归于检察机关。

2. 因顾及两家关系出现监督不力。库区经济较为落后,地理位置偏远,人情关系较重,有的地方检法两家关系融洽,对监督工作打不开局面,导致多年来既无无罪判决案件,也没有抗诉案件。

3. 对庭审过程的监督如隔靴搔痒。检察制度本身是控审分离的产物。对判决裁定提出抗诉这一审判监督途径较好操作,有规范的程序和具体操作的规定,即对被监督行为作出实体性的处分决定或裁判的权力,这种监督权的主要功能在于纠错。而对庭审过程的监督较难操作,因此对二审法院在庭审过程的监督开展效果不突出。二审庭审的法律监督主要是针对庭审的诉讼违法行为而设计,检察机关对庭审过程中轻微的诉讼违法一般是使用建议权,在此情况下检察院的监督制约相当于隔靴搔痒,很难落到实处。

4. 政法委协调案件及法院内部的请示制约了抗诉审判监督的效果。有许多疑难案件各地均由政法委出面协调,协调的结果对许多案件直接进行了“盖棺定论”,即使检察院对案件的处理结果存在不同意见,也不会提出抗诉。法律规定人民法院上下级之间是监督关系,而在司法实践中下级法院向上级法院“请示”的现象比比皆是,法院在案件下判前采取的内部请示方法,造成了下级院审案、上级院定案的格局,压缩了检察机关刑事审判监督的空间,使检察机关的抗诉等监督方式流于形式,监督效果难以体现。这些现象违反了我国法院独立审判的原则,违背了法的公平与公正价值。

5. 实践操作中标准不一影响了审判监督的规范性和严肃性。审判监督是确保实体公正的实现。同时,还可以保障刑事审判的程序公正,确保程序的参与性,监督法官保持中立性,为公正审判创造条件,从而依法惩治犯罪,保障无辜。实践中就是运用抗诉监督手段,必然会引起一定的程序后果,由于审判监督权只是一种程序性权力,并不能代替法院作出实体性的决定。在现实中由于法律规定不明确,经常导致检法两家在办案时看法不一,一定程度上影响了抗诉有效性。虽然高检院《关于刑事抗诉工作的若干意见》明确规定,对于重罪轻判或者轻罪重判,量刑明显不当的,应提出抗诉,但是如何理解和判断“量刑明显不当”,如何区分“畸轻畸重”与“偏轻偏重”缺乏可依据的标准,平时办案实践中只是靠主观判断,导致抗诉标准存在偏差。难以防止法官自由裁量权的滥用,并且就监督的内容、监督的具体程序、监督的法律效力以及被监督者不接受监督的法律后果等都缺乏明确、具体的规定。而这些问题仅依靠各地颁布地方法规,显然层次太低,而且缺乏可行性。其他的柔性监督手段,其最终实现实际上依赖于法院的决定或者回馈,缺乏强制力,如果遇到法院表面上接受纠正而实际上不接受,或者根本不予理睬时,往往束手无策。

6. 检察长列席审判委员会的权力行使不够充分。检察长列席审判委员会这项工作实际上的运行缺乏制度性和规范性,且多依赖各地检法两家的关系。库区近年来所办案抗诉大多数案件法院没有邀请检察长列席审判委员会,这些情况都给刑事抗诉审判监督工作带来了困难,影响了刑事审判抗诉监督的效果。

三、进一步加强和改进刑事二审工作的对策性建议

(一)关于加强和改进刑事二审上诉工作的建议

1. 建立上诉状和裁判文书催收制度。检察机关应当建立相关的催收制度,催收刑事二审裁判文书,收到相关的法律文书后要及时审查;分院及基层检察院对本院起诉后判决的案件,要关注被告人是否上诉,如上诉要向人民法院催收上诉状;二审裁判宣告后要向人民法院催收裁判文书,收到后检察机关要及时审查裁判是否正确,然后决定是否提请抗诉。可以先电话催收,再书面催收,并制作格式统一的“催收通知书”;对书面催收仍不按规定向检察机关送达上诉状的,可向人民法院提出纠正意见,充分履行法律监督职责。

2. 加大对二审裁判文书的审查,从中发现抗源。上诉案件改判率较高,不能说二审改判就改得完全正确,法院完全可能在事实认定、法律适用上错误,除了前面谈到的要增加开庭审的数量外,同时要加强对裁判文书的审查。要指派专人及时审查裁判文书,审查哪些改判是合理的,哪些改判是错误的,从中发现抗源,提请上级人民检察院按审判监督程序抗诉。裁判文书的审查工作做好了,可以说一箭双雕的事情,既能有效防止改判的随意性,又能使抗诉工作上一个新台阶,有力的促进抗诉率的提高,从而有效地提高审判监督的力度。

3. 建立裁判结果的定期分析调研制度。定期对二审裁判结果进行分析,对法院改判案件,重点分析检、法两家对证据标准、证据采信、事实认定、法律适用上的异同,总结规律,避免发生同样的错误,促进案件质量的提高。同时,还应当与纪检、职侦部门密切配合,积极主动地反映和提供违法审判以及枉法裁判的案件线索。

4. 增加上诉案件开庭审理的数量,减少监督盲区。同是上诉案件,开庭审理与不开庭审理,检察机关对其监督的力度大相径庭。对开庭审理的案件监督有力,较好地履行了法律监督职责,凡开庭审理的上诉案件,我院均派员出席了第二审法庭。根据《刑事诉讼法规则》第363条的规定,检察人员审查第二审案件材料时,应当提讯原审被告人,复核主要证据。我院承办人严格按照此规定操作,即使地处偏远的山区,承办人也坚持出差提审,以保证对案件的全面了解掌握,同时案案做到制作出庭意见书,重大案件提请分管检察长研究。凡我院派员出席法庭的上诉案件,检察人员均较好地履行了法律监督职责,也收到了良好的法律效果。

相反,对书面审的案件,则没有专人把关,其监督也流于形式。检察机关

应当增加二审办案力量,加大出席二审法庭的数量,对符合开庭审理条件的上诉案件,要主动介入,改变法院书面审理无人监督的盲区,减少二审改判的随意性。

5. 加强与法院的沟通协调,正确处理检法两家认识分歧。检、法两家体现的是相互配合、相互制约的关系,出现认识分歧是很正常的事,检察机关要敢于坚持自己的正确主张,主动与人民法院沟通,阐释检察机关意见。例如,何大文故意伤害一案,梁平县法院一审以故意伤害罪对何判处有期徒刑三年,何不服上诉。二中院审查后,认为本案事实不清、证据不足,不能认定被告人有罪,拟开庭审理本案,对何大文拟宣告无罪。二分院得知这一情况后,指派业务骨干办理本案,承办人写出详细的审查报告,针对法院拟判无罪的理由一一分析,认为一审法院的判决正确,应当维持。二分院相关领导及承办人遂主动到二中院与分管院长协调,充分阐释有罪的理由,二中院分管院长当场决定换一名承办人交叉审查。后二中院以书面审的方式审理结案,裁定维持了一审的有罪判决。充分体现了检察机关在监督二审案件的审判中,还是有为有位的。

(二)关于加强和改进刑事二审抗诉工作的建议

1. 对检察机关刑事抗诉法律监督职能准确定位。理论界和司法界对刑事二审中的监督职能界定有“公诉论”、“监督论”、“三重职责论”,笔者同意第三种观点,认为刑事二审中的监督职能是“第一审公诉职能和诉讼监督职能的继续和延伸,但重在全方位诉讼监督”是恰当的。《刑事诉讼法》第181条规定:地方各级人民检察院认为本级人民法院第一审的判决、裁定确有错误的时候,应当向上一级人民法院提出抗诉。根据《人民检察院刑事诉讼规则》第362条的规定,检察机关在刑事二审中的具体职能有:全面客观地审查原审案卷材料,不受上诉或者抗诉范围的限制,重点审查原审判决认定案件事实、适用法律是否正确,证据是否确实、充分,量刑是否适当,审判活动是否合法,抗诉理由或者上诉理由是否正确、充分。同时也是监督和检查第一审公诉案件的质量,指导第一审检察院依法完成刑事控诉任务。《刑事诉讼规则》第369条规定了检察人员出席第二审法庭的任务:(1)支持抗诉或者听取上诉人的上诉意见,对原审法院作出的错误判决或裁定提出纠正意见;(2)维护原审人民法院正确的判决或者裁定,反驳无理上诉,建议法庭维持原判;(3)维护诉讼参与人的合法权益;二审期间补强证据、排除非法证据,以维护原审被告人的合法权益,维护法律的权威性。

2. 准确运用抗诉监督手段,确保实体、程序公正的实现。一是注重提高检察人员的业务素质,确保提出抗诉的案件成功率。二是加大对其他监督方式的行使,为程序的合理性、审判的同一性和实效性提供了保障。三是敢于打开情面,寻找抗点,不但要敢于监督,还要善于监督。

3. 把好刑事抗诉关,使抗诉制度真正成为维护法律准确、公正实施的“最后一道屏障”。检察机关作为国家法律监督机关,既是法律赋予检察机关的权力,也是检察机关的职责所在。检察机关在刑事诉讼活动中应不仅重视诉讼效率,更应关注司法公正,因为正义在法律上的第二个含义就是效益。不能因为追求诉讼效率的需要而放弃甚至牺牲司法公正。实践中,不能因为被告人享有上诉权,为追求诉讼效率的需要而放弃对错误判决提出抗诉的权力。此外,检察机关对人民法院的刑事判决程序及其判决结果进行法律监督,在维护法律的正确实施的同时,也应注重对诉讼当事人尤其是被告人的合法权益的依法保护。这就要求检察机关在对刑事抗诉对象的选择上摒弃本位主义的倾向,使刑事抗诉制度真正成为维护法律准确、公正实施的“最后一道屏障”。

4. 加强与法院的沟通,完善检察长列席审判委员会制度。加强与法院的联系与沟通,交换对证据采信、事实认定和法律适用等方面的意见,尽量达成一致意见,消除分歧,同时,各级检察院检察长要依法列席法院审判委员会讨论刑事抗诉案件,在列席过程中充分陈述检察机关抗诉理由和依据,为案件改判奠定基础。

“刑事二审程序:难题与应对”
论坛实录

序

由北京市人民检察院第一分院和中国法学会刑事诉讼法学研究会、清华大学法学院联合主办的“刑事二审程序难题与应对”论坛于2008年7月12日在北京隆重举行。最高人民检察院党组副书记、常务副检察长张耕、最高人民法院党组副书记、副院长张军、市检察院检察长慕平、中国法学会刑事诉讼法学研究会名誉会长、中国政法大学终身教授陈光中和来自全国十几所高校、科研院所的专家学者以及法院、检察院、律师界的法律实务工作者共计150余人参加了论坛，就刑事二审程序的价值与目标、刑事二审程序的难题与对策以及刑事二审抗诉程序中存在的问题与对策进行研讨。

论坛围绕“刑事二审程序的价值与目标、难题与对策、刑事二审抗诉程序中的问题与对策”三个专题，分别开展了主旨发言、主题发言、专家点评和提问与讨论，其中最高人民法院原副院长、资深大法官刘家琛、北京大学法学院陈瑞华教授、中国政法大学顾永忠教授先后作了主旨发言，中国政法大学终身教授陈光中、中国社会科学院法学所研究员王敏远、中国法学会刑事诉讼法学研究会副会长、复旦大学法学院谢佑平教授、最高人民检察院研究室主任陈国庆、北京市第一中级人民法院院长王明达等二十几位领导和专家学者分别作了主题发言和点评。最后，中国法学会刑事诉讼法学研究会副会长、四川大学龙宗智教授对本次论坛作了全面总结。

各位领导和专家学者各抒已见，发言精彩纷呈，对国家法律的制定与实施和司法实践中的具体问题进行了多层次、多视角的充分研讨，使与会者享受了一顿高水平的刑事诉讼法前沿研究的盛宴。论坛收到了良好效果，达到了预期的目的。相信此次论坛的成功举办，必将在繁荣学术研究、积极推进刑事二审程序的完善与发展、促进司法公正乃至推动我国刑事司法制度建设方面发挥积极作用。

论坛开幕

□主持人　周光权　清华大学法学院副院长　北京市人民检察院第一分院副检察长

尊敬的陈光中先生、尊敬的张耕副检察长、张军副院长、刘家琛资深大法官，各位领导、各位专家学者，大家上午好！

刑事二审程序难题与应对论坛现在开始！2008年是一个特殊的年份，吸引全世界关注目光的奥运会再过20多天就要在北京开幕了。在我们满怀期待的日子里，由中国法学会刑事诉讼法学研究会、清华大学法学院、北京市人民检察院第一分院联合举办的论坛在今天开幕，具有特殊的意义。

众所周知，改革开放30年来，我国的社会主义民主和法治建设取得了重大进展。如果做更为微观的考察，我们就会发现，刑事诉讼制度包括刑事二审程序越来越规范、合理和科学，司法机关在审查犯罪和保障人权两大价值目标的平衡上也掌握得越来越好。当然我们也必须看到，与较为健全的一审程序相比，二审制度还有很多需要改进的地方，这就使得我们今天研讨的意义更加凸显出来。我们相信，今天的研讨能够为推进中国刑事法治建设的进程做出一些实实在在的贡献。

我向大家介绍与会的领导和嘉宾，他们是：中国法学会刑事诉讼法学研究会名誉会长、中国政法大学终身教授陈光中先生；最高人民检察院党组副书记、常务副检察长张耕大检察官；最高人民法院党组副书记、副院长张军大法官；最高人民法院原副院长、中国法学会刑事诉讼法学研究会名誉会长刘家琛资深大法官；北京市人民检察院党组书记、检察长慕平大检察官；中国法学会刑事诉讼法学研究会副会长、西南政法大学原校长、西南政法大学教授、四川大学教授龙宗智先生；中国法学会刑事诉讼法学会副会长、中国社会科学院法学研究所研究员王敏远先生；中国法学会刑事诉讼法学研究会副会长、复旦大学教授谢佑平先生；中国青年政治学院常务副院长王新清教授；西南政法大学党委常委、《现代法学》主编孙长永教授；中国法学会刑事诉讼法学研究会秘书长、中国政法大学教授顾永忠先生；北京市第一中级人民法院院长王明达先生。

参加这次论坛的还有来自北京大学、清华大学、中国人民大学、北京师范大学、中国青年政治学院、山东大学等院校的专家、学者。加上前面介绍的来自四所院校和科研单位的专家，这次论坛共有来自全国10个高等院校和科研院所的代表。

为节省更多时间进行研讨，对这些专家不再一一介绍，好在他们会在后面的研讨中做主题发言或评论。这次会议还邀请了全国人大法工委、最高人民法院刑事审判庭、研究室、最高人民检察院公诉厅、研究室、北京市高级人民法院、北京市人民检察院、北京市第一中级人民法院、北京市第二中级人民法院、北京市人民检察院第二分院的相关领导参加。这次会议还特别邀请了来自上海、天津、重庆三个直辖市检察分院的相关领导参会，让我们用热烈的掌声对上述领导、专家学者和各位朋友光临本论坛表示最衷心的感谢和最热烈的欢迎！

下面请最高人民检察院党组副书记、常务副检察长张耕大检察官致辞!

嘉宾致辞

不断提高法律监督能力,推动中国特色社会主义检察制度新发展

□张耕 最高人民检察院党组副书记 常务副检察长

各位专家、教授、各位来宾:

大家好!

我很高兴出席由中国法学会刑事诉讼法学研究会、清华大学法学院、北京市人民检察院第一分院联合举办的“刑事二审程序难题与应对论坛”的开幕式。请允许我代表最高人民检察院对论坛的举办表示热烈的祝贺!

党的十五大以来,党中央高度重视民主法制建设,确定了依法治国、建设社会主义法治国家的基本方略,从各个方面加快了我国法治建设的进程。今年以来,根据我国政法工作的实际,中央政法委决定并部署在全国政法系统开展“大学习、大讨论”活动,深入学习党的十七大精神和胡锦涛总书记在全国政法工作会议代表和大法官、大检察官座谈会上的重要讲话,用社会主义法治理念武装全体政法干警,坚持政法工作的社会主义方向,提高政法队伍的素质,坚定不移地做中国特色社会主义事业的建设者。

举世瞩目的北京奥运会即将举行。在这样的背景下,举办这次论坛显得很重要,很必要。我国实行的是二审终审的刑事审判制度,二审作为终结性的程序,在打击犯罪、保障人权方面具有特别重要的地位。目前,在刑事二审程序问题上,存在着一些值得重视的问题,比如,立法比较原则,理论论证需要深化,刑事二审实践中在具体审理程序、检察机关办案期限、证据补强的责任主体等方面还存在着一些分歧意见;理论上,对检察机关在二审程序中的地位和作用、二审对一审违法裁判纠错力度等问题上也还存在着一些争论等。因此,通过论坛这样的形式,经过大家充分讨论、认真磋商,可以有一些认识,探索一些具体的办法,在一些问题上也可以逐步取得共识,这对于我们加强法治建设,提高司法水平,促进刑事二审工作更好地开展具有重要的意义。

最近,在最高人民检察院召开的深入学习党的十七大精神、全面加强和改进检察工作座谈会上,中央政法委书记周永康同志作了重要讲话。他深刻地指出,“我国宪法规定设置人民检察机关,并把检察机关确立为国家的法律监督机关,专门承担法律监督的职能,是我们党和国家为加强社会主义民主

法治建设而采取的重大举措。检察机关的这一宪法定位,对于维护社会主义法制的统一、尊严和权威,对于保证司法、执法机关严格、公正、文明、清廉执法,对于维护社会公平正义,具有十分重要的意义。”“检察机关作为国家的法律监督机关,强化法律监督,维护公平正义,为中国特色社会主义事业发展进步创造良好的法治环境,是党中央对检察工作的基本要求,是广大人民群众对检察机关的殷切期盼,也是检察机关的根本职责。”全国检察机关一定要认真学习党的十七大精神和胡锦涛总书记的重要讲话精神,深刻领会周永康同志的重要指示,顺应发展社会主义民主政治、建设社会主义法治国家的新形势,自觉把检察工作放到中国特色社会主义事业发展全局中推进,始终把强化法律监督、维护公平正义作为检察工作的根本任务来抓,为保证和促进中国特色社会主义事业发展进步作出新贡献。

当代中国的检察制度,无论在政治性、宪法定位、具体职能、组织体制和决策机制上都具有鲜明的中国特色,充分贯彻了人民民主专政理论、人民代表大会理论和民主集中制理论,与我国的国情特别是国体和政体紧密联合在一起,是政治属性、人民属性、法律监督属性统一。公诉权虽然是世界各国检察机关普遍拥有的职能,但是我国的公诉权是从属于检察机关的法律监督职权,在公诉工作中,无论是指控犯罪还是诉讼监督,都属于法律监督的范畴,这正是我国公诉制度与其他国家公诉制度的本质区别。因此,在刑事二审程序中检察机关和检察人员要在强化监督意识上下工夫、在完善二审制度上下工夫、在提高刑事二审监督的实效上下工夫。要履行法律监督机关的职责,检察机关必须下大力气提高自身的素质,密切和审判机关的协调配合,共同办好刑事二审案件。各地检察机关要全面提高自身的法律监督能力,努力提高准确运用刑事司法政策的能力、综合分析发现违法犯罪问题的能力、对于判决裁定的审查能力、依法提起刑事抗诉的能力。既要勇于监督别人,也要勇于受别人监督,严格做好自身的监督,做到正人先正己,自身硬自身净,严格依法履行职责;牢记三个至上,做到党的事业至上、人民利益至上、宪法法律至上,树立检察机关和检察人员的良好形象,兢兢业业、干干净净地为党和人民工作;同时检察机关要按照分工负责、互相配合、互相制约的宪法原则,加强与审判机关在刑事二审中的配合,支持相关部门的工作,坚持严格依法办事,确保刑事二审案件的质量和效率,努力实现政治效果、社会效果和法律效果的有机统一;还要虚心向专家们学习,向各位同志学习,不断地提高自身的业务素质,为促进依法治国建设,全面建设小康社会作出新的更大的贡献。

预祝这次论坛取得圆满成功,谢谢大家!

全方位研究二审工作难题,共同推动刑事二审程序的改革和完善

□张军　最高人民法院党组副书记　副院长

尊敬的主持人、尊敬的各位领导、各位老师、各位检察官、律师还有法官、各位同事:

首先,我代表最高人民法院祝贺这次论坛的举办,并能取得丰硕的成果,推动我国刑事司法、刑事二审的审理和刑事诉讼法学,包括刑事诉讼法的立法能够不断地改革、推进、完善,为公正司法、一心为民指导思想在刑事二审程序中进一步地体现做出新的探索,把三个至上的思想真正落到实处。

刑事二审程序是一个系统工程,难题的应对与解决必须全方位思考,要进行综合治理。从审判工作角度来说,刑事二审程序的完美的形态、完美的实施应该是公正和高效。以这样的标准进行衡量,它涉及控辩审三方,涉及证人的出庭,涉及开庭审理与不开庭审理,以及开庭审理期限的科学规范等法律和实践问题。作为控辩审三方,我觉得就目前来看还不能够完全适应公正、高效地实施诉讼程序,特别是刑事二审程序。

作为法官,我觉得现在的问题是驾驭庭审的能力还不够强,解决庭审中的争点、焦点、关键问题的能力,特别是把问题解决在法庭上的能力,包括发现问题、抓准问题、解决事实、证据、定性量刑问题的能力,确确实实还很不够。

一审在某种程度上因为开庭时间长,开庭的范围是百分之百,二审质量应该远远高于一审。因为一审是基础,二审是关键,关键是什么?解决一审没有解决的问题,解决一审没有发现的问题。由于二审开庭少,死刑案件开庭晚,对出现的问题解决能力相应地不足。

作为检察官,把符合起诉标准的案件诉诸法庭,把证据形式上有问题的,能够在起诉前就查清楚,在开庭审理的时候解决好。提高在庭审上的辩论能力,运用证据支持公诉的能力,协调证人出庭、勇于接受辩方挑战的能力,我觉得也需要完善,需要加强,这是实际中感受到的。

作为律师,我觉得最根本的就是收集证据。发现检察机关提起诉讼的案件、支持公诉的案件,事实证据问题的矛盾在哪里,提出来进行辩论、把它搞清楚的能力不足。新《律师法》颁布后,给律师更多收集问题、收集证据的条件,但是真正把它运用好还需要公检法的支持,还需要律师不断地去完善这方面的能力建设。作为律师,从死刑复核工作来看,更突出的问题是指定辩护律师认真工作的态度远远不够,一个死刑案件半篇纸就是一个辩护词,怎

么能够把死刑案件的突出问题、减轻处罚的主张说清楚?为了解决这个问题,最高法院会同司法部共同作出了一个规范性的文件,解决法院和律师在死刑案件二审中发挥律师作用的问题。真正的落实、完善还需要一个过程,希望律协刑事辩护委员会的领导与我们共同落实好法院和司法部的文件。

基础性的问题第二方面是证据、证人问题的突出。控辩审三方的问题刚才讲清楚了,公安机关是侦查工作的关键环节,收集证据、固定证据,将来检察机关把这些提交法庭。公检法三家各有各的证据规范,同时又各有各的标准,公检法对证据工作,逐步形成自己的观念,按照自己的规范、自己的标准去收集证据,去固定证据,去使用采信证据。我觉得需要研究。首先是法律需要进一步完善,尽快出台我国的证据法、证人法,保证提交法庭的证据至少合乎规格,不合乎规格的证据能够在开庭前就被剔除掉,就被补充完善好,证人应该从保护、从责任、从经济方面保证和促进出庭,这些在法治建设、运用实践知识都还远远不够。我觉得还需要观念上的完善。

在法律完善的基础上,证明的标准应该以法庭为准,以法庭能够定罪作为侦查工作结束、移交检察机关的标准,检察机关也应该以法庭上采信作为标准审核证据,决定是不是能够提交法庭。现在没有这个观念,以至于案件破了,移送下一个环节时出现有的案件没有办法定罪,很多工作就出现了矛盾,出现了问题。这是证据方面问题,影响了公正司法,影响了高效司法,影响了对严重犯罪依法严惩的力度,影响了对被告人、被害人和其他公民权利的维护。

第三,开庭和不开庭审理的问题。大家都知道,刑事诉讼法的原则是开庭审理为基本规范,不开庭审理是一个补充。司法实践中死刑二审案件在死刑核准权由最高法院统一后解决得比较好,但是长期以来形成不开庭的习惯,使得资源、时间、质量由于不能完善地提供保障,也使得开庭是不是有必要这样的问题在一年以后再次提出。这也看到二审程序的难题应对有多么的难。

我觉得,二审案件不是一律都要开庭,但只要是判处死刑的案件必须开庭,这个观念必须要树立。其他案件只要被告人没有对事实证据提出问题,检察机关没有抗诉的案件,同意法院不开庭的,可以不开庭。需要一个过程再逐步过渡到应该开庭的全部开庭,这个标准会逐渐严格。

第四,审限的问题尚不科学,不合理。所有案件用一个审限,而案件的难易程度是绝对不一致的。法律应该完善、修改,立法机关已经注意到这个问题了,只是希望能够把修改完善的问题尽快提上日程,加快我们的立法进程。

最后,我觉得研讨会非常重要,特别是检察机关和院校共同举办。检察机关作为重要的一方对于完善好、解决好二审的有难度的问题,进一步统一思想观念,在某种程度上比学者自己组织、比法院和学者共同组织会更好地解决实践中共同存在的疑难问题、程序问题,会更有益处。正如周永康在“大学习、大讨论”专题研讨班上指出,公检法司在刑事问题上,在正确地使用法律问题上应该有统一的标准,有统一的认识,否则不利于惩治犯罪,保护人民,也不利于法律的正确实施,不利于裁判取得良好的法律效果和社会效果。所以,我觉得研讨会无论是解决实际问题还是真正地落实“大学习、大讨论”中周永康同志对我们提出的很多更高标准的要求,都是非常有意义的。因此,再一次预祝论坛圆满成功,取得预期的成果。

谢谢大家!

深刻认识刑事二审程序中的问题,努力探索解决方法与途径

□陈光中　中国法学会刑事诉讼法学研究会名誉会长　中国政法大学终身教授

各位领导、各位专家、学者、各位检察官、法官、各位朋友:

上午好!

我的发言、致辞不仅代表我个人,同时代表卞建林教授,他现在正在新疆参加教育部组织的经验交流会,所以他特意要我在开幕致辞中表达他对这次论坛的祝贺。

首先这次会议的召开很有必要,非常有意义。大家知道二审是刑事诉讼重要的程序,同时也是刑事诉讼基本制度之一,而且它本身确实是很有价值作用的。但是我们在运作里存在着不少问题。我们提出立法上的完善,包括理论性问题的探讨,这几年比较热的讨论问题是证据制度,还有辩护等。

对于死刑案件一审以至于整个死刑案件的程序,复核程序这方面我们讨论得很多。二审中的问题确实是需要认真研究,从理论的角度,从实践的角度应该加以探讨,加以改革完善。我个人正在组织一个课题,就是关于二审程序改革的问题。我在北京市二中院、石家庄、廊坊等中院这一级,省法院这一级,省检察院这一级还有国家法官学院专门的研讨班都做了广泛调研,现在在廊坊正在搞试点。

刚才几位领导讲得比较具体,我们所看到的一些问题比较明显。比如二审的开庭问题,证人出庭问题。刚才张耕同志也讲到法律规定的是基本上要开庭,刑诉法有明文规定。但是实际中基本上不开庭,个别的开庭,死刑案件除外。但是难道除了死刑案件以外的案件就不应该开庭吗？因为不开庭，同时证人出庭问题在一审就没有解决好，或者远没有解决好，二审更解决不了。一审不出庭，二审更不出庭，证人问题是很急迫的。北京市二审开庭率远比外地好，北京市法院、检察院做了不少努力，但是普遍来说还有差距。

再有一个问题是改判问题。二审案件认为要改判的尽量不改判，一种是可改判可不改判的，特别是维持原判是有利于被告的，有的应该做无罪处理或者不加刑的，都发回去了。这里面二审改判率太低，涉及二审终审制的权威。实际上二审不是终审，二审往往是发回率太高，改判率太少。这里面涉及多方面的机制完善问题，改判以后会带来问题，矛盾都集中到二审，所以只能返回去。

总体来说很多案件都返回去了，但是针对二审结果宁可你判我不判，类似这方面的问题还是比较明显。还有刚才有的同志指出审限问题，二审的审限不论案件性质，采取的做法一般是把二审往后推移，从中寻找合法化方法。二审期限短，又一刀切，确实是不符合实际。所以二审一刀切是不切实的，如果从程序公正、实体公正来看，实际上二审的期限应该是服从公正，这里也存在着问题。

如果把公正和效率结合起来，涉及二审“全面审查”怎么改进的问题。因为二审终审制做全面审查，但是全面审查要不要重点审查抗诉和上诉，这也需要认真研究。我们在调研里也是分两派，一派主张二审一定要全面审查，一派觉得重点审查就可以了，包括涉及被告人上诉的。这里面涉及公正、高效的关系问题，涉及审查范围应该怎么掌握，涉及歧义怎么掌握，所以二审程序里确实存在着很多问题。

无论从辩护的角度，还是抗诉的角度等，从理论来说也存在这些问题。二审检察人员的地位到底是什么，是公诉人的地位还是法律监督者的地位？特别是有的少数个别案件是有利于被告的抗诉，这类案件不是没有，尽管是很少，但确实也存在。检察官出庭地位是什么，这个问题也是有争论的，这里面理论性争论更强一点，但实际上也涉及了实践。

尽管一天的会不可能把一些具体问题都涉及，因为我们这次主题是“难题与应对”，实际上就是我刚才说的这几年遇到的难题，应对的方法我们也正在研究。但是确实有一些问题还看不准，正好有这么一个盛会，我想大家共同讨论，有法院、检察院、律师、理论工作者，理论界和实务界结合在一起探讨问题是很有必要的。我预祝这次会议能够圆满成功，谢谢大家！

程序是法治建设的风向标

□王晨光　清华大学法学院院长

各位专家学者、各位检察官、法官、各位领导：

大家好！

今天我们能够聚集一堂在这里就刑事二审程序举行“难题与应对”论坛，请允许我首先代表清华大学法学院作为主办方之一向大会的召开表示热烈祝贺！同时清华大学法学院也非常高兴能够作为主办方参与到这次盛会当中。

刚才几位领导和专家就本次会议的一些具体要讨论的问题作了非常深入的非常有前瞻性的发言！从我个人考虑，因为我不是搞诉讼法的，但是从法理学这个角度认为，确实本次会议有着特殊意义。首先，刑事诉讼法的建设、完善、发展一直是我国法治建设当中非常重要、关键的部分，因为刑事诉讼法虽然是关系到我们整个法治体系当中的一个组成部分，但是我们可以回顾从改革开放开始法治建设以来，刑事法律制度的发展一直是人们关注的中心问题。从20世纪70年代末80年代初我们法治开始走向正轨，重新建设，我们就可以看到全社会的人都在关注法治的发展，当时都在关注刑事法律的发展。

我们从两岸的刑事审判开始，为整个的法治树立了一个非常好的典范，开了一个非常好的头。在整个法治发展过程中，一直到现在，无论是张志刚案件还是刚刚发生的许霆案件，大家都会感觉到刑事法治的发展，特别是刑事诉讼法的发展，对我们国家法治的发展起的作用是非常大的。而且它关系到我们国家最根本的公民权利的问题，涉及人身权、自由权等，也涉及公民的财产权、方方面面的人身权，同时它也涉及我们国家整个法治建设当中不同的机构，公检法还包括律师，以及我们在法治建设当中怎样建立一个法治政府，怎样建立一个法治的司法体系。所以诉讼法的问题远远不是一个简单的程序问题，具体的制度问题，是我们国家整个法治发展中非常关键的，而且是全社会高度关注的法治发展的风向标。

同时它对于整个法治理念的发展起的作用非常大，引起了全社会对于法治的关注，不仅是对实体性的关注，而且涉及对程序性的关注。法治本身就要讲程序，诉讼法对程序的问题显然是面对的一个最关键和最主要的问题。因此诉讼法的进一步完善在宏观意义上讲，对于我们整个社会主义法治理念，对于全社会关注法治的发展起的作用是非常重大的。所以在这个意义上，不仅仅是一些具体的比如辩护制度，证据制度，审判制度，司法文书如何去撰写,也涉及更宏观的法治发展的关键问题。

我们国家保障人权,建立社会主义法治国家,这个已经纳入宪法。因此程序的问题,特别是刑事程序的问题应该引起不仅仅是诉讼法学界的关注,也应该引起全体法学界的关注,引起全社会的关注。在这个意义上,我们开这样的一个研讨会,确实是非常有必要的,非常重要的。将对我们国家法治进一步发展起到非常重要的作用,这是它的第一个特殊的意义。

第二个特殊意义,能够把我们各路英豪汇集在一起,不仅仅是学术界的,而且有这么多资深的法官、检察官,这么多实务部门的人员来参加,确实是一个非常难得、非常好的平台。使我们能够不仅仅从理论上探讨问题,而且结合我们国家法治发展当前最关键的、最现实的一些问题进行研讨。这确实是一个很难得的机会,清华大学法学院能够在其中也作为主办方之一和北京市人民检察院第一分院和诉讼法学会共同来举行、搭建这样的平台,也是我们感到非常高兴的事情。

刚才,几位检法两家的主要领导,包括资深的著名诉讼法专家陈光中教授的发言已经为我们开了一个很好的头。大家已经看到在一些最前沿的理论问题上,在我们最现实紧迫的实践问题上,我们能够坐下来共同加以研讨,这也是我们这次研讨会一个非常突出的特点。

第三个特点,这次论坛的题目讲得很好。我们在讲法治发展过程中不仅要讲实体的正义,也要讲程序正义。二审程序可以使我们联想到很多深层次的法律问题。二审程序预设了我们在法治的实施过程中会产生错误,会有一些缺陷。二审预设了已经有一些失误存在的这样的一个前提,在这样的一种情况下,怎么能够更好地发挥二审的作用,即便其中发生错误的概率是很小的,或者说比率是很小的,但是怎么能够通过二审的程序纠正这样的失误,防止出现一些引起全社会高度关注,甚至很大程度上会破坏影响民众对法治信任的情况出现,确实是非常关键的。从这个意义上讲,二审更关注程序。

同时,我觉得这个题目出得好,因为它不仅仅在谈问题、难题,而且要谈应对。从学术研究来看,学者一般具有比较强的批判精神,愿意谈问题,而且把问题谈的越深刻觉得越有深度。但是从我们国家现实发展来看,指出问题所在,具有强烈的批判精神非常必要、非常关键,但是如果我们仅仅停留在这一步,对我们的法治发展起到的作用是有限的。在一个积极批判的基础上,我们还要有一种建构精神,这是法治发展更需要的。在这样的一个会议上提出了难题与应对,实际上就包含了既有我们采取的积极的批判精神,同时也包含了我们要对人民负责,对国家负责,对整个法治建设前景负责的建构精神。批判精神和建构精神的结合才是推动我们国家法治发展的一个最好的办法,最好的基本的态度。在这个意义上,这次会议能够在这三个方面非常突出地表现出它的特点,也会为我们国家整个法学发展,为法治的发展起到非常重要的作用。

同时我也想借这个机会对长期支持清华大学法学院发展的兄弟院校、各位专家还有我们实务部门的领导,资深的检察官、法官表示衷心的感谢。清华法学院复建后发展得比较快,离开大家的支持和关注是不可能取得这样的成绩。我们法学院最近马上要进行换届,要有新的院领导班子主持工作,也希望大家对于清学法学院新一届的领导班子给予更多的支持,共同把我们国家的法学教育、法学研究和法治建设进一步推向新的高度。最后祝贺本次大会获得圆满的成功,祝大家能够深入地讨论问题、提出对策,谢谢大家!

主持人:各位领导、各位专家学者,刚才介绍与会领导时我没有介绍北京市人民检察院第一分院的检察长项明,这是我作为主持人的特别考虑。这次论坛是三家通力合作的结果,但是繁重的筹备工作主要由一分院承担,不过项明检察长多次谈过,为推动检察工作的创新,推动队伍的专业化建设,一分院愿意搭建平台,让立法、司法、律师界的朋友、专家学者参与对问题的讨论,检察机关不求回报,不图名利。对于项明检察长的低调和对这次会议的贡献,我想我们需要表示特别的谢意!最后,我向大家隆重介绍北京市人民检察院第一分院检察长项明同志,并请他致辞!

立足分院职能定位,开创检察事业和学术研究共同进步的良好平台

□项明　北京市人民检察院第一分院党组书记　检察长

各位领导、各位专家、学者、各位检察官、法官、律师,各位朋友:

大家上午好!

经过各方的紧张筹备,我们大家期待已久的论坛现在开幕了。我代表论坛主办方之一——北京市人民检察院第一分院,对参加此次论坛的各位领导、专家、法官、律师和远道而来的京外直辖市分院的同仁,表示热烈的欢迎!对你们为此次论坛的顺利召开所付出的智慧和劳动,表示衷心的感谢!

这次论坛之所以选择"刑事二审程序"为主题,是因为刑事二审程序本身对于推进刑事法治建设、完善具有中国特色的诉讼制度、构建社会主义和谐社会所具有的重大作用。

第二审程序是对第一审程序的发展、提高和深化,其所获得的对案件事

实的认知，总的来说要比第一审程序更精确和全面，更具有理性，更接近客观真理。刑事二审案件办理质量的高低，不仅反映刑事司法能力的强弱，而且也折射出刑事法治的文明与进步程度。因此，在当前两审终审的诉讼制度下，人民群众对第二审程序有着更多和更高的期待。这种期待是与刑事二审程序自身所承载的价值和功能相一致的。作为整个刑事诉讼程序体系中的一个主要程序，刑事二审程序直接关系到刑事诉讼任务的完成和刑事诉讼目的的实现，它对于化解矛盾和纠纷，满足案件当事人的合理诉求，保证审判权的正确行使，保证国家法律、政策的正确实施，维护法律的权威和尊严，捍卫社会主义法益，起着关键性和决定性的作用。为充分发挥刑事二审程序的功能，实现新时期广大人民群众对公平正义和民主法治的强烈愿望，我们需要对现行刑事诉讼法关于第二审程序的规定进行全面审视，需要对困扰我们的各种各样的刑事二审难题进行认真研究，寻找对策。因为只有这样，我们才能在构建社会主义和谐社会的伟大征程中，真正承担起历史赋予我们的使命，履行好我们的职责。

作为检察分院，我们举办这次论坛，是因为刑事二审检察工作是我们的主要职能之一。在整个检察职能体系中，分院不仅起着承上启下的作用，而且是刑事二审检察工作的主要承担者。同时，刑事二审又是检察分院发挥法律赋予的协调和指导作用，领导辖区各基层院办理各类一审案件，平衡辖区内的执法，强化法律监督的重要途径。在我们所办理的各类二审案件中，大量案件发生在司法的前沿，在改革开放、社会转型、矛盾多发的大背景下推动社会主义和谐社会建设，我们必须在准确把握法律尺度的同时更加注重政策的界限，担负起更多的社会责任，要从全国、全社会、全区域的视角，从有利于社会稳定、有利于经济发展、有利于维护国家和公众利益、有利于保障公民权益的角度出发，通过二审工作，积极发挥协调和指导作用。因此，怎样才能更好地发挥分院在二审工作中的这种独特的办案主体作用，特别是如何加强和完善检察机关在刑事二审程序中的参与力度、进一步促进司法公开和公正，不仅是一个关系到刑事二审案件办理质量高低的实践命题，同时也是关系到一审案件质量的重大课题。正是基于这种考虑，我们希望通过这次论坛，进一步加强检察实务工作者与专家、学者之间的沟通和交流，共同关注和研究刑事二审工作中存在的问题，为推动二审检察工作创新发展提供新思路和新举措。

实务工作的深入开展离不开理性思维的指引，理性思维则需要在理性的批判中形成和发展，而理性的批判要求批判者必须掌握具有科学精神的思想武器。这个思想武器就是社会主义法治理念。我们希望通过举办这次论坛,搭建起传播、贯彻社会主义法治理念的平台,促进大家进一步加深对社会主义法治理念的认识,共享社会主义法治理论研究成果。在这个平台上,我们期待立法人士富有远见的思想、学界最先进的理论和研究成果与检察实务工作者的观点和主张相互交流,相互促进,期待与时俱进的司法理念在这里获得实践基础的论证力量,期待检察工作中的阻力和困惑在这里得到深刻的阐释和理性的解答。在这个承载思想、学术和实务的平台上,我们还希望,一批充满智慧的青年才俊从这里走出来,走向祖国法治建设的最前线,走向中国特色社会主义法治理论研究的最前沿。

在此,我代表北京市人民检察院第一分院全体检察干警,对热心于刑事二审程序理论与实务研究、关注司法发展进步的各位来宾,再次表示热烈的欢迎!

祝本次论坛取得圆满成功!

第一阶段研讨主题:"刑事二审程序的价值、目标"

主持人:龙宗智　四川大学法学院教授

现在我们开始第一阶段的讨论,这一阶段的研讨主题是"刑事二审程序的价值与目标",由我和甄贞副检察长来主持。我们商量甄贞副检察长主持前部分,后面由我来主持。

主持人:甄贞　北京市人民检察院副检察长

大家好!我们第一时段的研讨现在开始了,参与第一时段研讨的几位专家我先介绍一下:主旨发言的是刘家琛大法官,主题发言的是四位,分别是陈光中教授、陈胜才副检察长、王敏远教授还有赵永红副主任。我们按照这样的顺序来发言。首先我们请最高人民法院原副院长、资深大法官刘家琛发言!

按照优化司法职权配置的方向,构建科学化的刑事二审制度

□刘家琛　最高人民法院原副院长　资深大法官

题目是刑事二审程序的价值和目标,平时我对诉讼问题和价值问题研究得比较多。所以今天安排我来发这个言。我们在研究刑事二审有关问题的时候,我觉得应当从刑事审判职权优化配置这个思路考虑一些问题。从刑事审判职权优化配置这个角度考虑问题,同时更要考虑如何有利于构建和谐社会,实现国家安全,巩固执政的根基,根据这些来考虑新形势下的制度问题。

优化职权是十七大提出来的。十七大的报告当中有关法治民主建设有一句“科学立法”，第二句话就是“优化司法职权配置”。中央十七大的政治报告当中都提出司法职权优化配置，也就是说我们现在的司法职权配置还不够优化。比如侦查职权的配置，检察职权的配置，审判职权配置等，这里面的问题确实还是不少的。其中最大的问题之一就是我们付出的成本太大，最后效果还不很好。目前刑事案件处在高发期，按照目前的情况，我们再增加多少公安人员，增加多少检察人员等一系列的问题我们考虑了没有。我觉得这是很值得考虑的。因此，我们应当要看怎样优化配置国家司法职权，这个已经进行了研究，希望中央能够采纳，使我们走出目前的困境。

我国实行的是二审终审，实际做到的却是很有限的。本来设计诉讼制度的初衷和目的就是审判机关一锤定音，可是目前实际上却是“一锤定不了音”。二审终审，说是终审，实际上也是很难终审的。中级法院、高级法院、最高法院要增加编制还要增加机构，这样才能把工作做上去，做到让老百姓尊重，这些都是值得考虑的。

现在需要考虑如何使二审更科学化。二审终审这一制度，除了死刑案件要复核以外，对判处无期徒刑以下的案件应该怎么对待？不断申诉付出的代价是很大的，而根据我们目前的情况来看，如果不实行再审也不行，也有问题。那么这是法官的问题，还是法官以外的问题，还是体制上的问题呢？我看都有。不同地区，不同情况是有的。在这一点上应当要知道二审如果我们在组建问题上能够科学化，使我们的资源大量节约，不至于太浪费，目前的问题上我觉得看法仍然有不同。比如刚刚提到的二审要开庭审理，死刑案件也要开庭审理。像二审案件开庭审理这个问题，我一直在思考，强调二审要开庭审理就是对事实、证据在二审出现新情况的时候再开庭审理。如果说一审判得合理，对事实证据上诉一方、律师一方都不提出异议，这类案件是不是也需要开庭，动员律师，动员检察官来开庭审理呢？这些问题我觉得还是值得研究的。我们能不能集中精力在二审中把事实、证据提出来，这些问题通过二审开庭审理在法庭上加以确认，抓住几个关键的问题。

我觉得国家应对三大诉讼问题，过去在方式和概念上做出了很大贡献。司法制度向现代化大大迈进了，但是我们一切都在发生着变化，这些问题要很好处理，是否一切都对簿公堂，这就是民主，这就是法治？这是任重而道远的任务。最近我在思考侦查职权怎么优化配置，审判职权怎么优化配置等。公安机关如果能够花大量的精力从一般的普通刑事案件中出来，集中精力破大案那该多好。这些案件我们付出了很大代价，对国家安全，对公共安全，对社会危害不能掉以轻心,所以这个问题值得研究。目前,二审法院有异议,检察院可以抗诉,二审以后还可以申请再审,再审过后也可以申诉,这是体制上的规定,但最后究竟如何也很值得我们深思。现在法院主导二审,就是重审。这就产生一个问题,一审法院裁判以后上诉案件的比例不断下降,这个不断下降跟多年改革有很大关系。现在二审案件研究的是大量的一审案件裁定以后重审,二审法院的工作量大大加大。我希望不要影响二审法院的工作量。

刚才有的专家讲到二审法官觉得这个案子判重了,但是在法律规定的范围之内,重一点轻--点没有关系。二审根据情况改判并不说明一审法官有问题,这些问题都是很值得研究的标准。二审案件终审以后的案件现在来看也有问题,但是最后怎么解决,我感到二审案件当中一般来说都有轻一点重一点没有关系的思想支配。甚至一审判了以后,一审法官担心二审法官要改判就判重一点。一审案件明明是判重了,检察机关是抗轻不抗重,判重了抗诉的比较少。但是话又说回来,检察机关如果真抗诉了,一般情况下,二审法院就改了。当然也有的法院是检察机关抗诉了也不改。

总之,二审法院程序方面有一些价值取向问题,怎样能够实现这个问题需要很多研究。如果关键的事情我们抓不住,错过了机会,会走弯路。

完善刑事二审制度,实现多元性价值目标

□陈光中　中国政法大学终身教授

我讲几个观点。首先,二审程序总的来说是一个普通的救济程序,我想这一点在诉讼法学界都知道的。特殊的救济程序有死刑复核,有再审。因为我们是二审终审制,因此二审是一般的救济程序,正因为这样,我们需要非常重视。我们常讲“没有救济就没有权利”,当然二审价值也不能简单地说就是权利保障。我想如果按照实际分析,二审要体现公正、高效、权威,而且要把三者的关系摆好。我个人谈一下这三点的关系。总的来说从司法角度来说,我认为公正是灵魂,是生命线的价值,放在首要价值。效率是重要的价值,权威我认为是司法里标志性的价值。效率我就不解释了,司法如果不体现权威,那么司法和行政行为有什么区别?至少权威性是司法行为同行政行为的重要的区别之一,好多问题行政上解决不了,或者是解决了当事人不服,到法院就要了结,总不可能没完没了,因此要有权威。二审很大程度要注意这三者之间的关系,要用对这三者间的协调、追求,来衡量我们该如何处理出现的问题。比如刚才刘院长提到的开庭的标准,我赞成。一般情况下,你全部要开庭,证人都要到场,影响到效率。但是程序上也有实现公正的要求。案件

有明显的分歧,在事实上有明显的分歧,而鉴定人、证人又是重要的。证人、被告人以及代理人有权询问证人,这是联合国人权公约里面的权利,这是程序公正里面非常重要的。

第二,我着重讲一下二审程序的改判。改判涉及下级法官的业绩衡量、涨工资、评模范,这些对改判就不好办了。这个机制是十分不合理的,影响真正实现公正。检察院、法院在现有考评的机制上存在着很大的问题。现在改判率非常低,二审除了维持原判以外,是尽量的不改判。疑罪的案件需要调查的不改判,即便不是疑案,事实是清楚的也不改判。现在改判率低就是由于现有考评机制的严重约束。如果说证据不足要改判无罪,我认为这种情况下确实有难度,特别是有一些需要重新调查的,返回就可以了。我想法院应该认真考虑一下或者是内部再研究一下,各位教授再琢磨一下,在什么情况下二审一定要改判,而不要再往下推,从而提高改判率。我现在在廊坊搞试点就是建议他们提高改判率,这是作为其中的一个条件,但是很困难,他们顾虑很多,难度很大。

第三,能不能在二审中加强对刑事和解政策的继续贯彻。一审里有的进行了调解,没有成功。到了二审需要注意还有机会,为什么?有的被告人不愿意出钱被判刑了,判刑后觉得判重了,上诉到二审,被告人这时候如果忍痛再掏一点钱,当事双方可以共同提出一个建议,来争取减轻判刑。我也遇到过这样的案例,原来判了六年半,后来加了赔偿,双方也同意再减一点,后来减了三年。从中国的实际情况来说,这样判了以后被害人和被告人都满意了,判完了以后谁也不申诉。我觉得和解政策作为我们国家构建和谐社会在司法上的表现,主要是在一审,甚至是在起诉阶段,一审要贯彻,二审我觉得也还有一定的空间。这个问题上也是体现了二审的价值,是应该加以考虑的。不要以为一审已经和解过了,二审只能判不能和,要打破这个观念。

检察机关办理二审案件中的实务问题与建议

□陈胜才　重庆市人民检察院第一分院副检察长

我是来自基层实务界的,就二审程序中的实务问题求教于各位专家和学者。首先,关于二审抗诉的问题。按照现在刑事诉讼法的规定,二审抗诉程序是由两级人民检察院来完成的,基层检察院提出抗诉,上一级检察院支持抗诉。按照最高人民检察院刑事抗诉案件的规定,上一级人民检察院对于下级提出的抗诉可以通过支持抗诉意见书对原来的抗诉意见进行修改、补充,甚至是改变。司法实践中,改变原抗诉意见的情况也是常见的。一般来说,对于被告人有利的,法院也都能够采纳。但更多的由于受最高人民检察院的影响,法院认为出庭检察官改变原抗诉书的意见和主张,实际上是剥夺了原审被告人的知情权和辩护权,因而不予以采纳。

这里面涉及两个问题,二审法院在听取同级人民检察院监督意见的同时,又不能不考虑原抗诉书的观点,特别是当两者意见不一致时,我们应该以抗诉书的意见为主,还是应该以支持抗诉意见为主,同时这个对于原始被告人也有无法适应的问题。我们认为要解决这个问题,首先应该明确,上级检察机关可以改变抗诉书的抗诉意见。因为尽管对于二审程序中检察人员的法律地位和职责有诉讼监督与公诉职能的认识分歧,但是目的都是为了维护法律的正确实施。按照人民检察院刑事诉讼规则的规定,在抗诉案件当中,检察院是全面审查,不受原抗诉意见的限制。如果说对于已经发现的原来判决裁定确实有错误,而抗诉书又没有提出来的,我们把它留作审判监督程序再纠正,我们认为这个既不符合诉讼效率的原则,同时也延长了被告人的关押期限。因此,我们认为对支持抗诉书的法律地位应该通过相关的规定予以明确,当二者有冲突的时候应该以支持抗诉书的意见为主。

第二,关于原审案件办理期限的问题。人民法院审理二审案件的期限为一个半月,必要时可以延长一个月,同时又规定人民法院开庭审理二审案件,应该在开庭前通知人民检察院查阅案件,自通知的第二日起超过七日后的期限不计入审理的期限。按照这个规定,检察机关只有七天的审查阅卷的时间,同时这七天是进入了二审法院的诉讼期限。其余的时间是不计入一个半月或者是两个半月。对于检察机关办理二审抗诉案件或者上诉案件,都没有作出明确的期限规定。本来按照诉讼法的规定,二审程序是参照一审进行的,但是无论是上诉还是抗诉,都没有规定检察机关独立的审查程序。我们认为,诉讼法只对审理期限做出规定,而没有明确检察机关的办案时间,难以保证检察机关审查案件,履行职责。二审案件中需要补充收集、调查核实证据的案件情况越来越普遍,就我们单位所经历的案件今年就已经遇到很多起。检察机关要在七日内完成阅卷审查、调查证据往往是难以做到的。由于没有明确的办案期限的限制,检察人员在审查的过程中也往往超出七日规定。二审法院由于没有审理期限的压力,也往往迟迟不开庭,不结案。从我们目前统计的情况来看,绝大多数的案件都超过了两个半月的时间,有的甚至达到了七八个月迟迟不结案。有一些案件由于过于复杂,人民法院也确实不能在法定的期限内办理。

我们认为最高人民法院解释第 267 条的规定从现行立法来看,与刑事诉讼法对二审审理期限的规定是相冲突的,实际上是变相延长了二审审理的期限。二审检察机关的办案期限按照法律规定又不能进入人民法院的审理期限,原审被告人的诉讼权利难以得到保障,因此我们建议对检察机关办理二审程序案件的期限应该予以明确。

第三,关于上诉案件的监督问题。《刑事诉讼法》第 187 条规定了上诉案件的管理,开庭审理应该成为基本方式,但是由于赋予了人民法院可以有不开庭的裁量权,就是刚才各位专家所说的不开庭成为了普遍的方式。由于审判监督是检察机关法律监督的重要组成部分,我们认为应当贯穿于人民法院审理案件的全过程。从检察机关全面履行二审案件监督的具体方式来说,我们认为最有效的方式还是参与开庭审理。但在目前,法律赋予了二审法院是否开庭的裁量权,而且检察院、法院也无法保证案件都做到开庭审理。我们认为,赋予检察机关主动参与二审程序这个权利比较可行。

下面我们提出一些建议:第一,一审人民法院应当执行《刑事诉讼法》第 184 条的规定,在法定的期限内将上诉状的副本送达人民检察院。第二,建议增加规定,一审人民检察院收到上诉状副本以后提出意见,连同上诉状副本一同报送上一级检察院审查。第三,应该增加规定,对于二审人民法院不开庭审理的上诉案件,如果同级检察院认为根据案件的事实、证据确有必要,可以要求调阅材料进行审查,二审法院无正当理由不能拒绝。第四,关于原审被告人到庭的问题,《刑事诉讼法》第 209 条规定,一审人民法院判处被告人无罪、免除刑事处罚的,被告人在宣判后就被释放,但是往往是检察机关提起抗诉后,被告人有的去向不明,导致无法到场,有的甚至是无法处理,以至于引起当事人反复的上访,牵扯更多的精力,也影响社会的稳定。刑事诉讼的顺利终结是以被告人参与为主要条件,可以对《刑事诉讼法》第 209 条规定修改为一审人民法院判处被告人无罪、免除刑事处罚的,如果被告人在押,在宣判后第二审人民法院应当先行做出变更强制措施的规定,改为监视居住或者取保候审。如果检察机关未提出抗诉的应该给予解除。这是我们的肤浅看法,不当之处请各位专家学者批评,谢谢。

对确定二审程序价值和目标的原则性构想

□王敏远　中国法学会刑事诉讼法学研究会副会长　中国社会科学院法学所研究员

各位专家、各位老师,大家上午好!很高兴有机会参加本次研讨会谈一点自己不成熟的看法,跟大家交流。关于刑事二审程序的价值和目标,坦率地说没有专门进行过研究。二审程序,将近二十年前曾经写过一篇文章是“审理方式”的论文。去年就二审死刑案件的审理也写过一篇论文,但是价值和目标这个方面没有过专门的研究,尽管有一些思考,但是更多的是一些不成熟的见解。

关于刑事二审程序的价值和目标谈三个问题。第一,我们现在二审程序有哪些问题。第二,考虑我们原有的关于二审程序的价值、目标的主流理论,对于这些问题的解释。第三,我谈一下自己对二审程序的价值、目标方面的一些思考。

第一,刚才已经谈到了很多,二审程序到底出了哪些问题?出现的问题很多,我列举几个。第一个问题,二审在开始之前可能就已经发生了,就是一审和二审法院之间的上下通气问题。之所以是问题,我想不用再分析了,这种通气使得二审没有意义。即使有的话,可能也受到了极大的影响。第二个问题是上诉不加刑的原则。20 多年前我们写论文的时候是总结了法院四种变相加刑的方法,现在把四种方式里面的三种都已经杜绝了,但是还有一种仍然保留。二审发现被告人上诉的案件,如果发现重罪轻判怎么办?先维持原判,通过再审解决,这种现象还是存在的。第三个问题,很多二审案件不开庭审理,或者换句话说即使开庭审理效果也有疑问。第四个问题,二审整个过程中有效辩护的缺乏。第五个问题,二审发现一审裁判有问题更多采用发回重审,而不是直接改正。最后一个问题是,检察官的地位和作用的问题。检察机关抗轻不抗重是一个普遍的现象。还有一个问题是二审法庭上检察官的名称问题,为什么不能叫公诉人?据说这会影响到检察官在二审的地位和作用,但是我不理解的是,在一审叫公诉人没有影响地位和作用,二审的时候会影响吗?对于检察机关、检察官在二审中的地位和作用还需要进一步考虑。如果有足够时间,我们还可以更多地讨论到底有哪些问题。

第二,二审程序的目标和价值方面的理论有什么问题?我们知道在教科书中反映的是主流的意见,关于二审程序的价值和目标大家的意见是比较一致的。一般有两种表述比较典型,一种表述是二审程序对于坚持实事求是,贯彻有错必纠,全面实现刑事诉讼法的任务有重要的意义。还有一种表述更具体一点,二审程序有利于保证司法裁判的公正,二审程序有利于上级法院对下级法院的监督和指导,有利于保护当事人的合法权益。这是传统理论的主流意见的一种解释。但是这种解释现在看来还是有必要做进一步分析。解释本身我们看不出什么问题,但是如果我们对比一下二审程序中所发生的问题,这个解释对于发生的问题有没有足够的说明力、能否作为解决的依据,还是存在问题的。

第三,重新思考应该如何思考?一方面我们应该把所有的问题放在一个基本背景下考虑。就是刚才我们所列举的很多问题,不是二审专有的,是整个刑事司法都有的问题,共性的问题。比如有效辩护、开庭审判走过场的问题或者形式化的问题也不是二审所特有的,可能是整个刑事司法都有。第二个方面,二审中的这些问题,是和其他相关制度联系在一起的。是与二审之外的其他制度相关联,比如错案追究的问题。换句话说,这些制度,这些司法背景如果不纳入到我们考虑的整个背景当中,在解决二审中的问题,有效性可能就值得怀疑。这是我们要考虑的第一个问题。第二个问题,我们应当确定关于刑事二审程序的价值和目标应该依据哪些原则?我想简单地说应该是四项原则。

第一个原则是有错必纠原则。这个原则还是应该确定的。但是关于有错必纠应该增加两层含义,第一层含义是"揪出来"的意思,第二个是追究的"究",有了错误以后追究。纠正的"纠"通过二审裁判的方式把一审裁判改正。追究的"究"我们可以有不同的方式,我觉得应该通过二审把一审中发现的问题定期或者不定期地进行总结,这也是一种方式。所以,有错必纠要坚持这个原则,但是要增加两层含义。

第二个原则是全面审查原则。二审就我们国家现实的情况来看和大陆法系的情况更接近,对于一审裁判的事实认定,法律的适用以及程序等都要全面审查。但是全面审查和审理的重点是两个概念。全面审查是事先看一下我们可以采用这种形式,哪个方面问题更突出,以及上诉和抗诉的理由在哪儿。不能因为上诉或者抗诉只提一个问题,对其他问题就忽视了。像刚才说的抗诉如果只是抗轻,如果出现重的问题我们就不重视了吗?上诉也是这样,原因很多,有效辩护的缺乏使得上诉的问题真正在哪里,要通过我们全面审查来处理,只是与开庭审判全面的审理要区别一下。

第三个原则是上下级法院通气要阻断。第四个原则是禁止独立变更原则,这个是对被告人上诉而言的。

刑事二审程序的价值基础与基本功能

□赵永红　北京市人民检察院第一分院法律政策研究室副主任

刑事二审程序作为国家审判权再次作用于具体的刑事案件的形式载体,产生和发展的基础我考虑主要是三个方面。第一个方面,二审程序是人类规律作用于刑事司法活动的必然反映。刑事案件的复杂性决定要通过刑事审判活动,对犯罪过程形成一个比较客观的、全面的正确认识,必须要构建一个与认知对象复杂程度相适应的、理性认知的制度或者是程序。所以刑事二审程序的确立使现代司法程序不再单纯地依靠法官个人的品行、良知或者是专业水平,而是凭借严密、科学的法律制度防止错误的认识或者是错误的判断。二审程序是刑事诉讼内部的监督机制的一种体现者和承担者,全面检查和监督一审裁判,实际上也是否定之否定规律在刑事审判中的表现。

第二个方面,二审程序是国家权力制衡和救济作用于刑事司法活动的必然结果。级别式司法机关的设置,为二审程序的产生和发展提供了组织上的可能。二审程序作为刑事诉讼程序的重要内容,既要维护法律裁判的权威性,尤其是稳定性,因为稳定是保证权威的必要的条件,同时还要正确地打击犯罪。

第三个方面,二审程序也是人权观念不断地深入刑事司法活动的必然选择。人权观念的发展要求在司法过程中尽可能地使当事人的权利、生命和自由得到最大限度的保护。二审程序就是为了保证案件的实体公正和程序公正,用公正捍卫人权。

第二审程序的上述价值直接决定了两大基本功能,第一项基本功能就是救济功能。二审程序应该运用尽可能的条件和手段来弥补一审程序所存在的不足,最大限度地保护当事人的合法权益。第二个基本功能是制衡和监督的功能。这项功能是国家权力,尤其是司法权运作规律在刑事诉讼中的基本体现。从法律规定的情况来看,我国二审程序在刑事诉讼中的功能主要表现在以下四个方面。第一个方面是满足当事人的合理需求,使法律裁判为其认可和接受。第二个方面是纠正错误的裁判,维持正确的裁判,保证审判权的正确行使。第三个方面是实现上下级法院之间的指导和监督作用。第四个方面是通过检察权的充分行使,维护法律的权威和尊严。上述功能的实现既要受制于程序所归属的诉讼制度,在具体的诉讼实践中二审程序的实际功能究竟在多大程度上可以和预期的功能达到一致,还要受到更多的包括体制内的和体制外的因素的影响和制约。

专家点评

突出二审目标定位,使二审更追求公正价值

□谢佑平　复旦大学法学院教授

刚才主旨发言和四位的主题发言给了我很多的启发。我们的主题是价

值目标，二审程序的价值目标，我认为这个问题很重要，是建构科学二审程序的一个前提。到底二审程序是用来干什么的？机制目标定位先定好，下一步才能谈怎么建构。价值目标到底是什么？我自己也有一个看法。从宏观上讲，审判的目标应该是公正、效率和权威。但是要从几个程序的区别来看，我认为是有区别的。如果要讲效率也是审判目标，应该是对一审程序而言的。当然我偏向于司法目标就是公正，但是中间还要讲效率，所以西方国家的做法是能够在一审程序里用最简易的方式将案件做好，当然在保证公平的前提下。

我认为二审应该给予更多的时间去思考。刚才赵主任讲了人类司法有这个规律。它是一个复杂的问题，双方都有不同看法，所以需要大家坐下来研究。不像行政行为，所以这也反映出司法和行政的差别。行政要讲效率，司法要公正，尤其是二审和二审以后的程序。将来我们在修改刑诉法对二审以后程序在价值定位上要更多地考虑或者就是考虑公正，它需要多长时间就多长时间，案件的复杂度由法官来掌握，不要催。所以很多二审法院开不了庭是两级程序的定位目标没有区别来看，如果是两级程序的目标有差距的话，要通过不同的目标来建构，这些问题都可以解决。一审分流很多案件，和解很多案件，协商很多案件以后，不会有那么多的案件上诉，案件少了二审也可以开庭了，时间也有保证了。所以给我的启发是，我们将来在二审的建构上，可不可以进行分层、分类的目标设计，不同的级别有不同的要求。

对刑事二审开庭审理与改判的立法建议

□刘根菊　中国政法大学教授

我说两点立法上的建议。第一，关于二审法庭要开庭审理的问题。我觉得需要对立法进行修改。《刑事诉讼法》第 187 条规定，对于上诉案件二审法院应当开庭审理，这里用的是“应当”。但是如果对于事实清楚的，可以不开庭审理。那当然前者是“应当”，是必须，后者用了“可以”，虽然词语上有分寸，但是《刑事诉讼法》第 189 条有同样的规定，如果对于事实不清，或者证据不足的，二审法院可以发回重审。对于发回重审的案件，一般来讲二审法院不可能开庭审理。作为二审法院审理的是上诉案件，上诉案件无非是两种情况，一种情况是事实清楚的，可以不开庭。第二种情况事实不清，证据不足的可以发回重审，也可以不开庭。因此二审法院百分之百的都不开庭审理并不违背《刑事诉讼法》的规定，对于这一条应当怎么修改？这是一个问题。

第二，对于二审法院为什么不改判？事实清楚，只是适用法律不当，为什么不改判?《刑事诉讼法》第189条说的是,查清事实以后可以改判。明明知道是查不清事实,为什么不按照《刑事诉讼法》162条第3款的规定,指控的证据不足,做出指控犯罪不能成立的无罪判决,为什么二审法院不这样做呢?二审法院的法官可以这样说,根据《刑事诉讼法》第189条的规定,我没有这项权利。如果按照第195条的规定,二审程序过程中,可以参照一审程序进行。参照一审程序并不是参照对案件的最后处理决定,因此,我理解为这两者在法条立法的过程当中存在一定的余地或者是一定的矛盾。所以我觉得今后在修改《刑事诉讼法》的时候应当进行修改。

提问与讨论

龙宗智教授念检察官提出的问题

北京市人民检察院公诉处的刘惠同志对张军副院长提了两个问题:最高法在死刑复核程序阶段能否主动介入被告人与被害人的民事调解?对于民事判决已经生效的死刑案件,是否有权进行调解?

张军副院长回答检察官的提问

很好的问题。第一个,最高法院在死刑复核的时候要不要,有没有依据进入诉讼调解?附带民事,法律没有规定,因为是调解,就不会强制处分当事人的权利。因此,虽然没有违法,与法律精神是不违背的,这是两个前提。因此,为了使死刑裁判能够有更好的社会效果,最高法院积极地促进能够在复核过程中把一审、二审没有解决好的附带民事问题努力解决好。这应该说是做了额外的工作,现在来看,社会效果、法律效果都不错。我们有的审判庭,下午景洪同志可以讲一讲,审判庭直接做调解工作,道理上程序上早在一审、二审解决了,今后一审、二审不应该由我们来做,不是不做,而是一审、二审应该做好。

第二个问题是已经生效的裁判。对于民事判决已经生效的案件是不是还要进行调解?我们能够调解双方都接受,这个是没有问题的。但是实践中法律上没有要求也没有依据对于民事判决生效的,仅仅要做民事调解就把死刑案件发回重审,不应该这样。不会因为附带民事的问题就发回重审,为什么会有这样的问题?可能是一个误解。案件我们认为不应该是死刑,但是为了争取更好的效果,我们在不核准裁定下发的同时有一个要求,高级法院、中级法院要努力处理善后的时候,在做出改判的时候,把附带民事工作做好,再去调解,再去申请国家救助,给被害人更多生活上的安排。

最后一个问题是检察机关没有抗诉,提出了从轻处理的建议,我觉得这个是可以的,也是不违法的。不开庭审理提出这么一个建议,有助于法院更公正地审理案件,但是要不要把它写入判决书,可以结合具体情况。第一个没有法律要求,第二个要看效果怎么样。我觉得原则上是可以写入的,如果我是具体案件的法官,我要求写入。根据检察机关提出的建议和意见,认为应该从轻处理的理由是什么,本院认为有道理,依法判决,也是为了社会效果良好。我们所有的裁判,无论是实体还是程序,法律效果、社会效果必须要综合考虑,法律效果就是有法律依据,社会效果就是怎样把法律运用得更加符合国情,更加符合国家利益的要求。谢谢!

北京市人民检察院第一分院宣传处处长蒋炳仁提问

现在理论界对检察权的定位有四种学说,行政权说、司法权说、双重性质说等。龙教授在《理论反对实践》一书中认为,检察权与检察官具有双重性质的观点,为多数学者认可。请教龙教授,检察机关在刑事二审中的决策主要体现的是司法权还是行政权?

龙宗智教授回答问题

一个说法是检察官是站着的法官,他的权力行使的方式有一定的司法性,有判断性和相对独立性的特性,当然也有行政性。在二审程序中怎么看这个问题?我个人认为,二审程序也是整个司法程序的一部分。检察官在刑事司法中的整体角色定位和权力的性质在一审和二审中都有一个统一的情况,应该说行使的方式有双重的情况。我们国家设置二审程序具体的背景、方式和特点可能是行政性要突出一些,要强一些。主要是以行政权的行使为主,特别是内部的行政程序来讲,出庭的检察官也好,或者是不出庭的情况下也好,以检察院整体的方式,以检察长决定的方式来执行二审的程序。

同时还提到监督性的问题。监督性在二审程序中作为检察机关的法律监督职权的行使,在二审程序中一方面以一种程序的方式,比如说抗诉;另外一方面以提意见和建议的方式。这是程序化的方式,但是监督的功能在检察院的内部权力的配置上,主要是行政特性行使的,所以也是更具有行政的特点。这是我的一个不成熟的意见,谢谢!

第二阶段研讨主题:"刑事二审程序的难题与对策"

主持人:王新清　中国青年政治学院常务副院长

第二阶段讨论现在开始。第二阶段的讨论和上午一样,分为四个部分。第一部分由陈瑞华教授做主旨发言,第二部分由四位专家做主题发言,接着专家做点评,最后是与会的各位同志进行提问和讨论。我们先请张检主持主旨发言和主题发言。

主持人:张文志　北京市人民检察院第一分院副检察长

根据会议议程安排,我们首先请北京大学法学院博士生导师陈瑞华教授做主旨发言,他发言的题目是“刑事二审程序的问题与改革”。

二审程序的问题与改革——基于二审功能和构造的分析

□陈瑞华　北京大学法学院博士生导师　教授

非常高兴也非常荣幸参加这一次规模盛大的学术研讨会。二审程序的改革和面临的问题以及对策问题在刑事诉讼法学中应当说不是一个新话题了。早在20年前,诉讼法学界的很多前辈、同行对这个问题已经做了很深的开拓和研究。我印象最深的是,当时有很多二审中的具体问题,比如我们今天仍然存在的二审要不要开庭审理的问题,20年前就有很多理论讨论。目前这样一种开庭审理加调查讯问式的审判方式在20多年来司法实践中有它存在的空间,但也暴露了一些问题。在1996年刑事诉讼法修改过程中有很多观点把这些问题揭示出来了。再比如20年来,各位同行对二审程序中特别是涉及如检察官在法庭上的避讳,这个问题是一个老问题了,到现在为止形成了几种观点乃至学说。我觉得现在基本上是各有各的道理,还没有哪一种观点具有绝对的优势可以把别的观点说服。再比如二审程序中尤其是近年来暴露比较多的,发回重审的问题。事实不清,证据不足发回重审,这是一个老大难的问题。有相当一部分的同行认为,事实不清,证据不足就发回重审,1996年刑诉法规定了一审事实不清,证据不足可以判无罪,为什么到了二审就不采用同样标准呢?也有一部分研究者认为事实不清,证据不足直接宣告无罪在中国目前的情况下不行,毕竟我们国家强调发现事实真相,强调有罪必罚,如果有足够的证据怀疑有罪,宣判无罪的话现有的体制承受不了。

再比如全面审查问题,这也是老生常谈。如果全面审查,一审为什么不全面审查?没有抗诉和上诉为什么还要进行全面审查。一直到最近死刑案件二审开庭后,最高人民法院才突破。我们看到,最高人民法院前任院长肖扬大法官,对于死刑案件二审开庭,三令五申地强调围绕着争议的焦点进行审查,这是一个突破。有的时候理论上没有得出明确答案,但是实践已经走在了理论的前面。

再比如二审审判过程中涉及一审违反法律程序问题,也就是说涉及现行刑诉法第191条的问题。1996年最大的突破就是二审法院发现一审法院违反法律程序,直接就可以撤销发回重审,不再以是否影响结果的正确为标准,只要程序严重违法就可以发回。几乎很多人都认为这是一个重大的进步,体现了程序的独立价值,违反法律程序、可能影响公正审判的不管结果如何都要有程序上制裁的后果,这一点在实践上也有贯彻。这里面也有争论,我读过很多的文章。比如有的说一般的程序违法,二审发现违法了,发回重审,简单的过一遍程序又原封不动地搬回来了,这就是浪费时间。

二审程序不是新问题,这个问题法律界已经进行了充分开拓。那么我们今天把这个问题拿出来进行讨论,我认为是有意义的。最高人民法院收回死刑复核权后,各高级人民法院二审已经开庭审判,我们多少年来呼吁的二审开庭在死刑案件中已经实现了。我们不仅要问实现了又能怎么样呢?死刑案件二审开庭坦率地说,我调研的不多,但是有所了解,有的时候真让你捏一把汗。一审证人没有出庭,二审让证人出庭。二审证人出庭发现跟原来侦查阶段说的不一致,对此一审之前做了什么工作?所以这里暴露出一个问题,一审太粗糙,太草率,把发现真相的责任推给二审。一审很粗糙,一上午解决了战斗,一审就是宣读笔录,指望二审发现错误,坦率地说不切实际。再比如证人、鉴定人出庭的随意性问题。目前尽管在司法解释上说双方有争议的证人、鉴定人都要出庭,但实际上还是控制在法院手里。法院想让你出庭就出庭,不想让你出庭就不能出庭。这里面涉及诉权和裁判权的关系,在证人该不该出庭的问题上,诉权对裁判权的制约及其程度。我们研究这个问题还要关注一点,死刑案件二审开庭,非死刑案件95%以上仍然不开庭,包括无期徒刑,包括十年以上的重刑案件。不开庭等于剥夺辩护权,不开庭等于法官连被告人的面都不见就直接下结论了,那不是一种流水作业吗?开庭问题就不用过多讨论了。

还有一些问题让我们感觉到解决不了,但是把问题点出来,我始终认为今天我们要讨论的问题很多,要解决有的非常困难。比如我们国家目前的羁押体制,基本上是交给县一级或者地市一级的公安局。一半以上的犯罪嫌疑人羁押在县公安局的派出所,这样导致二审只能牵就地方。最高人民法院还要到地方上去,目前除了四个直辖市还好一些以外,绝大部分的省区都存在着这样的问题。我到山东某地了解到,山东高院的三个法官去地市开庭,从上午八点到晚上六点,非常紧张忙碌了一天,审了六个二审案件。平均折算下来一个半小时一个案件。这样的开庭能做到发现真相,防止错误吗?真的能够发现一审中的错误吗?让人感觉到担心。我们为什么要研究这个问题,必须考虑到我们国家目前侦查制度改革举步维艰,可以说再难难不过侦查。一审改革也是非常困难的,死刑复核已经做了重大改革,中间的二审成了大家关注的焦点。所以,我们用一句话来形容,牵一发而动全身。我们目前要做比较大的调整,二审程序的调整是首当其冲或者说有一定的可能性。

我首先明确一个观点,二审程序的功能,必须重新考察二审程序的设计初衷是什么,要实现怎样的功能。我认为二审程序和一审程序相比有共同的功能,比如发现真相,解决纠纷,解决争端,这种传统的一审功能在二审程序中有所体现,有一定的交叉性。但是二审之所以是二审,跟一审具有不同的功能表现在两个方面:第一,二审程序有监督一审程序的功能。我国宪法和法院组织法规定,法院上下级关系是监督关系,而监督的方式不可能像行政机关那样上令下传,只能通过抗诉案件,通过二审程序进行法律监督。第二,维护判决的统一性,维护国家法律适用的统一性。确保在一定的司法辖区内有统一的标准,特别是在法律问题上。怎么定罪,怎么量刑,二审法院在所辖的司法区域范围内维护司法的统一性。

基于以上对于功能的简单描述,我认为我们未来的二审程序必须考虑两点作为改革的方向。第一,二审程序仍然有继续发现真相,防止冤案、错案,也就是说纠错的功能,这是今后要强调和重视的。目前从各国的诉讼构造比较来看,美国的模式更多强调二审程序的法律实施的保障措施,它对事实错误纠正的功能不是很明显,因为二审基本上是法律审判。英国的情况比较特别,像德国、日本强调二审是第二次第一审,又叫事实的复审,把第三审设定成法律审。中国第二审承担了事实的重新发现,错误的纠正。第二,这么多年来我们一直强调发现真相,二审程序对法律适用的维护,法律统一实施的维护也是不可忽略的,这也是目前所没有得到充分重视的。

第二,二审程序的构造。大体说来,中国二审程序的构造本质问题是两个:第一个问题,诉权对裁判权缺乏足够制约力。整个诉讼法,整个诉讼程序本质是诉权和裁判权的关系,现在意义上的诉权构造,不管是过去一直谈到的职权主义,当事人主义,还是混合式的诉讼构造,本身都是诉权和裁判权的配置,控辩双方的诉权对程序问题左右力度越大、越强,对抗性越强,当事人主义的色彩也越强。我国1996年在一审程序引进了对抗制的因素,我们通常称它为抗辩式或者是辩论式。所以从这个角度来说,一审中诉权对裁判权影响力是有所扩大和加强的,影响力一旦扩大会带来两个后果:一是公诉方作为诉权的享有者对裁判者的影响力有加大的倾向;二是辩护的实质性得到了发挥,要通过诉权对裁判权进行制约。由于绝大部分案件,特别是非死刑的案件绝大部分不开庭。不开庭等于诉权影响裁判权的机会太小了,到二审如果不开庭,被告人就没有机会向法官表明他的观点。法官的工作主要是办公室作业，办公室作业包括阅卷，包括庭外做一点调查就解决了。请问法官在做这样的调查，这样的审查最后做出司法决策的时候，信息从何而来？绝大部分来自阅卷调查，还包括内部的请示报告，我把这些称之为内部司法决策制。相对于一审来说，二审程序辩护人影响力不够，公诉人的影响力也不够。没有机会影响法官的结论，甚至有一些观点在最后的裁定书里语焉不详，得不到表达。所以，我认为中国二审程序中在构造上存在的首要问题是，诉权对裁判权制约的问题。当然很多在座的会反问如果开庭了，这个问题就解决了吗？开庭以后诉权对裁判权的制约肯定比不开庭要好得多，给法官提供了从不同的角度阐明案件事实、信息、证据、法律观点的机会。但是我觉得中国二审存在着问题，可能跟一审的情况一样，按照我论文的观点，即使是开庭了在有一些问题上也是以案卷笔录为中心的。以案卷笔录为中心的开庭审判方式只关注对笔录的宣读、摘要式的宣读，而忽略了对真正有争议问题的实质性的审查。所以诉权对裁判权的影响跟一审相比仍然没有大的突破，这是我讲的诉讼构造上的一个问题。

诉讼构造上的第二个问题，中国二审程序存在的问题，是1996年以前一审程序的翻版。当年一审法官是先阅卷调查再开庭，开庭流于形式。现在看中国的二审情况几乎完全雷同，完全是1996年前一审程序的翻版。不开庭就得出结论，因为事实清楚了。这是中国目前存在这样的一种构造，两步式的构造——先事实审查，再形式审查。

二审程序构造上存在的第三个问题，裁判事实不清，证据不足发回重审，这已经提到过。2003年清理超期羁押的时候对这个问题进行了一定限制，但是事实不清，证据不足发回重审的问题并没有得到真正解决。很多情况下发回重审后案件直接退到一审，有时候又从一审退回到公诉阶段。我们在二审的时候存在逆向运转的模式，本来已经到了二审应该给出裁判，结果由于发回重审制度的随意性和草率性，又直接回到了侦查，这种案件比比皆是。带来的后果就是充分追诉，一个问题双重追诉，同时也破坏了诉讼的过程，从二审直接推到了侦查，这种诉讼的构造被破坏了。

下面谈一些程序问题，涉及整个诉讼程序问题。比如说二审要开庭，检察官是要更多发挥公诉职能还是发挥法律监督的职能？再比如要不要发回重审，这些将来可能都会成为焦点。我这里特别想提到两点：第一点，事实的复审指望二审究竟能有多大的可能性？毫无疑问，发现真相，防止错误是我国审判制度要发挥的一个重要功能。但是从目前的情况来看，靠二审程序发挥这种功能有一定限制。我们现在研究中国二审程序的改革要反思一个问题,事实真相的发现,错误的纠正,究竟是要放在第一审还是放在第二审?我个人认为在研究二审程序改革的时候要设定一个前提,就是让第一审在发现真相中发挥更多的功能。我特别赞赏最高人民法院近年来做的一系列改革,包括最高人民检察院、公安部、司法部在一系列的司法解释和文件所反映的内容。我认为最近这三年解读死刑复核,最高法院从推进二审开庭,推进到一审证人出庭。要想减轻二审的压力,防止二审承担更多难以承担的负担,最好的办法把事实真相发现的功能更多地交给一审,甚至往前推进到侦查程序的改革。死刑案件非常成熟,死刑案件二审要开庭,死刑案件一审为什么就不能让主要证人、有争议的证人出庭呢?我们让死刑案件的一审变得复杂起来,正规起来,如果有条件,将有可能判死刑的案件往前推进,在侦查程序中也可以贯彻一系列的正当程序原则。能不能让辨认程序、检查程序也让律师参与,扩大透明度。要想解决办法,避免让二审承担它不应该承担的功能,减轻它的压力。现在指望二审发现真相、防止错误,有的时候是有一点不切实际。

二审程序究竟往何处走?个人认为应当构建一个把实质审查和形式审查两步式构造消灭的二审程序。只要有两步式程序,二审永远难以做到实质的审查。所以我想,将来采用一种办法,案件抗诉到二审法院,经过简单阅卷,原则上除了要发回重审的案件,其他一定要开庭审理。那么什么情况下才发回重审?只有一审有明显的法律错误才能成为发回重审的依据。一审违反法律、程序违法,结果无效发回重审。其余的一律实行开庭审判,同时在开庭审判的设计上,不应该仿造或者比较一审程序。专门的二审开庭程序具有以下几个特点:第一,围绕争议的焦点,在上诉抗诉的范围内进行审判。第二,不再对过去审判过的没有争议的证据进行审判。即使对证据进行调查,也要调查有争议的证据。第三,在整个开庭审判过程中,把法律问题的争议作为二审开庭审判的焦点,以做到在未来的裁判中维护法律的声誉。

二审检察官的地位和职责

□向泽选　最高人民检察院检察理论研究所副所长

感谢会议的主办方给我提供这么一次很好的学习的机会!我们都知道检察官有客观义务,所以今天下午我的发言一定站在客观的立场上发表我自己的意见。正如刚才和上午有的专家、学者都提到过的二审程序当中很多问题,并且就像刚才陈瑞华说的一样已经不是新鲜问题了。

我想讲的第一个问题,是二审出庭检察官的地位问题。这个问题有几种观点,概括为:第一种观点认为出席二审法庭的检察官就是公诉人,和一审的公诉人没有区别。第二种观点认为是法律监督者,二审法庭的检察官从名称定位上叫检察员,之所以叫检察员就是因为出席二审法庭是为了履行法律监督职能。第三种观点把这两种观点折中起来,认为出席二审的检察官具有公诉人和法律监督者的双重身份,我个人认为这种观点比较客观。

把出席二审法庭的检察官定位为双重身份,他也具有双重的职能。首先,出席二审法庭的检察员支持抗诉,具有公诉人的身份。这是由于,从刑事追诉目标的实现来说,二审程序一旦启动,就说明一审的裁判没有生效,也就是说一审当中检察官追求的目标没有实现。无论是检察机关提起抗诉的案件,还是当事人上诉的案件,也无论是检察机关抗重的案件还是抗轻的案件,首先出席二审法庭的检察官要支持、维持、坚持他一审的追诉目标。比如检察机关抗轻的案件,从法律上来说是认为一审的判决确有错误,一定意义上是把法院的裁判和起诉及其公诉时的意见、公诉主张来衡量的。如果认为法院的裁判判轻了,这个裁判和提起公诉或者公诉主张是不相符合的,这种情况下检察官出席二审法庭首先是坚持一审及其公诉的公诉主张。抗重现在有一种观点认为,检察机关抗重就是履行检察机关职能。更主要的是,即便是这种情形,也是实现追诉目标。从这个角度来说,无论是抗轻还是抗重,出席二审法院的检察官的首要职责就是要实现追诉的目标。现在有学者从民事诉讼中的诉权角度来说,是要实现诉权。第二,出席二审法庭的检察官同时也具有法律监督的职能。我不赞成抗诉本身就是法律监督,抗诉本身是一种诉权的延伸,是为了实现追诉目标才引起的法律程序。但是出席二审法庭的检察官同样要监督庭审活动,监督其依法正确实施。要从程序和实体上,从庭审活动的每一个环节监督庭审活动的正确实施。我觉得从这个意义上说,出席二审法庭的检察官具有法律监督者的身份。

我曾经写过一篇文章,通过观摩法庭审理得出一个结论:要强化法律监督,要保障检察机关的法律监督权的正确实施,我们要把法律监督权和诉权结合起来,通过行使法律监督权,保障追诉目标的实现,反过来要通过参加法庭的审理更好地为增强法律监督实效进行保障。法律监督是具体的,要通过具体的工作机制来实现,在具体的工作机制的设置上,由公诉人来统一履行诉权和法律监督权,在实际的运行当中可能实现得了。这是一个观点。第二个观点,如果抗诉本身直接定位为对法院审判活动监督的一种形式,可能会有一些不能回答的问题。比如西方国家,大陆法系国家普遍的检察官有上诉权,像美国上诉权有严格的限制,但是发现法院的裁判在执行法律有错误的时候还是具有上诉权的。所以基于这两个方面的考虑,把出席二审法庭的检察官定位为支持抗诉,履行公诉职能和履行监督职能,有两种身份、两种职能、两种任务可能是更加恰当一些。

第二个问题,二审法院不开庭审理的案件,检察机关怎样监督的问题。如果是开庭审理,检察员要出席二审法庭,现在在二审审判中,不开庭成了原则。对于大量的实践当中不开庭审判的二审案件,检察机关如何进行监督?我觉得首先对不开庭审判的审判机关首先要有一个接受监督的观念,为什么?因为你不能仅通过阅卷,讯问被告人,征求辩护人的意见以后就把判决书做出来,一审毕竟是通过控辩双方做出的判决。如何保证检察机关参与不开庭的案件的监督,这是一个需要探讨的问题。法院在决定不开庭审判的时候,应当告知检察机关,应该征求检察机关的意见,让检察机关就这个案件发表意见。

第三个问题,证据问题。开庭审判时,因为现在开庭审判根据《刑事诉讼法》的规定是全面审查的原则,这当中涉及两种情形:一种是一审审查过的证据,还有一种是重新收集的证据。关于这个问题,一审当中已经认定的证据要由合议庭出示。需要宣读的证据由法警交由法官进行宣读,导致了司法实践当中对这种一审当中已经经过法庭认定的证据,由控辩双方谁要求谁出示,这个是没有必要的。对于认定过的证据应该由合议庭出示,一审判决之后重新获得的证据谁举证谁出示。

重塑二审审判功能

□杨正万　北京师范大学法学院教授

今天的题目是“刑事二审程序:难题与应对”。问题刚才各位专家都做了一些概括。比如全面审查开庭方式,包括重审等大家都谈了,我觉得所有的这些概括为一点,从程序角度来讲就是行政执行程序。二审程序问题的功能和价值属于上一个环节,功能我认为是一个颠倒的功能。二审程序主要是希望给下级法院纠正错误,给予指导。现实恰恰相反,错误发生以后纠正不了,有一些拖到再审程序才进行纠正。实际情况是,有一些学者写文章统计,最高法院1991—2003年的判决,再审程序改判率比上诉的还要高。说起来再审是更难的,所以我们说从功能上讲,表现出来的是反功能。从价值上讲,是价值错位。我们经常讲公正、效率和权威,实际中是把效率放在第一位。

原因实际上很多学者也谈到了,为什么会出现以上方面问题,我谈两点肤浅的认识。第一,法官的定位。法官是在矛盾发生以后,在这个空间里解决社会矛盾。然而现在的法官扮演的是警察的角色,包括今天讲的很多纠错。第二,就是纠错。我们对司法的把握还不到位,好像认为法院同样从全方位来解决问题。侦查官员想办法收集证据,这个收集证据有可错性,为了防止可错性伤害到普通民众,检察官首先要以客观义务进行筛选。一审法院一道,二审法院再一道,这些都是否定性思维的。特别是法院的审判监督,尤其是二审程序,更不是像侦查人员一样的肯定思维,去要求全面发现真相,而且又怎么可能全面发现真相呢?如果说依靠这个思路要求全面审查,发现错误就没有什么可挑剔的。

对策我就从两个方面讲一下:第一,法律本身科学化,现在立法本身存在一些问题。按照大陆法系的传统,立法与司法这两个层面不能混淆。但是我们说立法本身是不完善的,恐怕需要在司法环节当中,特别与规范和解释这个角度结合起来考虑,在循环当中进行完善。第二,法院在具体实施法律时,合法性怎么达成,是不是简单地按照法律执行?仅从形式上找到合法根据,不叫合法性。正因为合法性没有达成,出现了普通民众在一审当中解决不了问题要进行上访,通过一些极端的手段解决问题。这个时候怎么给被告方交代,我想,如果把握住了沟通式的基本原理,能够达成执法的合法性。以这个为基点,来完善二审程序,关键是开庭要使当事人,包括一审法院要参与到这个沟通当中来。二审法院与当事人双方,与一审法院都要有一个有效的沟通,使得二审真正起到作用。第三,发回重审,这个我就不多说了。另外补充一点,现在谈到程序完成时,动不动用外国来比较,我觉得中国的情况跟外国是不一样的。比如法院的独立性,法官的素质,一审案件质量,侦查程序被控制,就是侦查权力的合法性控制等,我们要做到什么样的程度,很多重要的方面没有可比性,我个人觉得值得研究。

二审出庭若干问题分析

□李忠诚　最高人民检察院渎职侵权检察厅副厅长

我主要谈以下几个方面的问题:关于二审中检察官与检察委员会的关系。抗诉案件和一审判处死刑的上诉案件,二审开庭前,与二审法院对应的人民检察院的检察委员会一般都要进行讨论。检察委员会的讨论决定,成为检察官出席二审法庭发表意见的基调。从司法实践来看,检察官对一审宣告死刑的上诉案件审查后向检察委员会汇报,检察委员会讨论决定的意见,出庭的检察官必须服从。但是二审开庭审理时,法庭的情况是错综复杂的,也是变化无常的,检察委员会讨论时无法预料的情况可能出现,情况变化了,出席法庭的检察官是否还要按照原先检察委员会讨论的决定来发表意见？如果不按照检察委员会的决定发表意见，显然是不执行领导机关的决定，有违职责；如果按照检察委员会的决定发表意见，可能与庭审的现实不符合，而按照庭审的情况发表个人意见又没有得到授权，这就造成检察官在二审庭审中遭遇到尴尬局面。

检察官在二审出庭中遇到的问题，使我们不得不思考检察委员会对二审开庭案件讨论的范围、决定的内容和方式以及给出庭检察官多大的活动空间的问题。

1. 检察委员会讨论二审开庭案件的范围问题。目前的情况是抗诉案件和二审死刑开庭的上诉案件，检察委员会基本都开会研究。抗诉案件需要研究，因为一方面要支持抗诉，另一方面对不应当抗诉的要撤回抗诉，而是否支持抗诉，应当由检察委员会研究决定。但是因被告人上诉而引起二审开庭审理的死刑案件，检察委员会是否都要讨论，值得研究。我们认为，在案件事实清楚，适用法律正确的情况下，检察官审查提出相关意见，并提出法庭拟发表的意见后，报经主管的副检察长同意即可，没有必要一律都上检察委员会。

2. 检察委员会决定的内容和方式。检察委员会讨论研究抗诉案件时，决定的内容在于是否支持抗诉意见，支持与否的理由何在，特别是上一级检察院的检察委员会在决定抗诉时的理由讨论要更加充分，以便支持抗诉更有力度。但是对被告人上诉而人民检察院没有抗诉的死刑案件，上一级检察院检察委员会在讨论时，则要考虑下一级人民检察院起诉意见和进行的工作情况。检察委员会对二审出庭的案件一方面应当考虑到几种可能出现的情况，提出一个指导性的意见，另一方面给出席二审的检察官一定的灵活处置权。

3. 对于检察官出庭的二审案件，检察委员会确需讨论的，在决定方式上也应当灵活一些，给检察官一定的空间，不宜以决定的形式出现，以指导意见的形式出现则更为妥当。我们的检察独立，是检察机关独立，不是检察官独立，检察委员会作为领导机构应当行使相应的职权，但检察官是具体执行主体，也应当有相应的自主权，检察委员会与检察官之间的权力承转和运用上确实有需要研究的诸多问题。

二审检察官的阅卷时间如何保证？检察官出席二审法庭，履行职责，必须先了解案件情况。检察官了解案情的基本方法是查阅案卷材料，而检察官在二审庭审查阅材料方面还有一些需要研究解决的问题。

1. 当前二审检察官阅卷的时间规定。《刑事诉讼法》第188条规定，“人民检察院提出抗诉的案件或者第二审人民法院开庭审理的公诉案件，同级人民检察院都应当派员出庭。第二审人民法院必须在开庭十日以前通知人民检察院查阅案卷”。

2. 二审检察官阅卷时间不足的危害。对于在二审法庭上发表意见的检察官来说，十天的阅卷时间明显不足。因为二审出庭的检察官从没有接触过此案件，必须要通过阅卷审查找出案件抗诉或者上诉的焦点并在此基础上撰写在二审中发表的意见报告，提交检察委员会讨论，显然十天的时间过短。正因为如此，司法实践中才出现了有的人民检察院从二审人民法院借阅案卷后，阅卷时间长达几个月甚至更长的现象，为了解决这个问题，有的省级人民检察院与省高级人民法院联合制定关于检察机关参加二审法庭庭审的阅卷规定，明确要求检察官的阅卷时间最长不超过两个月。针对司法实践中检察官阅卷时间不够，借卷、阅卷时间长，影响了二审的及时开庭的问题，《最高人民法院关于执行刑事诉讼法若干问题的解释》第267条规定，“人民法院依法开庭十日以前通知人民检察院查阅案卷。自通知后的第二日起，人民检察院查阅案卷超过七日后的期限，不计入第二审审理期间。”客观上，检察院阅卷不结束，二审人民法院不开庭，这也是当前困扰执法的一大难题——超期羁押产生的重要原因。最高人民法院对于司法实践中的检察官阅卷时间长的问题也无能为力，只能强调责任不在法院而已。

3. 解决二审检察官阅卷时间问题的途径。笔者认为必须保证二审检察官的阅卷时间，这是二审中必须解决的重要的问题。解决的方式有两种：

第一，明确上诉案件的阅卷时间。在刑事诉讼法中直接规定，人民法院决定开庭审理上诉案件时，应当在开庭20日以前通知人民检察院查阅二审案卷材料，因案情复杂，人民检察院不能在规定的时间完成阅卷的，应当在期限届满前通知人民法院，但延长阅卷的时间不超过10日。即二审检察官的阅卷时间参照一审的审查起诉的基本时间1个月来设计，基本上为1个月。

第二，明确抗诉案件的阅卷时间。可以通过改变案卷移送方式来解决抗诉案件的阅卷时间问题。对于抗诉案件，上一级人民检察院必须派检察官出席二审法庭，而且遇有不需要抗诉的情形，上一级人民检察院还要撤回抗诉。因此，必须保证上一级人民检察院的阅卷时间，要保证阅卷时间就要保证上一级人民检察院及时掌握诉讼卷宗。这样诉讼卷宗的传递方式就要改变，即由目前的法院上下级之间移送改为人民检察院上下级之间的移送，即由一审法院将抗诉案件的卷宗材料退回原起诉的人民检察院，再由原起诉的人民检察院向上一级人民检察院移送，从而保证人民检察院派员出席二审法庭前已经查阅案卷材料。检察官查阅一个月后认为需要支持抗诉，人民检察院作出抗诉决定的,再移送二审人民法院审理。如果上一级人民检察院不同意抗诉的,则将案件退回下一级人民检察院再移送原审判的人民法院。如果上一级人民检察院决定不抗诉而被告人上诉的,上一级人民检察院可以根据人民法院的要求将案件移送二审人民法院而不再通过原起诉的人民检察院将卷宗材料退回原审人民法院。这样既可以保证人民检察院的检察委员会能够在掌握全面情况的基础上进行案件讨论,也可以使二审出庭的检察官能够全面熟悉案情,更好地履行职责。

关于一审公诉人能否出席二审法庭的问题。我认为,一审公诉人不应当参加二审法庭的审判,而应当由上一级人民检察院的检察官承担上诉或者抗诉案件的审查与二审出庭工作。理由如下:

第一,上一级人民检察院对下级人民检察院的工作有考核的职能。通过对上诉或者抗诉案件的审查,可以发现下级人民检察院在公诉工作中存在的问题和值得推广的经验和做法,从而发扬成绩纠正不足,更好地指导工作。第二,多一层审查就多一道监督,就多一道检错机制。相对独立的案件审查活动可以更好地保证案件质量。抗诉或者出席二审法庭审理上诉案件,是为更好地履行职责,更准确地办理案件,而不是为了争上下、论高低,没有必要非要让"熟悉情况的人"来阐述意见。这样的话只能助长上级检察院检察官的懒惰情绪和依赖思想,不利于提高办案能力和水平。第三,上一级检察院的检察官可以通过增加阅卷时间和抗诉案件检察机关上下级之间内部移送案卷的方式保证检察官更好地熟悉案情,履行好职责。

司法实践中的一审公诉人出席二审法庭的做法不妥当,因为这不是方向,不是主流,不利于发挥不同级别检察院的检察官的应有作用。当然,这并不排斥一审公诉人对二审出庭工作的支持,如可以通过向二审出庭检察官汇报情况、指出案件的争议点和疑点、辩护人的辩点所在等方式,为二审检察官提供帮助。

关于二审开庭若干问题的建议

□李贵方　北京德恒律师事务所主任

我谈几点意见,我赞成二审不一定全部案件都要开庭,但是对怎么样来决定哪些案子开庭,哪些案子不开庭要提出两个标准:第一,要由当事人提出来;第二,事实证据有争议,或者是重大的法律问题有争议,法官认为案件事实证据有争议的,也可以开庭。我觉得要把开庭限制在被告人和辩护人有选择权这样的范围。

第二,怎么开庭?我想谈两点内容:第一,二审开庭围绕争议的问题,有一些问题很清楚了,没有必要浪费时间,要围绕问题进行解决。第二,在二审开庭的过程中,辩方可以调查取证,控方要有限制,控方可以把以前一审没有提交的证据向二审提供。因为侦查了,可能一审没有收集到。二审期间控方不能再补充调查新的证据。

第三,对于二审判决有这么几个要求:第一,二审判决必须针对上诉的意见,要回答上诉争议的问题。尤其是不开庭审理的案件,比如未成年人的问题等,二审的判决书并没有有针对地回答能采信还是不采信。现在判决书为什么没有说服力,就是没有事实,没有针对性。我认为二审判决书必须有针对性。第二,可改可不改的案件要改。其实应该设想一下,有的时候说改一年觉得时间很短,但是你想一下,一个被告人如果到监狱服刑,服三年差不多才可以积累一年的减刑。第三,要避免上诉加刑,在现实当中这类的案件还是有的。第四,尽量减少内部请示,使审判相对的独立。

第四,二审期间检举揭发立功的问题。很多人在一审时判了重刑,但是二审时可能会检举揭发。有的时候一个星期查证认定不属实,这个时间是不是太短,最好给一个月时间或者给两个月的时间。很短的时间根本没有办法操作,有的时候没有很好地落实制度和政策。

第五,我想谈一下关于媒体报道的问题,这个和二审有关系。其实在我们办案的过程中很多被告人不喜欢开庭,甚至有的人希望一审也不要开庭。因为开庭的过程就是曝光的过程,也是一个折磨。现在很多人是穿着马甲、戴着手铐,照片弄到网上、电视,这样的羞辱性很重。所以,我觉得法院是不是要有一个规则。第一,尽量不要让嫌疑人穿马甲;第二,没有人身危险性的不要戴械具;第三,不要随便进行图片拍摄。我们觉得对于媒体的报道,尤其是形象的传播,很大程度上也影响到被告人对于自己辩护权的行使。有的嫌疑人就怕报道出去,都不愿意在侦查阶段录像。

专家点评

死刑二审案件开庭审理的若干问题

□黄河　最高人民检察院公诉厅副厅长

刚才我认真地听了陈瑞华教授精彩的主旨发言,也认真听了四位发言者的重要发言,觉得受益匪浅。以上这几位专家围绕二审程序的老问题、新问题都是焦点问题展开了非常好的发言。主要是围绕着二审开庭的条件,包括二审开庭的方式展开了精彩的演讲。我同意刚才李贵方主任讲的观点,二审开不开庭的问题很重要,一定要听取当事人的想法。主要是有争议的,需要开庭的都应该采取二审开庭审理。几位专家还围绕检察官在二审法庭中的地位和职能,围绕二审的发回重审的问题,以及二审是全面审查还是重点审查,审查的原则和审查的范围,二审审查过程中发现一审程序违法等这方面的问题做了非常精彩的发言。

我想这些问题折射出现在刑事二审程序中遇到的诸多难题,反映出来的现状就是司法缺少实践。二审开庭审理的案件并不是很多,理论上值得进一步深入。我刚才注意到陈瑞华教授提到最高法院要求死刑二审案件一律开庭审理,讲到死刑二审案件如果要开庭审理,他很想知道开庭审理以后究竟情况如何?正好我在这个方面可以回应。因为我在一个月前和最高人民法院刑一庭到四个省对这个问题做了专门调研。

死刑二审案件一律开庭审理以来,应该说高级法院和检察院在严格控制死刑这方面是做了大量积极的工作,效果还是不错的。但是有四个方面的问题:第一,死刑二审案件办理的周期比较长,按照诉讼法的规定,二审最长不能超过两个半月。但是从我们调研发现的情况来看,能够在两个半月审判完的二审案件还是少数。多数案件平均时间大概都要在90天左右,甚至有的快到一年才能做出裁判。造成办案周期较长的原因很多,除了案件本身比较复杂以外,还有路途遥远、量刑的核查问题等,以及其他的一些主、客观问题。还有一个问题我们认为是内部办案机制的问题,从这个案件到了高级法院以后,从立案、分案到承办人审查,到最后一系列的审判,最后要开审判委员会。有的案件会等两个月,所以导致办案周期比较长。前提是要保证案件的质量,在保证案件质量的基础之上怎么样保证案件的效率,这个也是要值得认真思考的,这是第一个问题。

第二个问题,由于《刑事诉讼法》对有关的程序问题没有做出具体规定,影响了办案质量和效率。表现在两个方面:第一,检察机关二审办案的效率问题。我们在调研中也发现,由于刑事诉讼法没有在法律中规定人民检察院具体的阅卷时间,检察机关按照这个规定也比较慎重,对死刑案件都非常审慎。要求要阅卷,要听取辩护人的意见,要核查主要的证据,要进行内部的讨论,还要报批等。现有的法律没有给检察机关办案的时间,这种状况持续下去,一般是非常不利于保证办案质量,也容易造成事实上的超期羁押,这个问题亟待解决。第二,二审期间证据的补充完善问题。刑事诉讼法没有规定二审补充完善证据的具体规定,检察机关因为条件有限,有的也难以做出补查,所以影响了二审的质量和办案的效率。

第三，部分死刑二审案件证据上存在着大的缺陷，我们去的这几个省发回重审的死刑案件大概是占了12%，这个比例还是比较大的，导致发回重审的原因主要就是证据问题。证据表现在取证过程不规范，证据不全面。有的案件除了被告人的供述以外没有其他的证据，导致被告人翻供以后难以认定，出了问题无法证明证据与事实之间的关联性等。

第四，在死刑二审案件庭审中也暴露出一些问题，一是证人和鉴定人出庭的比例是比较低的，有的省不会超过5%，有的省去年一年的证人和鉴定人出庭只有一件，这个情况还是比较严重的。二是死刑案件有的辩护律师是法院指定的，辩护律师有的工作积极性不是很高。三是在庭审中辩护律师可能会提出影响案件定罪量刑的一些新的证据。

这是我讲的几个现象，回应一下陈瑞华刚才讲的问题。最后我再讲一个观点，刚才几位教授讲的意见我都非常同意，非常的赞成。尤其是陈瑞华教授和杨正万教授提的观点，我觉得非常有意义和价值。陈瑞华教授提出从二审程序的构造研究二审程序的改革完善的方向，我觉得从这个意义上讲，检察机关应该在这方面进行更加深入的探讨。

刑事二审程序的监督、审查功能

□钱列阳　北京大成律师事务所律师

我觉得二审程序在刑事案件中确实存在着一些问题，我顺着陈瑞华老师讲到的关于监督一审的功能来谈。这个功能分为程序和实体，如果有程序违法，那么就可以不做，可以直接发回等。但是程序违法的界限里，一审案件中该出庭作证的证人和鉴定人没有出庭，这是不是程序违法？在现实司法实践中这不作为程序违法。如果二审把证人和鉴定人请出来出庭作证，很可能会发现在实体问题上，在事实问题上会有变化。为什么？一般只看鉴定人身份是否正确，只做形式审查。同样对会计师事务所，对会计师本身只做身份上的程序检查，不对他们的水平、他们的法律依据、他们的鉴定过程进行实体审查。在这样的情况下，鉴定人在一审不出庭的时候，一审法院的判决就直接简单了，公诉人所指控提交上来的鉴定结论，以这个结论作为判决的依据，表面看来完全没有错误。

作为辩护人，我认为不仅要对鉴定结论进行实体审查，还要学会审查鉴定。当重新要求鉴定人出庭的时候，我们发现鉴定人经常存在很多问题。比如他们所依据的法律法规已过时。他们所做的会计鉴定的结论按会计法的标准是否正当的结论。比如非法出资,是不是进入了资本金账户。实际情况是司法实践中由于会计师的疏漏或者是由于当时会计本身工作的水平问题,把到位的资本金没有入在资本金账上,而是入在了往来账上,这种情况也非常的普遍。会计师有了结论以后给法庭,法庭给检察官,换句话说,会计鉴定的结论,专家鉴定的结论是否直接可以为刑事法庭所用,这个中间还存在空当。这个空当也是这几年司法实践中发现应该进行正式的司法审查,只能律师自己去现学现卖地做某一方面的专家,再进行实体审查。

同样在证人出庭的问题上也存在着证人没有说谎话,而是问题没有问到。只有证人出庭了,才能够问到。可是像这样的在一审程序中普遍存在的问题,在二审中同样存在。如果说鉴定人、证人一审没有出庭,如果二审出庭事实证据上马上就可以发生变化,但是今天二审的程序里面,不把该出庭的证人作为司法审查中程序上的障碍。原则上本着要维持原判的立脚点来看,不去做实体性的细节上的审查。

另外一个是阅卷问题。到现在为止,普遍地仍然没有按律师法的要求阅卷,要求查阅全部案件材料,还是按照现行刑事诉讼法规定。这个时候会发现二审的律师所看到的是一审辩护律师看不到的全部材料,提取出一审律师没有看到的,实际侦查机关早就侦查到的对被告有利的证据。这些证据作为二审所谓的新证据,其实是老证据,重新提交给法庭,从而要求法庭以事实不清或者以其他原因发回重审。二审对一审的程序性审查和实体审查是紧紧联系在一起的,这也是我们认为应该对二审程序中的功能、职责加以更明确的分工的原因。

刑事二审程序在司法环境与技术层面上的难题

□刘芸　北京市人民检察院第一分院检委委员会专职委员

受以上领导和专家发言的启发,我结合我曾经从事过20多年二审工作的经验,谈一谈个人对刑事二审程序的难题的几点粗浅看法。我想从两个层面上来谈二审刑事调查程序的难题。

第一个层面关于刑事第二审程序司法环境层面的难题。这里面包括二审法院和二审检察机关在刑事诉讼当中存在的一些困难。第一,二审程序法律规范的不足。人民检察院刑事诉讼规则里对二审的法律规定条款和对一审的规定条款相差悬殊,造成二审司法机关在处理第二审刑事诉讼案件时,遇到了诸多难题。这个问题已经得到诸多专家、学者、法官、检察官的共识。

司法环境层面的第二个难题,主要是二审案件在审级上的分布致使对二审刑事诉讼重视不够,审级分布怎么会造成对二审不重视呢?我国基层法院和基层检察院是没有二审职能的,最高人民法院、最高人民检察院依法应该受理地方高级人民法院所做出的一审判决的案件。地方高级人民法院做出一审判决的案件,自改革开放30年来据学者统计全国不下10件,最高人民法院刑事二审案件我们可以忽略不计。这样,刑事二审案件就集中在地方高级人民法院和地方中级人民法院这两级法院当中。地方高级人民法院所受理的刑事二审案件是地方中级人民法院的一审案件,就是无期以上死刑案件,以及其他的几类。地方高级人民法院所审理的案件在整个二审案件当中所占的比重又是多大?最高人民法院可以忽略不计,而地方高级人民法院受理的二审案件比例不大,绝大部分的二审案件都集中在地方中级人民法院,他们受理的一审的大案是主要职责,就是无期以上死刑案件,受到多方面关注的案件,他们承担的二审案件中的绝大部分往往不受重视。这是关于主要二审案件在审级上的分布造成重视不够的原因,所以对刑事二审程序的改革和完善是负有责无旁贷的责任的。这也是今天召开这次论坛的初衷之一。

第三,二审机构设置难以推动刑事二审工作的改革和完善。我做了20多年的二审工作,二审法院目前独立有二审审判庭的很少,绝大部分和一审审判庭放在一起。一个法官既受理刑事一审案件,也受理下级法院按照司法程序交上来的二审案件。人民检察院设置二审审判监督部门,由于种种原因,包括上面许多专家学者都提到,二审检察机关进入刑事二审程序比较难,造成了二审检察机关受理的案件数量相对比较少,致使人员也比较少。这种情况下,法院没有单独的二审刑庭,检察机关的二审的监督部门也相对较少,所以造成了单独推动刑事二审程序的改革和完善,在人力上、在方方面面上都有困难。

接下来我要谈一下二审诉讼程序方面的难题,也就是技术方面的难题。检察机关的二审监督从检察机关的角度看,二审监督处于一种被动地位。二审的上诉案件要想得到二审检察机关的审判监督,那么要由二审法院首先提出。就是检察机关的监督受到法院的邀请,实际上是造成二审检察监督的推动和开展特别是上诉案件的监督非常不利的状况。我特别同意"一审是基础,二审是关键"的观点。二审是生效的诉讼环节,是法院的生效判决,生效裁定的诉讼程序。一审公检法相互制约,相互配合,相互监督,做出了有罪判决,二审法院一家作出了改判,甚至作出了无罪判决,这个在技术层面上我们有一些困难。

最后,关于二审检察员的职能,我同意向泽选同志所提出的观点。二审检察员不但在法庭上支持抗诉,我们也提出从轻甚至是无罪的意见,使得二审的原审被告人得到了公正的处理。

二审现行法律制度与工作机制需要作出调整

□陈国庆　最高人民检察院法律政策研究室主任

这个会我认为非常有意义,研究刑事二审的问题确实很重要。过去我们在这方面研究不够,比如检察院刑事诉讼规则,这个规则有468条,但是写到检察院出席二审的时候就写了八条。主要是经验积累不够,因为大部分案件不开庭。在2006年,"两高"搞了死刑二审案件开庭审理的程序,这个写了差不多20条,等于是死刑案件一部分二审开庭程序做了一个规定,解决了一部分的问题。

现在我感觉到有一些问题确实是需要进一步的研究,比如大家主张二审的案件应该开庭,现在就是这个标准到底怎么定?比如主要控辩双方一方提出来的就要开庭,或者是一方有争议的要开庭,这个行不行?因为抗诉的案件是要开庭的。被告人只要上诉可能就是对某一个东西有争议,所以我觉得这个问题还是需要认真的研究,都开庭是不现实的,这个标准到底怎么定,不能笼统地说有争议就开庭,这个东西好像还是没有说到根本的问题上。

关于二审如果开庭审理,按照刑诉法的规定是全面审查的原则,"两高"的规定里面实际上是全面审查和重点审查或重点审理相结合。检察机关是全面的审查和重点的审查相结合,刚才陈瑞华教授说这是对立法的一个超越。实际上,二审开庭,我们侧重于重点的审理或者是重点的审查。这里面是全面审查的原则和重点审查的原则到底是什么关系,实践当中到底怎么处理,这个也是需要再进一步的研究的。

诉讼期限的问题,现在规定二审开庭的要通知检察机关在开庭十天之前要去阅卷,这个规定现在是很难操作的,重大的案件、复杂的案件十天的时间阅卷显然是不够的。现在检察机关二审没有独立的期限,但是刑诉法有一条规定是参照一审,检察机关是不是还有一个月,必要的时候延长半个月的时间。重大复杂的案件如果没有一个月或者是两个月的时间也确实是不够用的,这个也是立法上需要研究的。

关于同级检察机关派人出庭的问题,特别是死刑二审开庭之后,外省的有一些检察机关,有一些是一审的人员到二审的时候还出庭,这个问题现在还比较普遍。因为没有人也没有办法,但我们感到这种做法不是太合适,因为每一级检察院的检察官履行职权是有特定的授权的。还有就是上级检察院和下级检察院在案件的事实的认定上,法律的观点上也可能不尽一致,特别是上级对下级有一个制约的作用,如果一审和二审都是同一个人出庭的话,对保证案件的质量,及时地纠正一审当中的问题也是不利的。还有证人出庭的问题,庭审监督的问题等。

现在二审开庭的问题除了法律制度上要进行一些调整之外,现在工作机制,特别是我们很多的考评机制现在确实是需要做认真的调整的。我们现在公检法三机关都搞了很多的办案的指标和考核的标准,包括办案下指标,公安是以批捕作为侦查的标准,检察院起诉是只要法院定罪就是起诉成功了。像这些考评的标准如果办错一个马上要追究责任,这个问题我们现在也是在认真地调整。有一个基本的观点就是法律设置的诉讼程序就是按照诉讼规律来进行的。所以我们一定要重新进行审视,要按照司法规律建立一个合理的考核标准,真正地使执法办案维护社会的公正,维护司法的公正,而不是人为地限制很多合理的做法。

刑事二审开庭审理所面临的限制

□王明达　北京市第一中级人民法院院长

论坛的题目是"难题与应对",我也想把自己个人的想法做简要说明。刑事二审的难题,我觉得作为一名基层法官,从实践的角度来看,目前应该说没有什么太大的难题。虽然法律的规定可能比较原则,但是除了有法律规定以外,还有最高人民法院制定的司法解释,同时我们跟检察机关也有很好的、良好的互动和沟通。从二审我们目前处理审理案件的过程当中,应该说没有什么难题,也没有出什么大的问题。如果跳开法院本身看待整个刑事第二审,确实还是有一些问题。单独说刑事第二审的问题,或者刑事第二审的改革,对能够解决目前的审判问题恐怕功效并不是很大。

刑事第二审只是刑事诉讼过程当中的一个环节。这个环节的任何一点动作都可能会引发其他环节做出相应改变,在其他环节没有做出相应改变的环境下,单纯的刑事第二审程序做出比较大的改变,我想恐怕不能起到很好的效果,也可能是事倍功半。我觉得二审的开庭问题确实是一个问题,但是不是严重到我们目前所提到的程度,是不是一定要强调到目前的高度,我觉得恐怕还是要考虑的。

二审开庭面临着几个方面的限制:第一,司法资源的限制。检察机关、审判机关二审开庭,在司法资源的配置上可能会捉襟见肘。大家可能也看到了,自从死刑二审必须开庭以后,各省院增加了相当数量的法官、检察官,甚至增加了相当数量的部门和领导。这还仅仅是死刑的案子。如果二审的案子大部分、绝大部分或者是全部都开庭,那司法资源的增加是难以想象的。如果遇到这方面的困难,就有可能会一大步退缩回去,遇到这种困难可能难以克服,因为从法院和检察院来说,对这种问题我们是很难克服的。第二,根据现行法律,二审的审理期限是由检察机关被告方和法院共同使用的。虽然我们说七天以后不计入审限,从最高法院的司法解释来说,从法院角度来说没有问题,但是还是有一段时间没有法律依据,所以我觉得三家共用审限也是对我们极大的限制。第三,从我们现在的案件情况来看,绝大部分的案子是普通刑事案子,而且基层法院审理的案子相当数量都不复杂、疑难,绝大部分的案件不具备这样的问题。相当多的案子,我们现在排前几名的案子盗窃、伤害这类都是经常遇见的。说一个法官也好,一个检察官也好,对这个案子没有基本的把握已经不能这么说了,这是第三个方面的限制。

有这三个方面的限制,现在二审一定要开庭或者说大部分的开庭很难做到。这是我作为一个基层法官的忧虑。但是不是有问题,应不应该弥补?还是需要弥补的。怎么来弥补?要考虑这么两个方面的问题:一是诉辩双方的平衡,在刑事第二审中如果有辩护人,虽然没有开庭,但是辩护人的意见法官还是充分听取了。但是没有公诉人,没有检察员,我觉得诉辩不平衡。第二要考虑被告人的权利保护和被告人的权利保护的平衡。如果案件当中有实际的被害人,应该考虑被害人跟被告人之间的权利平衡。你有辩护人,被告人可以自我进行辩护,提讯过程中被告人也可以对自己进行辩护,有辩护人的话还可以提出书面的辩护意见。所以考虑到被害方权益保护和被告人权益保护的平衡,第二审当中有实际被害人的还是应该考虑由检察机关介入,但是不一定要开庭。比如说检察机关可以提供书面的意见,这里需要对一些工作的机制、工作程序进行微小的调整,不需要非得开庭审理。我谈一下我个人作为法官的忧虑,总的想法觉得二审的开庭是应该提倡的,也应该在法律上做出规定,但是我们目前法律规定对二审开庭的表述已经足够了。如果实际上一定要坚持做到二审全部开庭的话,那真是有必要对整个的法律所涉及的诉讼程序进行比较大的改动,才能够真正地起到作用,才能够真正地达到效果。

提问与讨论

主持人王新清:

谢谢刚才各位专家的发言和点评,他们就二审当中的问题做了比较全面的梳理,这些问题有立法问题,有司法问题,有理论问题,有实践问题。下面我们进入提问和讨论阶段。

北京市人民检察院第二分院二审监督处的一位同志提问:二审检察机关认为案件事实不清,证据不足,向二审法院提出要求发回重审,但是二审法院要求二审检察机关责成或者做工作,要求案件发回重审后原公诉检察院一定要指挥案件,否则不发回重审。这种做法有没有依据?发回重审的“审”的概念如何看待?发回应当发回到哪一个诉讼阶段?请王明达院长回答。

王明达:去年有相当数量的案子由于检察机关在二审阶段认为事实不清,证据不足,建议法院发回重审,法院也赞同检察机关的意见。这个案子由于一审检察机关认为并不是事实不清,证据不足,所以案子长期在一审法院手里压着,有的案子最长可以压到两三年。而上下之间的协调,我觉得不好。我们说与其这样还不如在二审就做出决断,不发回重审。但是我们总觉得支持公诉的机关,控诉的机关都认为案件事实不清,指控机关都认为事实不清的情况下,法院一定要做出裁决,说事实清楚也好或者是什么也好,不符合我们法律规定的本意。

这个案子我们同意检察机关的意见,检察机关上下两级是属于领导关系。我们发回重审,建议一审法院,我们之间是审判监督的关系。就应该在这个环节上,真正地使案件事实经过重新侦查,能够补充新的证明,完善新的证明,达到二审检察机关所认定的标准,至少应该是这样的。我们有一个统一的标准以后,才能进行处理。我们设想一下一审法院继续判下去的话,还是原来的案子,二审的检察机关同样还会认定事实不清,证据不足。我们只是建议检察机关,并不能要求检察机关。

第三阶段研讨主题:“刑事二审抗诉程序中的问题与对策”

主持人:孙长永　西南政法大学法学院教授

各位代表,我们现在开始第三阶段的研讨。这一阶段由王一俊副检察长和我一起主持。下面请王一俊副检察长组织主旨研讨和主题发言。

主持人:王一俊　北京市人民检察院第一分院副检察长

下面进行主旨发言。先请中国法学会刑事诉讼法学研究会常务理事、秘书长、中国政法大学顾永忠教授发言!

二审检察人员的法律地位和诉讼职能

□顾永忠　中国法学会刑事诉讼法学研究会常务理事、秘书长　中国政法大学教授

今天我们探讨二审的问题,在我看来的确是一个非常重要的问题。上午

很多同志谈了不少很好意见,在这里我还想强调一点:在整个刑事审判程序的结构或者是构造中,二审程序是有特殊地位的。从某种意义上讲,二审程序,二审案件数量的多少,二审程序公正程度如何,在一定程度上反映了我们国家刑事审判程序的公正性。不少朋友知道我做过十年的专职律师,中国的二审案件,上诉案件和抗诉案件占到10%左右。这个数量说明什么?90%左右的当事人是基本上接受了或者说认可裁判,当然不能绝对化。从这个意义上来说,如果我们对一审这部分案件,这部分当事人在审判程序上,在实体上能够做到最大限度的公正,也就在一定程度上反映了我们的公正程度。第二层意思,二审程序相对于一审程序,在理论和法律上所存在的问题要复杂得多。咱们可以这样说,1996年刑事诉讼法修改以后,虽然我们现在做得还没有完全到位,但是仅就理论和法律这个层面来看,起码控辩审在一审程序中该做什么基本上是清楚的。但是现在要让谁说清楚在二审程序中控辩审三方应该做什么,特别是检察官该做什么,我相信没有人能说得清楚。为什么?这就是二审程序的特殊性所在。

两个礼拜之前我刚刚完成了高检理论的一个课题,就是二审出庭问题研究。当然是就针对检察人员二审出庭的研究,在做这个课题的过程中,我对五六家检察机关做调研,由于时间关系,我不在此详细说明。但是通过调研我有一个强烈感受,在二审程序中最难做的是检察官,而在二审案件中最难做的又是上诉案件。很多检察官不愿意出席二审上诉案件,为什么?他不知道我坐在那个地方该说什么,怎么说。所以很多问题其实不是我们很多人坐在书斋里,作理论上的逻辑的分析的。今天给我安排的主题主要是抗诉的问题,上诉我就不谈了,对于二审检察人员出庭的法律地位和诉讼职能提出一个新的看法。这个新的看法在某种意义上主要针对上诉案件,其实抗诉案件相对于上诉案件问题要少得多。我就今天的主题,说明以下几点。

从我的调查和各方面的反映来看,二审调查检察机关感受到最突出的、也是感觉比较难办的和困惑的问题是,出庭的上级检察机关的检察员能不能在一审抗诉书以外提出漏抗的问题,提出一审抗诉书错抗的问题。我们知道这是由原审公诉机关出具的,但是到了二审出庭的是上级检察机关的检察员。他们在认识上未必能一致,当他发现一审把应该抗诉的问题没有抗,漏掉了,或者是抗的问题不应该,没有理论和事实依据,或者是很难获得理论支持的怎么办?

上级检察机关认为原审抗诉不到,漏抗可以补充抗,法院对这个方面有意见,律师也有看法。第二个问题,就我们了解,我国法律本身也没有提出这样要求,一审检察机关要提出抗诉,在抗诉期满前和上级检察机关不做沟通。也正是因为这种不沟通才造成了二审期间上级检察机关发现漏抗问题,发现了错抗,这是第二个问题。第三个问题,现在有的地方二审检察机关派人出庭时,也可能是由于人员不够,也可能是由于对案情更为熟悉一些,会安排原审检察机关的公诉人以上级检察机关的代理检察人出庭。我感到目前在抗诉程序中这几个问题相对比较突出一些。

如何解决大概有这么几个看法,第一个,我认为二审检察人出庭在抗诉案件中应该遵循不抗不主张的原则。也就是说对于漏抗的问题,对于一审检察机关错抗的问题,二审出庭的检察人员不应该在二审程序中提出来。关于理由,我想简单地强调这么几点:第一,不告不理的基本原理的原则,原审检察机关提起才有抗诉,如果没有他们的提起抗诉就不可能发生二审抗诉程序。第二,如果可以让上级检察机关在二审程序再针对漏抗问题、错抗问题再提出新的东西,使得刑事诉讼法规定的关于抗诉程序的程序条件就完全没有意义了。第三,也不符合高检院刑事诉讼规则。第四,如果允许这样做的话,检察官所面对的辩护人、被告人就没有办法辩护了。第五,也有很多人提出一个反驳的理由,全面审查原则是针对法院而言的,全面审查原则并不是审判案件的范围。二审案件如何审判,特别是做什么样的裁判,必须受到合法的上诉、合法的抗诉这个原则的限制。你不能说全面审查把一审没有涉及的问题再拿出来,这就是为什么要有上诉不加刑的原则。第六,如果允许这么做,在客观上会助长原审检察机关不负责任。假如二审检察机关可以这么做,一审检察机关就无所谓了,反正还有上面。所以集中这么几个方面的理由,我是不太赞成二审检察机关在二审程序中再提出漏抗和错抗的问题。

对于这个问题如何解决,我想确实存在漏抗错抗的问题,只能走审判监督的程序。诉讼要讲规则,不讲规则的公正是无法保证的。在这样的一种情况下,宁可牺牲一点效率,也要保证公正,但是更重要的不是事后补救,而是事前的避免和防止。如何避免和防止?我的研究报告里也提出,我们是不是可以在上下级检察院提起抗诉的问题上建立一个沟通协调的制度。十天的抗诉期不是时间不够,再加上我们现在的科学技术、通讯条件这么发达,在十天的抗诉期里一审检察机关和上级检察机关对于如何抗诉可以做一些探讨。我觉得起码以下这些情况是可以纳入到上下级检察机关在是否抗诉问题上的沟通范围:第一,一审法院改变审判的,这是一个比较重大的改变。第二,一审法院宣告被告人无罪。第三,一审法院判决被告人免刑的。第四,一审法院在不具有法定减刑情况下进行减刑的。第五,一审法院在量刑上适用法定量刑不当的。

上级检察机关可不可以吸收下级检察机关的公诉人参与到二审,我个人认为不应该。因为第一,这样的安排不符合宪法规定的体制。第二,不利于上级检察机关对下级检察机关的制约。第三,在客观上也将助长上级检察机关、检察人员在二审案件中的不负责任。第四,由原审检察人员、公诉人出席二审法庭,在很大程度上要受到原来公诉立场的限制、影响。所以我不认为二审出庭人员有公诉职能。我明确地这样认为,即使是抗诉提出的意见和原来的公诉意见是一致的,也不能认为出庭的人就是执行公诉职能。为什么这样讲?如果这样认为,那我们就把检察机关降低到与原告人同样的当事人地位。我们大家看一下刑事诉讼法,在讲到上诉抗诉问题上是如何表述的。当事人上诉是不服一审法院的裁判,用的是"不服",检察机关抗诉用的是什么?是认为一审裁判有错误,没有用"不服"。如果用"不服",原来的检察机关怎么提起抗诉,因为凡是法院没有接受控诉的就是"不服"。但是我们不能要求检察机关从不服的立场考虑是抗诉还是不抗诉,而是要在一审之前对案件的认识,和在经过一审程序审判之后对案件有重新认识。在这个时候,从客观、从事实、从法律重新考虑原来的控诉对还是不对,再接受新的意见。

刑事二审程序问题的八大症结

□张建伟　清华大学法学院教授

我们这次论坛的主题是刑事二审程序的难题与应对,这个讨论有一个基本的假设,就是假设二审程序是一个病人,我们来会诊它。刑事诉讼有太多这样的病人,我们有一个基本的共识,就是二审程序及二审程序的活动身体不适有一点头痛、脑热,喜欢夸张的会诊者还会认为他已经病入膏肓。我觉得我们在讨论当中必须要区别病的表现和病的原因,对症下药,如果不针对病的深层原因来下药,是不行的。二审程序有八大病因:第一个病因是我们的审判并非刑事诉讼的重心,第二个病因职权主义当事人主义化的过程中存在着协调不良的现象。第三个是真实的发现主义没有削弱。第四个病因,刑事诉讼法参考资料化,也就是说刑事诉讼法被我们看作是仅有参考价值的法。第五,控辩失衡。第六,人权标准尚未达标。第七,法律审的审级缺失。第八,司法人员的专业程度不够。

就第一个病因来看,刑事诉讼整个流程中的重心在侦查阶段。造成的原因是起诉的标准,侦查终结的标准和审判的标准一样。英国的审判标准是逾期可以定罪,我们则是百分之百,造成的结果是形成以下病的表现:第一,对案卷的依赖。对案卷的依赖是刑事诉讼的突出问题,这个问题其实不是病的根本原因,只是病的一个症状。在侦查阶段,以各种笔录的形式固定收集证据,这些笔录的证据能力几乎不受怀疑。对于长达几个月的侦查活动积累下的这些成果应该如何对待,这还真是一个难题。我们不能一口否定其是无价值,无意义的。进行过几个月的活动我们该如何来看待所付出的代价?另外一个病的表现就是证人不出庭,从来没有人说所有的证人都要出庭,但是对有争议的证言,关键的证人是应该出庭的。在一审当中特别重要,二审当中重要的证人有必要的情况下也应该出庭。这里面我们要注意,我们知道一个人看到某一个事情发生的时候,20 分钟就会失去对这个事情的 40% 多的记忆,到了一个月对这个事件的记忆只剩下了 30% ,到了二审证人出庭,他对原来事件的记忆肯定是在 30% 以下。考虑到证人出庭的时候也要注意到关于人的记忆的这个规律。我觉得关键的证人,有争议的证人要出庭,这个是我赞同的。

另外审判活动流于形式,不但二审如此,一审也是同样如此。所以才有被告人都承认了还有什么可审的说法,才有普通程序简易化审理,这种实际上是轻程序在一审程序中的再次回潮。二审由于有开庭的硬性规定,反而好一些。我们长期存在着司法惯性,粗糙而非精致的活动,惯性得到认可,其结果就是没有办法形成审判在质量控制方面对审讯活动形成一种辐射。这是第一个病症,如果将诉讼活动由侦查转向审判,这是知易而行难的事情,会造成包括法院的诉讼能量面临严重的考验。

第二个症状是职权主义当事人化形成的不协调现象,发回重审我认为是职权主义的副产品,为什么要发回重审?是因为有事实不清,证据不足的情况。一审法院更便于查证和调查,我们不得不注意一点,现在的当事人主义化,法院不再承担过多的主动查证的责任,举证更多的由控辩双方来承担。如果有事实不清,证据不足的情况,应该由控诉一方进行举证,而不是再发到下级法院。在这个过程当中,我们都看到发回重审弊端多多,许多所谓的事实不清,证据不足发回重审的实证与其说是事实不清,不如说是二审法院推诿。

第三,法院还没有把自己的诉讼重心定位在防止发生冤错,甄别错案上。

第四,刑事诉讼当中程序的法定原则没有确定下来,刑事诉讼法被看作是有参考价值的法律。二审中,本来刑事诉讼法规定的审理期限如此清楚明白,但是法院在实际审理时,要律师填写调查申请书。申请延长时一次不成,还要进行二次申请,律师本没有申请延长的意图和意愿,法官是为了找到使延期得到合理的依据,这就使审理期限没有办法落实。

症结五是控辩失衡,造成的结果是,有一些学说主张,司法机关的一些人员也主张要取消全面审理原则。但是全面审理必须要注意一个基本前提,而我们常常忽视这样一个基本前提,当今世界的当事人主义诉讼实质是律师主义。律师对于一审事实证据、法律适用有专业判断,所以提出了上诉,提出了异议。二审法院可以只针对这个争议来进行裁判。中国的律师辩护率最好的时候30%,一般的情况下10%。我们辩护率如此之低,还要取消二审的全面审查原则,造成的结果就是为修复正义而来,达到的恰恰是颠覆正义的结果。

症结六就是人权没有达到世界标准。由于刑事诉讼法没有规定禁止双重危险的原则,所以在这一点上实质上也是违反了国际的人权保障标准的。

第七个症结则是法律人员的专业程度不够,没有办法进行专业的对话和专业的审视。

另外这里面有一个症结就是法院有一个基本的主张,其实很多国家的法典上都可以找到依据,法院是自主适用法律的,所以一审、二审对改变罪名的改判这是法院自主适用法律的基本原则。需要有两个前提,第一审判范围要受起诉范围的限制,第二个要给控辩双方辩论的机会。

受制约的抗诉权

□王新环　北京市人民检察院公诉一处副处长

在我看来二审程序不开庭审理,关键证人不出庭等问题不是司法出了问题。诉讼法理论上对二审程序的研究诸多问题才刚刚开始,那些宏大的问题如价值目标和功能等问题固然重要,但是诉讼中技巧性这些微观制度的安排方面也特别重要。对于西方学者来说,中国二审程序是一个未知的领域,我国二审程序也难以从西方上诉规定中学到什么。法律实务是利润丰厚的领域,本人向大会提交的论文中说了四个真实的案例,涉及五个问题,通过问题的思考和讨论我们也发现,程序法各个部分具有内在的关联性。因此我在讨论二审程序中也遇到了一个难题,实际上二审中的诸多问题都是与一审程序直接相关的。我在讨论这个问题时为自己预设了一个前提,也就是一个逻辑前提来讨论,抗诉权受制于原起诉书制约。

我认为在检察机关参加二审诉讼程序虽然与一审程序中提起公诉的检察机关具有相同的司法利益,但是具有上级监督下级的属性,二审程序中检察机关担负独立的公正判断原审判决公正与否,能够纠正不当指控,完成维护原起诉和监督审判的双重任务。这里面实际上是一个诉权的问题。如果大家过多地关注上级检察机关的监督权,很多问题说不清楚。我的核心观点是,虽说是诉权,但是也要在诉讼程序中受到制约。案件一般起诉权没有张力,检察机关的控诉内容不应当进行随意变更,在这个里面最重要的就是法庭辩论终结后的诉讼阶段,不能扩张原指控的内容。这里面还有另外一个很重要的内容就是检察机关上下级之间是领导被领导的关系,这就意味着上级检察院有权变更下级检察院的决定。这个变更应该遵循两个前提:第一,应该遵循层级权限,依照法定程序变更。第二,变更要在检察系统内部进行,而不涉及法院,如果涉及法院还要受另外一个重要的诉讼原则——控审分离的制约,所以这是诉权受制约的理由。

第二个理由,根据高检院[2001]年高检诉发第 11 号文件的规定,基层院在十天之内可以提出抗诉,但是高检院的规定实际上是由上级检察机关进行出庭,指控或者监督。这方面规定有,第一个对基层院存在全部支持,第二个是部分支持,还有一个就是例行提出抗诉意见理由。这就意味着基于上下级之间领导和被领导的关系,实际上上级检察机关在抗诉上不受原提出抗诉请求的基层检察机关的制约。争议最大的是,上级检察机关不同意基层检察机关提出的依据和理由,我的观点是可以的,但是要受一个制约。二审不能把监督提到太高的地位,我觉得检察机关监督不要忘记一个前提,二审法庭上仍然是控辩审三方的架构。虽然没有一审那么典型,但是二审仍然围绕着指控基础进行监督的,如果没有指控,监督也是空中楼阁。二审检察官主要围绕第一审判决和裁定而展开诉讼监督活动。第一审判决和裁定成为二审程序的客体。

最后一点,仅有上诉而无抗诉的二审程序,上诉不加刑对检察机关到底有没有影响。被告人上诉而检察机关没有提出抗诉的过程中,二审中检察机关认为审判不成立,可以发表无罪和罪轻的意见,但是这个要慎重。如果基层检察院没有提出来,二审检察院要发表意见的时候要慎重,还有罪轻也是检察机关抗诉的一个内容。还有一点就是二审检察机关没有撤诉的权利,只要二审发表无罪就是直接做出无罪,发回重审也有,但是很少。所以上诉不加刑原则对二审检察机关对没有提出抗诉的案件发表意见还是有很大影响的。

检察机关抗诉困境的制度根源与变迁思路

□张云平　重庆市人民检察院第二分院副检察长

谢谢主办单位为三峡库区检察部门提供一个机会。我发言的主要观点是:从我院及辖区九个基层院十年二审抗诉的实证分析,二审程序存在抗少、抗难、抗不赢的困境,造成这些困境的根本原因在于抗诉制度不足,权力的初始配置影响效率。我认为这些困境的根本出路在于制度变迁,制度变迁有两种模式,一个是渐进演变式的制度变迁,一种是强制性的制度变迁。

检察机关要主动与法院沟通,与法院达成共识,并将这些共识制度化。要通过立法的修整完善,增加制度的供给,我们尽量要有量的扩张,更要注重制度的技术性。下面我从三个方面向大家汇报。

第一个方面分析了重庆二分院辖区刑事二审抗诉的基本情况和存在的问题。我们辖区有九个基层院,人口有800多万,我们移民搬迁有很多的区县,占三峡搬迁总数的35%,搬迁的人数70余万人,占动态移民总数的70%。因为库区就业矛盾突出,社会经济发展滞后。从1998年到2000年,平均每年提起公诉的案件有2200余件3000余人,十年总共提出的抗诉案件是142件241人,支持抗诉80件106人,抗诉改判有38件47人,改判率仅仅只有43%。辖区的二审抗诉有三个方面的问题:第一,抗诉案件数量少。从提起公诉案件来看,十年的抗诉平均数是0.3%,这个高于全国的平均水平。第二,刑事抗诉的成功率低。第三,上级检察院不支持抗诉的比例比较大。在我们辖区平均是50%左右,最大的是2000年有63%的案件进行抗诉。

第二对标准的分析,制约刑事二审抗诉成功的原因比较多。影响抗诉成功大概有五个方面的因素,第一,抗诉制度的初衷。抗诉制度具体表现我就不说了,抗诉的支撑制度也比较少,所以影响了抗诉的成效。第二,检察机关的边缘化地位。第三,管理的行政化趋向。对检察机关而言,检察人员在案件中总是揣摩法院的态度,从而失去了威信和选择的空间。今天上午陈光中教授也讲了,一个是体系制度,二是法院规定最高的改判率超过了追求责任,就是所谓的违法责任追究。第四,影响抗诉的原因就是监督能力的不足,不善于发现抗点、抗源。第五,大规模地使用简易程序,对检察机关使用抗诉权造成的冲击。这五个方面的原因影响是不一样的,我们两个基层院搞了一个实证的研究。他们得出的结论是因为制度供给的关系造成了认识的分歧。通过分析得出结论,最根本的问题还是制度方面的问题,还是制度供给不足的问题。

第三,我们的出路在什么地方?我们认为出路在于制度变迁,从以上实证分析看出,影响检察机关二审抗诉案件程序的关键因素在于制度供给的不足。因此我们要在制度创新上下工夫,一个是通过立法的完善,增加制度的供给,降低制度供给不足,不仅要有制度量的扩张,更要增加技术的含量。二审抗诉的对象和二审抗诉的效力,现在二审的效力往往偏重于注重抗诉引发的二审程序的效率。《刑事诉讼法》第209条的规定会影响抗诉,所以我们建议对这一条进行修改。第二,要增加上级检察院的审查程序。第三,检察机关有权收集新证据。第四,被害人的保护。还有一个问题是抗诉问题要制度化。

从法院审理的视角探讨二审抗诉的问题和对策

□谭劲松　北京市第二中级人民法院法官

我从法院的角度,审理案件的角度谈一谈二审抗诉更多主要的问题和对策。刑事二审抗诉是检察院监督法院一审刑事审判工作的一种方式,既是检察院的权利也是义务,考虑到抗诉主体检察院的地位比较特殊,因此抗诉要十分的慎重。

近几年我对法院的情况进行分析,发现主要存在以下几个方面的问题:第一,检察院把打击犯罪作为主要的职责。表现在,一是提起抗诉的主要原因是对行为性质的认定和起诉书的认定,二是以量刑不当进行抗诉的案件在过去的五年当中我院审理了9件。第二,抗诉案件的质量有待于进一步提高。从检察院自身来看抗诉案件的撤诉情况比较高,也就是说在检察院内部不考虑法院的因素也有近六成的抗诉案件存在问题,一审判决没有问题,这间接地反映出一些问题。在上一级检察院提起的抗诉案件中被驳回的有8件,这两项相加占到了全部抗诉案件的74%。第三,上下级检察院分歧较大。我认为上下级检察院对法律事实的认识要保持一致,这样才能做到执法尺度的一致,不至于出现不同的法律结果而有悖于公平原则。针对上诉抗诉中存在的问题,我认为可以考虑以下几个方面。

第一,建立健全证据规则,统一协调公检法办案标准,缩小公检法处理案件的分歧,要尽量的统一。因为我们和西方不同,检察院和法院的目标是一致的,追求法律的公正公平。在以事实为理由提起的抗诉案件中,多数是一审法院和检察院在证据是否充分的问题上有不同的意见,或者是双方的理解不同。从一开始对证据的采信到最后证据是否可形成完整的认定事实的证据链均可能存在理解上的差异,这种差异在逐级地放大,最终导致了检察院和法院在事实认定的分歧。

第二,进一步规范整合案件抗诉程序,提高抗诉质量。如果二审检察院在抗诉前给一审检察院的抗诉给予指导和监督,在二审检察院认可一审检察院的情况下再进行抗诉,一定程度上保证了抗诉的成功性。一审检察院提起抗诉的时间只有十天,二审可能来不及阅卷,对一审判决不服提起上诉的,如何在这么短的时间内做好?对于一些有明显错误的案件还可以,但是对一些疑难的案件有一些难度。如果确实认为需要抗诉,要向上级检察院提起需要抗诉的理由,这样可以大幅度减少抗诉案件的撤回率。

第三,通过对具体案例的分析引导检法机关统一思维模式。法律能否发挥指引功能,需要一个统一的司法模式,有一个统一的法治思维模式,减缓两机关的分歧,抗诉案件的数量和质量也会相应提高。“两高”可以协商挑选一些比较典型的案例,通过审理这些案例中遇到的问题进行分析和研究,如证据链条是否完整,行为性质的理论和法律依据等,县级的检察院和法院可以从中学习,总结出一种模式。

第四,要转变观念,从而进一步发挥抗诉的审判监督职能。刑事案件的规定,要查清案件的事实真相,因此在收集证据时,不仅要收集对被告人不利的证据,也要收集有利的证据,对案件进行全面了解。同样检察院对于一审判决提起抗诉时,也要本着对被告人负责,对法律负责的态度,全面考量一审判决的正确性。

专家点评

二审程序难题的对策性研究方法

□胡云腾　最高人民法院研究室副主任

确实我觉得这个会开得很重要,二审程序问题是刑事诉讼法中很重要的问题。今天我们的话题是研究两个,一个是问题,一个是应对。恕我直言,我感觉后面的一个问题更重要,按照我的观点是实务部门的同志谈问题,因为更了解实践的问题。今天理论界的同志谈的问题比较多,应对比较少,这是一个遗憾。我想发表以下几点点评。

我们曾经对2003—2007年的一些刑事案件抗诉和上诉进行了一些分析,总的来说,这五年来二审无论是上诉还是抗诉都是显著的下降。上诉大概每年下降一个百分点,抗诉下降的更多,我对这个问题进行了分析,原因有三个:第一,一审的质量提高了,这是一个很重要的方面。第二,近年来检法两家坚决贯彻宽严相济的政策。缓刑上升一个百分点,判刑上检法两家的思想一致了。第三,为什么检察机关抗诉少了,下降很厉害?现在的检察机关可能更加重视抗诉的质量,而不再像以前重视抗诉的作用。我们研究问题应当从这些最基本的实际情况出发,这样才能够提出对将来无论是立法还是司法有用的东西。所以由此我想讲以下几个观点。

第一,完善二审的程序也好,解决二审的问题也好,一定要和当前的刑事政策结合起来,看看哪些问题是由于刑事政策问题没有执行到位造成的。第二,要考虑一审的问题。现在很多问题是一审问题没有解决,所以到二审解决。这样,就不能简单地完善二审,而应当把一审的问题,甚至是一审之前的法院之前的问题解决了,再考虑完善的问题,所以一定要和完善一审的职能相结合。第三,要和完善、净化司法环境结合起来。因为现在很多一审案件之所以判得不好,之所以引起了抗诉或者是上诉,是由于一审的干扰太大了。法院、检察机关很难独立行使审判权和检察权,所以要让司法环境更好一些,通过司法环境的好转解决一些问题,把完善二审程序与解决二审难题和改善刑事司法环境结合起来。第四,要把完善、解决二审的问题和改革完善有关的机制结合起来。为什么一审不愿意判无罪,这与检察机关的考评机制、国家的赔偿制度有关,这些原因造成了二审案件的上升或者是造成二审的问题。第五,要把我们实施没有到位的问题和法律当中确实存在的问题结合起来。现在很多问题不是法律没有到位,而是实施没有到位。最后一个问题,立法的简单化和复杂化相结合,程序的正当性和经济性相结合。

是什么原因引起的呢?我觉得作为一个学者是有责任的,我们研究问题,不能够仅仅停留在把它变成一个法律。我们学者的责任,实务界的责任都要考虑得更远一点。最后我用两句话结尾:解决死刑案件的二审程序问题主要不在二审程序之内,而在二审程序之外。第二,现在不是我们应该怎么办的问题,而是实际上怎么解决现在所存在的问题,怎么应用我们的政治智慧、科学智慧、司法智慧把现在存在的疑难问题解决掉。

加强二审抗诉,保障审判独立与权威

□周长军　山东大学法学院副院长

关于检察机关二审抗诉,应该说在中国的环境之下很有必要,也很重要。因为我们不能跟英美的体制相比,要禁止检察官抗诉,这个在中国不具有现实性。其中很重要的原因就是社会公众也好,一般人的观察也好,刑事审判过程中也有一些司法不公的现象,或者说裁判有一些问题,所以需要有监督。这个监督有纠错功能,监督功能。

二审抗诉很有必要,而且我们应该维持二审的全面审查原则,也应该给二审法官证据的补充调查权。这里面我觉得有一个观念的问题,二审抗诉很正当,很重要,而且要加强,但这里面最主要的有一个限度,就是怎样注意防止由于二审抗诉对裁判的权威性和司法机关权威性的损害问题。这是一个“双刃剑”的问题，这里面涉及了司法的独立，司法的权威维持性问题。检察机关是一个监督机关，二审抗诉不仅是公诉，还是监督。检察机关有职务犯罪的检察权，因此根据在日常生活中的了解，有一些法官反映的是职务犯罪对法官的审判独立、裁判独立可能在一些地方、一些案件中还是有一些影响的。因此我觉得在加强二审抗诉的同时，解决二审抗诉难的同时，也要注意怎样保障法官独立办案的权力。

我觉得一个问题是，不仅仅要检察机关抗诉对法官形成制衡，对检察机关本身的抗诉和权力机制也有一个制约的问题。二审程序抗诉难，我们还要关注法官独立审判难的问题，还有是律师辩护难的问题，这个关联性我觉得也是其中的一个比较重要的方面。

完善第二审的程序功能，实现裁判的正当性

□易延友　清华大学法学院副教授

首先感谢会议的主办方，尤其是感谢周光权教授给我一个发言的机会。我也参加了全天的会议的议程，上午听了各位教授的发言还有各位领导的演讲，下午也听了各位专家的演讲。谈不上点评，只是谈一谈自己对今天议题的理解。我发表三点意见。

第一个问题，谈一下对第二审程序意义的理解。第一，第二审程序具备两种功能，第一种功能是加强裁判的功能性，第二种功能是终结诉讼。关于第二点就是裁判的权威性的问题，这个在各位教授的发言里面也都有所涉及。裁判的权威性应该建立在第一点基础上，就是裁判的正当性的基础上。对于裁判正当性也就是整个诉讼程序不仅仅是第二审程序，第一审程序，尤其是第一审程序应当具备一个吸收不满，加强裁判正当性的功能。这样的一种提法和传统的理论认为可能是不一样的，因为传统的理论主要认为诉讼程序是要发现真实，比较年轻一代的学者的看法认为诉讼程序的功能在于保证程序的正义。我的看法认为无论是发现真实还是程序的公正都服务于一个共同的目标，那就是加强裁判的正当性。而裁判的正当性通过什么来加强？是通过吸收不满，我并不反对诉讼程序发现真实，因为我认为任何一个真实的裁判结果总比一个不真实的裁判结果更具有正当性。在任何一个诉讼的环节下不可能每一个案件都真正地发现真实，在真实不能发现的情况下，裁判的正当性如何获得，尤其是对裁判不利于己的一方当事人来说，你如何能够让他心平气和地接受这个裁判。因为我们知道在任何一个诉讼当中不可

能实现一个皆大欢喜的局面,到最后总是有一方大失所望,有一方喜出望外。所以如何能够让遭受不利的一方当事人也可以心平气和地接受对他不利的裁判,这是裁判需要解决的问题。整个的程序要追求这样的目标,怎么样吸收不满,怎么样去加强裁判的正当性,无论是第一审程序还是第二审程序都应该具备这样的功能。这是我理解第二审程序功能的第一方面,我认为它是第二审程序具备的功能的基础。

在实现裁判的正当性方面,现有的诉讼制度实际上存在着两种模式。第一种模式就是第二审程序是单纯的法律审,也就是以英美法系为代表的。单纯的法律审核怎么样来吸收不满,怎么样加强裁判的正当性?它把这个裁判的正当性功能主要赋予了第一审程序,就是说赋予了控辩双方几乎都是完全平等的武装,诉讼公正的最重要的功能就是加强裁判的正当性。第二审程序完全是从法律把关,纠正第一审程序可能的程序错误,最重要的目的在于保证第一审程序的公正审判。所以它把这个制度的重心放在第一审程序,所以第二审程序可以做到单纯的法律审。第一审法院的法官违反了诉讼法的规定,侵犯了被告人的公正审判权一定加以撤销。撤销完了以后发回重审,是为了保证被告人的公正审判权。被告人不服,因为他的公正审判权受到了侵犯,发回重审就是为了让你受到一个公正的审判。第二种模式是事实审加法律审的法律模式,这个以欧洲大陆和中国内地为代表,但是欧洲大陆和中国内地又存在着明显的区别,因为欧洲大陆是以法律审为主,以事实审为辅,中国是以事实审为主,以法律审为辅。

第二个问题,我简单地讲一下第二审程序的功能和问题。我觉得存在于两个方面,我认为是有法不依,执法不严的问题。现行的刑事诉讼法没有得到贯彻和落实,比如应该开庭而不开庭,在理论界有夸大的倾向,我不认为所有的案件都应该开庭。刑事诉讼法第 187 条规定,第二审应当组织合议庭开庭审理,对于案件事实清楚的,可以不开庭审理。是不是说第二句话的规定是构成对第一句话的但句?有的学者说是自相矛盾,这个我是不赞成的。我的理解是第 187 条的规定第一个要开庭审理和第二句话里面说的可以不开庭审理,这两个开庭审理的含义是不一样的。因为第一句话里面说的开庭审理包括了第二句话里面所必须要进行的一些程序,包括讯问被告人,听取被害人以及被告人及其委托人的意见。我把这个程序叫做“欲开庭”。对于下面第二句话里所说的可以不开庭审理,我的理解是不必再进行正式的开庭审理。换句话说不需要再去传唤证人,不需要再在法庭上完全像一审程序那样走一遍。这个是不必要的也是不现实的。我统计了一下从 1988 年到 2003 年

15 年间我们二审的上诉案件,上诉和抗诉的比例可能会降低,但是总数上是逐年递增的,到 2003 年的时候大概是 78000 件上诉的案件。全国按照 345 个中级法院来算,每年要审理 200 多个上诉案件。如果每一起案件都开庭审理,这几乎是不可能的,也没有必要。确实有很多案件连讯问被告人都省了,当然不用说听取被告人委托的辩护律师的意见,这个问题在实践中还是存在的,所以我认为这个问题还是要予以解决的。

我国目前的审理模式并不符合诉讼的基本规律,为什么不符合?因为是纯粹的事实审加上法律审,而且是以事实审为主。事实不清的可以开庭审理,如果对重大的法律问题发生争执的为什么就不开庭审理了呢?这实际上还是我们说的第二审程序,你进行事实审,完全开庭审理根本就是不现实的。所以我们要把重心仍然是放在第一审程序,完善第一审程序,应该赋予被告人的权利一定要赋予,应当保障的权利一定要保障。

第三个问题,解决的途径和方案。我认为第一个对有法不依的问题要明确开庭审理的案件范围,什么样的案件应当开庭审理。我认为通过司法解释进一步明确,如果是人民检察院抗诉的案件应该开庭审理,如果对辩护人无罪辩护的案件也要开庭审理,在理论上是说得过去,在实践上也是行得通的。因为被告人做无罪答辩、辩护人做无罪辩护的案件大概每年不会超过 5%,所以从这个角度来说,二审法院可以做得到,而且更加明确。最高人民检察院可以保证第二审当中辩护人最好有一个预备期,以发表对事实和法律的意见,保证他们的辩护权益。第二个建议是对二审模式的改变。从将来长远的来看,第二审程序应该是一个单纯的法律审。我们现在二审问题就是在这个地方不到位,但是这并不意味着我们马上实行二审的法律审。

主持人孙长永教授发表看法

感谢易延友博士的发言。只是有一点我要说明一下,内容有误导之嫌。欧洲大陆法系多数国家的二审是复审制,法国的轮番的上诉制度主要是事实审,我们在座有很多法官、律师、检察官平时不一定会去查这些资料。我们这一节的讨论就到这里,在我交棒之前我谈一点意见。我呼应一下胡云腾主任说的意见,很多二审问题在二审程序之外。我想最高法院收回死刑复核权之后提出“一审是基础,二审是关键”,在当前的形势之下有一定的意义,二审法院要把关。我的观点是“一审是基础”这个提法是错的,一审是中心,本身就应该是关键。“一审是基础,二审是关键”,一审打基础,二审就保障了?二审所有的问题应该往前面推移考虑解决,我觉得二审的问题还是要积极地推动。

总结

主持人:周晓燕 北京市人民检察院第一分院副检察长

今天在我们的论坛上非常有幸地听取了最高人民检察院、最高人民法院的各位领导的讲话和以陈光中教授为代表的各位知名专家、学者以及各实务部门同志们的发言。经过刑事二审程序的价值目标、二审程序的难题与对策、二审抗诉程序中的问题与对策三个主题的充分讨论,各位领导、专家、学者各抒己见,发言精彩纷呈。本次论坛从国家法律制度的制定与实施到司法实务的具体问题,多层次、多视角进行了有分量的分析、研讨,使我们大家享受了一顿高水平的刑事诉讼法前沿问题的大餐。

我代表主办方,认为我们这次论坛达到了预期的目的和良好的效果。下面我们有请中国法学会刑事法学研究会副会长、四川大学法学院教授龙宗智先生做最后的总结!

应对刑事二审难题的基本思路

□龙宗智 中国法学会刑事诉讼法学研究会副会长 四川大学法学院教授

到最后说的最难说了,前面高手都讲得差不多了。作为惯例,也考虑整个会议的完整性和受委托的责任,我讲几点意见。一天的研讨我们提出了存在的问题包括难题,也使我们深化了对二审程序的认识,探讨了一些解决问题的方案,提出了一些有益的建议,应当说这是一场有意义的专题研讨会。意义我归结为:研讨问题的针对性与时效性,今天我们研讨是针对二审程序现实制度和理论上的一系列问题的研讨,这些问题往往是学界和实务界研讨不足的,从刑事法学界来看我们对一审程序是相当重视,对再审的程序往往不是太重视。

研讨问题的全面性与内容比较丰富也是这次会议的一个特点,不同观点的提出形成了较大的张力。我们讨论了很多问题,包括二审的功能和地位的问题,二审开庭和不开庭,开庭的方式的问题;二审审理原则问题;二审的处置问题,发回重审与改判的问题;二审抗诉相关的问题,比如改变罪名的问题,支持抗诉书的法律效力问题等。还有二审辩护以及维护被告人权益角度的一些问题,包括立功、揭发问题的查处,媒体报道等,还有二审审限问题,这个既涉及法院的审限,也涉及检察院的时间问题,还有比较多地谈到内部责任制度和内部关系的问题。我觉得这些问题归结到两个方面,一是怎样认识二审的功能,二是如何有效地发挥二审的功能。怎样认识它的功能和怎样有效发挥二审的功能,在研究这两个问题的时候,我们应该说学者、专家们都做了多样化的解说。既有宏大的功能构造、基本程序问题的研究,又有具体程序和操作问题的分析;既有整体调整改革的规划,又有具体的在现有构架的基础上相对合理的改革建议,而且研讨的方式还是比较多样化的。

有一部分问题研究得非常深入、有新意,给我们启示,特别是怎么研究和思考,有思维方式的问题。比如说对中国刑事二审程序存在的问题要有一种整体性的思维,因为中国二审程序中存在的问题是中国刑事程序和中国刑事司法制度整体性问题的一部分,有待于系统化的解决。因为中国流水作业式的现行的诉讼构造首先起着决定性的作用,一审既是基础也是关键。在二审的权威性的问题上,二审大量地发回重审,暴露了二审权威性不足的问题,这个也不是二审本身的问题,是整体的中国司法的独立性和权威性不足的问题。包括法院主体,大家都难以承担责任或者不愿承担责任,所以总是把问题尽量往下推,往外推,所以二审发回重审就比较正常,比较普遍。还有程序虚置的问题。现行法律对一些问题的规定实际上被虚置,这也是程序法实践不足,潜规则比较盛行的问题的体现,还有司法环境、工作内部机制等问题。所以二审问题的根本解决,有待于基本机制和基本制度问题的解决,就是说工夫在外部。我再增加一点想法,我们还没有看到能解决这些问题的现实可能性,而且某一些方面可能不是在往好的方面发展,而是有不利的或者是恶化的情况,这使我们对司法质量感到担忧。

今天小结的意见只是代表我自己,无论是检察的质量还是审判的质量我都不敢恭维。中国的司法独立性基本欠缺,我们怎么可能有一审、二审的高质量的审判和高质量的检察呢?这是我们感到非常担忧的问题。而且在司法的根本性问题,司法的独立性等根本性的问题没有解决的时候,具体的问题解决的意义也值得怀疑。我们现在花了许多代价在二审,比如民诉法把再审提高一级,二审现在死刑案件开庭复核程序有根本性的改造,但根本的司法资源配置问题没有解决,而且现在解决这个问题的基本方案不是按照法治,比如说司法最终解决,树立司法的、法律的、权威的方式。司法的技术问题、程序问题,还有最后涉及的公正、权威、高效的问题能不能根本解决,我持怀疑的态度。所以我要呼吁在刑事司法领域建立法治。

我们不能就这样等待、观望或者是无所作为,我们还是要在一些外部问题或者是内部问题有一个互动的作用。我曾经也提出一种从技术到制度的解决方案,这也是一种不得已的方案,可能也有一定的效应,也许效应有限,但是我们还是寄希望于这种思路。比如我们提出一种实效性的认识，在一些具体的制度上要做一些文章，要强调二审功能的实际效用的界定和它有效的发挥，在程序内发挥它的有效功能。做出合理的界定，要看到二审功能在法律和事实的方面具有重要的救济作用，也要看到局限性。在事实审方面，我们一直主张司法公正的基础是由一审审判来奠定的，二审审判受到诸多限制，有不能承受之重。但是在另外一个方面，二审有它的超越性，监督性也有不能替代的作用。所以我们必须合理地设定二审程序，使其最大限度地发挥功能。

这个情况下我们还可以考虑另外一种思路，由于二审法院的司法改革具有更好的条件，是否可以自上而下地推动一些对重要问题制度的改革，通过上级程序的改革扩张到下级程序的改革。死刑复核问题上的出庭，在二审死刑问题上的出庭和不出庭，现在我们有一些不协调。死刑案件都出庭，到最后才出庭，前面不出庭，是不是后面出庭一点意义都没有呢？我不认为。死刑案件已经确立了开庭的原则，说明国家最高司法机关确立了证人出庭的原则，这个我们在比较严重的案件中是不是应该逐步地贯彻下去。

还有一种协调性的思维，我们要注意在考虑这个问题的时候要比较平衡和协调。因为这次会议，检察院会比较多地考虑抗诉中检察机关的职能问题，还有检察院的职能和地位的问题，但是我觉得我们在考虑这些问题的时候，要和刑事诉讼法的基本精神、基本原则相结合起来，还有检察院的基本地位和职能，比如说在二审中的法律地位问题，它不能完全脱离诉的职能。而且要注意刑事法的立法的精神，要限制检察官在开庭的时候用诉权来与审判权抗衡。所以在一审程序中这一点已经比较明确，二审程序中要注意这个问题。而且我们要注意公诉权理论本身的包容性，检察官的客观义务问题，可以认为检察官为被告人利益的抗诉，为被告人的利益全面行使检察的职能包括监督的职能，是可以包容的。中国也有一个检察职能的特殊化的问题，就是监督职能的问题，我承认有双重的职能。在法庭上要受立法的限制，要注意一审程序的制约，所以这要注意一个协调和平衡，当然还有一些控辩的平衡，被害人利益的平衡。

我再提出一种思维方式，实事求是的多样化的思维方式，也是大家提出的一些思想。比如二审开庭的问题，有的主张开庭，有的说现在这种做法就好，我还是赞成多元化的方式。实事求是，根据案件情况采取不同的方式，考虑司法的资源，考虑基本要求等结合起来，采多样化的处理方式。二审抗诉的时候改变控诉内容的问题，我也赞成一种多元化的处理模式。

最后我再说一点,有两点不足:一点我和云腾主任感觉有点一致,问题提得比较多,应对性的方案和操作的方案还略显不够。特别是现在我们怎么解决这个问题,中国目前的问题怎么处理和应对,难题讲得多,应对还要加强,这是一点。第二点,争议性略显不够,观点的交锋略显得不够,刚才后面两位教授都提了一些不同的意见,有交锋才比较激烈,才可以迸发出火花来。

还有一些问题我觉得总的说来虽然有成效,但是还有进一步研究或者提出对策拓展的空间。有一些案件什么时候可以撤回起诉,一审、二审撤回起诉在什么情况下撤回起诉呢?二审审理对象的问题,我们刚才有的提到了一点,我在考虑审理对象。我们现在是全面审查事实和法律问题,但是它审理对象是一审的判决还是审理被告人与案件事实,它审理的对象能不能作为一审的判决,这和一审的公诉又是什么关系,审理的对象怎么规定,和一审判决的关系怎么处理。这些问题我缺乏研究,我只是提出来一下。刚才提到怎么样把研讨的结果化为实践成果的问题,这是更重要和更有意义的问题,我们进一步努力。谢谢大家!

图书在版编目(CIP)数据

刑事二审程序难题与应对/项明主编. —北京:法律出版社,2008.12
(首都检察文库)
ISBN 978-7-5036-9123-2

Ⅰ.刑… Ⅱ.项… Ⅲ.刑事诉讼—审理—研究—中国
Ⅳ.D925.218.204

中国版本图书馆CIP数据核字(2008)第200900号

责任编辑/王政君 装帧设计/乔智炜

出版/法律出版社 编辑统筹/法律出版社
总发行/中国法律图书有限公司 经销/新华书店
印刷/北京北苑印刷有限责任公司 责任印制/陶 松

开本/787×960毫米 1/16 印张/23.75 字数/390千
版本/2008年12月第1版 印次/2008年12月第1次印刷

法律出版社/北京市丰台区莲花池西里7号(100073)
电子邮件/info@lawpress.com.cn 销售热线/010-63939792/9779
网址/www.lawpress.com.cn 咨询电话/010-63939796

中国法律图书有限公司/北京市丰台区莲花池西里7号(100073)
全国各地中法图分、子公司电话:
第一法律书店/010-63939781/9782 西安分公司/029-85388843 重庆公司/023-65382816/2908
上海公司/021-62071010/1636 北京分公司/010-62534456 深圳公司/0755-83072995

书号:ISBN 978-7-5036-9123-2 定价:48.00元
(如有缺页或倒装,中国法律图书有限公司负责退换)